¿Habla español?
Essentials

THIRD EDITION

EDWARD DAVID ALLEN
THE OHIO STATE UNIVERSITY

TERESA MÉNDEZ-FAITH
SAINT ANSELM COLLEGE

MARY McVEY GILL

HOLT, RINEHART AND WINSTON

New York • Chicago • San Francisco • Philadelphia •
Montreal • Toronto • London • Sydney •
Tokyo • Mexico City • Rio de Janeiro • Madrid

on page 424.

.bbott

or   Sharon Alexander

ditor   Pamela Forcey

ıger   Lula Als

ɔr   Renée Davis

Carmen Cavazos

ɡn   Fred Charles

ɡs   Christopher Santoro, Tom O'Sullivan

re Research   Rona Tuccillo

over art (tzute, Guatemala)   Courtesy of Ana Hochmann

Composition and camera work   Waldman Graphics, Inc.

Library of Congress Cataloging-in-Publication Data

Allen, Edward David, [date]
  ¿Habla español?

  Rev. ed. of: ¿Habla español? / Edward David Allen . . .
and others. Essentials 2nd ed. 1982.
  Includes index.
  1. Spanish language—Text-books for foreign speakers—
English.   I. Méndez-Faith, Teresa.   II. Gill, Mary McVey.
III. Title.
PC4129.E5A45   1986   468.2′421   85–17638

ISBN 0-03-002754-3

6 7 8 9 0   032   9 8 7 6 5 4 3 2 1

CBS COLLEGE PUBLISHING
Holt, Rinehart and Winston
The Dryden Press
Saunders College Publishing

PREFACE

This third edition of *¿Habla español? Essentials* reflects the comments and suggestions of professors across the country who used the second edition with great success in their classrooms. The third edition was designed to give instructors as much freedom and flexibility as possible in creating their own courses and to respond to comments and suggestions from reviewers.

New to this Edition

The third edition of *¿Habla español? Essentials* has the following new features:

1. Every chapter includes notional-functional material, integrating a grammatical syllabus with a notional-functional one. Some examples of language functions covered are: expressing likes and dislikes, agreeing and disagreeing, expressing sympathy, accepting or declining invitations, and beginning and ending conversations. Notional-functional material is integrated throughout each chapter but discussed and summarized at the beginning of the *Actividades* sections. These all-new *Actividades* sections contain a variety of activities integrating the grammar, vocabulary, and language functions of the chapter.
2. The exercises have been extensively revised to include many new activities and contextualized exercises and to eliminate some of the simpler drills. They have also been updated.
3. Many of the dialogues have been reworked to make them more interesting.
4. Some of the grammatical explanations have been revised in accordance with reviewers' suggestions.

Organization

The third edition consists of a preliminary lesson and eighteen chapters, three self-tests, and eight illustrated readings. The preliminary lesson emphasizes pronunciation and presents classroom expressions, salutations, and simple vocabulary and structures to allow the students to introduce themselves. Each of the following eighteen chapters is divided into four parts, as follows:

1. An illustrated chapter opener including an exercise and a series of questions to introduce the theme vocabulary;
2. Three to five grammar topics, each introduced by a minidialogue with English translation and accompanied by exercises ranging from simple to more challenging, including a variety of contextualized exercises and personalized questions;
3. A longer dialogue combining the structures of the chapter, followed by comprehension questions and cultural notes;
4. An *Actividades* section, which discusses and summarizes the language functions of the chapter and provides a variety of activities to practice the chapter functions, structures, and vocabulary.

There are three self-tests, one after every six chapters, designed to review key points; students may do these on their own or in class. After every even-numbered chapter except the last one there is an illustrated reading on Hispanic culture.

Flexibility

There are many optional features of the text, which an instructor can use or not use, depending on individual preference. For instance, the self-tests and illustrated readings are optional. Similarly, the *Actividades* sections can be skipped if necessary because of limited time, as can the long dialogues. Conversely, if time permits, the *Preguntas* and *Actividades* can be expanded on in a wide variety of ways.

Supplementary Materials

This text may be used in conjunction with the *Manual de ejercicios y laboratorio* and the tape program, both of which have been revised to reflect the changes in the new edition. Each chapter of the manual contains oral and written exercises that correspond to the equivalent chapter in the text. The workbook section provides additional practice of the grammatical structures and vocabulary through a variety of written exercises. Each laboratory session is approximately 40 minutes and includes pronunciation exercises, additional grammar exercises, and a wide variety of listening comprehension activities designed to teach the student to understand spoken Spanish.

Manual del instructor   The Instructor's Manual provides suggestions for the teaching of this first-year Spanish course. Sample lesson plans, sample tests, a discussion of the various chapter elements, and a chapter-by-chapter guide are provided.

Acknowledgments

The authors would like to thank Sharon Alexander of Holt, Rinehart and Winston for her careful reading of the manuscript. We are also grateful to Pamela Forcey for taking the manuscript through production and to Renée Davis for her work on the art program.

Special thanks are also due to the following reviewers, whose comments, both positive and critical, were of great help in the revision of this text: Emilia Borsi, Borough of Manhattan Community College; Marvin D'Lugo, Clark University; James F. Ford, University of Arkansas; Roger H. Gilmore, Colorado State University; Linda S. Glaze, Auburn University; Hilda Losada, Evergreen Valley College; Michael Reider, West Virginia University; Judith L. Shrum, Virginia Polytechnic Institute and State University.

CONTENTS

¿Habla español?
Essentials

THIRD EDITION

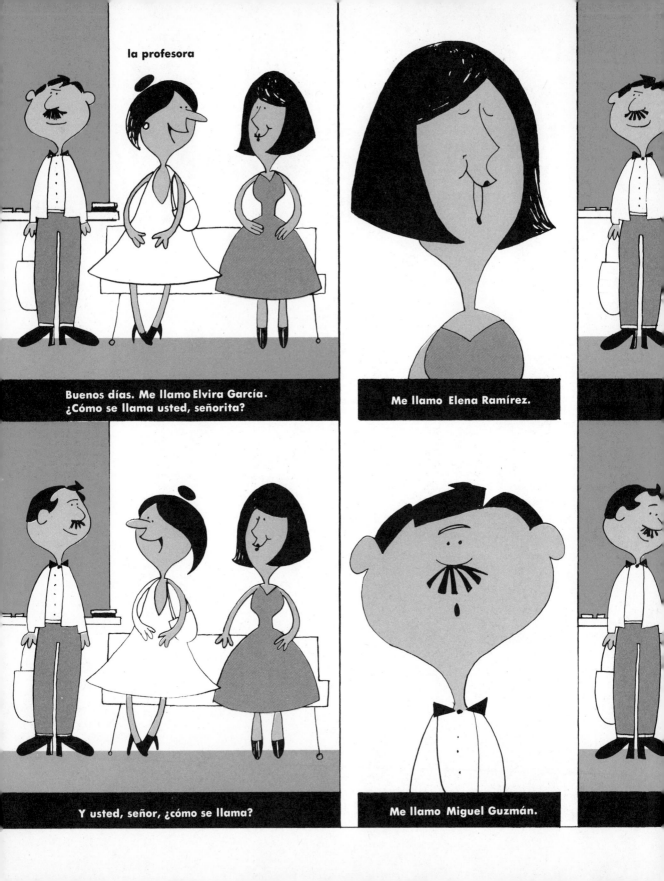

Mucho gusto, señorita.
Mucho gusto, señora García.

Buenos días, señor Guzmán.

SALUTATIONS

CLASSROOM EXPRESSIONS

PREGUNTAS

1. ¿Cómo se llama la profesora?* 2. ¿Cómo se llama la señorita? 3. ¿Cómo se llama el señor? 4. ¿Cómo se llama usted? (Me llamo...)

*Note that an inverted question mark precedes Spanish questions. This is to let the reader know that a question will follow. Similarly, an inverted exclamation mark precedes exclamations: ¡Bravo!

3

The sounds of Spanish: vowels

A. Vowels

There are five simple vowel sounds in Spanish, represented by the letters *a, e, i* (or *y*), *o*, and *u*. In the following examples, the stressed syllables—the syllables that are more forcefully pronounced—appear in **bold** type.

a This vowel is similar in sound to the first vowel of *father,* but it is more open, tense, and short than that of English.

A**de**la, **A**na, Cata**li**na, Marga**ri**ta, ma**má**, pa**pá**

e This vowel has a sound similar to the first vowel in the English word *ate,* but shorter and tenser, without the glide.

E**le**na, Fede**ri**co, Te**re**sa, Fe**li**pe

i, y These letters are pronounced like the second vowel of *police.*

Mi**guel**, Isa**bel**, Cris**ti**na, Fe**li**sa, sí, y (*and*)

o The *o* is similar to the English *o* of *so* or *no*, except shorter, without the glide.

no, **so**lo (*alone*), **Pa**co, Al**fon**so, Ro**dol**fo, Ra**món**, An**to**nio, Teo**do**ro

u The *u* is pronounced like the English *oo* in *cool* or *fool* (never the sound of *book* or the *u* in *universal*).

Su**sa**na, Ra**úl**, Je**sús**, **Úr**sula, univer**sal**

B. Diphthongs

Nearly every vowel in English is actually pronounced as a diphthong—a gliding from one vowel position to another. Spanish vowels, pronounced in isolation, are short and clear, but when two of them occur side by side, a diphthong is sometimes produced, depending on which vowels are combined. There are two weak vowels in Spanish, *i* and *u*, and three strong vowels, *a, e,* and *o.* Two strong vowels together constitute two syllables, or sounds: **le-al**. However, a combination of two weak vowels or of a weak and a strong vowel is a diphthong—a multiple vowel sound pronounced in the same syllable.

ia	Alicia, Patricia, San**tia**go
ua	Juan, Jua**ni**ta, E**duar**do
ie	Ga**briel**, **Die**go, Ja**vier**
ue	Con**sue**lo, Ma**nuel**
io	**Ma**rio, Antonio, **ra**dio, a**diós**
uo	an**ti**guo (*ancient*), **cuo**ta (*quota*)
iu	vein**tiu**no (*twenty-one*), ciu**dad** (*city*)
ui (uy)	Luis, muy
ai (ay)	**Jai**me, Rai**mun**do, hay (*there is, there are*)
au	**Pau**la, Au**re**lio, Au**ro**ra
ei (ey)	seis (*six*), rey (*king*)
eu	Eu**ge**nio, Eu**ro**pa, feu**dal**
oi (oy)	es**toi**co (*stoic*), hoy (*today*)

The sounds of Spanish: consonants, word stress, and linking

la pizarra

la pared

el papel

la ventana

la puerta

el lápiz

el cuaderno

la página

la silla

el libro

la pluma

el estudiante

la estudiante

el profesor (la profesora)

la mesa

EL PROFESOR	Buenas tardes, estudiantes.
LOS ESTUDIANTES	Buenas tardes, profesor.
EL PROFESOR	Repitan, por favor: la ventana.
LOS ESTUDIANTES	La ventana.
EL PROFESOR	¿Qué es esto?
LOS ESTUDIANTES	Es la ventana.
EL PROFESOR	Y esto, ¿qué es?
LOS ESTUDIANTES	Es el libro.
EL PROFESOR	¡Muy bien! Y, ¿cómo se dice *door* en español?
LOS ESTUDIANTES	Se dice «puerta».
EL PROFESOR	¡Excelente!

P R E G U N T A S

¿Cómo se dice en español...?

1. notebook
2. blackboard
3. table
4. chair
5. pencil
6. professor
7. book
8. pen

A. By now you have probably noticed that some consonants have different sounds in Spanish than in English:

b, v The letters *b* and *v* are pronounced in the same way. At the beginning of a word, they sound much like an English *b*, whereas in the middle of a word, they have a sound somewhere between *b* and *v* in English.

Bogo**tá**, Va**len**cia, Ve**ró**nica, **bu**rro, **E**va, Sebas**tián**

c, z In Spanish America the letters *c* (before *e* and *i*) and *z* are pronounced like an English *s*.*

Ali**c**ia, Ga**l**i**c**ia, Ce**c**ilia, Zara**go**za, La **Paz**, pi**z**arra, **lá**piz

A *c* before *a, o, u,* or any consonant other than *h* is pronounced like a *k*.

inca, **co**ca, **cos**ta, **Cuz**co, se**cre**to, **cla**se

ch The combination of *c* and *h, ch*, is a separate Spanish letter. It therefore appears separately in word lists and dictionaries, following the letter *c*. The *ch* is pronounced like the same letter combination in English.

choco**la**te, **Chi**le, cha-cha-**chá**

*In most parts of Spain, a *c* before *e* or *i*, a *z* before *a*, *e, o,* or *u*, and a final *z* are pronounced like a *th* in the English word **thin**. This is a characteristic feature of the Castilian accent.

d   The letter *d* has two sounds. Usually, it is similar to the *th* in the English word *then*.

Felici**dad**, **E**duar**do**, Ri**car**do, pa**red**, estu**dian**te

After *n, l,* or a pause, it is somewhat like a *d* in English, but "softer," with the tongue touching the upper front teeth.

día, don, **Die**go, Mi**ran**da, Ma**til**de

g, j   The *g* before *i* or *e* and the *j* are both pronounced approximately like an English *h*.

Jorge, **J**ose**fi**na, geolo**gí**a, **J**a**lis**co, re**gión**, **pá**gina

The *g* before *a, o,* or *u* is pronounced approximately like the English *g* of *gate*. In the combinations **gue** and **gui,** the *u* is not pronounced, and the *g* has the same sound as an English *g*.

a**mi**go, a**mi**ga, **gus**to, Mi**guel**, gui**tar**ra

In the combinations **gua** and **guo**, the *u* is pronounced like *w* in English.

an**ti**guo, Guate**ma**la

h   The Spanish *h* is silent.

Ha**ba**na, Hon**du**ras, Her**nán**dez, ho**tel**, **Hu**go

ll   In most of the Spanish-speaking world, the double *l* (*ll*) is much like the English *y* of *yes*. It is a separate letter of the alphabet, like *ch*.

llama, Va**lle**jo, Se**vi**lla, Mu**ri**llo, **si**lla

ñ   The sound of the *ñ* is roughly equivalent to the English *ny* of *canyon*.

se**ñor**, ma**ña**na, espa**ñol**

q   A *q* is always followed in Spanish by a silent *u*; the *qu* combination represents the sound *k*.

Quito, En**ri**que

r   There are two ways of pronouncing the single *r*. At the beginning of a word or after *l, n,* or *s,* it has the same sound as the *rr* (see below). Otherwise, it is an *r* so soft it is close to the *tt* of *kitty* and *Betty* in American English.

Pa**tri**cia, El**vi**ra, tor**ti**lla, Pi**lar**, profe**sor**

rr The *rr* sound is trilled, like a Scottish burr or a child imitating the sound of a motor. The *rr* sound is represented in two ways in writing: by the *rr* and by a single *r* at the beginning of a word or after *l, n,* or *s.*

e**rror**, ho**rror**, ho**rrible**, **pe**rro (*dog*)*
Rosa, **Ri**ta, Ro**ber**to, **ra**dio, En**ri**que, alrede**dor** (*around*)

x The *x* in Spanish generally sounds like a *qs* in English, rather than *gs*, like the English *x.*

e**xa**men (*exam*), exis**ten**cia

Before a consonant, only the *s* sound may be heard.

ex**ter**no, **tex**to

One common exception to this is the word **México,** where the *x* has the sound of an English *h*; this word can also be spelled **Méjico** in Spanish.

B. In Spanish the *ch, ll,* and *rr* combinations are considered separate letters of the alphabet; *ñ* is also a letter of the alphabet.

a	a	h	hache	ñ	eñe	t	te
b	be	i	i	o	o	u	u
c	ce	j	jota	p	pe	v	ve
ch	che	k	ka	q	cu	w	doble ve
d	de	l	ele	r	ere	x	equis
e	e	ll	elle	rr	erre	y	i griega
f	efe	m	eme	s	ese	z	zeta
g	ge	n	ene				

C. Have you noticed a pattern in Spanish word stress? There are three simple rules for word stress in Spanish.

1. Words ending in a vowel, *n,* or *s* are pronounced with the emphasis on the next-to-the-last syllable.

cla-ses	**co**-mo	re-**pi**-tan
A-na	**bue**-nos	**li**-bro

2. Words ending in a consonant other than *n* or *s* have the emphasis on the final syllable.

E-cua-**dor**	pa-**red**	pa-**pel**
se-**ñor**	us-**ted**	pro-fe-**sor**

*Note that **perro** and **pero** (but) are very different in sound and in meaning.*

3. Words whose pronunciation does not follow the above two patterns have written accents. The emphasis falls on the syllable with the accent.

ca-**fé**	a-**quí** *(here)*	**Gó**-mez
in-**glés*** *(English)*	**lá**-piz	a-**diós**

For information on how to divide words into syllables, see Appendix I of this text.

D. Linking—the running together of words—occurs in every spoken language. In American English, for instance, *Do you want an orange?* becomes approximately *"D'ya wanna norange?"* Anyone who attempts to speak English exactly as it is written is sure to sound like a computerized toy. Linking in Spanish is influenced by the following considerations.

1. The final vowel of a word links with the initial vowel of the next word.

Se llama Amalia.   *Her name is Amalia.*

2. Two identical consonants are pronounced as one.

el libro   los señores

3. A final consonant usually links with the initial vowel of the next word.

Rafael es un estudiante.   *Rafael is a student.*

¿Qué es esto?   *What's this?*

EJERCICIOS

A. **¿Cómo se llama usted?**   Ask a classmate his or her name. He or she will say it and then spell it, using the Spanish alphabet.

> **MODELO**   ¿Cómo se llama usted?
> **Me llamo Juan Garza, jota-u-a-ene, ge-a-ere-zeta-a.**

B. Underline the stressed syllable in each word.

1. To-le-do
2. Hon-du-ras
3. us-ted
4. Bra-sil
5. cua-der-no
6. Ra-mí-rez
7. u-ni-ver-sal
8. E-cua-dor
9. pa-red
10. Tri-ni-dad

---

*Names of languages are not capitalized in Spanish.

Estar and subject pronouns

SR. HERNÁNDEZ	Hola, María. ¿Cómo *estás*?
MARÍA	*Estoy* muy bien, señor Hernández, gracias.
SR. HERNÁNDEZ	Y la familia, ¿cómo *está*?
MARÍA	Papá y mamá *están* bien. Y *ustedes*, ¿cómo *están*?
SR. HERNÁNDEZ	*Nosotros estamos* bien, gracias.
MARÍA	¡Qué suerte!... Adiós, señor Hernández.
SR. HERNÁNDEZ	Adiós, María.

A. **Estar** (*to be*) is an infinitive verb form. It is conjugated by removing the **-ar** ending and adding other endings to the **est-** stem.

estar

person	singular			plural		
1st	yo*	estoy	*I am*	nosotros(as)	estamos	*we are*
2d	tú	estás	*you are*	vosotros(as)	estáis	*you are*
3d	él		*he is*	ellos		
	ella	está	*she is*	ellas	están	*they are*
	usted		*you are*	ustedes		

B. Subject pronouns are used far less frequently in Spanish than in English, since in Spanish the verb endings indicate the subject of the sentence. Subject pronouns are used in Spanish mainly to avoid confusion or for the sake of emphasis.

Estoy bien.	*I'm fine.* (statement of fact)
Yo estoy bien.	**I'm** *fine.* (emphatic)
Él está aquí. (Ella está aquí.)	**He** *is here.* (**She** *is here.*) (clarification)

C. There are several ways of saying *you* in Spanish. The familiar singular form, **tú**, is used in speaking to friends, young children, and family members. It corresponds roughly to "first-name basis" in English. Students usually address each other with the **tú** form.

Notice that **yo, the first-person singular subject pronoun, is not capitalized.*

The **usted** form is used in more formal situations, such as with older people, people you do not know, or people in authority. Students usually address their teacher with the **usted** form. It uses the same forms as the third-person pronouns because it was originally contracted from **vuestra merced,** *your grace.* If you are in a situation where you are unsure which form to use, it is usually better to use the **usted** form unless the native speaker requests otherwise.

D. In most parts of Spain, the plural of **tú** is **vosotros** (masculine), **vosotras** (feminine). However, in Latin America, **ustedes** is used as the plural of both **tú** and **usted.**†

E. **Usted** and **ustedes** are frequently abbreviated in written Spanish, as **Ud.** and **Uds.** or **Vd.** and **Vds.**

¿Ud. está con Manuel?	*You are with Manuel?*
¿Vds. están bien? ¡Qué suerte!	*You are fine? How lucky! (What luck!)*

F. The subject pronouns **él, ella, nosotros, nosotras, vosotros, vosotras, ellos,** and **ellas** show gender, either masculine or feminine. In speaking about two or more males, or a mixture of males and females, the masculine forms **nosotros, vosotros,** and **ellos** are used. The feminine forms **nosotras, vosotras,** and **ellas** are used only to refer to two or more females.

Ellos (Juan y José) están en Madrid.	*They (Juan and José) are in Madrid.*
Ellos (Juan y María) están en clase.	*They (Juan and María) are in class.*
Ellas (Rita y Teresa) están en México.	*They (Rita and Teresa) are in Mexico.*
Nosotros (Elena, Ricardo y yo) estamos en casa.	*We (Elena, Ricardo, and I) are at home.*
Nosotras (María, Teresa y yo) estamos en casa.	*We (María, Teresa, and I) are at home.*

E J E R C I C I O S

A. **Los pronombres.** (*Pronouns.*)   Read each of the following phrases and then provide the corresponding subject pronouns.

> MODELOS   Sara y Pepe → **ellos**
> tú y el profesor → **ustedes** (or **vosotros,** in Spain)

1. Josefina
2. Carlos
3. Carmen y Beatriz
4. Eduardo y yo
5. Elena y yo

6. Víctor y el señor Gómez
7. Amalia, Alicia, Ana y Arturo
8. tú y Marta
9. tú y yo
10. la señorita Alfonsín

†*Since the **vosotros** form is not widely used, except in Spain, it is not practiced in this book.*

B. **¿Tú, usted o ustedes?**   Your best friend is going to Argentina to visit some friends and relatives, and you are helping him or her review conversational Spanish. Remind your friend which subject pronoun should be used when speaking to each of the following persons.

> **MODELOS**   Pepe → **tú**
> el señor López → **usted**
> la señora Ruiz y Susana → **ustedes**

1. el profesor
2. Juanita
3. tú y Juanita
4. el señor y la señora Méndez
5. la señorita Pérez
6. los estudiantes
7. el presidente
8. Juan Marcos

C. **La señora Ramos.**   Mrs. Ramos always likes to know where everyone is and how they are. Answer her questions in the affirmative and use subject pronouns, as in the example.

> **MODELO**   ¿Eva está en Guatemala? **Sí, ella está en Guatemala.**

1. ¿Susana y Jorge están en Madrid?
2. ¿Pedro está en Los Ángeles?
3. ¿Alberto y Elena están aquí?
4. ¿Usted y Ricardo están bien?
5. ¿Eva y Luisa están con Marta?
6. ¿Tú y Alicia están bien?
7. ¿La señora López está en Barcelona?
8. ¿Ustedes están en casa?

D. **Imaginación y lógica.**   Make complete sentences, combining each of the subjects on the left with an appropriate ending on the right.

usted	están en México
vosotros	estoy bien
papá y yo	está en San Francisco
Cecilia y mamá	estás aquí
tú	estamos en casa
yo	está con Pablo
la familia de Teresa	estáis en España

Negation

To make a sentence negative, place **no** before the verb.

Paco está bien.

Luis no está bien.

Me llamo Roberto.

No me llamo Roberto.
Me llamo Manuel.

Esto es la pizarra.

Esto no es la pizarra.
Es la ventana.

E J E R C I C I O

¿Sí o no?   Answer **sí** if the statement is true and **no** if it is false.

    MODELOS   La ventana está en la pizarra.
                  No, la ventana no está en la pizarra.

                  La Paz está en Bolivia.
                  Sí, La Paz está en Bolivia.

1. Nosotros estamos en el hospital.
2. El profesor (la profesora) se llama Pablo Picasso.
3. Madrid está en España.

En la sala de clase **13**

4. Caracas está en Colombia.
5. *Chair* se dice «silla» en español.
6. El presidente de México se llama Albert Einstein.
7. Nosotros estamos en casa.
8. *Paper* se dice «papel» en español.
9. La pizarra está en la mesa.
10. Buenos Aires está en Chile.

Yes/No questions and Spanish word order

Spanish word order is especially flexible in questions. To distinguish yes/no questions from statements of fact, the voice must rise at the end of the sentence. The most common way of asking a question is to invert the normal order of subject and verb:

Ellos están con Marta. ¿Están ellos con Marta?   *Are they with Marta?*

Ana está en clase. ¿Está Ana en clase?   *Is Ana in class?*

Sometimes, however, the normal word order for statements is used in a question, but the voice rises at the end of the sentence to make it clear that a question is being asked.

¿Ellos están con Marta?   *They're with Marta?*

¿Ana está en clase?   *Ana is in class?*

In negative questions, **no** normally precedes the verb.

¿Juan no está en casa?   *Juan isn't home?*

¿No está Juan en casa?   *Isn't Juan home?*

¿Cómo? No comprendo muy bien... Imagine that a friend of yours is telling you the latest news and you are not sure if you heard him or her correctly. Ask questions in two ways to confirm the information.

MODELO   El profesor se llama Antonio García.
¿El profesor se llama Antonio García?
¿Se llama Antonio García el profesor?

1. Carmen está en España.
2. Paco está con el profesor.
3. Nosotros estamos muy bien.
4. Los estudiantes están en clase.

5. Ella no está en casa.
6. La Paz está en Bolivia.
7. Santiago no está en Colombia.
8. Diego y Miguel están en Madrid.

COGNATES

Cognates are words that are similar in spelling and meaning in two languages. Some Spanish cognates are identical to English words:

chocolate	final	capital
doctor	horrible	lunar

Sometimes the words differ in minor or predictable ways.

1. Except for *cc, rr, ll,* and *nn*, double consonants are not used in Spanish.

   oficial   *official*   profesor   *professor*

2. Many English words beginning with *s* have cognates beginning with *es*.

especial	*special*	español	*Spanish*
escuela	*school*	esquí	*ski*

3. The endings **-ción** or **-sión** in Spanish correspond to the English endings *-tion* or *-sion*.

   constitución   nación   televisión

4. The Spanish ending **-dad** corresponds to the English *-ty*.

   actividad   realidad   universidad

5. The Spanish endings **-ente** and **-ante** generally correspond to the English endings *-ent* and *-ant*.

   presidente   accidente   restaurante   importante

STUDY HINTS:
GETTING ORGANIZED

Welcome to first-year Spanish! Here are some hints for a successful language-learning experience:

1. Become familar with your textbook: the table of contents, the index, and the appendixes—including the vocabulary.
2. Use a loose-leaf binder or other notebook to organize your class notes, handouts, workbook exercises, and other materials.
3. Make charts, lists, and flashcards to help you organize the materials you are studying. Index cards can be carried around easily and studied when you have a few minutes to spare.
4. Review frequently—daily, if possible—and work with someone else if you can, even someone who does not know Spanish. If possible, however, try to find a native Spanish speaker or an advanced Spanish student. If your school has a department of English as a second language, there may be someone who would be willing to give you help in Spanish in exchange for help in English.

A C T I V I D A D E S

SALUTATIONS

In Spanish, as in English, there are many ways to say the same thing, some more formal than others and some appropriate only to very specific circumstances. In the **Actividades** sections, you'll see different ways to express the same language functions, or uses—in this case, salutations. What do you say to someone to open a conversation? That depends on the circumstances.

1. With a friend or in an informal situation:

Hola, Miguel. ¿Cómo estás?	*Hi, Miguel. How are you?*
Hola. ¿Qué tal?	*Hi. How's it going?*

¿Qué tal? has many uses and meanings. Basically, it just means *How are things?* But combined with other words, it has other meanings; for instance, **¿Qué tal el examen?** *How did the exam go?*

2. With a stranger or in a more formal situation:

Buenos días. ¿Cómo está?	*Good morning (good day). How are you?*
Buenas tardes.	*Good afternoon.* (until about sunset)
Buenas noches.	*Good night.* (after sunset; used mainly upon retiring)

3. You meet someone for the first time:

Hola. Me llamo...	*Hi. My name is . . .*

And what do you say in response to the question **¿Cómo está(s)?** Here are some possible answers:

Muy bien, gracias.	*Very well, thanks.*	Bien.	*Good.*
No muy bien.	*Not too well.*	Más o menos.	*So-so.* (literally, "More or less.")
Así-así.	*So-so.*	Mal.	*Bad.*

When meeting someone for the first time, you can say:

Mucho gusto.	*Glad to meet you.*

A. **Situaciones.**   With a partner, create short conversations for the following situations.

   1. You are meeting someone for the first time. Greet the person and introduce yourself in Spanish. Ask his or her name and, when he or she answers, say, "Glad to meet you."

2. You meet a friend on the street. Say hello and ask how things are going ("How are things?"). Your friend responds, "So-so." He or she asks you how the exam went. "Badly," you say. "How's the family?" you ask, and he or she replies that they are well. You say, "What luck!" Both of you say good-bye.

B. **Una expresión apropiada.** Give an appropriate expression for each drawing. Refer to the **Vocabulario activo** at the end of this chapter for help.

1.
2.
3.
4.
5.

CLASSROOM EXPRESSIONS

Each of the following classroom expressions in Spanish contains at least one cognate. You don't need to memorize these expressions, but you should be able to understand them when your instructor uses them. Match the Spanish expressions with their English equivalents.

1. Repitan, por favor.
2. No comprendo.
3. En voz alta.
4. Conteste en español.
5. Abran el libro en la página 10.
6. Muy bien. Excelente.

a. I don't understand (comprehend).
b. Open your books to page 10.
c. Repeat, please.
d. Very good. Excellent.
e. Out loud (in a loud voice).
f. Answer in Spanish.

VOCABULARIO ACTIVO

Expresiones útiles

Buenos días.	*Good morning. Good day.*
Buenas tardes.	*Good afternoon.*
Buenas noches.	*Good night.*
¿Cómo se llama... ?	*What is the name of . . . ?*
Me llamo...	*My name is . . .*
Conteste, por favor.	*Answer, please.*
Mucho gusto.	*Glad to meet you.*
Por favor.	*Please.*
Gracias.	*Thank you.*
¿Cómo se dice... ?	*How do you say . . . ?*
Se dice...	*You say . . .*
¿Qué es esto?	*What is this?*
Es...	*It's . . .*
Muy bien. Excelente.	*Very good. Excellent.*
¿Qué tal?	*How are things? How's it going?*
¿Qué tal el examen?	*How was the exam?*
¡Qué suerte!	*What luck!*
Repitan.	*Repeat.*
Hola.	*Hello. Hi.*
Adiós.	*Good-bye.*

En la sala de clase (*classroom*)

el cuaderno*	notebook
el estudiante	(male) *student*
la estudiante	(female) *student*
el lápiz	pencil
la lección	lesson
el libro	book
la mesa	table
la página	page
el papel	paper
la pared	wall
la pizarra	blackboard
la pluma	pen
el profesor	(male) *professor*
la profesora	(female) *professor*
la puerta	door
la silla	chair
la ventana	window

Otras palabras (*Other words*)

la casa	house
en casa	at home
la familia	family
el señor	man; sir; Mr.
la señora	lady; ma'am; Mrs.
la señorita	young lady; miss; Miss
estar	to be
estar bien (mal, así-así)	to be well (unwell, so-so)
aquí (or acá)	here
con	with
de	of, from
y	and

*In the vocabulary lists in this text, definite articles (**el, la, los, las**) are given with all nouns to indicate gender.*

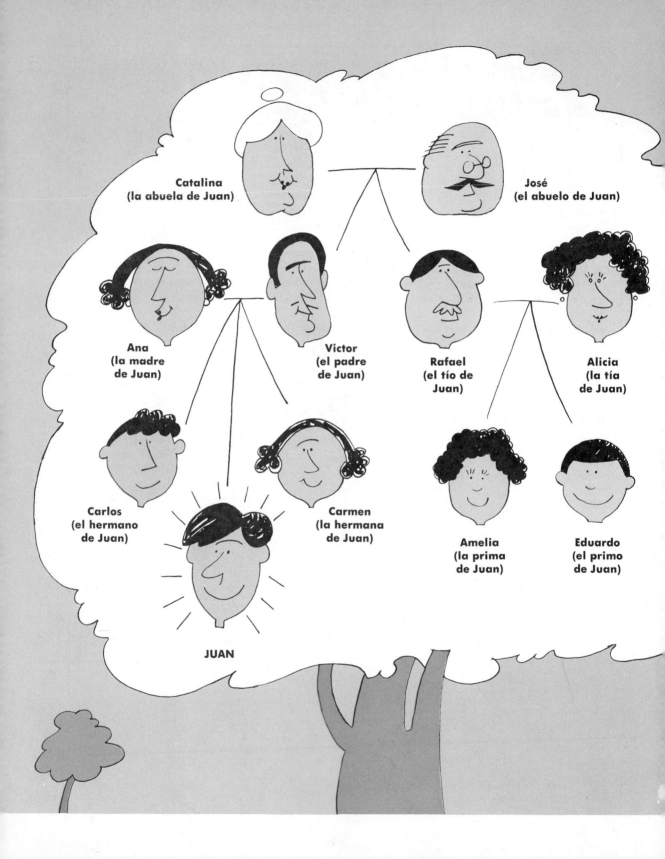

ASKING FOR INFORMATION
USING THE TELEPHONE
ENDING A CONVERSATION

EJERCICIO

Choose the correct answer.

1. Catalina es (*is*) la (abuelo, abuela, tía) de Juan.
2. Carlos y Carmen son (*are*) los (tíos, hermanos, primos) de Juan.
3. Carmen es la (hermana, tío, prima) de Eduardo.
4. Víctor es el (padre, primo, hermano) de Rafael.
5. Rafael es el (padre, tío, abuelo) de Eduardo y Amelia.
6. Rafael y Alicia son los (tíos, abuelos, primos) de Juan.

PREGUNTAS

1. Ana y Víctor son los padres (la madre y el padre) de Juan. ¿Cómo se llaman los padres de Amelia? 2. Catalina es la esposa de José. ¿Cómo se llama el esposo de Alicia? 3. ¿Cómo se llaman los primos de Carmen? 4. ¿Cómo se llama la madre de Víctor y Rafael? 5. Eduardo y Amelia son los hijos de Rafael y Alicia. ¿Cómo se llaman los hijos de Ana y Víctor?

The present tense of regular **-ar** verbs

Los niños estudian mucho.	Nosotros hablamos español.	El abuelo llega a casa.
Tía Teresa busca el pasaporte.	Marta lleva el regalo.	Papá viaja a Sudamérica.

A. Verbs that end in **-ar** in Spanish are referred to as **-ar** verbs. Regular **-ar** verbs are conjugated by removing the infinitive ending **-ar** and replacing it with the endings **-o, -as, -a, -amos, -áis, -an.***

Estar, which you saw in the preliminary lesson, is an irregular **-ar** verb; that is, it has its own special forms.

hablar (to speak)

yo	habl**o**	nosotros(as)	habl**amos**
tú	habl**as**	vosotros(as)	habl**áis**
él		ellos	
ella }	habl**a**	ellas }	habl**an**
usted		ustedes	

B. Other common regular verbs are:

buscar	*to look for*	**llevar**	*to carry; to take*
desear	*to want*	**mirar**	*to look (at)*
escuchar	*to listen to*	**necesitar**	*to need*
estudiar	*to study*	**pasar**	*to pass; to spend (time)*
hablar	*to speak, talk*	**viajar**	*to travel*
llegar	*to arrive*		

Nosotros buscamos un hotel.	*We're looking for a hotel.*
Él no desea viajar a Sudamérica.	*He doesn't want to travel to South America.*
El esposo de Graciela necesita un pasaporte.†	*Graciela's husband (the husband of Graciela) needs a passport.*
¿Llevas los libros?	*Are you carrying the books?*
El niño mira por la ventana.	*The child is looking out the window.*

C. Notice that the present tense in Spanish can have more than one English equivalent.

Hablo español. {
I speak Spanish.
I do speak Spanish.
I am speaking Spanish.

¿Estudias español? {
Do you study Spanish?
Are you studying Spanish?

D. The present tense is also often used in place of the future tense to imply that the action will take place in the immediate future.

Estudian con nosotros hoy.	*They're studying (will study) with us today.*
El hermano de Juan lleva un regalo también.	*Juan's brother is taking (will take) a present, too.*

E. Verbs of motion, such as **viajar** and **llegar,** require the preposition **a** before a noun that indicates a destination, but not otherwise.

Ellos no viajan a Los Ángeles; viajan a Nueva York.	*They're not traveling to Los Angeles; they're traveling to New York.*
Las dos hermanas viajan por avión.	*The two sisters are traveling by plane.*
El avión llega a Madrid hoy.	*The plane arrives (is arriving, will arrive) in Madrid today.*

†*The preposition **de** (of or from) is used to show possession in Spanish; for instance, to say "Graciela's husband," you say **el esposo de Graciela** (the husband of Graciela).*

A. **Un fin de semana típico.**   Carmen is telling a cousin how she spends a typical weekend and asking how some of their other relatives spend it. Answer her questions in the affirmative, as her cousin would.

MODELO   Miro televisión. ¿Y Juan?
Juan también mira televisión.

1. Hablo con los amigos. ¿Y ustedes?
2. Escucho radio. ¿Y tía Marta?
3. Viajo a la capital. ¿Y los primos?
4. Llevo regalos a los abuelos. ¿Y tú?
5. Estudio inglés. ¿Y los hermanos de Raúl?

B. **Nosotros dos.**   Francisco frequently forgets to include his twin brother Alejandro in his plans. Take the part of Alejandro and correct Francisco's statements.

MODELO   Llevo los libros a casa.
Llevamos los libros a casa.

1. Busco la clase de español.
2. Necesito hablar con el profesor.
3. Estudio la lección.
4. Deseo visitar la capital.
5. Viajo a México con tío Jorge.

C. **Completar las frases.**   Complete the sentences with the appropriate forms of the verbs in parentheses.

1. (buscar) Nosotros _____ el cuaderno.
2. (necesitar) El esposo de Juana _____ una silla.
3. (mirar) El profesor _____ por la ventana.
4. (hablar) Los estudiantes _____ en la clase.
5. (viajar) Paco y yo _____ a Madrid.
6. (llevar) Yo _____ los pasaportes.
7. (desear) Tú _____ hablar con los padres de Jaime.
8. (llegar) La esposa de Felipe _____ hoy.

D. **Imaginación y lógica.**   Take one word or phrase from each column to form original sentences. Be sure to use the correct form of the verb in the second column. Use each subject at least once.

MODELOS   El estudiante habla muy bien el español.
El estudiante desea escuchar radio.

yo no	viajar	el hotel
los abuelos	hablar	la cámara
el profesor	llegar	por avión
tú	buscar	escuchar radio
el estudiante	desear	muy bien el español
nosotros no	necesitar	a México hoy
Wayne y Brenda	mirar	hablar con papá y mamá

E. **Traducción.**   Give the Spanish equivalent of the following sentences.

1. I study Spanish.   2. We are looking for a pencil.   3. Uncle David travels a lot.   4. You (**tú**) are carrying the present.   5. Do you (**usted**) need the book?   6. Do you (**ustedes**) speak French?   7. Grandpa wants to travel.   8. Mom and Dad arrive today.

1. ¿Estudia usted español?   2. ¿Desea usted hablar bien el español?   3. ¿Hablamos español ahora (*now*)?   4. ¿Viaja usted mucho? ¿Desea viajar a México? ¿a España? ¿a Venezuela? 5. ¿Necesita viajar a México? ¿a Chile? ¿a Bolivia?   6. ¿Habla mucho el profesor? ¿Y los estudiantes? (Sí,...)   7. ¿Lleva usted los libros a clase?

Articles and nouns: gender and number

En el aeropuerto

AGENTE   Buenos días. *Los pasaportes,* por favor.
RAMÓN   *Un momento...* aquí están.
ISABEL   Ramón, ¿dónde está *la cámara*? ¿Y *los regalos* para *las hijas* de Juan?
RAMÓN   ¡Dios mío! ¡Están en *el avión*!

1. ¿Necesita los pasaportes el agente?   2. ¿Lleva los pasaportes Ramón?   3. ¿Dónde están la cámara y los regalos para las hijas de Juan?   4. ¿Dónde están Isabel y Ramón?

At the airport   AGENT: Good morning. Passports, please. RAMÓN: Just a moment . . . here they are. ISABEL: Ramón, where are the camera and the presents for Juan's daughters? RAMÓN: Good grief! They're on the plane!

A.   In Spanish all nouns are either masculine or feminine. Articles in Spanish are also either masculine or feminine, to reflect the gender of the noun they modify. The definite article has four forms:

	singular		*plural*	
masculine	**el** regalo	*the gift*	**los** regalos	*the gifts*
feminine	**la** cámara	*the camera*	**las** cámaras	*the cameras*

B. The indefinite article in Spanish also has four forms:

	singular		*plural*	
masculine	**un** primo	*a cousin*	**unos** primos	*some (a few) cousins*
feminine	**una** familia	*a family*	**unas** familias	*some (a few) families*

Notice that **unos** (**unas**) can mean *some* or *a few*.

C. Most Spanish nouns ending in **-o** in the singular are masculine. Most nouns ending in **-a** in the singular are feminine.

el aeropuerto	*the airport*	la farmacia	*the drugstore, pharmacy*
el abuelo	*the grandfather*	la abuela	*the grandmother*

Some exceptions are **el día** (*the day*), **el problema** (*the problem*), and **la mano** (*the hand*).

D. With nouns that do not end in **-o** or **-a** in the singular, it can be helpful to learn the definite article when you learn the noun. Notice that most nouns ending in **-dad** and **-ión** are feminine. (**El avión** is an exception.)

el hotel	*the hotel*	la verdad	*the truth*
el inglés	*English*	la región	*the region*
el viaje	*the trip*	la ciudad	*the city*
		la capital	*capital (city)*

E. The gender of many nouns that refer to people can be changed by changing the noun ending and the article.

el primo	*the (male) cousin*	la prima	*the (female) cousin*
el señor	*the man*	la señora	*the woman, lady*
un hijo	*a son*	una hija	*a daughter*
un amigo	*a (male) friend*	una amiga	*a (female) friend*

However, for some nouns the ending does not change, and so the gender of the person the noun refers to is shown by the gender of the article.

un turista	*a (male) tourist*	una turista	*a (female) tourist*
un artista	*a (male) artist*	una artista	*a (female) artist*

F. The plural of most nouns ending in a vowel is formed by adding **-s: libro, libros; mesa, mesas; viaje, viajes.** The plural of most nouns ending in a consonant is formed by adding **-es: hotel, hoteles; ciudad, ciudades; región, regiones.** * A final **z** must

*Notice that there is no accent mark on **regiones,** since the emphasis falls naturally on the next-to-the-last syllable.*

be changed to **c** before adding **-es: lápiz, lápices.** The masculine
plural of nouns referring to people may include both genders.

el niño	*the boy*
el señor González	*Mr. González*
el tío	*the uncle*
los niños	*the boys* or *the boys and girls*
los señores González	*Mr. and Mrs. González*
los tíos (el tío y la tía)	*the aunt and uncle*

G. The definite article is used with titles such as **señor, señora,**
or **señorita** when you are talking or asking about an individual.

Un artista habla con el señor Martínez.	*An artist is talking to Mr. Martínez.*
El doctor García necesita unas semanas de vacaciones.†	*Dr. García needs a few weeks of vacation.*

The definite article is not used with titles when you are speaking
to the person directly.

Buenos días, señor Martínez.	*Good day, Mr. Martínez.*
¿Cómo está usted, doctor García?	*How are you, Dr. García?*

E J E R C I C I O S

A. **Preguntas y respuestas.** With a classmate, create questions and answers
by replacing the nouns with the cues suggested.

MODELO *Estudiante 1* ¿**Están aquí los turistas?**
Estudiante 2 **No, los turistas están en la ciudad.**

Estudiante 1	*Estudiante 2*
1. pasaportes	hotel
2. aviones	aeropuerto
3. estudiantes	clase
4. profesores	universidad

MODELO *Estudiante 1* ¿**Buscas un lápiz?**
Estudiante 2 **No, busco una pluma.**

Estudiante 1	*Estudiante 2*
1. farmacia	hotel
2. cuaderno	libro
3. regalo	cámara
4. papel	pizarra

†Vacation *(singular) in English is always expressed by*
vacaciones *(plural) in Spanish.*

B. **¿Qué necesitan... ?**   Marta and the Garcías have a list of things they need. Tell what they need, following the model.

   MODELO   silla
            Marta necesita una silla. Los García necesitan unas sillas.

   1. cuaderno
   2. lápiz
   3. pluma
   4. papel

   5. libro
   6. mesa
   7. cámara
   8. semana de vacaciones

C. **Formación de frases.**   Make up sentences using the following words. Provide the definite articles, as in the model.

   MODELO   abuelo de Pablo / hablar / con / señorita González
            El abuelo de Pablo habla con la señorita González.

   1. niño / buscar / regalo
   2. doctor / viajar / a / ciudad
   3. estudiantes / hablar / con / profesor
   4. mamá de Ana / llevar / pasaportes

   5. tú / estudiar / lecciones
   6. nosotros / mirar / pizarra
   7. primo de Juan / llegar / a / capital
   8. turistas / estar / en / hotel

D. **Traducción.**   Give the Spanish equivalent of the following sentences.

   1. Mr. Gómez is looking at the notebook.
   2. Dr. García, how is the boy?
   3. Mrs. Rodríguez is spending three days in Barcelona with a friend.
   4. How are you, Miss Vega?
   5. She travels to the city with the family.
   6. Professor Martínez wants to speak with the students.

Cardinal numbers 0–99; **hay**

ESTUDIANTE	Señorita, necesito un libro sobre la familia en Hispanoamérica.
SEÑORITA	Pues, *hay* muchos, señor. *La familia Sánchez* es un libro muy interesante.
ESTUDIANTE	¿Cuánto cuesta?
SEÑORITA	*Noventa* pesos.
ESTUDIANTE	¡*Noventa* pesos... ! ¿No *hay* uno por *cuarenta* o *cincuenta* pesos?
SEÑORITA	Sí, *hay* uno por *cuarenta y cinco* pesos. Se llama *Familia y sociedad en Hispanoamérica.*
ESTUDIANTE	¡Qué bien! Pues... , llevo los *dos*.

1. ¿Qué necesita el estudiante?   2. Según (*According to*) la señorita, ¿qué libro es muy interesante?   3. ¿Cuánto cuesta *La familia Sánchez*?   4. ¿Hay otro libro que cuesta menos (*less*)? ¿Cuánto cuesta? ¿Cómo se llama?   5. ¿Qué libro o libros lleva el estudiante?

STUDENT: Miss, I need a book on the family in Spanish America. YOUNG LADY (SALESCLERK): Well, there are many, sir. *The Sánchez Family* is a very interesting book. STUDENT: How much does it cost? YOUNG LADY (SALESCLERK): Ninety pesos. STUDENT: Ninety pesos . . . ! Isn't there one for forty or fifty pesos? YOUNG LADY (SALESCLERK): Yes, there is one for forty-five pesos. It's called *Family and Society in Spanish America*. STUDENT: Good! Then . . . , I'll take them both.

A. Cardinal numbers 0–99.

0	cero						
1	uno (un, una)	11	once	21	veintiuno(ún, una)	31	treinta y uno (un, una)
2	dos	12	doce	22	veintidós	32	treinta y dos
3	tres	13	trece	23	veintitrés	33	treinta y tres
4	cuatro	14	catorce	24	veinticuatro		*etc.*
5	cinco	15	quince	25	veinticinco	40	cuarenta
6	seis	16	dieciséis	26	veintiséis	50	cincuenta
7	siete	17	diecisiete	27	veintisiete	60	sesenta
8	ocho	18	dieciocho	28	veintiocho	70	setenta
9	nueve	19	diecinueve	29	veintinueve	80	ochenta
10	diez	20	veinte	30	treinta	90	noventa

Notice the accent in **dieciséis, veintidós, veintitrés,** and **veintiséis,** all of which end in **-s**. The compound **veintiún** also takes an accent. **Uno** becomes **un** before a masculine noun and **una** before a feminine noun.

B. **Hay** is the impersonal form of **haber**; it means *there is* or *there are* and can be used with singular or plural nouns.

Hay treinta y una personas en la sala de clase.

There are thirty-one people in the classroom.

Hay siete días en una semana.

There are seven days in a week.

Hay un hotel en la calle Balboa.

There is a hotel on Balboa Street.

Hay veintiún libros aquí.

There are twenty-one books here.

EJERCICIOS

A. **Cero, uno, dos, tres...**   Count to fifty, each student taking a turn. Then count to fifty by twos, by threes, by fives, and by tens.

B. **Números y más números...**   Read each of the following expressions.

1. 11 profesores
2. 81 libros
3. 52 semanas
4. 1 avión
5. 70 primos

6. 31 ciudades
7. 45 estudiantes
8. 90 universidades
9. 65 páginas
10. 28 pasaportes

C. **Un poco de aritmética.**   Here's a chance to demonstrate your skill with numbers. Let's see how fast you can add and subtract the following quantities. You will need to know the terms **más** (*plus*) and **menos** (*minus*).

MODELOS $19 + 32 = 51$ **Diecinueve más treinta y dos son cincuenta y uno.**
$70 - 55 = 15$ **Setenta menos cincuenta y cinco son quince.**

1. $45 - 5 =$
2. $8 + 18 =$
3. $75 - 55 =$
4. $49 + 16 =$

5. $21 + 11 =$
6. $15 - 3 =$
7. $90 + 10 =$
8. $98 - 22 =$

D. **Libros y más libros...**   Imagine that you are in a Mexican bookstore and a clerk is quoting prices of various books to you. Read aloud the lowest price in each group of three.

1. treinta y tres pesos
   cincuenta pesos
   cuarenta pesos
2. setenta pesos
   ochenta pesos
   sesenta pesos
3. ochenta y siete pesos
   treinta y seis pesos
   cuarenta y nueve pesos

4. noventa y dos pesos
   setenta pesos
   sesenta y cinco pesos
5. veintiocho pesos
   cincuenta y un pesos
   treinta y cuatro pesos

E. **¿Cierto o falso?**   If the statement is true, say **cierto.** If it is false, say **no** or **falso** and restate it, giving the correct answer.

MODELO   Hay tres estudiantes en la clase.
          No, hay veintiún estudiantes en la clase.

1. Hay cinco profesores en la clase.
2. Hay dos padres y dos madres en una familia.
3. Hay quince sillas en la clase.
4. Hay una pizarra en la pared.
5. Hay veinticuatro horas (*hours*) en un día.
6. Hay tres ventanas y cuatro puertas en la clase.
7. Hay aviones en un aeropuerto.
8. Hay pasaportes en una farmacia.
9. Hay veinte días en abril (*April*).
10. Hay nueve días en una semana.

Interrogative words and word order in questions

En el teléfono

SRA. RIBERA	Hola.
MIGUEL	Hola. ¿Está Teresa en casa?
SRA. RIBERA	Sí... , pero *¿quién* habla?
MIGUEL	Habla Miguel.
SRA. RIBERA	¡Ah, Miguel! Un momento, por favor.
TERESA	Hola, Miguel. *¿Cómo* estás?
MIGUEL	Bien, gracias. ¿Estudias ahora?
TERESA	Sí. Estudio con Adela. ¿Deseas estudiar con nosotras?
MIGUEL	Sí. Paso por allí en unos minutos, ¿de acuerdo?
TERESA	De acuerdo. Hasta luego.
MIGUEL	Adiós.

1. ¿Quién (*Who*) desea hablar con Teresa?   2. ¿Está Teresa en casa?   3. ¿Cómo está Miguel?   4. ¿Con quién estudia Teresa?   5. Miguel desea estudiar con ellas, ¿verdad?   6. ¿Cuándo pasa Miguel por la casa de Teresa?

On the telephone MRS. RIBERA: Hello. MIGUEL: Hello. Is Teresa home? MRS. RIBERA: Yes . . . but who is this? MIGUEL: This is Miguel speaking. MRS. RIBERA: Oh, Miguel! Just a minute, please. TERESA: Hello, Miguel. How are you? MIGUEL: Fine, thanks. Are you studying now? TERESA: Yes. I'm studying with Adela. Do you want to study with us? MIGUEL: Yes. I'll come by there in a few minutes, okay? TERESA: Fine. See you later. MIGUEL: Good-bye.

A. Statements can be made into questions by adding "confirmation tags," such as **¿de acuerdo?**, **¿verdad?**, or **¿no?**

Estudiamos ahora, ¿de acuerdo?	*We'll study now, okay?*
Ustedes viajan a España, ¿verdad?	*You are traveling to Spain, aren't you?*
Abuela llega hoy, ¿no?	*Grandmother is arriving today, isn't she?*

¿No? is not used after a negative sentence. Notice that **¿de acuerdo?** *(okay?, agreed?)* is most often used when an action is proposed.

B. Questions can also be formed with interrogative words. Some common interrogative words are:

¿Adónde?	*To what place? Where?*	**¿Dónde?**	*Where?*
¿Cómo?	*How?*	**¿Por qué?**	*Why*
¿Cuál? ¿Cuáles?	*Which? Which one(s)? What?*	**¿Qué?**	*What?*
¿Cuándo?	*When?*	**¿Quién? ¿Quiénes?**	*Who? Whom?*

The word order for Spanish questions is interrogative word +
verb + subject (if any) + remainder (if any). The voice normally
falls at the end of a question.

¿Cómo viajan los señores a México?	*How are the gentlemen traveling to Mexico?*
¿Qué buscan los niños?	*What are the children looking for?*
¿Por qué estudias francés?	*Why are you studying French?*
¿Quién estudia español?	*Who (singular) is studying Spanish?*
¿Quiénes (plural) estudian español?	*Who (plural) is studying Spanish?*
¿Dónde están los libros? —¿Cuáles?	*Where are the books? —Which ones?*
¿Adónde viaja tío Juan?	*Where is Uncle John traveling?*
¿Cuál es el avión a La Paz?	*Which one is the plane to La Paz?*

Notice that question words always have a written accent and that
both **¿quién?** and **¿cuál?** have plural forms. **¿Quién (quiénes)?**
is also used after prepositions:

¿A quién escuchas?	*To whom are you listening?*
¿Con quién estudias?	*With whom are you studying?*

E J E R C I C I O S

A. **¿Verdad... ?**   You and a classmate are preparing for a test and are a little
unsure about the following information. Ask for confirmation by adding **¿no?**,
¿verdad?, or **¿de acuerdo?**, as appropriate.

> MODELO   Sucre está en Bolivia.
> **Sucre está en Bolivia, ¿no?**

1. Ahora estudiamos el vocabulario activo.
2. *City* se dice «ciudad» y *trip* se dice «viaje» en español.
3. Hay dos capitales en Bolivia.
4. Sevilla no está en México.
5. Noventa menos quince son setenta y cinco.
6. Después del examen, miramos televisión.
7. En Puerto Rico no hablan francés.
8. El libro se llama *¿Habla español?*

B. **¿Qué información necesita?**   Use the following interrogative words to form
questions that will correspond to the answers given. Follow the model.

> MODELO   ¿Qué?
> Pablo busca el pasaporte.
> **¿Qué busca Pablo?**

1. **¿Qué?**
   a. Miguel busca los libros.   b. Ana y José estudian francés.   c. María necesita un
   pasaporte.

2. **¿Quién? ¿Quiénes?**

   a. Miguel busca los libros.   b. Ana y José estudian francés.   c. María necesita un pasaporte.

3. **¿Con quién? ¿Con quiénes?**

   a. La señora Rodríguez está con los niños.   b. Viajan con el profesor.   c. Juan estudia con Manuel.

4. **¿Dónde? ¿Adónde?**

   a. Estela está en la universidad.   b. Viajan a Madrid.   c. Felipe está en Buenos Aires.

5. **¿Cuándo? ¿Cómo?**

   a. El avión llega en un momento.   b. Me llamo Marta Hernández.   c. Llegamos en unos minutos.

6. **¿Por qué?**

   a. No están aquí porque están en clase.   b. Llevan los pasaportes porque viajan a España.   c. Busca un teléfono porque desea hablar con Teresa.

C. **Completar la conversación.**   Complete the following conversation between Pedro and Miguel with the appropriate interrogative words.

Miguel   Hola, Pedro. ¿_____ estás?

Pedro   No muy bien, Miguel. ¿_____ es el examen de geografía (*geography exam*)?

Miguel   Mañana (*tomorrow*). ¿Deseas estudiar con nosotros?

Pedro   ¿Con _____ estudias?

Miguel   Con Teresa y Adela.

Pedro   ¿_____ estudian hoy?

Miguel   Hoy deseamos estudiar Chile, Venezuela y Paraguay.

Pedro   Paraguay... , ¿_____ está Paraguay?

Miguel   En el centro de Sudamérica.

Pedro   ¿Y _____ se llama la capital de Chile?

Miguel   ¡Santiago! Pedro, tú necesitas estudiar mucho, ¿no?

LA PAZ,[1] CAPITAL DE BOLIVIA

En un avión. Los señores García, de Venezuela, viajan a La Paz a pasar dos semanas con la familia de la señora García.

La madre   En treinta minutos llegamos a La Paz. ¡Jesús,[2] los pasaportes! ¡Ah!, están aquí. Tú llevas el regalo para Isabel, ¿verdad?

El padre   Sí, aquí está. Cálmate°, por favor.

Pepito   Mamá, ¿dónde está la casa de abuela y de tía Isabel?

La madre   ¿Cómo?[3] ¡Ah!... está en La Paz, hijo.

Pepito   ¿Y dónde está La Paz?

El padre   Pepito, mamá está muy nerviosa°. Tú hablas con papá, ¿está bien? Bueno, la ciudad de La Paz está en Bolivia.

Pepito   ¿Y dónde está Bolivia, papá?

El padre   Bolivia está en Sudamérica.

Pepito	¿Y dónde estamos nosotros ahora?
El padre	Estamos en un avión y también estamos en Sudamérica.
Pepito	¿Por qué?
El padre	Porque... pues[4]... ¡porque sí°! Pepito, ¿por qué no miras por la ventana? Necesito unos minutos de paz°.
Pepito	Pero La Paz está en Bolivia, papá...
El padre	¡Señorita! (*a la azafata°*). Señorita, por favor, ¿cuándo llegamos?
La azafata	Llegamos en dieciocho minutos, señor...

En el aeropuerto

Doña[5] Isabel	Hola, Catalina. ¿Qué tal el viaje? Y tú, Pepito, ¿cómo estás?
Pepito	Bien, gracias. Pero, ¿dónde está papá?
La madre	Está en la farmacia. Busca un tranquilizante°.
Doña Isabel	¡Qué lástima! Está nervioso por el viaje, ¿no?

Cálmate *Calm yourself*   **nerviosa** *nervous*   **¡porque sí!** *because it's so!*   **paz** *peace*   **azafata** *flight attendant*   **tranquilizante** *tranquilizer*

P R E G U N T A S

1. ¿Adónde viajan los señores García?   2. ¿Quién lleva los pasaportes? ¿y el regalo para Isabel? 3. ¿Dónde está La Paz? ¿y Bolivia?   4. En el avión, ¿a quién llama el señor García?   5. ¿Está la abuela de Pepito en el aeropuerto? ¿y la tía Isabel?   6. ¿Con quiénes habla doña Isabel? ¿Está el señor García con ellos?   7. ¿Dónde está el señor García? ¿Qué busca él?   8. ¿Por qué no está bien el señor García?

notas culturales

1. Although Sucre is the official capital of Bolivia, La Paz is the *de facto* capital. At 11,735 feet above sea level, it is the world's highest capital.

2. Expressions such as **¡Jesús!** and **¡Dios mío!** are commonly used in Spanish and are not regarded as blasphemous or coarse.

3. When a Spanish speaker does not hear or understand something, he or she usually indicates this by saying **¿Cómo?**, whereas in English it is common to say *Huh?, What?,* or *Excuse me?* Other ways to express incomprehension are discussed in the activities section of Chapter 3.

4. **Pues** and **bueno** are often used in Spanish when a person is momentarily at a loss for words. English speakers most often say *well, uh,* or *um.* Other ways to express hesitation are discussed in Chapter 7.

5. Spanish has two titles, **don** and **doña,** which are used only with first names. Originally titles of nobility, they are now used to show respect to someone of higher social position or to an older person. They are capitalized only at the beginning of a sentence.

ACTIVIDADES

In this chapter, you have seen examples of the following language functions, or uses. Here is a summary and some additional information about these functions of language:

ASKING FOR INFORMATION

To ask for information, you can use confirmation tags or interrogative words, as you have seen in this chapter.

Confirmation tags:

¿de acuerdo?   ¿verdad?   ¿no?

Remember that **¿no?** is not used after a negative sentence and that **¿de acuerdo?** is used when some kind of action is proposed. In Spanish, just as in English, these tags can be used when you simply want to confirm an answer (that you think you know) or when you do not know the answer to your question.

Interrogative words:

Review the interrogative words on page 31 of this chapter.

La familia **35**

USING THE TELEPHONE

In the conversation at the beginning of Section IV, Señora Ribera answers the telephone by saying **Hola.** In Mexico and Central America, however, people are likely to say **Bueno,** and in some areas you may hear **Aló.** In Spain you might hear **Dígame** (literally, "tell me"). Notice that she asks who is calling by saying **¿Quién habla?,** but she might also say **¿De parte de quién?** (*On behalf of whom?*). With either question, you may say **Habla** and then your name—for example, **Habla Ana.** *This is Ana* ("Ana speaking").

ENDING A CONVERSATION

Adiós.   *Good-bye.*
Bueno, nos vemos.   (Literally "Well, we'll see each other [soon].")
Feliz fin de semana.   *Have a good weekend.* (Literally, "Happy end of the week.")

Hasta luego.   *See you later.*
Hasta mañana.   *See you tomorrow.*

There are other ways to say good-bye, but the above are the most common. In the southern part of South America, where there has been a lot of Italian influence, people often just say **¡Chau!**

A.   **¿Qué dicen?** (*What are they saying?*)   Tell what the people in the following drawings are probably saying.

1.

2.

3.   **4.**

B. **¿Formal o informal?**   Tell which expressions are formal and which are informal. (Formal language almost always involves longer sentences than informal language.)

1. Nosotros estamos bien, gracias. Y usted, ¿cómo está, señorita?
2. Bien, gracias. ¿Y tú?
3. Hola, Roberto. ¿Qué tal?
4. ¿Cómo está usted, doña Carmen?
5. Feliz fin de semana, señor Ortiz.
6. ¿Adónde vas, Julio?

C. **La familia.**   Complete these sentences about your family.

1. Mamá y papá están ahora en...
2. Mi (*my*) hermano (hermana) se llama... Estudia en la escuela secundaria (la universidad de...) (*high school, the university of . . .*)...
3. Mi abuelo (abuela) viaja a...
4. Mi familia pasa las vacaciones en...

D. **Situaciones.**   In small groups, create conversations for these situations.

1. You call up your friend Silvia. Her mother, Mrs. García, answers the phone. She asks who is calling. You tell her your name, and she says, "Just a moment," and calls Silvia to the phone. You ask how Silvia is, and she says fine. You tell her you plan to go by her house in a few minutes and use a confirmation tag to find out if that's okay. She says yes, and you say you'll see her soon. You both say good-bye.
2. You and a friend are on a plane traveling to La Paz. Your friend is very nervous, but you are calm. You talk for a while, then your friend calls the flight attendant. The flight attendant asks what you need. You ask when you are arriving in La Paz, and she says that you are arriving in a few minutes. You say, "Thank you."

▼OCABULARIO ▲CTIVO

Verbos

buscar	to look for; to search
desear	to want, wish
escuchar	to listen to
estudiar	to study
hablar	to talk, speak
hay	(impersonal form of **haber**) there is, there are
llegar	to arrive
llevar	to carry; to take
mirar	to look at
necesitar	to need
pasar	to pass; to spend (time)
viajar	to travel

La familia

la abuela	grandmother
el abuelo	grandfather
don, doña	titles of respect used with first names
la esposa	wife
el esposo	husband
la hermana	sister
el hermano	brother
la hija	daughter
el hijo	son
la madre	mother
el niño (la niña)	child
el padre	father
los padres	parents
los parientes	relatives
el primo (la prima)	cousin
la tía	aunt
el tío	uncle

Los viajes

el aeropuerto	airport
el avión	airplane
la cámara	camera
la capital	capital (city)
la ciudad	city
la farmacia	pharmacy
el hotel	hotel
el pasaporte	passport
el regalo	gift
Sudamérica	South America
el, la turista	tourist
el viaje	trip

Interrogativos

¿Adónde?	To what place? Where?
¿Cómo?	How? What?
¿Cuál? ¿Cuáles?	Which? Which one(s)? What?
¿Cuándo?	When?
¿Dónde?	Where?
¿Por qué?	Why?
¿Qué?	What?
¿Quién? ¿Quiénes?	Who? Whom?

Otras palabras

a	at, to
ahora	now
allí (or allá)	there
el amigo (la amiga)	friend
¿de acuerdo?	okay?, all right?, agreed?
el día	day
¡Dios mío!	My goodness! My God!
en	in, on, at
el español	Spanish
el fin de semana	weekend
el francés	French
Hasta luego.	See you later.
Hasta mañana.	See you tomorrow.
hoy	today
el inglés	English
mucho(a)	much; many; a lot

	muy	*very*
	para	*for, in order to*
	pero	*but*
	por	*by, for, through, because of*
	por eso	*for that reason*
	porque	*because*
	¡Qué lástima!	*What a shame (pity)!*
la	radio	*radio*
la	semana	*week*
	sobre	*on, about*
	también	*also, too*
la	verdad	*truth*
	¿verdad?	*right?, true?*

Esteban es
- sociable.
- optimista.
- cortés (*courteous, polite*).
- bueno.
- amable (*friendly*).

Marta es
- intelectual.
- responsable.
- inteligente.
- realista.

Maricruz es
- idealista.
- popular.
- altruista.
- sensible (*sensitive*).

El restaurante

SEO DEL ORO

museo es { colombiano. / famoso. / interesante.

l avión es { chileno. / nuevo (*new*). / grande (*big*).

RESTAURANTE INTERNACIONAL

Platos típicos:
tacos mexicanos
raviolis italianos

Vinos buenos:
franceses
argentinos

elegante.
moderno.
pequeño (*small*).

DESCRIPCIONES

MAKING DESCRIPTIONS (1)

EXPRESSING ADMIRATION

DESCRIBING LOCATIONS

EJERCICIO

Give the opposite of these words:

1. insensible   2. pesimista   3. irresponsable   4. idealista
5. egoísta (*selfish*)   6. insociable   7. descortés   8. malo (*bad*)
9. viejo (*old*)   10. aburrido (*boring*)   11. pequeño

PREGUNTAS

1. ¿Es idealista Marta? ¿Maricruz? ¿Esteban?   2. ¿Quién es altruista: Esteban o Maricruz? ¿Es usted altruista?   3. ¿Es usted sociable o insociable? ¿optimista o pesimista? ¿responsable o irresponsable?   4. ¿Qué adjetivo(s) asocia usted (*do you associate*) con Michael Jackson? ¿con George Burns?   5. ¿Qué personas asocia usted con estos (*these*) adjetivos: descortés, idealista, popular, pesimista, intelectual?   6. ¿Qué adjetivo(s) asocia usted con su (*your*) restaurante favorito? ¿con su automóvil ideal? ¿con su libro de español?

41

The verb **ser**

1. ¿Dónde están Pedrito, el señor Larkin y la doctora Silva?   2. ¿De dónde es el señor Larkin?   3. ¿Habla español el señor Larkin?   4. ¿De dónde es la doctora Silva? Y Pedrito, ¿de dónde es?   5. Según Pedrito, ¿quiénes son también de California?   6. ¿De dónde es usted?

In a café in Buenos Aires   PEDRITO: Where are you from, Mr. Larkin? MR. LARKIN: Dr. Silva and I are from the United States. I'm from Texas. PEDRITO: You speak Spanish very well. MR. LARKIN: Thanks, you're very nice. PEDRITO: And you, Dr. Silva, are you also from Texas? DR. SILVA: No, I'm from California, Pedrito. PEDRITO: From California! Superman, the Bionic Man, and Mickey Mouse are from there also, right . . . ?

ser *(to be)*

yo	soy	nosotros(as)	somos
tú	eres	vosotros(as)	sois

él		ellos	
ella	es	ellas	son
usted		ustedes	

Somos estudiantes.	*We are students.*
Eduardo es argentino.	*Eduardo is an Argentinean.*
Ricardo es agente de viajes.	*Ricardo is a travel agent.*

Note that after **ser** the indefinite article is not used with a profession or nationality unless it is modified by an adjective, as you will see later on in the book.

A. **A que eres de Chile...** (*I'll bet you're from Chile.*)   Professor Benítez is a specialist in regional accents. Every time she hears someone speak, she guesses where the speaker is from. Make questions she would ask, following the model.

MODELO   José / España
¿De dónde es José? ¿Es de España?

1. el doctor Parodi / Argentina
2. los señores García / Cuba
3. Teresa / Paraguay
4. la profesora / Colombia

5. usted / Puerto Rico
6. los amigos de Susana / Chile
7. el profesor / Uruguay
8. ustedes / México

B. **¿Cierto o falso?**   If the statement is true, say **cierto.** If it is false, say **no** or **falso** and restate it to make it correct.

1. Buenos Aires es la capital de Bolivia.
2. Yo soy Michael Jackson.
3. Managua es la capital de Guatemala.
4. Ochenta y cinco más (*plus*) quince son cien.
5. Jorge Luis Borges es de Venezuela.
6. Ustedes son estudiantes.
7. Usted es primo (prima) de Jane Fonda.
8. Nosotros somos doctores.

C. **¿Quién soy? Pues...**   Tell a group of three or four classmates a few things about yourself.

MODELOS   **Soy Catalina. Soy estudiante de español. Soy de California. ¿Quién eres tú?**

Soy Ricardo. No soy de aquí. Soy de Montreal. Hablo inglés y francés. También soy estudiante de español. ¿Quién eres tú?

D. **Personas famosas.**   Describe four famous personalities and tell where they are from. Use the list of adjectives below in your descriptions.

MODELO   **Ralph Nader es responsable, idealista y sensible. Es de Connecticut.**

pesimista	idealista	cortés
optimista	realista	descortés
egoísta	amable	intelectual
altruísta	sensible	
responsable	insensible	
irresponsable	popular	

Adjectives

ANA	Allí está Patricia, una amiga de la Argentina.
NINA	¿Es *argentina*? Toño también es *argentino*.
ANA	Patricia es muy *simpática—cortés, sensible, trabajadora...*
NINA	Pues, Toño también es *simpático—cortés, sensible, trabajador...*
ANA	¡Una pareja *perfecta*! Quizás Toño y Patricia...
JUAN	Un momento, chicas. ¡Toño es el hermano de Patricia!

1. ¿Es mexicana Patricia? ¿y Toño?   2. ¿Cómo es Patricia? ¿y Toño?   3. Según Juan, ¿quién es Toño?

ANA: There's Patricia, a friend from Argentina. NINA: She's Argentinean? Toño is also Argentinean. ANA: Patricia is very nice—polite, sensitive, hardworking . . . NINA: Well, Toño is also nice—polite, sensitive, hardworking . . . ANA: A perfect couple (pair)! Perhaps Toño and Patricia . . . JUAN: Just a moment, girls. Toño is Patricia's brother!

A. Agreement of adjectives.

1. In Spanish, adjectives must agree both in number and in gender with the nouns they modify. The most common singular endings for adjectives are **-o** (masculine) and **-a** (feminine).

un doctor famoso	*a famous doctor*	una doctora famosa	*a famous doctor*
un estudiante mexicano	*a Mexican student*	una estudiante mexicana	*a Mexican student*
un regalo bonito	*a pretty present*	una ciudad bonita	*a pretty city*
un plato muy sabroso	*a very delicious dish*	una comida muy sabrosa	*a very delicious meal*
un chico indio	*an Indian boy*	una chica india	*an Indian girl*

2. Adjectives of nationality that end in consonants, and adjectives that end in **-dor**, are made feminine by adding **-a**.

un turista inglés*	*an English tourist*	una turista inglesa	*an English tourist*
un chico trabajador	*a hardworking guy*	una chica trabajadora	*a hardworking girl*

Remember that the written accent on the last syllable of the masculine form will not be necessary after you change the adjective to the feminine. Note also that adjectives of nationality are not capitalized.

3. With very few exceptions (which are not presented in this book), adjectives that don't end in **-o, -a,** or **-dor** have the same forms in the masculine and the feminine.

un examen difícil	*a difficult exam*	una lección difícil	*a difficult lesson*
el museo grande	*the big museum*	la casa grande	*the big house*
un examen fácil	*an easy exam*	una lección fácil	*an easy lesson*

4. To form the plural of an adjective that ends in a vowel, add **-s.** To form the plural of an adjective that ends in a consonant, add **-es.**

las ciudades grandes	*the big cities*	los pasajeros franceses	*the French passengers*
unos exámenes difíciles	*some difficult exams*	unas lecciones fáciles	*some easy lessons*

B. Position of adjectives.

1. Most adjectives are descriptive—that is, they specify size, shape, color, type, nationality, and so forth. Descriptive adjectives usually follow the nouns they modify.

un hombre hispano	*a Hispanic man*	la chica española	*the Spanish girl*
unos señores amables	*some nice gentlemen*		

2. However, adjectives that specify quantity usually precede the nouns they modify.

dos semanas	*two weeks*
muchos regalos	*many presents*

3. **Bueno(a)** (*good*) and **malo(a)** (*bad*) may be placed before or after a noun.

una buena comida	*a good meal*	una mala niña	*a bad girl*
una comida buena		una niña mala	

4. Before a masculine singular noun, **bueno** is shortened to **buen** and **malo** to **mal.**

un buen restaurante	*a good restaurant*
un mal niño	*a bad child*

Grande becomes **gran** before a singular noun of either gender; it normally means *great* when it precedes a noun and *large* when it follows a noun.

un gran libro	*a great book*
un libro grande	*a big book*
una gran ciudad	*a great city*
una ciudad grande	*a large city*

A. **Los invitados.** (*The guests.*)   Ana's friends are giving her a surprise party (for females only). Who will be the guests? Follow the model to find out.

MODELO   una prima (bueno y trabajador)
Una prima buena y trabajadora.

1. una estudiante (español)
2. una profesora (mexicano)
3. una señora (argentino)
4. una mujer (hispano típico)
5. una gran amiga (italiano)
6. una muchacha (inteligente y responsable)
7. una doctora (amable y simpático)
8. una tía (egoísta y aburrido)

B. **Adjetivos correspondientes.**   Complete each sentence with the adjectives in parentheses that could modify the person or thing indicated.

MODELO   Estudio en una universidad (buena, grande, chileno, famosa, sabrosa).
Estudio en una universidad buena, grande y famosa.

1. Preparan una comida (sociable, hispana, altruista, típica).
2. Trabajan en un restaurante (grande, colombiana, elegante, nuevo, trabajador).
3. Aquí hay hoteles (típicos, buenos, malos, grandes, pequeños).
4. Hablan con una pasajera (italiana, inglés, sensible, cortés, simpática).
5. Preguntan por una avenida (amable, típica, elegante, pesimista, famosa).

C. **Una familia interesante.**   The Padillas are an interesting and unusual family. None of the children take after their parents. In fact, they are their exact opposites! Tell what each of them is like, following the models.

MODELOS   El señor Padilla es sociable.
Los hijos son insociables.

La señora Padilla es cortés.
Las hijas son descorteses.

1. El señor Padilla es sensible.
2. La señora Padilla es idealista.
3. El señor Padilla es responsable.
4. La señora Padilla es altruista.
5. El señor Padilla es optimista.

D. **¿Cómo es el amigo (la amiga) ideal?**   Describe the ideal friend. Refer to the **Vocabulario activo** for help.

PREGUNTAS

1. ¿Viaja usted mucho? ¿Adónde viaja cuando está de vacaciones?   2. ¿Hay buenos restaurantes mexicanos aquí? ¿españoles? ¿argentinos? ¿italianos? ¿Dónde?   3. ¿Prepara usted comida típica norteamericana? ¿mexicana?   4. ¿Cómo es la comida de la cafetería de la universidad? (¿buena o mala? ¿sabrosa? ¿horrible?)   5. ¿Cómo son los estudiantes de la universidad? (¿inteligentes? ¿responsables? ¿buenos? ¿malos? ¿trabajadores? ¿simpáticos?)   6. ¿Cómo es la clase de español? (¿fácil o difícil? ¿interesante o aburrida? ¿grande o pequeña?)

Ser vs. estar

El señor Ribera es mexicano.
Es doctor.

Ahora está en Acapulco.
Está de vacaciones.

A. Ser is used:

1. To link the subject to a noun (or to an adjective used as a noun).

Silvia es italiana.	*Silvia is (an) Italian.*
Jorge y Luis son amigos.	*Jorge and Luis are friends.*
El señor García es agente de viajes.	*Mr. García is a travel agent.*

2. With **de** to indicate origin (where someone or something is from).

Soy de los Estados Unidos.	*I'm from the United States.*
¿De dónde es el regalo? —Es de México.	*Where is the present from? —It's from Mexico.*

3. To indicate where an event takes place.

La ópera es en el Teatro Colón.	*The opera is in Colón Theater.*
La exposición es en el museo.	*The exhibit is in the museum.*

4. With **de** to describe what something is made of.

¿Es de oro el reloj?	*Is the watch (made of) gold?*
La mesa es de madera.	*The table is wooden (made of wood).*

5. With **de** to indicate possession.

El reloj es de Ricardo.	*The watch is Ricardo's.*
La cámara es de la señora italiana.	*The camera is the Italian woman's.*

6. With an adjective that is considered normal or characteristic of the subject.

Marta es trabajadora.	*Marta is hardworking.*
El señor Torres es amable.	*Mr. Torres is nice.*

B. **Estar** is used:

1. To indicate location or position.

El hotel está en la avenida Colón. — *The hotel is on Colón Avenue.*

Nosotros estamos enfrente de «La Casa Mexicana». — *We are in front of "La Casa Mexicana."*

Están de vacaciones en Bogotá. — *They are on vacation in Bogotá.*

¿Dónde está la universidad? ¿A la izquierda o a la derecha? — *Where is the university? On the left or on the right?*

2. To indicate the condition of a person or thing at a particular time or with adjectives that are thought of as true of the subject at a particular time, but not always. (This is often the result of a change.)

¿Cómo estás? —Estoy bien, gracias. — *How are you? —I'm fine, thanks.*

A veces el aire está contaminado. — *At times the air is polluted.*

Adela está nerviosa hoy. — *Adela is nervous today* (though not always).

Otra vez estamos perdidos. — *We are lost again.*

E J E R C I C I O S

A. **¿Ser o estar?**   Complete the sentences, using the appropriate forms of **ser** or **estar.**

1. Los profesores ingleses _____ amables.
2. Tú _____ nervioso hoy.
3. Juan _____ allí.
4. ¿_____ el examen de Rubén?
5. Nosotros _____ italianos.
6. Ustedes _____ en la clase de español.
7. Carmen _____ perdida.
8. Yo _____ de la Argentina.

B. **En las nubes.** (*In the clouds.*)   When Rubén daydreams, he misses half of what is said. He asks questions to confirm what he thinks he's heard. Answer his questions, following the models.

MODELOS   ¿Los viajes? ¿interesantes?
            Sí, los viajes son interesantes.

            ¿Tomás? ¿en clase?
            Sí, Tomás está en clase.

1. ¿Ricardo? ¿en Bogotá?
2. ¿Los López? ¿de vacaciones?
3. ¿La universidad? ¿grande?
4. ¿Los abuelos? ¿bien?
5. ¿Nosotros? ¿estudiantes?
6. ¿Yo? ¿de Nueva York?
7. ¿Marta? ¿en casa?
8. ¿El reloj? ¿de oro?
9. ¿Tú? ¿nervioso hoy?
10. ¿La ópera? ¿Teatro Nacional?

C. **Completar el párrafo.** Complete the following paragraph, using the appropriate forms of **ser** or **estar**.

Ahora yo _____ en clase. Pepito _____ en casa porque no _____ bien. Él y yo _____ hermanos; _____ solos (*alone*) porque papá y mamá _____ de vacaciones en Buenos Aires. Ellos _____ en un hotel muy grande. Mamá dice (*says*) en una carta (*letter*): «La ciudad es muy bonita, pero el aire _____ muy contaminado. El hotel _____ moderno. A la izquierda _____ la agencia de viajes y a la derecha _____ la casa de los abuelos de Lucía. Ahora nosotros _____ en un restaurante en la avenida 9 de Julio. Hoy deseamos visitar el Teatro Colón; _____ muy famoso y _____ cerca de (*near*) aquí». Papá y mamá _____ muy bien en Buenos Aires. _____ un viaje interesante, ¿verdad?

P R E G U N T A S

1. ¿Es usted norteamericano(a)? ¿Es de Nueva York? ¿de California? ¿De dónde es usted?   2. ¿Es usted inteligente? ¿trabajador(a)? ¿optimista? ¿Cómo es usted?   3. ¿Está usted nervioso(a) hoy? ¿Por qué? ¿Cómo está usted hoy?   4. ¿Dónde están los estudiantes que no están en clase hoy? (¿en casa? ¿en la cafetería? ¿en otra clase?)

IV

The contractions **al** and **del**

UN TURISTA	Por favor, señor, ¿dónde está la agencia de viajes «Grandes Aventuras»? ¿Está cerca o lejos de aquí?
UN SEÑOR	Está allí a la izquierda, *al* lado *del* Hotel Continental.

1. ¿Está la agencia a la izquierda o a la derecha?   2. ¿Está cerca la agencia?   3. ¿Está al lado del teatro o al lado del hotel?

A TOURIST: Excuse me, sir. Where is the "Great Adventures" travel agency? Is it near or far from here? A GENTLEMAN: It's there on the left, beside the Continental Hotel.

a + el = al   de + el = del

The definite article **el** contracts with **a** to form **al** and with **de** to form **del**. The other articles do not contract.

Las chicas llegan al teatro (a la ciudad, a los Estados Unidos).	*The girls arrive at the theater (at the city, in the United States).*
Estamos lejos del museo (de la universidad, de los hoteles, de las agencias).	*We're far from the museum (from the university, from the hotels, from the agencies).*

A. **¿Cierto o falso?** Look at the map of South America on page 60. Then react to the following statements with **cierto** or **falso**. If the statement is false, correct it.

NORTE

OESTE · ESTE

SUR

1. Ecuador está al norte del Perú.
2. Uruguay está al sur del Brasil.
3. El Salvador está en Sudamérica.
4. La Argentina está al oeste de Chile.
5. Venezuela está lejos del Paraguay.
6. Colombia está cerca del Uruguay.

B. **Imaginación y lógica.** Form sentences for each group of words, using them in the order given.

MODELO   hotel / izquierda / aeropuerto
El hotel está a la izquierda del aeropuerto.

1. restaurante / lado / universidad
2. hospital / izquierda / farmacia
3. universidad / cerca / teatro
4. museo / derecha / agencia
5. aeropuerto / lejos / ciudad

1. ¿Desea usted viajar a la ciudad de México? ¿al Perú? ¿Adónde desea viajar usted?   2. ¿Lleva usted un pasaporte cuando viaja al Canadá? ¿a la Argentina? ¿a Tejas? ¿a Nueva York?   3. En la clase de español, ¿está usted cerca o lejos de la puerta? ¿Quién está a la derecha de usted? ¿a la izquierda?   4. ¿Está la universidad lejos o cerca del aeropuerto? ¿de un buen restaurante?

The personal **a**

El señor mira a la señorita.

El señor mira los precios.

Elena busca *al* niño.

Elena busca el Hotel Nacional en el mapa (*map*).

The personal **a** must precede a direct object that refers to a person or persons. The direct object is the word that indicates the person or thing that is acted upon (or that receives the action of the verb directly). In the sentence *I give the book to Jim, the book* is what is given—it is the direct object. In the sentence *I see Jim, Jim* is the person who is seen—he's the direct object. In Spanish, direct objects that refer to people must be preceded by the personal **a**.

Teresa visita a los señores Navarro.	*Teresa is visiting Mr. and Mrs. Navarro.*
Necesitamos a la doctora.	*We need the doctor.*

but:

Teresa visita el Museo de Historia Natural.	*Teresa is visiting the Natural History Museum.*
Necesitamos una casa grande.	*We need a big house.*

An exception is with the verb **tener**, which is not normally followed by the personal **a**: **Tengo dos hermanos. Tienen amigos en Arizona.**

A. **Un detective.** Alfonso is an amateur detective. Tell what (or whom) he's looking for, using the cues.

> MODELO el hotel / los turistas
> **Alfonso busca el hotel y también busca a los turistas.**

1. la casa de Luis / Luis
2. el pasaporte / unos regalos
3. el señor Méndez / un restaurante
4. los abuelos / el autobús
5. las cámaras / los pasajeros
6. los estudiantes / el profesor Ruiz

B. **Traducción.** Give the Spanish equivalent of the following sentences.

1. Juan looks at Adela.
2. They are looking for a good restaurant.
3. The student visits the museum.
4. I want to visit Mr. Flores.
5. The travel agent is calling the tourists now.

---

1. ¿Visita usted a unos amigos hoy? ¿al (a la) profesor(a) de español?   2. ¿Llama usted mucho a los amigos? ¿a un(a) amigo(a) en particular? ¿A quién desea usted llamar hoy? ¿mañana? ¿el fin de semana próximo (*next*)?   3. ¿Mira usted televisión? ¿Mira usted a veces (*sometimes*) al presidente en la televisión?   4. ¿Necesita usted a veces a los profesores? ¿a un(a) profesor(a) en particular?   5. Cuando usted está de vacaciones, ¿qué visita? (¿museos? ¿teatros? ¿otras ciudades? ¿otros países?) ¿A quién(es) visita? (¿a amigos? ¿a parientes? ¿a otras personas?)

BUENOS AIRES: BIENVENIDOS AL PARÍS DE SUDAMÉRICA

En un autobús. Los señores Smith están de vacaciones en Buenos Aires. Buscan el Museo de Historia Natural°.

Sr. Smith   ¡Dios mío!, el tráfico está horrible y el aire está contaminado.

Sra. Smith   Es el precio del progreso. Pero los porteños[1] son amables y la ciudad es bonita, ¿no?

Sr. Smith   Sí, pero es muy grande. Estoy perdido... ¿Cómo llegamos al museo?

Sra. Smith   ¿Por qué no preguntamos?

Sr. Smith   Buena idea. (*Habla con un pasajero.*) Por favor... ¿dónde está el Museo de Historia Natural?

El pasajero   Está lejos. Ustedes no son de aquí, ¿verdad?

Sra. Smith   No, somos ingleses.

El pasajero	¡Ah!, son de Inglaterra°. Pues... bienvenidos al París de Sudamérica. ¿Por qué desean visitar el museo?
Sra. Smith	Para mirar las exposiciones sobre los animales[2] típicos del país, sobre la cultura de los indios y sobre...
El pasajero	Un momento, por favor. Me llamo Emilio Tamborini[3] y soy agente de viajes. Por casualidad° estamos enfrente de la agencia *Viajes Tamborini*. ¿Por qué no bajamos?
Sr. Smith	¿Para visitar el museo?
El pasajero	No. Pero es posible visitar una estancia° moderna, visitar a los gauchos[4] y...
Sra. Smith	Gracias, señor. Otro día, quizás. Hoy deseamos visitar el famoso Museo de Historia Natural.
El pasajero	Bueno, adiós... ¡Y buena suerte!

El señor Tamborini baja del autobús. Los señores Smith no bajan.

Sr. Smith	Otra vez estamos perdidos. ¿Por qué no preguntas?
Sra. Smith	Buena idea. (*A un pasajero.*) Por favor... ¿dónde está el Museo de Historia Natural?
El pasajero	Está lejos. Ustedes no son de aquí, ¿verdad?...

Historia Natural *Natural History*   **Inglaterra** *England*   **Por casualidad** *By chance*   **estancia** *ranch*

Descripciones

1. ¿Dónde están los señores Smith? 2. ¿De dónde son ellos? 3. ¿Qué buscan? 4. ¿A quién pregunta el señor Smith dónde está el museo? 5. ¿Cómo se llama el pasajero? 6. ¿Por qué desean visitar el museo los señores Smith? 7. ¿Es agente de viajes el señor Tamborini? 8. ¿Adónde desea llevar él a los señores Smith? 9. Al final (*in the end*), ¿llegan al museo? 10. ¿Visita usted museos con frecuencia (*frequently*)?

notas culturales

1. **Porteño** (literally, *port dweller*) is the usual term for someone who lives in Buenos Aires, Argentina's capital and main port on the Río de la Plata. **Porteños** call their city "the Paris of South America."

2. Because of the variety of its terrain, Argentina has a number of unusual animals, like the **jaguar;** the **cóndor,** the largest bird of flight; and the **carpincho,** the largest living rodent, which sometimes attains a weight of one hundred pounds and in some parts of South America is hunted by the natives for food.

3. If the surname *Tamborini* sounds more Italian than Spanish to you, you are correct. A large number of Argentineans are of Italian descent. The British, French, and Germans have also contributed to Argentina's population.

4. The **gaucho,** or Argentine cowboy, is now more a legendary figure than a real one. In the early 1800s thousands of these men led a nomadic life on the **pampas** (*dry grasslands*), living off the wild herds of cattle and horses that had descended from those of the Spanish conquistadors. The word is also used for the descendants of the original **gauchos** who now work as ranchhands on the large **estancias** (*Argentine ranches*) and preserve some of the old traditions.

ACTIVIDADES

In this chapter you have seen examples of the following language functions, or uses. Here is a summary and some additional information about these functions of language.

MAKING DESCRIPTIONS (1)

In this chapter you've seen how to use adjectives with both **ser** and **estar.** Consult the **Vocabulario activo** for a complete list of adjectives from this chapter.

EXPRESSING ADMIRATION

A common way to express admiration is with an exclamation containing an adjective. To form exclamations, you can use the word ¡Qué...! + an adjective. The adjective should agree with the noun it describes in gender and number.

¡Qué interesante! (el libro)   ¡Qué lindos! (los relojes)

To include a noun in the exclamation, use ¡Qué...! + noun + **más** + adjective.

¡Qué niño más cortés!   *What a polite child!*
¡Qué señora más simpática!   *What a nice lady!*
¡Qué chicos más trabajadores!   *What hardworking young people!*
¡Qué casas más bonitas!   *What pretty houses!*

DESCRIBING LOCATIONS

Here are some prepositions referring to place or position that you have seen so far in this book.

a la derecha *on (to) the right*   cerca (de) *near*
a la izquierda *on (to) the left*   detrás (de) *behind*
al lado de *beside, next to*   enfrente (de) *in front of*
arriba (de) *above, over*   lejos (de) *far from*

A. **Descripciones.** Use ¡Qué...! + noun + **más** + adjective to describe these pictures. You may want to choose from these adjectives: **grande, pequeño, elegante, sabroso, interesante, difícil, viejo, cortés.**

MODELO

¡Qué pasajeros más corteses!

1.

2.

3.

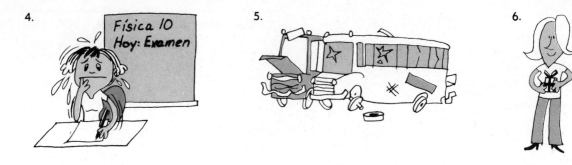

4. Física 10 Hoy: Examen

5.

6.

B. **Poema.** In small groups write a short poem about someone you know. Use the following guidelines if you wish.

Line 1: name of person(s)	La profesora Jones
Line 2: two adjectives that describe the person(s)	simpática, inteligente
Line 3: a place you associate with the person(s)	en la clase
Line 4: a descriptive phrase	con los estudiantes
Line 5: another adjective	paciente

C. **En la avenida Bolívar.** Describe the picture, using prepositions. Include answers to the following questions.

El doctor habla con el conductor (*driver*) del autobús. ¿Quién está más cerca de ellos: el policía (*the policeman*) o la señora? ¿Está el doctor a la izquierda o a la derecha del auto? ¿Quién está detrás del auto: la señora o el conductor? ¿Dónde están los pasajeros? ¿Y el conductor?

D. **Situaciones.** Role-play the following situations.

1. Your boyfriend or girlfriend has called you the following things during a fight: selfish, rude, insensitive, and so on. A friend calls you, and you describe the conversation; _____ **dice que yo soy...** ([name] *says that I am . . .*). Your friend tells you that these things aren't true—you're not really selfish, rude, insensitive, and so on.

2. You and a friend are on a bus in Buenos Aires. "What a beautiful city!" your friend says. You ask another passenger where the Museum of Natural History is and if it is far. The passenger replies, "No, it's nearby." You have a short conversation with the passenger, who asks you who you are, where you are from, and so forth. The passenger compliments you on your Spanish, and you say, "Thank you, you're very nice." "The Museum of Natural History is there on the left," says the passenger. You say good-bye and get off.

VOCABULARIO ACTIVO

Verbos

bajar de	to get off
estar de vacaciones	to be on vacation
llamar	to call
preguntar	to ask
preparar	to prepare
ser	to be
trabajar	to work
visitar	to visit

Adjetivos

aburrido(a)	boring
altruísta	altruistic
amable	nice, friendly
argentino(a)	Argentinian
bonito(a)	pretty
bueno(a)	good
colombiano(a)	Colombian
contaminado(a)	polluted
cortés	courteous, polite
chileno(a)	Chilean
descortés	impolite
difícil	difficult
egoísta	selfish
elegante	elegant
fácil	easy
famoso(a)	famous
grande (gran before a masculine singular noun)	big, tall; great
hispano(a)	Hispanic
idealista	idealistic
indio(a)	Indian
insensible	insensitive
insociable	not sociable
intelectual	intellectual
inteligente	intelligent
interesante	interesting
internacional	international
irresponsable	irresponsible
italiano(a)	Italian
joven (pl: jóvenes)	young
malo(a)	bad; sick
mexicano(a)	Mexican
moderno(a)	modern
nervioso(a)	nervous
norteamericano(a)	North American
nuevo(a)	new
optimista	optimistic
perdido(a)	lost
pequeño(a)	small, little
pesimista	pessimistic
realista	realistic
responsable	responsible
sabroso(a)	delicious
sensible	sensitive
típico(a)	typical
trabajador(a)	hardworking
viejo(a)	old

Sustantivos (*Nouns*)

la **agencia**	*agency*
el, la **agente de** **viajes**	*travel agent*
el **aire**	*air*
el **autobús**	*bus*
la **avenida**	*avenue*
la **comida**	*food; meal*
el **chico** (la **chica**)	*boy (girl), young person*
el **doctor** (la **doctora**)	*doctor*
España	*Spain*
los **Estados Unidos**	*United States*
el **examen**	*exam, test*
la **exposición**	*exhibit*
la **idea**	*idea*
la **madera**	*wood*
el **museo**	*museum*
el **oro**	*gold*
el **país**	*country*
el **pasajero** (la **pasajera**)	*passenger*
la **persona**	*person*
el **plato**	*plate; dish*
el **precio**	*price*
el **progreso**	*progress*
el **reloj**	*watch; clock*
el **restaurante**	*restaurant*
el **teatro**	*theater*
el **tráfico**	*traffic*
la **universidad**	*university*
la **vez**	*time, instance*
el **vino**	*wine*

Posiciones

a la derecha	*on (to) the right*
a la izquierda	*on (to) the left*
al lado de	*beside, next to*
arriba (de)	*above, over*
cerca (de)	*near*
detrás (de)	*behind*
enfrente (de)	*in front of; across from, opposite*
lejos (de)	*far from*

Otras palabras

bienvenido(a)	*welcome*
mañana	*tomorrow*
otra vez	*again, once more*
otro(a)	*other; another*
quizás	*perhaps*

EL MUNDO HISPANO

As you can see from the accompanying maps, the Spanish-speaking world covers a vast territory: Spain; Mexico; Central America, except British Honduras; Cuba, Puerto Rico, and the Dominican Republic in the Caribbean; and all of South America except Brazil and **las Guayanas** (Guiana, Surinam, and French Guiana). Consequently, the Spanish-speaking world is one of geographical contrasts. One can travel from the deserts of northern Mexico to the tropical forests of Central America, to the mountainous Andes regions, to the glaciers at the tip of South America. Almost every imaginable climate and terrain are encompassed by **el mundo hispano.**

Here is a short geographical quiz about the Spanish-speaking world. If you don't
know the answers, a glance at the maps will provide them.

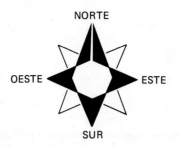

1. La ciudad de Madrid está: a. en el norte de España   b. en el centro de España
   c. en el sur de España.
2. Los Pirineos separan a España de: a. África   b. Portugal   c. Francia.
3. La ciudad de Granada está en Andalucía, famosa por la música flamenca (*gypsy music*).
   Una ciudad que está cerca es: a. Montevideo   b. Sevilla   c. San José.
4. El estrecho (*strait*) de Gibraltar separa a España de: a. África   b. Portugal   c. Francia.
5. La península de Yucatán está en: a. Chile   b. España   c. México.
6. La capital de Bolivia es: a. La Paz   b. Asunción   c. Quito.
7. Dos islas del Caribe son: a. Cuba y Belice   b. Cuba y Puerto Rico   c. El Salvador y
   República Dominicana.
8. La capital de Puerto Rico es: a. Managua   b. Jalapa   c. San Juan.
9. La ciudad de Tegucigalpa está en: a. México   b. Perú   c. Honduras.
10. Los Andes están: a. en el oeste de Sudamérica   b. en el centro de Sudamérica   c. en
    el este de Sudamérica.
11. Argentina está al sur de: a. Uruguay   b. Paraguay   c. Chile.
12. Los dos países sin (*without*) comunicación directa con el Atlántico o el Pacífico son: ·
    a. Paraguay y Uruguay   b. Ecuador y Bolivia   c. Bolivia y Paraguay.

1. el policía
   (la mujer policía)

2. el músico
   (la músico)

3. el abogado
   (la abogado)

4. la agente de viajes
   (el agente de viajes)

5. la comerciant
   (el comercian

7. el camarero
   (la camarera)

8. la escritora
   (el escritor)

9. el vendedor
   (la vendedora)

AGENCIA DE VIAJES

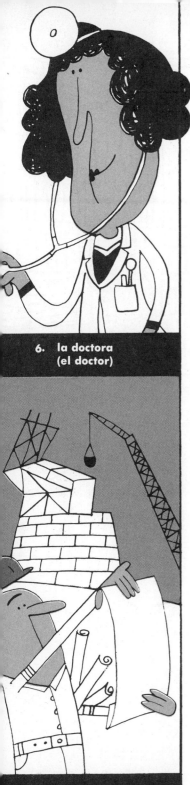

6. la doctora (el doctor)

10. el ingeniero (la ingeniera)

TELLING TIME

EXPRESSING INCOMPREHENSION

PREGUNTAS

1. ¿Cuál es la profesión de Madonna y de Bruce Springsteen? ¿de Clarence Darrow y de F. Lee Bailey? ¿de J. C. Penney y de J. P. Morgan? ¿de Christiaan Barnard y de Jonas Salk? ¿de Gabriel García Márquez y de Virginia Woolf?   2. ¿Cómo se llama la persona que trabaja en un restaurante? ¿en una boutique? ¿en una agencia de viajes?   3. ¿Qué profesión asocia usted con Perry Mason? ¿con Marcus Welby? ¿con Kojak?   4. ¿Qué materia (*subject*) asocia usted con Sigmund Freud? ¿con Marie Curie? ¿con Miguel de Cervantes? ¿con Margaret Mead? ¿con Albert Schweitzer? ¿con John Locke? ¿con Blaise Pascal? ¿con Henry Kissinger?   5. ¿Estudia usted historia? ¿ciencias políticas? ¿español? 6. ¿Qué estudia usted? ¿Qué desea estudiar en el futuro?

Tell what course of study each of these people is following.

> **MODELO** Consuelo estudia las plantas y los animales.
> **Estudia biología.**

1. Adela estudia las ideas de Carlos Jung.
2. Eduardo estudia a Shakespeare y a Cervantes.
3. Felipe estudia las ideas de Sócrates y de Aristóteles.
4. Ana estudia las civilizaciones azteca y maya.
5. Manuel estudia ecuaciones ($24x + 6y = 150$).
6. Pedro estudia la estructura del átomo.

Telling time

¿Qué hora es?

Es la una.

Es la una y cuarto
(y quince).

Es la una y media
(y treinta).

Son las dos menos
veinte.

Son las dos menos
cuarto.

Son las cuatro
y diez.

de la mañana

de la tarde

de la noche

¿A qué hora llega el avión?

Llega a las diez y
cuarto de la mañana.

A. **¿Qué hora es?**   Look at the five clocks below and tell the time in Spanish.

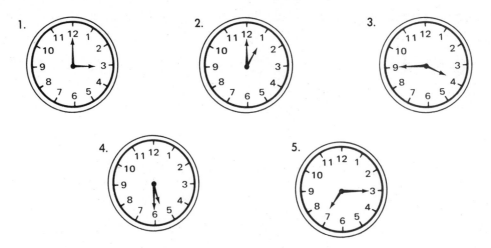

B. **¿A qué hora llega el avión?**   Using the following chart, tell the arrival time of each of the planes coming from the cities listed there.

MODELO   La Paz / 2:30 P.M.
        El avión de La Paz llega a las dos y media de la tarde.

Ciudad de origen	Hora de llegada (*arrival*)
Buenos Aires	6:30 P.M.
San Francisco	8:45 A.M.
Acapulco	10:15 P.M.
Puerto Rico	9:30 A.M.
La Paz	2:30 P.M.
Madrid	6:45 A.M.
Caracas	9:00 P.M.

PREGUNTAS

1. ¿Qué hora es?   2. ¿A qué hora llegamos a la clase de español?   3. ¿Mira usted televisión? ¿A qué hora? ¿Qué programa(s)?   4. ¿A qué hora llega usted a la universidad? ¿Practica español en el laboratorio? ¿A qué hora?   5. ¿Estudia usted por la noche o por la mañana? ¿A qué hora?

The present tense of regular -er and -ir verbs

JUAN	*Lees* y *escribes* mucho, Luisa. ¿Qué *lees* ahora?
LUISA	*Leo* un libro de filosofía y *escribo* notas para una composición.
JUAN	¿Cómo? No *comprendo*. *Vivimos* en el siglo veinte. *Debemos* leer libros prácticos y aprender matemáticas, ciencias de computación, ingeniería y física.
LUISA	Pero Juan, también *debemos* estudiar filosofía. En la filosofía *descubrimos* «la verdad en la vida y la vida en la verdad».
JUAN	*Creo* que los filósofos *comprenden* el pasado, pero tú *debes* estudiar para el futuro.

1. ¿Lee mucho Luisa? ¿Qué lee ahora?   2. ¿Qué escribe Luisa?   3. ¿Qué cree Juan que debemos leer?   4. ¿Qué cree Juan que debemos aprender?   5. ¿Qué descubrimos en la filosofía?   6. ¿Con quién está usted de acuerdo (*in agreement*): con Juan o con Luisa? ¿Por qué?

JUAN: You are reading and writing a lot, Luisa. What are you reading now? LUISA: I am reading a philosophy book, and I'm writing (taking) notes for a composition. JUAN: What? I don't understand. We live in the twentieth century. We should read practical books and learn mathematics, computer science, engineering, and physics. LUISA: But, Juan, we should also study philosophy. In philosophy we discover "truth in life and life in truth" (a well-known phrase of the Spanish philosopher Miguel de Unamuno). JUAN: I think (believe) that philosophers understand the past, but you should study for the future.

A. To conjugate regular verbs ending in **-er** or **-ir**, remove the infinitive ending and add the present-tense endings to the stem. The endings are the same for both types of verbs, except in the **nosotros** and **vosotros** forms.

	comer *(to eat)*	**vivir** *(to live)*
yo	com**o**	viv**o**
tú	com**es**	viv**es**
él ella usted	com**e**	viv**e**
nosotros(as)	com**emos**	viv**imos**
vosotros(as)	com**éis**	viv**ís**
ellos ellas ustedes	com**en**	viv**en**

B. Other verbs conjugated like **comer** are:

aprender *to learn*	**deber** *should, must, ought to*
comprender *to understand*	**leer** *to read*
creer *to think, believe*	**vender** *to sell*

Debe ser importante. —¡Claro!	*It must be important. —Of course!*
Leemos un libro sobre política.	*We are reading a book about politics.*
Creo que Manuela todavía vive cerca de la biblioteca.	*I believe that Manuela still lives near the library.*
¿Venden libros de texto en la librería de la calle Castro?	*Do they sell textbooks in the bookstore on Castro Street?*

C. Other verbs conjugated like **vivir** are:

abrir *to open*	**escribir** *to write*
decidir *to decide*	**recibir** *to receive*
descubrir *to discover*	

¿Abres la ventana?	*Are you opening the window?*
¿Cuántas cartas escriben ustedes cada semana? ¿Cuántas reciben?*	*How many letters do you write each week? How many do you receive?*
Deben aprender español si deciden vivir en México.	*You should learn Spanish if you decide to live in Mexico.*

E J E R C I C I O S

A. **En acción.** Look at the drawings and tell what the various people are doing.

1. **Susana...**

2. **Los doctores...**

*¿**Cuánto(-a, -os, -as)?** is an interrogative word meaning* how much? *or* how many? *It agrees in gender and number with the noun it modifies. The noun may be expressed or implied.*

3. El señor Ortiz...

4. Los estudiantes...

5. La niña...

6. El señor Montero...

B. **Imaginación y lógica.** Create as many logical sentences as you can, combining material from the three columns.

MODELOS **La doctora Pérez vive en una casa muy moderna.**
La doctora Pérez recibe al abogado Méndez.

ustedes no	recibir	la lección de física
los vendedores	abrir	libros y cuadernos
tú	vivir	en la cafetería de la universidad
el profesor de	leer	estudiar
historia	escribir	al abogado Méndez
la doctora Pérez	aprender	una carta
yo no	vender	mucho
Ricardo y tú	deber	en una casa muy moderna
nosostros no	comprender	la puerta
los músicos	comer	creer al doctor
el camarero		

Estudios y profesiones **69**

1. ¿Lee usted un libro ahora? ¿Cómo se llama?   2. ¿Lee usted muchos libros? ¿Qué libros?
3. ¿Aprende usted mucho en la universidad?   4. ¿Qué aprendemos en la clase de español ahora?   5. ¿Come usted en la cafetería de la universidad? ¿Come bien o mal en la cafetería?
6. ¿Escribe usted muchas cartas? ¿muchas composiciones?   7. ¿Recibe usted muchas cartas? ¿de quién(es)? ¿de dónde?   8. ¿Vive usted con un(a) amigo(a)?   9. ¿Vive usted cerca o lejos de la universidad? ¿de la biblioteca? ¿de una librería grande?   10. ¿En qué ciudad vivimos? ¿en qué estado?

Demonstrative adjectives and pronouns

ANA	Es hora de comer, Pablo. ¿En qué restaurante comemos?
PABLO	¿En *este* restaurante francés, aquí al lado de la Facultad de Ciencias Sociales?
ANA	No, no deseo comida francesa *esta* noche.
PABLO	Bueno. ¿Y en *ese* italiano que siempre está lleno de estudiantes de psicología?
ANA	Creo que *ése* no es bueno.
PABLO	De acuerdo. ¿Y en *aquel* restaurante alemán que está detrás de la Facultad de Medicina?
ANA	Pero en *aquél* la comida es cara.
PABLO	Pues... ¿y en *aquella* cafetería que está en la Avenida Juárez?
ANA	¿Cómo? ¿Qué cafetería?
PABLO	La cafetería de la Avenida Juárez, allá al lado de la librería.
ANA	¡Oh! pero *aquélla* está lejos, ¿no?
PABLO	¡Ay, ay, ay! ¿Por qué no comemos en casa?

1. ¿Dónde está el restaurante francés?   2. ¿Por qué no desea comer en ése Ana?   3. Según ella, ¿es bueno el restaurante italiano?   4. ¿Dónde está el restaurante alemán? ¿Desea comer allí Ana? ¿Por qué?   5. ¿Está lejos la cafetería? ¿Qué hay cerca de esa cafetería?
6. ¿Dónde desea comer Pablo?

ANA: It's time to eat, Pablo. What restaurant shall we eat in? PABLO: In this French restaurant here next to the School of Social Sciences? ANA: No, I don't want French food this evening. PABLO: Okay. And in that Italian one that's always full of psychology students? ANA: I think that one isn't good. PABLO: All right. And in that German restaurant that's behind the School of Medicine? ANA: But the food in that one is expensive. PABLO: Well . . . and at the cafeteria that's on Juárez Avenue? ANA: What? What cafeteria? PABLO: The cafeteria on Juárez Avenue, over there next to the bookstore. ANA: Oh! but that one is far away, isn't it? PABLO: Good grief! Why don't we eat at home?

A. Demonstrative adjectives.

1. Demonstrative adjectives are used to point out a particular person or object. They precede the nouns they modify and agree with them in gender and number.

Demonstrative adjectives

	masculine	*feminine*	
singular	este	esta	*this*
	ese	esa	*that*
	aquel	aquella	*that (over there)*
plural	estos	estas	*these*
	esos	esas	*those*
	aquellos	aquellas	*those (over there)*

Este autobús va muy despacio.	*This bus is going very slowly.*
¡Esta librería es estupenda!	*This bookstore is great!*
Esa muchacha se llama Luisa, y ese muchacho que está con ella es Alberto.	*That girl's name is Luisa, and that boy (that is) with her is Alberto.*
¿Quiénes son esas personas? Por ejemplo, esos chicos que están con los García.	*Who are those people? For example, those guys (that are) with the Garcías.*
Aquella joven estudia arquitectura.	*That young woman (over there) is studying architecture.*
Aquel hombre es ingeniero.	*That man (over there) is an engineer.*

2. Both **ese** and **aquel** correspond to *that* in English. **Ese, esa, esos,** and **esas** indicate persons or objects located fairly close to the person addressed. **Aquel, aquella, aquellos,** and **aquellas** indicate persons or objects that are distant from both the speaker and the person spoken to.*

B. Demonstrative pronouns.

1. Demonstrative pronouns in Spanish have the same forms as demonstrative adjectives, except that the pronouns have written accents. They agree in gender and number with the nouns they replace.

¿Éste? Es un libro de filosofía.	*This? It's a philosophy book.*
¿Éstos? Son calendarios.	*These? They're calendars.*
¿Ése? Es un estudiante francés.	*That one? He's a French student.*
¿Quiénes son aquellas chicas? —¿Aquéllas? Son amigas de Magdalena.	*Who are those girls? —Those (over there)? They're friends of Magdalena.*

*__*Aquel__ and its forms are used less commonly in the New World than in Spain.*

2. There are three neuter demonstrative pronouns in Spanish: **esto** (*this*), **eso** (*that*), and **aquello** (*that* [more distant]). They are used to refer to statements, abstract ideas, or something that has not been identified. There are no plural forms, and they do not have written accents.

Esto no es muy bueno.

This (situation, idea, or whatever) isn't very good.

¿Qué es eso?

What's that?

Todo aquello es de don Sancho.

All that (over there) is Don Sancho's.

A. **Chismes profesionales.** (*Professional gossip.*)   What's new? To find out, change the subject of each sentence from masculine to feminine and make any other necessary changes.

MODELO   Ese profesor es aburrido.
        Esa profesora es aburrida también.

1. Esos escritores son malos.
2. Aquel doctor es excelente.
3. Ese estudiante es muy irresponsable.
4. Este ingeniero es muy trabajador.
5. Aquellos comerciantes italianos son muy amables.
6. Estos músicos son famosos y populares.

B. **Compañeros de clase.** (*Classmates.*)   Using adjectives from the **Vocabulario activo** of Chapter 2 or others you know, describe your classmates. Use demonstrative adjectives and pronouns to indicate whom you mean.

MODELOS   **Esa estudiante es buena, pero aquéllas son excelentes.**
         Estos chicos son trabajadores y ésos también.

C. **Al grano.** (*To the point.*)   Restate each sentence or question, using a demonstrative pronoun to avoid unnecessary repetition.

MODELO   Deseo llevar este libro y aquel libro.
        Deseo llevar este libro y aquél.

1. Debo leer esos capítulos y este capítulo.
2. ¿Abrimos esta ventana o aquellas ventanas?
3. Desean comer en aquel restaurante y en ese restaurante también.
4. Debemos escribir a esos primos y a estos primos también.
5. ¿Vives en esa avenida o en esta avenida?

D. **Respuestas breves.** (*Brief responses.*)   Answer each question with one word, as in the model, pointing to the object(s) or person(s) as you respond.

   MODELO   ¿Cuál es el lápiz de usted?
   　　　　　　 Éste.

   1. ¿Cuáles son los papeles del profesor (de la profesora)?
   2. ¿Cuál es el cuaderno de _____ (un[a] estudiante de la clase)?
   3. ¿Cuáles son las ventanas de la clase?
   4. ¿Cuál es la silla de usted?
   5. ¿Cuáles son los libros de _____ (un[a] estudiante de la clase)?
   6. ¿Cuál es la puerta principal?
   7. ¿Cuál es el texto de español?

P R E G U N T A S

1. ¿Es cara la comida en este país? ¿en esta ciudad? ¿en la cafetería de esta universidad?
2. ¿Estudia mucho esa chica (que está al lado de usted)? ¿ésta? ¿aquélla?   3. ¿Cómo se llama este muchacho (que está cerca del profesor o de la profesora)? ¿ése? ¿aquél?   4. ¿Qué es esto? (Es un libro.) ¿eso? ¿aquello?   5. ¿Cómo es esta clase? ¿esta universidad? ¿esta ciudad?

The present indicative of **tener**

BÁRBARA	¿*Tienes* tiempo para estudiar inglés esta tarde?
DORA	No, no *tengo* bastante tiempo. Robert y yo *tenemos* ganas de visitar el Museo Nacional de Antropología.
BÁRBARA	Pero... ¿y el examen de inglés que *tienen* mañana?
DORA	No *tiene* importancia. El inglés es fácil, y con Robert aprendo más.
BÁRBARA	Comprendo. La escuela de la vida, ¿no?

1. ¿Tiene tiempo Dora para estudiar inglés con Bárbara?   2. ¿Qué planes tienen Dora y Robert?   3. ¿Por qué no tiene importancia para Dora el examen de inglés?

BÁRBARA: Do you have time to study English this afternoon? DORA: No, I don't have enough time. Robert and I feel like visiting the National Museum of Anthropology. BÁRBARA: But . . . what about the English test that you have tomorrow? DORA: It's not important. English is easy, and with Robert I learn more. BÁRBARA: I understand. The school of life, right?

A. The verb **tener** is irregular.

tener (*to have*)

tengo	tenemos
tienes	tenéis
tiene	tienen

Tengo muchos libros sobre medicina.	*I have lots of books about medicine.*
¿Tienes tiempo para comer?	*Do you have time to eat?*
Tenemos una clase de ingeniería a las dos.	*We have an engineering class at two o'clock.*

B. **Tener que** + infinitive means *to have to* (do something).
Tener ganas de + infinitive means *to feel like* (doing something).

Tengo que escribir una composición sobre los dioses de los aztecas.	*I have to write a composition about the gods of the Aztecs.*
¿Tienes ganas de visitar a Enrique?	*Do you feel like visiting Enrique?*

EJERCICIOS

A. **Completar las frases.** Complete the sentences with the appropriate forms of **tener.**

1. Yo _____ un cuaderno.
2. Ana y María _____ una clase de biología ahora.
3. Nosotros _____ un examen muy difícil mañana.
4. ¿_____ usted un lápiz?
5. El profesor _____ muchos amigos mexicanos.
6. ¿_____ ustedes tiempo para estudiar la lección?
7. Creo que Ronaldo _____ dos libros sobre literatura inglesa.

B. **Imaginación y lógica.** Create sentences using the following material. Use each subject pronoun twice.

él	tenemos	una clase de literatura
yo	tienen	unos relojes alemanes
ellos	tiene	ganas de viajar
tú	tengo	que estudiar
nosotros	tienes	un amigo de Chile
		ganas de comer
		la información
		que buscar un hotel
		ganas de trabajar
		los ochenta pesos

1. ¿Tiene la universidad una buena biblioteca?   2. ¿Tienen aquí programas de español en la televisión?   3. ¿Tiene usted una clase de francés? ¿de matemáticas? ¿de biología? ¿de literatura? ¿Son fáciles o difíciles?   4. ¿Tiene usted amigos latinoamericanos? ¿españoles?   5. ¿Tiene usted ganas de aprender música? ¿arte? ¿Qué tiene ganas de aprender?   6. ¿Tiene que estudiar esta noche? ¿Tiene ganas de estudiar?   7. ¿Tenemos en esta clase muchos estudiantes brillantes? ¿y en esta universidad?

The verbs **hacer, poner, salir,** and **venir**

Los policías *salen* de la policía.

Nosotros *hacemos* ejercicios.

El turista *pone* unos regalos en la maleta.

Ellos *vienen* de la biblioteca.

hacer (*to do; to make*)		**poner** (*to put*)	
hago	hacemos	**pongo**	ponemos
haces	hacéis	pones	ponéis
hace	hacen	pone	ponen

salir (*to leave, go out*)		**venir** (*to come*)	
salgo	salimos	**vengo**	venimos
sales	salís	vienes	venís
sale	salen	viene	vienen

The verbs **hacer, poner,** and **salir** have irregular first-person singular forms: **hago, pongo, salgo. Venir** is conjugated like **tener,** except for the **nosotros** and **vosotros** forms.

¿Qué hace Miguel?	*What is Miguel doing (making)?*
Pongo el libro de física aquí, ¿está bien?	*I'm putting the physics book here, okay?*
Salimos hoy para Acapulco. Hacemos las maletas.	*We're leaving today for Acapulco. We're packing our suitcases.*
Fernando viene a la fiesta.	*Fernando is coming to the party.*

E J E R C I C I O S

A. **No, no y no.**   Mrs. Benítez corrects her husband when he uses a plural subject form and means to use a singular one. Change the sentences, following the models.

MODELOS   Adela y Juan vienen hoy.
No, Adela viene hoy. Juan no viene hoy.

Nosotros hacemos la comida.
No, yo hago la comida. Tú no haces la comida.

1. Lola y Paco ponen las cartas aquí.
2. Nosotros salimos hoy.
3. Marta y Mirta hacen las maletas.
4. Roberto y tío Carlos salen mañana.
5. Nosotros ponemos la cámara allí.

B. **Entre amigos.**   It's Saturday afternoon and Jorge is trying to find someone to go out with or to spend the afternoon with. Complete the conversation between Jorge and his friend Pedro using the correct present-tense forms of the verbs in parentheses.

Jorge   ¿Qué _____ (hacer) tú hoy, Pedro?
Pedro   Ahora estudio química, pero esta tarde _____ (salir) con Luisa. Deseamos ir al teatro.
Jorge   ¿Y Roberto? ¿Qué _____ (hacer) él?
Pedro   Él está en el aeropuerto. Debe recibir a unos amigos que _____ (venir) de Guadalajara.

Jorge	¿Qué _____ (hacer) Rita y Paco?
Pedro	Ellos _____ (poner) las maletas en el auto. En unos minutos ellos _____ (salir) de viaje.
Jorge	Y entonces (*then*), ¿qué _____ (hacer) yo?
Pedro	Pues, tienes dos posibilidades: (tú) _____ (venir) al teatro con nosotros o _____ (poner) también las maletas en el auto y _____ (salir) de viaje con Rita y Paco.
Jorge	¡Buena idea! ¡Ahora _____ (poner) los pijamas en una maleta y _____ (salir) para la casa de ustedes!

MÉXICO: EL MUSEO NACIONAL DE ANTROPOLOGÍA

Bob, un joven neoyorquino°, estudiante de antropología, está en el Museo Nacional de Antropología[1] de la ciudad de México con Paco, un amigo mexicano.

Paco	¿Todavía crees que los buenos museos están todos en Nueva York?
Bob	Bueno... allá tenemos unos treinta y cinco o cuarenta. Pero éste es una maravilla°. Hay arquitectos que vienen a México sólo° para visitar este museo.
Paco	Sí, eso es verdad, y también vienen antropólogos como tú. Aquí es posible aprender mucho sobre las civilizaciones indias del pasado.
Bob	¿Estudian ustedes la historia de las civilizaciones indígenas° mexicanas en la universidad?
Paco	¡Claro! Mi hermana es profesora de historia y tiene muchos estudiantes en una clase de civilización azteca. Ellos hacen excursiones regulares a sitios° históricos. Por ejemplo, hoy visitan las pirámides de Teotihuacán.[2]
Bob	¿Cómo? Más despacio, por favor. ¿Las pirámides de qué?
Paco	De Teotihuacán, una antigua° ciudad azteca que está cerca de aquí. Salen a las tres. ¿Deseas visitar ese sitio?
Bob	Sí, pero no hoy. ¡Aquí hay mucho para un día!

Entran a otra sala°.

Bob	¡Hombre°! Aquél debe ser el famoso calendario azteca.[3] ¡Es estupendo!
Paco	Y es un calendario bastante exacto. El año azteca tiene dieciocho meses de veinte días... y cinco días extras.
Bob	Ahora que hablas del tiempo, ¿qué hora es?
Paco	Son las doce y media. Es hora de comer, ¿no?
Bob	Sí, y creo que debemos comer tacos[4] en honor de Cinteotl, el dios del maíz°.
Paco	Tú aprendes pronto, gringo.[5]
Bob	Gracias. Todos los neoyorquinos somos inteligentes.
Paco	¡Y modestos°!

neoyorquino *New Yorker, from New York*   maravilla *marvel, wonder*   sólo *only*   indígenas *native,*
indigenous   sitios *sites*   antigua *ancient, old*   Entran a otra sala. *They go into another room.*
¡Hombre! *Wow!*   maíz *corn*   modestos *modest*

1. ¿Dónde están los dos amigos?   2. ¿Quién cree que los buenos museos están todos en
Nueva York?   3. ¿Quiénes vienen a México para visitar el Museo Nacional de Antropología?
¿Por qué?   4. ¿Qué estudian Paco y los otros estudiantes mexicanos en la universidad?   5. ¿Es
profesora de arquitectura la hermana de Paco?   6. ¿Qué hacen los estudiantes de esta profesora? ¿Qué visitan hoy? ¿A qué hora salen?   7. ¿Es bastante exacto el calendario azteca?
8. ¿Cuántos meses tiene el calendario azteca?   9. ¿Quién es Cinteotl?   10. ¿Qué deben comer
los dos amigos en honor de Cinteotl?   11. ¿Come usted tacos? ¿Dónde?

notas culturales

1.   The National Museum of Anthropology in Mexico City is an
immense building with a huge suspended roof that houses exhibits from
all over the world. Most of the exhibits, however, are artifacts from the
many Indian cultures that have successively inhabited various regions
of Mexico.

2.   Teotihuacán, which means "city of the gods" or "where men
become gods," is a city that dates from the first century A.D. Located
thirty-three miles north of Mexico City, it covers eight square miles and
contained dwelling places, plazas, temples, and palaces of priests and
nobles. The Pyramid of the Moon, at the north end, and the great Pyramid of the Sun, at the east end, are its most impressive features.

3.   The Aztec calendar stone, or **Piedra del Sol,** is a gigantic carved
stone from the sixteenth century. The Aztec year consisted of eighteen
months, each with twenty days. Five extra days, considered unlucky
and dangerous, followed; during this time, the Aztecs stayed close to
home and behaved cautiously for fear that an accident would set a bad
pattern for the entire year ahead.

4.   **Tacos** are made with **tortillas,** flat corn pancakes, filled with
cheese, beans, or meat and sometimes tomatoes or lettuce. Corn has
been a staple of the Mexican diet for as long as history and mythology
record.

5.   **Gringo(a)** is a term that is sometimes pejorative—it refers to
a foreigner, mainly someone who is English-speaking. Here, of course,
the word is used with affection.

ACTIVIDADES

In this chapter you have seen examples of the following language functions, or uses. Here is a summary and some additional information about these functions of language.

TELLING TIME

See Section I for time expressions. The use of digital watches is beginning to change the way people tell time: Hispanics are more and more likely to say **Son las tres y cuarenta** rather than **Son las cuatro menos veinte,** for example.

EXPRESSING INCOMPREHENSION

Even in your native language, you probably find that you frequently have to stop someone who is speaking and ask him or her to clarify or explain something, repeat part of a sentence, slow down, and so on. In a foreign language, it's even more important to learn how to stop a speaker and ask for clarification. Here are some ways to express that you just aren't following and need some help.

¿Cómo?   *What?*
No comprendo.   *I don't understand.*
¿Mande?   *What? (Mexico)*

¿Perdón?   *Pardon me?*
¿Qué?   *What? (very informal)*

¿Cómo? is used to ask the speaker to repeat; **¿Qué?** will usually elicit a specific answer to the question *What?* If you want the speaker to repeat, you can also say:

Otra vez, por favor.   *Again, please.*

Repita, por favor.   *Repeat, please.*

If you want him or her to slow down, you can say:

Más despacio, por favor.   *Slower, please.*

If you miss part of a statement or question, you can use a question word to ask just for the part you missed (see Chapter 1, Section IV).

¿Pero dónde (cuándo, por qué, etcétera)... ?

When you have a general idea of what the speaker is saying but just want to confirm that you understand, you may want to use confirmation tags: **¿(no es) verdad?, ¿no?,** and so on. (See Chapter 1, Section IV.)

Marisa estudia química, ¿verdad?

A. **Un momento, por favor.** You don't understand what someone is saying to you when you hear the following sentences. Interrupt the speaker and ask for clarification.

> MODELO El avión de Caracas llega a las cuatro y cuarto.
> **¿Cómo? ¿A qué hora llega el avión? ¿De dónde viene?**

1. Roberto estudia ciencias sociales y matemáticas en la Universidad de Salamanca.
2. La señora Otavalo vive en Chiquinquirá, pero ahora está en Bucaramanga.
3. El señor Montenegro tiene sesenta y seis años. La señora Montenegro tiene sesenta y dos años. Ellos tienen una fiesta mañana.
4. ¿El número de teléfono del señor Barrios? 62-84-51.
5. AquelestudiantesellamaOsvaldo.Creoqueesmuysimpático.*

B. **Situación.** Role-play the following situation. You are in the National Museum of Anthropology in Mexico City. Someone comes up to you and asks where the famous Aztec calendar stone is. You don't understand at first and ask for clarification. She explains, but you say you don't know. Then you ask her what time it is. She tells you but you don't hear at first, so you ask her to say it more slowly. You thank her and say good-bye.

The speaker says this very quickly.

VOCABULARIO ACTIVO

Verbos

abrir	to open
aprender	to learn
comer	to eat
comprender	to understand
creer	to believe, think
deber	should, ought to, must
decidir	to decide
descubrir	to discover
escribir	to write
hacer	to do; to make
hacer ejercicios	to do exercises
hacer la maleta	to pack one's suitcase
leer	to read
poner	to put
practicar	to practice
recibir	to receive
salir	to leave, go out
tener	to have

tener ganas de + inf.	to feel like (doing something)
tener que + inf.	to have to (do something)
vender	to sell
venir	to come
vivir	to live

Estudios universitarios

la antropología	anthropology
la arquitectura	architecture
la biología	biology
las ciencias de computación	computer science
las ciencias políticas	political science
las ciencias sociales	social science
la filosofía	philosophy
la física	physics
la historia	history
la ingeniería	engineering
la literatura	literature
las matemáticas	mathematics
la medicina	medicine
la psicología	psychology
la química	chemistry

Profesiones

el abogado (la abogada)	lawyer
la camarera	waitress
el camarero	waiter
el (la) comerciante	businessperson
el escritor (la escritora)	writer
el ingeniero (la ingeniera)	engineer
el (la) músico	musician
el policía (la mujer policía)	police officer
el secretario (la secretaria)	secretary
el vendedor (la vendedora)	salesperson

La hora/el tiempo

el año	year
el calendario	calendar
en punto	on the dot
el futuro	the future
la hora	hour
el mes	month
el minuto	minute
el momento	moment
el pasado	past
pasado(a)	past
por la mañana	in the morning
por la noche	at night
por la tarde	in the afternoon
¿Qué hora es?	What time is it?
Son las dos menos cuarto.	It's 1:45.
Son las dos y media (cuarto).	It's 2:30 (2:15).
el tiempo	time (in a general sense)*

Adjetivos

alemán (alemana)	German
caro(a)	expensive
azteca	Aztec
estupendo(a)	great
exacto(a)	exact
lleno(a) de	filled with
maya	Mayan
práctico(a)	practical

Otras palabras

bastante	rather; enough
la biblioteca	library
cada	each, every
la carta	letter
casi	almost
¡Claro!	Of course!
¿cuánto(-a, -os, -as)?	how much?, how many?
despacio	slowly
el dios	god
la escuela	school
la fiesta	party
el hombre	man
la librería	bookstore
la maleta	suitcase
la muchacha	girl
el muchacho	boy
la mujer	woman
el mundo	world
poco(a)	little; few
el programa	program
pronto	soon; fast
según	according to
siempre	always
todavía	still, yet
todo(a)	all, every
todos(as)	all, every, everyone
la vida	life

*The word **tiempo** normally refers to weather; this use is discussed in Chapter 4.

Las estaciones del año son:

la primavera

el verano

el otoño

¿Qué tiempo hace hoy?

Hace (muy) buen tiempo.

Hace (muy) mal tiempo.

Hace (mucho) calor.

Hace (mucho) sol.

Hace (mucho) viento.

Los meses del año son: enero marzo mayo julio se(p)tiembre noviembre
febrero abril junio agosto octubre diciembre

el invierno

Hace (mucho) frío.

Está nublado.

LAS ESTACIONES Y EL TIEMPO

EXPRESSING OBLIGATION

MAKING SMALL TALK

GIVING A WARNING

EJERCICIO

Create questions to which the following would be possible answers.

MODELO   Hace mucho calor hoy.
¿Qué tiempo hace hoy?

1. Hace buen tiempo aquí.
2. Hace mucho frío ahora.
3. Hace calor en el verano.
4. Hace viento en las montañas (*mountains*).
5. Donde yo vivo, siempre hace sol.

PREGUNTAS

1. ¿Hace frío hoy? ¿calor? ¿Está nublado?   2. ¿Hace frío o calor en la clase?   3. ¿Qué tiempo hace aquí en el invierno? ¿en la primavera? 4. ¿Qué tiempo hace en la región de los Andes? ¿en el trópico?   5. ¿En qué estación hace mucho sol aquí? ¿mucho viento?   6. ¿En qué meses hace frío? ¿calor?

The irregular verb **ir**

PACO	Enrique, ¿cómo *vas* a pasar las vacaciones? ¿*Vas* a trabajar?
ENRIQUE	No, *voy* con Pablo a Viña del Mar, a la playa.
PACO	¿*Van* en auto?
ENRIQUE	No, *vamos* en autobús. Pero si tú no *vas* a necesitar el auto...

1. ¿Adónde va Enrique de vacaciones?   2. ¿Va a la playa o a las montañas?   3. ¿Con quién va?   4. ¿Van en avión, en tren o en autobús?

PACO: Enrique, how are you going to spend the vacation? Are you going to work? ENRIQUE: No, I'm going with Pablo to Viña del Mar, to the beach. PACO: Are you going by car? ENRIQUE: No, we're going by bus. But if you're not going to need the car . . .

A. The present-tense forms of the irregular verb **ir** are:

ir (*to go*)

voy	vamos
vas	vais
va	van

B. Like other verbs of motion, the verb **ir** is usually followed by the preposition **a** when a destination is mentioned.

Enrique va a Acapulco, a la playa.	*Enrique is going to Acapulco, to the beach.*
Paco y Anita van a las montañas.	*Paco and Anita are going to the mountains.*

C. The verb **ir** is also followed by the preposition **a** before an infinitive. The construction **ir a** + infinitive is often used in place of the future tense to express an action or event that is going to take place in the near future.

Mañana voy a nadar en el lago de Chapultepec.	*Tomorrow I'm going to swim in Lake Chapultepec.*
Vamos a esquiar en las montañas cerca de Bariloche.	*We're going to ski in the mountains near Bariloche.*
Van a ser unas vacaciones estupendas.	*It's going to be a great vacation.*
Todo el mundo va a estar en el centro a esa hora.	*Everyone will be downtown at that hour.*

A. **¿Adónde vamos?** Everyone is leaving for vacation. Say where everyone is going by completing the sentences with the correct forms of **ir.**

1. Elena y Raquel _____ a las montañas. Ellas _____ en tren.
2. Yo no _____ a Chile; _____ a Colombia.
3. Ustedes _____ a Acapulco. ¿_____ en avión o en autobús?
4. Tú _____ de vacaciones a España. No _____ a Portugal, ¿verdad?
5. El profesor _____ a Puerto Rico. Creo que él _____ con un amigo.
6. Rafael y yo _____ a México. Nosotros _____ en auto.
7. Susana _____ a Nicaragua en julio; _____ con una brigada de trabajo (*work brigade*).
8. Usted _____ a la playa; _____ con amigos, ¿no?
9. Ernesto y tú no _____ al norte (*north*); _____ al sur (*south*), a Sudamérica, ¿no?

B. **Tarde o temprano.** (*Sooner or later.*) Luis is a procrastinator, and so are Tina and Rita, his younger sisters. Answer the questions for Luis, as well as for Tina and Rita, according to the models.

MODELOS ¿Trabajas ahora?
No, pero voy a trabajar mañana.

¿Estudian ahora?
No, pero vamos a estudiar mañana.

1. ¿Lees el capítulo 4 ahora?
2. ¿Van a la biblioteca ahora?
3. ¿Escribes la composición ahora?
4. ¿Preparan las lecciones ahora?
5. ¿Aprendes el vocabulario ahora?
6. ¿Visitan a la abuela ahora?
7. ¿Hacen los ejercicios ahora?

C. **¿Qué vamos a hacer?** Complete each of the following sentences with the appropriate form of **ir a** + infinitive and any additional information needed.

MODELO En julio tú...
En julio tú vas a estar de vacaciones (ir a Venezuela, etcétera).

1. Este verano yo...
2. Esta tarde Luis Diego...
3. Hoy hace buen tiempo. Mañana...
4. En diciembre todos los estudiantes...
5. Esta noche ustedes...
6. Mañana María Elena, Cristina y yo...
7. Este fin de semana tú...
8. En febrero Esteban y la abuela...

PREGUNTAS

1. ¿Adónde va usted de vacaciones este año? 2. ¿Va con un(a) amigo(a)? 3. ¿Cómo va(n) a viajar? ¿en auto? ¿en avión? 4. ¿Va usted mucho a la playa? ¿a las montañas? 5. ¿Qué va a hacer usted esta noche? ¿este fin de semana? ¿en las vacaciones de verano?

Dates

En casa de Estela, en Santiago (Chile)

MATÍAS   ¿Qué día es hoy? ¿Es *el treinta de octubre?*
ESTELA   No, hoy es *el primero de noviembre.*
MATÍAS   ¿Y cuál es el primer día del verano? ¿Es *el veintiuno* o *el veintidós de diciembre?**
ESTELA   Este año es *el veintitrés.*
MATÍAS   ¿Estás segura? ¿Y es un *miércoles* o un *jueves?*
ESTELA   Es un *domingo,* Matías. ¿En qué mundo vives?
MATÍAS   Pues, en este mundo y en el siglo veinte, por supuesto. Pero no tengo memoria para las fechas.

1. ¿Qué día es (en el diálogo)?   2. ¿Cuál es el primer día del verano allí? ¿Están ellos en Norteamérica o en Sudamérica?   3. ¿Dónde vive Matías?   4. ¿Qué problema tiene? ¿Qué necesita él?

At Estela's home, in Santiago (Chile) MATÍAS: What day is it today? Is it the thirtieth of October? ESTELA: No, today is the first of November. MATÍAS: And what is the first day of summer? Is it the twenty-first or the twenty-second of December? ESTELA: This year it's the twenty-third. MATÍAS: Are you sure? And is it a Wednesday or a Thursday? ESTELA: It's a Sunday, Matías. What world do you live in? MATÍAS: Well, in this world and in the twentieth century,† of course. But I don't have a memory for dates.

A. The days of the week in Spanish are all masculine and are not capitalized.

lunes	*Monday*	viernes	*Friday*
martes	*Tuesday*	sábado	*Saturday*
miércoles	*Wednesday*	domingo	*Sunday*
jueves	*Thursday*		

B. The definite article is almost always used with the days of the week as the equivalent of *on* when *on* could be used in English. It is not used otherwise.

Hoy es lunes. Es necesario ir a clase.

Today is Monday. It is necessary to go to class.

Ella llega el martes. Es el cumpleaños de José.

She's arriving (on) Tuesday. It's José's birthday.

*See **Nota cultural** 1 of this chapter.
†Cardinal numbers are used with **siglo** in Spanish, al-

though with century in English, ordinal numbers (first, second, and so on) are used.

C. The plurals of **sábado** and **domingo** are formed by adding
-s: los sábados, los domingos. The plurals of the other days are
formed simply by adding the plural article **los.**

Siempre estamos en casa los jueves.   *We're always home on Thursdays.*

D. With one exception, *the first* (**el primero**), cardinal numbers
are used to express dates.

Van al lago el primero de diciembre.   *They're going to the lake on December 1.*
Viajan a España el 10 (diez) de mayo.   *They are traveling to Spain on May 10.*

E J E R C I C I O S

A. **Fechas al azar.** (*Dates at random.*)   Give the following dates in Spanish.

1. Friday, April 3
2. Monday, May 21
3. Wednesday, November 17
4. Sunday, August 5
5. Tuesday, January 6
6. Thursday, December 7
7. Saturday, March 1
8. Wednesday, September 30

B. **¿Qué día es... ?**   Test your memory for dates by matching the holidays
listed below with their corresponding dates.

MODELOS   el Día de la Raza (*Columbus Day*)
           Es el 12 de octubre.

           el Día de Año Nuevo
           Es el 1° (primero) de enero.

1. el Día de «Halloween»
2. la Navidad (*Christmas*)
3. el cumpleaños de Martin Luther King, Jr.
4. el Día de San Valentín
5. la Nochebuena (*Christmas Eve*)
6. el Día de los Reyes Magos (*Epiphany*)
7. el Día de los Trabajadores (*May Day, International Labor Day*)
8. el Día de los Muertos (*All Souls' Day*)
9. el Día de la Independencia de los Estados Unidos
10. el cumpleaños del presidente George Washington

a. 4 de julio
b. 1° de mayo
c. 31 de octubre
d. 2 de noviembre
e. 25 de diciembre
f. 22 de febrero
g. 15 de enero
h. 1° de enero
i. 14 de febrero
j. 24 de diciembre
k. 6 de enero
l. 12 de octubre

P R E G U N T A S

1. ¿Qué día es hoy?   2. ¿Qué día es mañana?   3. ¿Cuándo es el cumpleaños de Abraham
Lincoln? ¿de usted?   4. ¿En qué mes(es) hace mucho frío aquí? ¿calor? ¿sol? ¿viento?   5. ¿Tiene
usted un mes favorito? ¿Cuál? ¿Por qué? ¿Tiene usted también un día favorito? ¿Cuál? ¿Por qué?

Cardinal numbers 100 and above

En un café

OSVALDO ¿Qué piensas del tiempo? Una lluvia tremenda, ¿no crees?

EDUARDO Sí, pero el invierno de *1962*... ¡qué terrible! *Ciento veinte* días de lluvia casi constante, *quinientas* personas sin casa, *doscientas* ciudades sin electricidad. Y en el invierno de *1971*...

OSVALDO ¡Qué buena memoria tienes!

EDUARDO Es bueno recordar el pasado porque así uno aprecia el presente, ¡aún en un día de mal tiempo como éste!

1. ¿Dónde están Osvaldo y Eduardo? 2. ¿Qué tiempo hace? 3. Describa (*describe*) la situación en el invierno de 1962. 4. Según Eduardo, ¿por qué es bueno recordar el pasado?

In a café OSVALDO: What do you think of the weather? Tremendous rain, don't you think? EDUARDO: Yes, but the winter of 1962 . . . how terrible! One hundred and twenty days of almost constant rain, five hundred people without homes, two hundred cities without electricity. And in the winter of 1971 . . . OSVALDO: What a good memory you have! EDUARDO: It's good to remember the past, because in that way you appreciate the present—even on a bad day like this one!

100	cien(to)	10.000	diez mil
101	ciento uno (un, una)	100.000	cien mil
200	doscientos(as)	150.000	ciento cincuenta mil
300	trescientos(as)	500.000	quinientos(as) mil
400	cuatrocientos(as)	1.000.000	un millón (de...)
500	quinientos(as)	1.200.000	un millón doscientos(as) mil
600	seiscientos(as)	2.000.000	dos millones (de...)
700	setecientos(as)		
800	ochocientos(as)		
900	novecientos(as)		
1.000	mil		

A. **Cien** is used to mean *one hundred* before nouns and before the number **mil** (*one thousand*).

cien años	*100 years*	cien mil dólares	*100,000 dollars*
cien personas	*100 people*	cien mil ciudades	*100,000 cities*

B. Ciento is used in all other cases (except when counting, in which case cien is more frequently used). Ciento does not have a feminine form.

ciento una noches	*101 nights*	ciento un días	*101 days*
ciento cincuenta niñas	*150 girls*	ciento noventa niños	*190 boys*

C. The numbers 200–900 agree with the nouns they modify in gender.

doscientas páginas	*200 pages*
cuatrocientos diez pasajeros	*410 passengers*
quinientas cuatro horas	*504 hours*

D. To express numbers above 1,000, **mil** is always used. With **millón** and exact multiples of **millón** (dos millones, diez millones), the preposition **de** is used before a noun. Notice that a decimal point is used in numbers in Spanish where a comma is used in English.

diez mil trescientas (10.300) personas
cien mil quinientos (100.500) años
quinientos mil cien (500.100) alemanes
cinco millones (5.000.000) de dólares

E. **Mil** is used for years over 999. In expressing dates, the day, month, and year are connected by **de.**

(el) trece de enero de mil ochocientos sesenta y tres	*January 13, 1863*
(el) ocho de diciembre de mil novecientos cuarenta y uno	*December 8, 1941*
Hoy no es el veintiocho de febrero de mil novecientos treinta y ocho.	*Today is not February 28, 1938.*

EJERCICIOS

A. **Números de suerte.** (*Lucky numbers.*) Mr. Álvarez is trying to pick a number for tomorrow's lottery, so he circled the following numbers in *El Mercurio,* a well-known Chilean newspaper. Read the items he circled to the class.

1. 1986
2. 999 turistas
3. 21.021 estudiantes
4. 201 hoteles
5. 1.000.000 de dólares
6. 179 escuelas
7. 100 días de mucho calor
8. 11.660.000 personas
9. 555 franceses
10. 3.667 profesores

B. **La inflación.**   Inflation is a big problem in Latin America. For example, in 1983 Argentina devalued its currency by a factor of 10,000. Convert the following amounts from **pesos viejos** to **pesos nuevos.** (Hint: just drop four zeros from the number of old pesos to get the number of new pesos.)

MODELO   100.000 pesos viejos =
            Cien mil pesos viejos son diez pesos nuevos.

1. 5.000.000 de pesos viejos =
2. 10.000 pesos viejos =
3. 2.000.000 de pesos viejos =
4. 800.000 pesos viejos =
5. 80.000 pesos viejos =
6. 550.000 pesos viejos =
7. 10.990.000 pesos viejos =
8. 4.440.000 pesos viejos =

C. **Un examen de historia.**   Read the events listed below and match each of them with its corresponding date at the right.

MODELO   el descubrimiento (*discovery*) de América
            1492 (mil cuatrocientos noventa y dos)

1. la exploración de la luna (*moon*)   1605
2. la Guerra (*War*) Civil Española   1910
3. la Declaración de Independencia   1789
4. la publicación del *Quijote* (Miguel de Cervantes) 1959
5. la Revolución Cubana   1936
6. la Revolución Mexicana   1492
7. la Revolución Francesa   1776
                                                 1969

P R E G U N T A S

1. Aproximadamente (*approximately*), ¿cuántos estudiantes hay en esta universidad? ¿Cuántas personas viven en esta ciudad? ¿en este país?   2. ¿Cuánto cree usted que cuesta (*cost*) un Toyota nuevo? ¿y un Mercedes Benz? ¿y un Rolls Royce?   3. ¿Cuánto cuesta una casa de dos dormitorios (*bedrooms*)? ¿de cinco dormitorios?   4. ¿Cuánto cuesta una cámara nueva? ¿un reloj nuevo?   5. ¿Cuántas mujeres cree usted que hay en los Estados Unidos? ¿y hombres? ¿y niños?   6. ¿Qué años asocia usted con tres libros muy populares: uno de George Orwell y dos de Arthur C. Clark?

Idiomatic expressions with **tener; hay que**

SR. GARCÍA	¿*Hay que* contestar todas estas preguntas, señorita?
SEÑORITA	Sí, es necesario poner el nombre, la nacionalidad, la fecha de hoy...
	Unos minutos después.
DOCTOR	¿*Cuántos años tiene* usted, señor García?
SR. GARCÍA	Treinta y ocho.
DOCTOR	¿Y por qué está aquí hoy?
SR. GARCÍA	Porque *tengo dolor de cabeza y de estómago.* También *tengo calor y sed.* Y estoy muy cansado.
DOCTOR	*Tiene que* tomar aspirinas y *tener cuidado* con la comida. Pero no *tiene fiebre* y en realidad está en muy buenas condiciones físicas.
SR. GARCÍA	¡Estupendo! Voy a morir sano.

1. Según la señorita, ¿hay que contestar todas las preguntas?   2. ¿Cuántos años tiene el señor García?   3. ¿Tiene dolor de cabeza? ¿Tiene dolor de estómago?   4. ¿Tiene calor? ¿sed?   5. ¿Está cansado?   6. ¿Qué tiene que tomar, según el doctor?   7. ¿Tiene fiebre? 8. ¿Está en buenas condiciones físicas?

MR. GARCÍA: Does one have to answer all these questions, Miss? YOUNG LADY (RECEPTIONIST): Yes, it is necessary to put your name, nationality, today's date . . . (*A few minutes later.*) DOCTOR: How old are you, Mr. García? MR. GARCÍA: Thirty-eight. DOCTOR: And why are you here today? MR. GARCÍA: Because I have a headache and a stomachache. Also, I'm hot and thirsty. And I'm very tired. DOCTOR: You must take aspirin and be careful about the food (you eat). But you don't have a fever and, in reality (actually), you are in very good physical condition. MR. GARCÍA: Wonderful! I'm going to die healthy.

A. Many idioms in Spanish contain the verb **tener** (*to have*).

tener (veinte) años	*to be (twenty) years old*
tener dolor de cabeza, de estómago	*to have a headache, a stomachache*
tener fiebre	*to have a fever*

B. Many constructions with **tener** + noun are expressed in English with *to be* + adjective.

tener		to be	
	calor		*warm, hot*
	frío		*cold*
	cuidado		*careful*
	razón		*right*
	hambre		*hungry*
	sed		*thirsty*

C. The impersonal expression **hay que** means *one (we, you, and so on) must, it is necessary to.*

Hay que ir de compras por la tarde.
Hay que ir en tren.

We must go shopping this afternoon.
It's necessary to go by train. (You must go by train.)

E J E R C I C I O S

A. **Respuestas lógicas.**   Answer the following questions logically, using an idiom with **tener**.

MODELO   ¿Por qué abres las ventanas?
         Porque tengo calor.

1. ¿Por qué buscan ustedes una chaqueta (*jacket*)?
2. ¿Por qué toma ella un té frío?
3. ¿Por qué comen ellos ahora?
4. ¿Por qué tomas aspirinas?
5. ¿Por qué desea usted tomar un chocolate caliente (*hot*)?

B. **Asociaciones.**   Which expressions with **tener** on the right do you associate with the actions on the left?

MODELO   tomar Alka Seltzer
         tener dolor de estómago

1. tomar una Coca-Cola	a. tener que estudiar más
2. ir a un hospital	b. tener hambre
3. tomar aspirinas	c. tener sed
4. ir a las montañas en el invierno	d. tener (dieciocho) años
5. ir a la playa	e. tener cuidado
6. necesitar una chaqueta	f. tener calor
7. ir a un restaurante	g. tener frío
8. hacer una fiesta de cumpleaños	h. tener ganas de esquiar
9. esquiar por primera vez (*for the first time*)	i. tener dolor de estómago
10. recibir una «F» en un examen	j. tener dolor de cabeza
	k. tener fiebre
	l. tener ganas de nadar

P R E G U N T A S

1. ¿Cuántos años tiene usted?   2. ¿Tiene hambre ahora?   3. ¿Tiene dolor de cabeza?
4. ¿Hace calor aquí? ¿frío?   5. ¿Tiene usted calor? ¿frío?   6. Para ir a México, ¿cómo hay que viajar?

CHILE: UN PAÍS DE INMIGRANTES

Isabel, una estudiante del Canadá, pasa unos meses de vacaciones en Santiago con una familia chilena. Va en auto con los dos hijos de la familia.

Isabel ¡Huy°! Tengo mucho frío.
Sarita Por supuesto, hace frío porque es el primero de julio.[1] ¿Qué tiempo hace ahora en Vancouver?
Isabel Hace calor. Los domingos todo el mundo va a la playa.
Jorge ¡Qué gracioso°! En Chile vamos a la playa en diciembre, enero y febrero.
Isabel En esos meses tenemos mucha nieve en el Canadá. ¿Y ahora esquían ustedes aquí?
Sarita Claro, porque es invierno, Isabel.
Isabel ¡Dios mío! Aquí hacen todo al revés°.

Jorge	Aquí somos normales; ustedes hacen todo al revés.
Sarita	¿Van a discutir° toda la tarde? ¿Por qué no vamos de compras? Creo que vamos a tener lluvia.
Isabel	Bueno, ¿adónde vamos?
Sarita	A la Alameda, una avenida que está en el centro. En realidad el nombre es Avenida O'Higgins,² en honor del héroe° nacional de Chile.
Isabel	O'Higgins... ¿Estás segura? ¿No es de Irlanda?
Sarita	¡Qué va°! En este país Bernardo O'Higgins es muy famoso; es el líder de la revolución chilena de 1814 a 1818, contra° los españoles.
Jorge	Sí, Isabel, Chile es un país de inmigrantes, como el Canadá. Aquí vive gente° de origen inglés, español, alemán... ¡Alemán! Tengo una idea. ¿Por qué no vamos al «Cine° Alemán»? Hoy presentan *La montaña mágica,* una película° interesante y buena, según Roberto.
Sarita	¿Y cuánto tiempo dura°? Tenemos que estar en casa a las siete.
Jorge	Unos 130 minutos, creo. Tenemos tiempo. ¿Vamos?

¡Huy! *Wow!*   **¡Qué gracioso!** *How funny!*   **al revés** *backward*   **discutir** *to argue*   **héroe** *hero*
¡Qué va! *Oh come on! Not at all!*   **contra** *against*   **gente** *people*   **cine** *movie theater*
película *film, movie*   **dura** *does it last*

P R E G U N T A S

1. ¿Dónde pasa Isabel unos meses de vacaciones?   2. ¿Qué tiempo hace en Chile en el mes de julio? ¿y en Vancouver?   3. ¿En qué meses tienen nieve en Vancouver? ¿y en Chile? 4. ¿Cuándo van a la playa en Chile?   5. ¿Qué es la Alameda?   6. ¿Cuál es, en realidad, el nombre de la Alameda?   7. ¿Quién es Bernardo O'Higgins?   8. ¿Es Chile un país de inmigrantes? ¿y el Canadá?   9. ¿Qué película presentan en el «Cine Alemán»?   10. Según Roberto, ¿cómo es la película? ¿Cuántos minutos dura?   11. ¿Va usted a la playa en el verano? ¿Esquía en las montañas en el invierno?

notas culturales

1.   The seasons are reversed in the Northern and Southern hemispheres.
2.   Bernardo O'Higgins is the hero of Chile's war of independence against Spain (1814–1818). His mother was a Chilean; his father was an Irish immigrant who began as a traveling peddler in Ireland, moved to Spain, and was later appointed viceroy of Peru by the Spanish government (this was most unusual in the rigid society of colonial Spanish America). A brilliant and daring general during the war, O'Higgins served afterward as the first head of government in Chile.

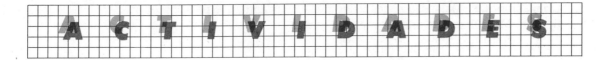

ACTIVIDADES

In this chapter you have seen examples of the following language functions, or uses. Here is a summary and some additional information about these uses of language.

EXPRESSING OBLIGATION

You've seen several ways to express obligation so far in this book:

hay que + infinitive:
    Hay que ir.   *One (you, and so on) must go.*
es necesario + infinitive:
    Es necesario ir.   *It's necessary to go.*
necesitar + infinitive:
    Necesito ir.   *I need (have) to go.*
tener que + infinitive:
    Tengo que ir.   *I have to (must) go.*
deber + infinitive:
    Debo ir.   *I should (ought to) go.*

Es necesario and **hay que** + infinitive express strong impersonal obligation. **Necesitar** + infinitive also expresses strong obligation, but it's more personal—the person is indicated, and the verb is conjugated. **Tener que** + infinitive also expresses personal obligation, but not as strong. **Deber** + infinitive expresses the least strong obligation.

MAKING SMALL TALK

Here are some common phrases to open a casual conversation; as in English, weather is a common topic for small talk.

¿Qué piensa(s) del tiempo?   *What do you think about the weather?*
¡Qué calor (frío, viento, etcétera)!   *How hot (cold, windy, and so on) it is!*
¡Qué buen tiempo!   *What nice weather!*
¿Cree(s) que vamos a tener lluvia?   *Do you think we're going to have some rain?*
¿Qué hora es? No llevo reloj.   *What time is it? I don't have (am not wearing) a watch.*

¡Qué mundo más pequeño! ¿Usted también   *What a small world! You're also going to*
    va a Santa Ana (estudia biología, es de   *Santa Ana (studying biology, from the*
    los Estados Unidos, etcétera)?   *United States, and so on)?*

GIVING A WARNING

The expression **¡Cuidado!** (*Be careful! Watch out!*) is used to give a warning.

A. **Obligaciones.** Make sentences using these cues and an expression of obligation. More than one answer may be correct.

> MODELOS todos / estudiar (*strong*)
> **Necesitamos estudiar. (Hay que estudiar. Es necesario estudiar.)**
>
> Enrique / hacer ejercicios (*fairly strong*)
> **Enrique tiene que hacer ejercicios.**
>
> tú / abrir la ventana (*weak*)
> **Debes abrir la ventana.**

1. Anita / tomar aspirinas (*weak*)
2. todos / tener cuidado (*strong*)
3. Felipe / no tomar café (*weak*)
4. todos / comer para vivir (*strong*)
5. Rosario / llamar al doctor (*strong*)
6. tú / ir a casa ahora (*fairly strong*)

B. **Esta semana...** In pairs, take turns asking and answering questions in Spanish until you each find out at least two things your partner thinks he or she should or must do this week. The obligations may be related to school, home, work, health, or family. Here are some ideas:

no tomar café   ir a la biblioteca
hacer ejercicios   trabajar
visitar a un(a) amigo(a) o pariente en el hospital   tomar un examen
estudiar   leer la lección de español
escribir una carta (*letter*), una composición   ser cortés

C. **Situaciones.** Role-play the following situations.

1. You are waiting for a bus. A person your age is also waiting. You both make small talk about the weather. You ask what time it is, and he or she answers. A car comes by close to the curb. "Watch out!" you say, as water splashes onto the curb. You ask where he or she is going, and he or she responds, "The museum on O'Higgins Avenue." "What a small world!" you say—you are going to the museum also. "The bus is coming," says your new friend, and you both get on.
2. You're at the doctor's office. The doctor asks how old you are. You reply that you are twenty. He asks why you are there, and you reply that you have a stomachache and a headache and that you're also tired and cold. He tells you that you don't have a fever but that you should take two aspirins and call him tomorrow.

VOCABULARIO ACTIVO

Verbos

esquiar	to ski
hay que (from haber)	it's necessary; one (we, you, and so on) must
ir	to go
ir a + inf.	to be going to + inf.
ir de compras	to go shopping
ir de vacaciones	to go on vacation
ir en auto (autobús, avión, tren)	to go by car (bus, plane, train)
nadar	to swim
tener... años	to be . . . years old
tener cuidado	to be careful
tener dolor de cabeza (de estómago)	to have a headache (stomachache)
tener fiebre	to have a fever
tener hambre (sed)	to be hungry (thirsty)
tener razón	to be right
tomar	to take; to drink

El tiempo

Está nublado.	It's cloudy.
Hace buen (mal) tiempo.	The weather is nice (bad).
Hace calor (fresco, frío, sol, viento).	The weather is warm (cool, cold, sunny, windy).
¿Qué tiempo hace?	What's the weather like?
tener calor (frío)	to be warm (cold) (a person or animal)

La naturaleza (Nature)

el lago	lake
la lluvia	rain
el mar	sea
la montaña	mountain
la nieve	snow
el océano	ocean
la playa	beach

Las estaciones del año

la primavera	spring
el verano	summer
el otoño	fall
el invierno	winter

Los días de la semana

el lunes	Monday
el martes	Tuesday
el miércoles	Wednesday
el jueves	Thursday
el viernes	Friday
el sábado	Saturday
el domingo	Sunday

Los meses del año

enero	January
febrero	February
marzo	March
abril	April
mayo	May
junio	June
julio	July
agosto	August
setiembre (septiembre)	September
octubre	October
noviembre	November
diciembre	December

Expresiones útiles

en realidad	in reality, really
¿Está usted seguro(a)?	Are you sure?
por supuesto	of course, naturally
todas las semanas	every week
todo el mundo	everyone
todos los días	every day

Otras palabras

así	*in this (that) way*
aún	*even*
cansado(a)	*tired*
el centro	*downtown; center*
el cumpleaños	*birthday*
la electricidad	*electricity*
favorito(a)	*favorite*
la fecha	*date*

el, la inmigrante	*immigrant*
la memoria	*memory*
el mundo	*world*
la nacionalidad	*nationality*
el nombre	*name*
el origen	*origin*
primero(a)	*first*
sin	*without*
el té	*tea*

LA GENTE HISPANA

Esta chica rubia° es española. Muchos españoles son rubios, especialmente en el norte. Los gallegos (de Galicia) son de origen céltico, como
los irlandeses y escoceses°. En el sur la mayoría° de la gente tiene pelo
negro y ojos oscuros°.

En muchas partes de Hispanoamérica, la gente es mestiza (parte india y
parte europea).

blond

irlandeses...
*Irish and
Scots /
majority*
pelo... *black hair
and dark eyes*

En otras partes de Hispanoamérica, como en Bolivia o en el Perú, gran parte de la población° es india.

population

En el Caribe la influencia africana es muy grande. Por ejemplo, la mayoría de la población de la República Dominicana es mulata (parte negra y parte europea). Y muchos puertorriqueños (de Puerto Rico) tienen sangre° india, negra y española.

blood

PREGUNTAS

1. ¿Tiene usted sangre india? ¿europea? ¿africana?   2. ¿Es usted rubio(a)? ¿moreno(a) (*brunette*)? ¿pelirrojo(a) (*redhead*)?   3. ¿Tiene usted ojos oscuros? ¿azules? ¿verdes? ¿castaños (*chestnut*)?   4. ¿Tiene pelo negro? ¿castaño? ¿rubio?

Problemas de hoy

la inflación

el crimen, el robo

el desempleo

la discriminación
(contra las mujeres,
las minorías)

la basura

la pobreza, el hambre

el tráfico

la contaminación
(del aire, del agua)

as huelgas

EXPRESSING SYMPATHY
EXPRESSING LACK OF SYMPATHY

EJERCICIO

Match the persons listed with the political or social issue you think they would be likely to consider most important. Then create sentences following the model.

> MODELO   *Un policía* cree que *el crimen* es un problema
> urgente.

una secretaria
un policía
una madre de seis hijos
una joven que no tiene
   trabajo
un ecólogo (*ecologist*)
un señor muy rico
una persona que vive lejos
   del empleo

el desempleo
la contaminación del aire
la discriminación contra las
   mujeres
el robo
el crimen
el uso de drogas en las
   escuelas
el tráfico

PREGUNTAS

1. ¿Vive usted en una ciudad grande o pequeña? ¿en una casa o en un apartamento?   2. ¿En qué calle vive usted?   3. ¿Qué problemas tienen en el barrio (*neighborhood*) donde usted vive? ¿en Harlem? ¿en Beverly Hills?   4. Para usted, ¿cuál es el problema número uno de las ciudades de los Estados Unidos?

LA CIUDAD

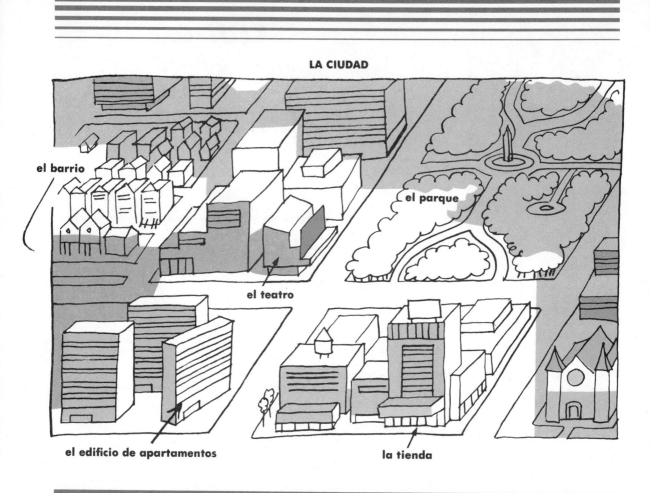

el barrio

el parque

el teatro

el edificio de apartamentos

la tienda

EJERCICIO

Match each word on the left with a word on the right that you associate with it.

MODELO plaza
       plaza—parque

1. calle (*street*)
2. plaza
3. dinero (*money*)
4. casa
5. pobreza
6. crimen

a. banco
b. apartamento
c. desempleo
d. robo
e. avenida
f. parque

Possessive adjectives

En un parque, cerca de una escuela

SR. MORALES	¿Cuándo va a terminar la huelga, profesor?
PROFESOR	Mañana... , pero *nuestros* problemas no terminan: mucho trabajo, poco salario, clases de 40 a 50 niños, etcétera.
SR. MORALES	¡Qué barbaridad! Pues... , ¿y cómo van *mis* hijos en *sus* estudios?
PROFESOR	En realidad, no muy bien. Ricardo...
SR. MORALES	Pero, ¿qué pasa con Ricardo? ¿No hace *sus* deberes?
PROFESOR	*Su* hijo no estudia mucho. Por ejemplo, *su* última composición, sobre la lucha entre los conquistadores y los aztecas, no tiene mucha información.
SR. MORALES	Comprendo, pero es *mi* culpa. En *nuestra* casa hablamos poco de básquetbol.

1. Según el profesor, ¿cuándo termina la huelga? 2. ¿Qué problemas tienen los profesores? 3. ¿Cómo van los hijos del Sr. Morales en sus estudios? 4. ¿Estudia sus lecciones Ricardo? 5. ¿Está bien su última composición? 6. ¿Por qué cree el Sr. Morales que es su culpa? 7. Según su opinión, ¿cómo va usted en sus estudios? ¿Va a recibir buenas notas (*grades*) en sus exámenes finales?

In a park near a school MR. MORALES: When is the strike going to end, professor? PROFESSOR: Tomorrow . . . , but our problems are not ending: lots of work, low pay, classes of 40 to 50 children, etc. MR. MORALES: Good grief! Well . . . , and how are my children doing in their studies? PROFESSOR: In reality, not too well. Ricardo . . . MR. MORALES: But what's the matter with Ricardo? Doesn't he do his homework? PROFESSOR: Your son doesn't study much. For example, his last composition, about the struggle (competition) between the conquistadors and the Aztecs, doesn't have much information (in it). MR. MORALES: I understand, but it's my fault. In our house we don't talk much about basketball.

A. Possessive adjectives agree with the nouns they modify (the items possessed) in gender and number. They do not agree with the possessor.

mi(s) amigo(s) / amiga(s) } *my friend(s)*

nuestro(s) amigo(s) / nuestra(s) amiga(s) } *our friend(s)*

tu(s) amigo(s) / amiga(s) } *your friend(s)* (familiar)

vuestro(s) amigo(s) / vuestra(s) amiga(s) } *your friend(s)*

su(s) amigo(s) / amiga(s) } *his (her, your, their) friend(s)*

mi abuelo, mi abuela, mis abuelos   *my grandfather, my grandmother, my grandparents*

nuestro primo, nuestra prima, nuestros primos, nuestras primas	*our cousin* (m.), *our cousin* (f.), *our cousins* (m. or m. and f.), *our cousins* (f.)
tu hijo, tu hija, tus hijos, tus hijas	*your son, your daughter, your sons (sons and daughters), your daughters*

B. **Su** and **sus** have several possible meanings: *his, her, your, their.*

¿Cuántos niños hay en su familia?	*How many children are there in his (her, your, their) family?*
¿Cuántas personas van en sus dos autos?	*How many people are going in his (her, your, their) two cars?*
Es su propia culpa.	*It's his (her, your, their) own fault.*

For this reason, it is sometimes necessary to use **de** + a subject for clarity:

su hermano: el hermano de él (de ella, de usted, de ellos, de ellas, de ustedes)
sus hermanos: los hermanos de él (de ella, de usted, de ellos, de ellas, de ustedes)
¿Cuántos niños hay en la familia de él?
¿Cuántas personas van en los dos autos de ustedes?

EJERCICIOS

A. **¡Qué problema!**   Ricardo's grandfather doesn't hear too well, and everything has to be repeated for him. Give Ricardo's responses to his grandfather's questions, following the model.

> **MODELO** El abuelo   ¿Vamos a la casa de Estela?
> Ricardo   **Sí, vamos a la casa de Estela. Sí, vamos a su casa.**

1. ¿Vamos a la escuela de los niños?
2. ¿Llevamos los libros de María?
3. ¿Tenemos la cámara de Carlos?
4. ¿Estamos en la oficina del doctor?
5. ¿Comemos con los hijos de Isabel?

B. **¡Pobre Ana!**   Ana's little sister, Juanita, is very possessive. Every time Juanita refers to something as hers, Ana corrects her. Give Ana's comments to her sister, following the model.

> **MODELO** Juanita   Mi apartamento...
> Ana   **No es tu apartamento; es nuestro apartamento.**

1. Mi madre...
2. Mi auto...
3. Mis amigas...
4. Mi calle...
5. Mi abuela...
6. Mis hermanos...

1. ¿Tiene usted hermanos? ¿Cómo se llaman sus hermanos?   2. ¿Cómo se llama su madre? ¿su padre?   3. ¿Viven sus abuelos? ¿Cuántos hijos tienen ellos? ¿Dónde viven?   4. ¿Dónde trabajan sus padres?   5. ¿Tiene usted muchos amigos? ¿Cómo se llama su amigo(a) favorito(a)?

Stem-changing verbs: **e** to **ie**

En el cine

ANA	Margarita, *¿quieres* una Coca-Cola, un café o... ?
MARGARITA	Una Coca-Cola, por favor. ¿Y tú?
ANA	Yo *prefiero* café. ¿*Quieres* esperar aquí?
MARGARITA	*Prefiero* entrar.
	Ellas entran.
MARGARITA	Ana, la película *empieza*. Pero estas señoras hablan y hablan.
ANA	Perdón, señora. ¡Es imposible entender!
LA SEÑORA	¿Cómo? ¿Usted no *entiende*? Pero, ¡caramba! ¡Ésta es una conversación privada!

1. ¿Qué quiere Margarita, un café o una Coca-Cola?   2. ¿Qué prefiere Ana?   3. ¿Por qué no entienden la película Ana y Margarita?   4. ¿Cómo es la conversación de las señoras?   5. ¿Qué clase de películas prefiere usted: las cómicas, las dramáticas o las de ciencia ficción?

At the movie theater   ANA: Margarita, do you want a Coca-Cola, coffee or . . . MARGARITA: A Coca-Cola, please. And you? ANA: I prefer coffee. Do you want to wait here? MARGARITA: I prefer to go in. (*They go in.*) MARGARITA: Ana, the film is beginning. But these ladies are talking and talking. ANA: Excuse me, ma'am. It's impossible to hear (understand)! THE WOMAN: What? You can't hear? But, good grief! This is a private conversation!

A. Certain groups of Spanish verbs are known as stem-changing verbs. These verbs have regular endings but show a change in the stem when it is stressed. In the following verbs, the **e** of the stem is changed to **ie** in all but the **nosotros** and **vosotros** forms.

pensar *(to think;*
          to plan; to intend)   **entender** *(to understand)*   **preferir** *(to prefer)*

pienso	pensamos	entiendo	entendemos	prefiero	preferimos
piensas	pensáis	entiendes	entendéis	prefieres	preferís
piensa	piensan	entiende	entienden	prefiere	prefieren

B. Other **e** to **ie** stem-changing verbs are:

cerrar	*to close*	**perder**	*to lose; to miss* (a train, boat, etc.); *to waste* (time)
empezar	*to begin*	**querer**	*to want; to love*

La profesora cierra el libro.	*The professor closes the book.*
No entiendo el problema.	*I don't understand the problem.*
¿Entiende usted el formulario?	*Do you understand the form?*
Empiezas mañana.	*You begin tomorrow.*
Juan no quiere trabajar en ese lugar.	*Juan doesn't want to work in that place.*
Quiero a Paco.	*I love Paco.*
Pensamos ir a Guadalajara.	*We are planning to go to Guadalajara.*
A veces pienso en ella.	*Sometimes I think of her.*
¿Qué piensas de la huelga?	*What do you think about the strike?*
Preferimos regresar temprano.	*We prefer to return early.*
Prefiero trabajar en la oficina, no en casa.	*I prefer to work at the office, not at home.*
Ellos siempre pierden dinero.	*They always lose money.*
Pierdes el tiempo.	*You're wasting time.*
¡Caramba! ¡Voy a perder el avión!	*Good grief! I'm going to miss the plane!*

Notice that **pensar** takes the preposition **en** when it means *to think of or about* (someone or something); it takes **de** to mean *to think of* in the sense of *to have an opinion* (of someone or something).

E J E R C I C I O S

A. **Imaginación y lógica.** Patricia's family, who live in Puerto Rico, are visiting New York City. Using elements from all three columns, make statements as Patricia would about what the family may do while they are there. Use each subject twice.

MODELOS   Ana piensa regresar el jueves.
Ana quiere ayudar a sus amigos que están en Nueva York.

		buscar trabajo
		regresar el jueves
Ana		ver su programa favorito
papá y mamá	pensar	visitar el barrio puertorriqueño
yo	querer	ayudar a sus amigos que están en Nueva York
Ana y Juanita	preferir	ir de compras al centro
nosotros		salir de noche
mi hermano		ir al teatro
		ir a ver una película
		ir al Parque Central

B. **Cambios.** (*Changes.*)   Change the italicized words from the singular to the plural or vice versa and make any other necessary changes.

1. *Él* quiere trabajar.
2. ¿Entiende *usted* a la señora?
3. *Ellas* quieren regresar el sábado.
4. *Los muchachos* siempre pierden dinero.
5. *Esa clase* empieza mañana.
6. *Nosotros* pensamos ir a Nueva York, ¿y ustedes?
7. *Yo* prefiero ir a la playa ahora.
8. ¿Entiendes *tú* la película?

C. **Entre amigos.**   Complete the following conversation with the correct forms of the verbs in parentheses.

RAFAEL   Rosita y yo _____ (querer) regresar a Puerto Rico. Nosotros _____ (pensar) viajar en noviembre.

CARLOS   Pero... ¡qué lástima! Lorenzo _____ (venir) de allí en diciembre. Él _____ (pensar) pasar aquí las fiestas (*holidays*). ¿No _____ (querer) esperar un mes más (*one more month*) ustedes... ?

RAFAEL   Pues, eso no es posible... , Carlos. Don Ernesto y su esposa _____ (tener) que viajar y no regresan en mucho tiempo (*for a long time*). Ellos _____ (cerrar) la casa y ése es el único (*only*) trabajo que _____ (tener) Rosita... Creo que hoy o mañana ella _____ (empezar) a hacer las maletas.

CARLOS   (Yo) _____ (entender) el problema y _____ (querer) ayudar, Rafael. ¿No _____ (preferir) tú y Rosita pasar las fiestas aquí y viajar en enero? En casa hay l   ara todos y «¡mi casa es tu casa!»

RAFAEL   ¡Gra   los... ! Eres un buen amigo pero _____ (perder) el tiempo. Real-
mer   _____ (preferir) pasar unas semanas en Puerto Rico, lejos del frío
y de   e de Nueva York.

D. **¿Pensar de... o pensar en... ?**   Complete the sentences using **de** or **en** as appropriate.

1. Papá siempre piensa _____ los problemas de la oficina.
2. ¿Qué piensas _____ la esposa de Bernardo?
3. ¿Piensas a veces _____ el pasado?
4. Ustedes no piensan eso _____ la abogada, ¿verdad?

P R E G U N T A S

1. ¿Entiende usted   ol? ¿mucho o poco?   2. ¿A qué hora empieza usted a estudiar?
3. ¿Prefiere usted   una ciudad grande o en una región rural? ¿Por qué?   4. ¿Prefiere
viajar en auto, en a   o en avión? ¿Por qué?   5. ¿Qué piensa hacer esta noche? ¿mañana?
¿el domingo? ¿en la.   ciones?

Direct object pronouns

RAFAEL Cecilia, ¿vas a apoyar a Ramón García en las elecciones?
CECILIA No, no *lo* voy a apoyar, Rafael. Prefiero a Josephine Smith.
RAFAEL ¿Prefieres a una mujer? ¿Y *la* vas a apoyar? Pero García es puertorriqueño. Entiende los problemas del barrio.
CECILIA Nosotras, las mujeres, preferimos a Smith. *La* necesitamos.
RAFAEL ¿Realmente *lo* crees? Pues, yo tengo mis dudas.

1. Cecilia va a apoyar a Ramón García, ¿no?   2. ¿A quién prefiere ella?   3. García es de Cuba, ¿no?   4. ¿Por qué apoya Rafael a García?   5. ¿Por qué prefiere Cecilia a Smith?

RAFAEL: Cecilia, are you going to support Ramón García in the elections? CECILIA: No, I'm not going to support him, Rafael. I prefer Josephine Smith. RAFAEL: You prefer a woman? And you're going to support her? But García is Puerto Rican. He understands the problems of the community. CECILIA: We women prefer Smith. We need her. RAFAEL: Do you really believe that (it)? Well, I have my doubts.

A. Direct object pronouns replace the direct object of a sentence (either a person or a thing) and receive the direct action of the verb. For instance, in the sentence *I see it (the book),* the direct object pronoun is *it.*

Direct object pronouns

singular	plural
me *me*	nos *us*
te *you* (tú)	os *you* (vosotros)
lo* *him, it, you* (usted)	los *them, you* (ustedes)
la *her, it, you* (usted)	las *them, you* (ustedes)

B. **Lo** and **la** are the direct object pronouns that correspond to the subject pronouns **él, ella,** and **usted. Lo** is used to refer to a person or thing of masculine gender, and **la** is used to refer to a person or thing of feminine gender. **Lo** is also used to refer to actions or situations.

*In Spain it is common to use **le (les)** instead of **lo** (**los**) as the masculine direct object to refer to a man (men) and to use **lo (los)** to refer to things or ideas. However, this distinction is not observed in Latin America.*

¿La carta? No la tengo.	*The letter? I don't have it.*
No lo entiendo a usted, señor.	*I don't understand you, sir.*
¡No lo creo!	*I don't believe it!*

C. **Los** and **las** are the direct object pronouns that correspond to the subject pronouns **ellos, ellas,** and **ustedes. Los** is used to refer to people or things of masculine gender, and **las** is used to refer to people or things of feminine gender. **Los** is also used to refer to groups in which the genders are mixed.

¿Esos lugares? Los voy a visitar pronto.	*Those places? I'm going to visit them soon.*
¿Las bicicletas? Las usamos mucho.	*The bicycles? We use them a lot.*
¿Los libros? No los veo.†	*The books? I don't see them.*
No las entiendo a ustedes, señoras.	*I don't understand you, ladies.*

D. **Te,** which corresponds to the subject pronoun **tú,** is used when referring to family, friends, and children. In Latin America the plural of **te** is **los** or **las.** In most areas of Spain, the plural of **te** is **os,** which corresponds to the subject pronoun **vosotros(as).**

Te necesito ahora.	*I need you now.*

E. Direct object pronouns can be placed directly before a conjugated verb form.

¿Me esperas?	*Will you wait for me?*
Nos miran ahora.	*They are looking at us now.*

F. Direct object pronouns can also be placed after an infinitive and are attached to it.

Vamos a visitarte mañana.	*We are going to visit you tomorrow.*
No tengo que hacerlo ahora.	*I don't have to do it now.*

However, if the infinitive is part of a larger verb construction, the direct object pronoun can either be attached to the infinitive, as above, or it can be placed in front of the entire verb construction. In spoken Spanish the latter position is more common.

¿Mi programa favorito?	*My favorite program?*
Lo voy a mirar ahora. ⎱	
Voy a mirarlo ahora. ⎰	*I'm going to watch it now.*
¿El libro? Quiero enseñarlo a Ana. ⎱	
¿El libro? Lo quiero enseñar a Ana. ⎰	*The book? I want to show it to Ana.*

†*The first-person singular of **ver** (to see) is **veo.** The other forms of the present tense are regular.*

A. **¿No lo ves... ?**   Ignacio is having trouble seeing the things his friend Mario is pointing out. Answer Mario's questions in the negative, as Ignacio would. Use direct object pronouns.

MODELO   ¿Ves ese edificio?
No, no lo veo.

1. ¿Ves aquella bicicleta?
2. ¿Ves esa calle?
3. ¿Ves al hermano de Pepe?
4. ¿Ves el parque?

5. ¿Ves a esos muchachos?
6. ¿Ves las oficinas?
7. ¿Ves aquellos autos?
8. ¿Ves esas librerías?

B. **Por las dudas.** (*Just in case.*)   Grandfather's comments never go unnoticed because he always repeats everything he says, just in case someone didn't hear him. Restate his sentences, following the model.

MODELO   La voy a ayudar.
Voy a ayudarla.

1. Me va a esperar.
2. Nos van a entender.
3. ¿Por qué los vas a ver?

4. ¿Quién te va a querer?
5. Susana las va a usar.
6. Los van a enseñar.

C. **Otra vez, por favor.**   Restate the following sentences, replacing the direct object with the corresponding pronoun.

MODELO   José necesita ese empleo.
José lo necesita.

1. Elvira hace la comida.
2. ¿Abres las ventanas?
3. Quiero su número de teléfono.

4. No necesitamos a los chicos.
5. ¿Mira usted el avión?
6. ¿Entienden los formularios?

D. **¡Tantas preguntas!**   Answer Mrs. Bonilla's questions in the affirmative, as her daughter would. Be sure to use direct object pronouns.

MODELO   ¿Te busca Enrique?
Sí, Enrique me busca.

1. ¿Te necesitan tus amigos?
2. ¿Me entiendes tú?
3. ¿Nos llama tu profesora mañana?

4. ¿La visitas tú el martes?
5. ¿Te ayuda Anita?
6. ¿Lo usan ustedes?

P R E G U N T A S

1. ¿Necesita usted un auto? ¿Por qué lo necesita?   2. ¿Tiene usted una bicicleta? ¿La usa mucho? ¿Dónde la lleva?   3. ¿Busca usted un buen empleo? ¿Dónde lo busca?   4. ¿Cuáles son sus programas favoritos? ¿Cuándo los mira usted?   5. ¿Estudia usted las lecciones de español de noche? ¿de tarde? ¿de día?   6. ¿Llama usted a sus amigos por teléfono? ¿Los llama de noche o prefiere llamarlos de tarde? ¿Prefiere llamarlos o visitarlos?

The present tense of **saber** and **conocer**

CRISTINA	Rosa, ¿*conoces* a Ramón?
ROSA	¿Ese chico salvadoreño que vive con Jesús y Marta? Sí, lo *conozco*.
CRISTINA	Va a perder el trabajo, pobrecito.
ROSA	¡Qué mala suerte!
CRISTINA	Además, *sé* que no está muy contento aquí en Los Ángeles. En el barrio donde viven hay crímenes, robos, personas adictas a las drogas, basura por todas partes...
ROSA	Sí, lo *sé*. ¡Qué lástima!
CRISTINA	Pero no *conocen* bien la ciudad y no *saben* buscar apartamento en otro barrio.
ROSA	Pues, si tú llevas a Ramón a buscar apartamento, yo voy a ayudarlo con el empleo. *Conozco* a un ingeniero y *sé* que ahora necesitan ayuda en la compañía de construcción donde trabaja.

1. ¿De dónde es Ramón? ¿Lo conoce Rosa?   2. ¿Por qué no está contento en Los Ángeles?
3. ¿Conoce bien la ciudad? ¿Por qué no busca apartamento en otro barrio?   4. ¿Qué va a hacer Cristina?   5. ¿A quién conoce Rosa? ¿Qué va a hacer ella?

CRISTINA: Rosa, do you know Ramón? ROSA: That Salvadoran guy who lives with Jesús and Marta? Yes, I know him. CRISTINA: He's going to lose his job, poor thing. ROSA: What bad luck! CRISTINA: What's more, I know he's not very happy here in Los Angeles. In the neighborhood where they live, there are crimes, robberies, drug addicts, garbage everywhere . . . ROSA: Yes, I know. What a shame! CRISTINA: But they don't know the city well, and they don't know how to look for an apartment in another neighborhood. ROSA: Well, if you take Ramón to look for an apartment, I'll help him with work. I know an engineer, and I know that they need help now in the construction company where he works.

A. The verbs **saber** and **conocer** are irregular in the first-person singular.

saber *(to know, know how to)*

sé	sabemos
sabes	sabéis
sabe	saben

conocer *(to know, be acquainted with)*

conozco	conocemos
conoces	conocéis
conoce	conocen

B. **Saber** and **conocer** both mean *to know,* but they are not interchangeable. **Saber** means *to have knowledge of facts or information about something or someone;* with an infinitive, it means *to know how to do something.* **Conocer** means *to know or to be* *acquainted with a person, place, or thing.* Before a direct object that refers to a person or persons, **conocer** takes a personal **a** (see Chapter 2, Section V).

Conozco a Conchita pero no sé dónde está.	*I know* (am acquainted with) *Conchita, but I don't know* (have information about) *where she is.*
¿Conoces el barrio?	*Do you know the neighborhood?*
Saben hablar italiano.	*They know how to speak Italian.*

E J E R C I C I O S

A. **Curriculum vitae social.**   Eduardo is listing things and people his family knows or knows about and things they know how to do. Make sentences using elements from all three columns, as he would. Use each subject twice.

MODELOS   Mamá sabe usar una computadora personal.
Mamá conoce a la esposa del profesor Ruiz.

Pablito		Buenos Aires y Montevideo
Victoria y Teresa		el número de teléfono de Rita
yo no		a la esposa del profesor Ruiz
nosotros	saber	hablar francés
mamá	conocer	usar una computadora personal
tú no		el barrio puertorriqueño
papá y tú		dónde está la oficina de Juan
		a gente importante

B. **¿Saber o conocer?**   Complete the sentences with the correct forms of **saber** or **conocer.**

1. Yo _____ a esa señora.
2. Usted _____ la verdad.
3. José no _____ bailar.
4. Elena _____ a todo el mundo.
5. Nosotros _____ la historia del país.
6. Yo _____ vivir bien.
7. ¿_____ usted al señor Rodríguez?
8. ¿_____ usted hablar español?
9. Nosotros _____ esquiar.
10. Tú _____ a mi padre, ¿verdad?

P R E G U N T A S

1. ¿Sabe usted cómo se llama la capital de Chile? ¿de Argentina?   2. ¿Conoce la ciudad de Nueva York? ¿Conoce Los Ángeles? ¿Qué problemas tienen estas dos ciudades? ¿Sabe por qué?
3. ¿Quién sabe más (*the most*) sobre el desempleo: el sociólogo o la persona que no tiene trabajo?
4. ¿Sabe usted qué estados de los Estados Unidos tienen nombres españoles?

NUEVA YORK: LOS PUERTORRIQUEÑOS

Dos amigos puertorriqueños están en la Oficina de Empleos del Edificio Municipal de Nueva York. Uno de ellos lleva en la mano un formulario de empleo.

Rafael ¡Carlos! ¿Qué haces aquí?

Carlos Yo trabajo aquí. ¿Y tú?

Rafael Busco empleo. Pero este formulario es difícil y no lo entiendo.

Carlos Yo te ayudo. Primero tienes que escribir tu nombre y apellido°.

Rafael Bueno. Los escribo en esta línea°. Escribo mi nombre completo...
Rafael Álvarez Balboa.[1]

Carlos ¡No, hombre! ¿No sabes que aquí prefieren nombres cortos? ¿Por qué no escribes simplemente° Ralph Álvarez?

Rafael Pero ése no es mi nombre. Todos me conocen como Rafael...

Carlos ...y yo conozco a esta gente. ¿O no quieres el trabajo?

Rafael En realidad... ahora pienso que no lo quiero. Además, uno tiene que ser norteamericano para trabajar acá.

Carlos	Eso no es verdad. Hay leyes que prohiben la discriminación. ¿Las quieres leer?
Rafael	No ahora. Sé muy bien que las mejores° oportunidades...
Carlos	Sí, las tienen los otros. Eso pasa a veces. ¿Qué esperas°? Pero... ¿tú prefieres vivir en la Isla² y no en este lugar?
Rafael	¡Claro! En Nueva York hay robos, personas adictas a las drogas, crímenes, basura por todas partes°...
Carlos	Lo sé. Pero en San Juan no hay trabajo.
Rafael	Pero conozco a mucha gente allí. Y no hace frío en el invierno como aquí. Puerto Rico es nuestra patria° y mi esposa y yo queremos regresar, ¿me entiendes?
Carlos	Sí, te entiendo, pero yo prefiero vivir aquí. De todos modos°, buena suerte.
Rafael	Gracias por tus buenos deseos°. Hasta luego.

---

apellido *surname* **línea** *line* **simplemente** *simply* **mejores** *best* **¿Qué esperas?** *What do you expect?* **por todas partes** *everywhere* **patria** *native land, homeland* **De todos modos** *anyway, anyhow* **deseos** *wishes*

PREGUNTAS

1. ¿Qué lleva uno de los puertorriqueños en la mano? 2. ¿Qué hace él allí? ¿y Carlos? 3. ¿Entiende Rafael el formulario? 4. ¿Cuál es el nombre corto que Carlos prefiere? 5. ¿Hay leyes que prohiben la discriminación? 6. ¿Qué prefieren Rafael y su esposa: Nueva York o la Isla? 7. Y usted, ¿prefiere vivir en Nueva York o en Puerto Rico? ¿Por qué? 8. ¿Qué tiene que hacer usted para obtener (*obtain*) un buen trabajo?

notas culturales

1.   Most people of Spanish descent use both their father's and mother's surnames (**apellidos**), sometimes separating them by **y**. The father's name is customarily put first. Thus, Rafael's father's surname is Álvarez, and his mother's, Balboa.

2.   Many Puerto Ricans refer to their homeland as **la Isla del Encanto** (*the Isle of Enchantment*) or simply as **la Isla.** Because of its natural beauty, agreeable climate, and Hispanic atmosphere, most Puerto Ricans who leave to find work long to return. Since Puerto Rico is a United States commonwealth, its inhabitants are U.S. citizens, and no visa is required for entry into the U.S. mainland.

ACTIVIDADES

In this chapter, you have seen examples of the following language functions, or uses. Here is a summary and some additional information about these functions of language.

EXPRESSING SYMPATHY

Here are some expressions to show that you feel sympathy with someone, understand what he or she is going through:

¡Qué lástima!   *What a shame (pity)!*

¡Qué mala suerte!   *What bad luck!*

¡Qué barbaridad!   *Good grief!* (literally, "What barbarity!")

¡Qué horror!   *How horrible!*

¡Pobrecito(a)!   *Poor thing!*

Eso debe ser terrible.   *That must be terrible.*

¡Ay, Dios mío!   *Oh, my goodness!*

¡Caramba!   *Good grief!*

EXPRESSING LACK OF SYMPATHY

Here are some expressions to use when you think someone is creating his or her own bad fortune or "has it coming":

¡Buena lección!   *That's a good lesson for you!*

Es de esperar.   *It's to be expected.*

¿Qué espera(s)?   *What do you expect?*

¿Qué importancia tiene?   *What's so important (about that)?*

¿Y qué?   *So what?*

Es su (tu) propia culpa.   *It's your own fault.*

A. **¿Compasión o falta de compasión?** (*Sympathy or lack of sympathy?*)   Your friend Pedro is always getting into trouble and having problems. Sometimes it's just bad luck, but sometimes he brings trouble on himself. Express sympathy or lack of sympathy with him when you find out each of the following things.

MODELOS   Su mamá está en el hospital.
¡Qué mala suerte!

Va en su Fiat a cien kilómetros por hora cuando un policía lo ve.
Es su propia culpa.

1. Busca empleo, pero siempre llega tarde a las entrevistas (*interviews*).
2. Hay un robo en el edificio donde vive y pierde su bicicleta.
3. Recibe una «F» en un examen porque no estudia mucho.
4. No está en buenas condiciones físicas porque no come bien y no hace ejercicios.
5. Llega tarde al aeropuerto porque hay mucho tráfico; pierde el avión.
6. Tiene un accidente de automóvil que no es por su culpa.
7. Compra un auto nuevo pero no anda bien (*it doesn't run well*).
8. Va a la playa y pierde su cámara.

B. **Problemas.** Everyone has problems. In small groups, find out at least one problem—large or small—that someone in the group has. Ask your teacher for help in stating it if necessary. Then take turns expressing sympathy (or lack of sympathy) to the person with the problem.

▼OCABULARIO ▲CTIVO

Verbos

apoyar	to support
ayudar	to help
cerrar (ie)	to close
conocer	to be familiar with; to know
empezar (ie)	to begin, start
enseñar	to teach; to show
entender (ie)	to understand
esperar	to wait for; to hope; to expect
pasar	to happen
pensar (ie)	to think; to plan; to intend
pensar de	to think about, have an opinion
pensar en	to think about, reflect on
perder (ie)	to lose; to miss (train, plane, etc.); to waste (time)
preferir (ie)	to prefer
prohibir	to prohibit, forbid
querer (ie)	to want; to love
regresar	to return, go back
saber	to know, know how to
terminar	to finish, end
usar	to use
ver	to see

La ciudad y sus problemas

el apartamento	apartment
el barrio	neighborhood, community
la basura	garbage
la calle	street
la contaminación del aire (del agua)	air (water) pollution
el crimen	crime
el desempleo	unemployment
el dinero	money
la discriminación	discrimination
la droga	drug
el edificio	building
el empleo	employment
el formulario	form
la gente	people
el hambre (f.)	hunger
la inflación	inflation
la ley	law
la oficina	office
el parque	park
la pobreza	poverty
el problema	problem
el robo	theft, robbery
el trabajo	work
el tráfico	traffic

Adjetivos

corto(a)	brief, short (not used in reference to people)
listo(a)	ready
mismo(a)	same
poco(a)	little
pocos	few
último(a)	most recent, latest

Otras palabras

	a veces	*sometimes*
	además	*moreover, besides*
el	básquetbol	*basketball*
la	bicicleta	*bicycle*
	¡Buena lección!	*That's a good lesson for you!*
	¡Caramba!	*Good grief!*
la	culpa	*guilt*
	Es su (tu) culpa.	*It's your fault.*
los	deberes	*homework*
	Es de esperar.	*It's to be expected.*
la	huelga	*strike*
la	lucha	*fight, struggle*
el	lugar	*place; room (space)*
la	mano	*hand*
la	oportunidad	*opportunity*
la	película	*film*
	¡Pobrecito(a)!	*Poor thing!*
	¡Qué barbaridad!	*Good grief!* (literally, "What barbarity!")
	¿Qué espera(s)?	*What do you expect?*
	¡Qué horror!	*How horrible!*
	¿Qué importancia tiene?	*What's so important (about that)?*
	¡Qué lástima!	*What a shame (pity)!*
	¡Qué mala suerte!	*What bad luck!*
	sin embargo	*however*
	tarde	*late*
	temprano	*early*
	¿Y qué?	*So what?*

ir al cine a ver una película

bailar, ir al baile

ir al teatro a ver una obra o a escuchar un concierto

cantar canciones folklóricas

jugar a los naipes

tocar la guitarra, el piano, el violín

gramar la computadora

scuchar música, discos

CAPÍTULO 6

DIVERSIONES Y PASATIEMPOS

MAKING REQUESTS

OFFERING ASSISTANCE

EXPRESSING GRATITUDE

EJERCICIO

Choose the correct word to complete each sentence.

1. José (toca, juega) la guitarra.
2. Vamos al (cine, teatro) a ver una película.
3. El tango es (un baile, una canción).
4. Pedro y Julia (tocan, juegan) a los naipes.
5. Queremos escuchar un concierto en el (Cine, Teatro) Nacional.
6. Luis Buñuel es un director español de muchas (obras de teatro, películas) famosas.

PREGUNTAS

1. ¿Qué hace usted los fines de semana? ¿Va al cine? ¿Escucha música? ¿Tiene muchos discos? ¿Mira televisión?   2. ¿Qué va a hacer el fin de semana que viene?   3. ¿Prefiere usted bailar o escuchar música? ¿Por qué?   4. ¿Sabe usted tocar la guitarra? ¿el piano? ¿el violín?   5. ¿Sabe usted programar una computadora? ¿Qué tipo (*type*) de computadora tiene?   6. ¿Va usted mucho al cine? ¿Cómo se llama su película favorita?   7. ¿Qué diversiones prefiere usted cuando no está con amigos?

Indirect object pronouns

SRA. PÉREZ	*Te* quiero hablar, Rosita. *¿Me* haces el favor de escribir*les* una carta a tus abuelos hoy? ¡El jueves es el cumpleaños de tu abuela!
ROSITA	¡Ay, mamá! Ahora no *les* quiero escribir. ¿Por qué no los llamamos por teléfono? Así tú también *le* deseas un feliz cumpleaños a tu mamá, ¿de acuerdo?
SRA. PÉREZ	No, Rosita, pero *te* prometo una cosa: si tú *les* escribes esa carta, yo *te* dejo ir al cine con Anita mañana.
ROSITA	¿Vas a dejar*me* ir al cine con ella? ¡Qué suerte! ¡Gracias, mamá! Bueno, ¿dónde hay un lápiz... ?

1. ¿Quién le quiere hablar a Rosita?   2. ¿Qué debe hacer Rosita hoy? ¿Por qué?   3. ¿Quiere escribir la carta Rosita? ¿Qué prefiere hacer ella?   4. ¿Qué le promete la señora Pérez a su hija?   5. ¿Por qué le da Rosita las gracias a su mamá?   6. ¿Les va a escribir a sus abuelos Rosita? ¿Cómo lo sabemos?   7. ¿Les escribe usted mucho a sus abuelos? ¿a sus padres? ¿Le escriben a usted sus abuelos? ¿sus padres? ¿sus amigos?

MRS. PÉREZ: I want to speak to you, Rosita. Will you do me the favor of writing a letter to your grandparents today? Thursday is your grandma's birthday! ROSITA: Oh Mom! I don't want to write to them now. Why don't we call them on the phone? That way you can also wish your mother a happy birthday, okay? MRS. PÉREZ: No, Rosita, but I promise you one thing: if you write them that letter, I'll let you go to the movies with Anita tomorrow. ROSITA: You're going to let me go to the movies with her? How lucky! Thanks, Mom! Okay, where is (there) a pencil . . . ?

A.   The indirect object in a sentence indicates the person or thing that benefits from the action of the verb. In the sentence *I told Carmen the truth, Carmen* is the person who benefits or is affected by the truth being told; she is the *indirect* object. (*The truth* is what gets told; it is the *direct* object.) In English, indirect objects often are replaced by prepositional phrases: *I told Carmen the truth (I told the truth to Carmen); I bought Carmen the book (I bought the book for Carmen).* An indirect object pronoun is a pronoun that replaces an indirect object noun: *I bought* her *the book.*

B. Except for the third-person forms, **le** and **les,** the indirect object pronouns are the same as direct object pronouns.

Indirect object pronouns

singular		*plural*	
me	*(to, for) me*	nos	*(to, for) us*
te	*(to, for) you*	os	*(to, for) you*
le	*(to, for) you, him, her, it*	les	*(to, for) you, them*

C. Like direct object pronouns, indirect object pronouns immediately precede a conjugated verb.

Le hablo.	*I'm speaking to him (her, you).*
No les escribo hoy.	*I'm not writing to them (you, pl.) today.*
Te compro un regalo después del almuerzo.	*I'm buying you a present after lunch.*
¿Me preparas la cena? —Sí, y luego te hago un café.	*Are you preparing dinner for me? —Yes, and then I'll make coffee for you.*

D. When used with an infinitive, indirect object pronouns follow the same rules as direct object pronouns: either they precede the entire verb construction or they follow the infinitive and are attached to it.

Me quieren vender su piano.⎫ Quieren venderme su piano.⎭	*They want to sell me their piano.*

E. For clarity, a prepositional phrase is often used in addition to the indirect object pronoun in the third person.

Le hablo { a él. / a ella. / a usted. }   Les hablo { a ellos. / a ellas. / a ustedes. }

Since these expressions function as objects of the preposition **a,** they are called prepositional object pronouns. They are the same as the regular subject pronouns, except for the first- and second-person singular: **mí** and **ti.**

¿Me hablas a mí?	*Are you talking to me?*
A ti te compro esta guitarra.	*I'm buying you this guitar.*

F. The indirect object pronoun is often used even when the noun to which it refers is also expressed.

Le escribo a mi abuelo antes del almuerzo.	*I'm writing to my grandfather before lunch.*
Les preparamos una cena a Pedro y a Anita.	*We are preparing a dinner for Pedro and Anita.*
Felipe les lee un poema a sus amigos.	*Felipe is reading a poem to his friends.*

A. **¡Fiesta!**   There's going to be a surprise party for your friend Anita, and her sister Carmen is in charge of inviting everyone. Form sentences to indicate whom she talks to and when.

   MODELOS   a Luis Diego / esta noche
   Le habla esta noche.

   a nosotros / antes de la cena
   Nos habla antes de la cena.

   1. a mí / hoy
   2. a José y a Esteban / esta tarde
   3. a ti / después de la clase
   4. a Susana / mañana
   5. a ustedes / antes del concierto
   6. a Juan Manuel / durante el almuerzo

B. **¡Mil gracias, Gastón!**   Gastón is very popular and well liked by everyone. To find out why, do the following exercises, using indirect object pronouns as in the models.

   MODELOS   a Elena / enseñar español
   Le enseña español.

   a ti y a mí / hacer favores
   Nos hace favores.

   1. a nosotros / cantar canciones
   2. a su hermana / leer un libro
   3. a los niños / comprar chocolates
   4. a mí / escribir poemas
   5. a Raquel y a ti / tocar la guitarra
   6. a ti / preparar el almuerzo
   7. a Roberto / prometer dinero

C. **Un sábado en casa de Paco.**   To know what Paco and his family are doing on Saturday, make sentences from the following, replacing the indirect objects with indirect object pronouns, as Paco would.

   MODELO   Silvia / hablar por teléfono / a sus amigas
   Silvia les habla por teléfono.

   1. abuela / hacer la cena / a nosotros
   2. tú / venir a visitar / a mí
   3. papá / enseñar matemáticas / a Juan y a ti
   4. mamá / comprar un cuaderno / a mi hermano
   5. yo / hablar de mi familia / a ti
   6. nosotros / leer la lección / a Silvia

D. **¡Qué increíble!**   Alberto reacts incredulously to the comments his mother makes. Make questions as he would, following the model.

   MODELO   La mamá   Tu papá me compra un regalo a mí.
   Alberto   **¿Él te compra un regalo a ti?**

   1. También te compra un regalo a ti.
   2. Yo les escribo una carta a los Sánchez.

3. Julio le prepara la comida a su esposa.
4. Carlos nos habla de sus problemas a nosotros.
5. Tú me debes enseñar a bailar disco a mí.
6. Yo le quiero hablar de ti a Marisa.
7. Tu papá les promete un viaje a España a ti y a Ricardo.
8. Los López nos venden la casa a nosotros.

Stem-changing verbs: **e** to **i;** the verb **dar**

En casa de una familia méxico-americana en Los Ángeles

JOSÉ Papá, necesito dinero para ir al cine.

SR. ORTEGA ¿Qué *dices*? Te *doy* dinero todas las semanas. ¿Por qué no le preguntas a tu mamá dónde está su bolso?

JOSÉ Mamá no está en casa.

SR. ORTEGA ¡Caramba! ¿Cuánto dinero crees que gano? Los niños de hoy no saben el valor de un dólar.

JOSÉ Sí, papá, sé muy bien el valor de un dólar. Por eso te *pido* diez.

1. ¿Qué quiere el niño?   2. El señor Ortega le da dinero a José todos los días, ¿no?   3. ¿Qué debe preguntarle el niño a su mamá?   4. ¿Por qué no lo hace el niño?   5. ¿Qué dice el papá sobre los niños de hoy?   6. ¿Cuántos dólares le pide el niño?

In the home of a Mexican-American family in Los Angeles JOSÉ: Dad, I need money to go to the movies. MR. ORTEGA: What are you saying? I give you money every week. Why don't you ask your mother where her purse is? JOSÉ: Mom isn't home. MR. ORTEGA: Good grief! How much do you think I earn? Today's children don't know the value of a dollar. JOSÉ: Dad, I know very well the value of a dollar. That's why I'm asking you for ten.

A. Certain -**ir** verbs show a stem change from **e** to **i** when the stem syllable is stressed. This change does not occur in the **nosotros** and **vosotros** forms because the stress does not fall on the stem.

pedir *(to ask for, order)*		**seguir** *(to continue; to follow)*		**servir** *(to serve)*		**repetir** *(to repeat)*	
pido	pedimos	sigo	seguimos	sirvo	servimos	repito	repetimos
pides	pedís	sigues	seguís	sirves	servís	repites	repetís
pide	piden	sigue	siguen	sirve	sirven	repite	repiten

Diversiones y pasatiempos   **123**

¿Pides un café?	*Are you ordering (asking for) coffee?*
Seguimos los consejos de Ana.	*We're following Ana's advice.*
El mozo nos sirve el desayuno.	*The waiter is serving us breakfast.*
Rafael sigue cuatro cursos y trabaja al mismo tiempo.*	*Rafael is taking four courses and working at the same time.*
Repiten las mismas palabras.	*They repeat the same words.*

B. **Pedir** means *to ask* (for something) or *to request* (someone to do something). **Preguntar** means *to ask* (a question), *query.*

Pedimos la cena.	*We're ordering (asking for) dinner.*
Me piden un favor.	*They're asking me for a favor.*
Quieren preguntarte algo.	*They want to ask you something.*
¿Por qué no le preguntas al policía?	*Why don't you ask the policeman?*

C. The verb **decir** is also an **e** to **i** stem-changing verb; in addition, the first-person singular of the present tense is irregular.

decir (*to say, tell*)

digo	decimos
dices	decís
dice	dicen

Te digo la verdad. —Muy agradecido.	*I'm telling you the truth. —I'm very grateful.*
Dicen que van a ganar mucho dinero.†	*They say they're going to earn a lot of money.*
¿Qué dice el doctor?	*What does the doctor say?*
¿Qué quiere decir eso?	*What does that mean?‡*

D. The verb **dar** is irregular in the first-person singular only.

dar (*to give*)

doy	damos
das	dais
da	dan

Le doy consejos a Mario.	*I give Mario advice.*
Les doy las gracias por las entradas.	*I am thanking them for the tickets.*

---

*__Seguir un curso__ *means* to take a course.

†__Ganar__ *means* to earn *or* to win.

‡__Querer decir__—*literally,* "to want to say"—*is translated* to mean.

A. **Imaginación y lógica.** Form logical sentences, combining elements from all three columns. Use each subject twice.

MODELOS Mi amiga cubana sigue cursos de inglés.
Mi amiga cubana pide café.

tú (no)		buenos consejos
mis amigos	decir	el almuerzo
el camarero	pedir	la verdad
nosotros	seguir	cursos de inglés
yo (no)	servir	a María Elena
mi amiga cubana	dar	café
Juan y Lorenzo		dinero

B. **Ellos no, pero nosotros sí.** Agree with each statement, following the models.

MODELOS Luis no dice la verdad.
Él no, pero nosotros sí decimos la verdad.

Yo no les pido favores a ellos.
Tú no, pero nosotros sí les pedimos favores a ellos.

1. Carmen no les pide consejos a sus padres.
2. Tu hermana no sigue cursos de teatro.
3. Yo no sirvo café después de la cena.
4. Paco y Raúl no les dan las gracias a los Pérez.
5. Tus amigos no dicen que los argentinos van a ganar.
6. Yo no le doy dinero a Pedro.

C. **¿Cuál es la pregunta?** The following are possible answers. For each of them, give a reasonable question, as in the model.

MODELO Seguimos dos cursos.
¿Cuántos cursos siguen ustedes?

1. Pido un café.
2. No, no le decimos la verdad.
3. Mi hermano sirve la cena hoy.
4. No, yo no te doy dinero para el cine.
5. Sí, repetimos mucho en esta clase.
6. Sigo cursos de italiano y francés.

D. **¿Pedir o preguntar?** Complete the paragraph with the appropriate forms of **pedir** or **preguntar.**

Ana quiere ir al teatro. Llama a una amiga y le _____ si quiere ver *Romeo y Julieta* con ella. Su amiga dice que sí. Entonces Ana les _____ dinero a sus padres para las entradas. Llama al teatro para _____ a qué hora empieza la obra. También le _____ a la recepcionista si la obra es muy larga (*long*). Despúes le dice a su madre: «Mamá, te _____ un gran favor. ¿Me dejas usar el auto?» La señora le _____ a su esposo si él no va a necesitar el auto. Él responde que no y le dice a la hija: «Te dejo llevar el auto pero

te _____ una cosa: la promesa de que vas a regresar antes de medianoche (*midnight*).»
Ana le dice: «Sí, papá, te prometo regresar antes de las doce»; ella _____ las llaves
(*keys*) del auto y va a buscar a su amiga.

1. ¿Cuál es su restaurante favorito? ¿Qué platos sirven en ese restaurante?   2. ¿Les pide muchos favores a sus amigos?   3. ¿Les pide dinero a sus padres? Generalmente, ¿le dan ellos dinero a usted o no?   4. Cuando sus amigos le piden dinero, ¿les da unos dólares o les dice que no tiene dinero?   5. Siempre dice la verdad, ¿no? ¿Siempre dicen la verdad los profesores? ¿los policías? ¿los presidentes?

Stem-changing verbs: **o** to **ue, u** to **ue**

SEÑOR	Buenas tardes. ¿En qué *puedo* servirle?
JUAN	¿Me *puede* decir cuánto *cuesta* un cuarto para dos en este hotel?
SEÑOR	Dos mil pesos.
JUAN	Está bien. ¿Me *puede* reservar uno?
SEÑOR	Sí, con mucho gusto. ¿Por cuántas noches?
JUAN	Solamente por una. Mañana temprano mi esposa y yo *volvemos* a Asunción.
SEÑOR	*Vuelven* mañana temprano, ¿eh? Si quieren, la recepcionista *puede* despertarlos.
JUAN	No es necesario. *Duermo* como un gato. Todos los días abro los ojos a las seis y media en punto.
SEÑOR	En ese caso, ¿*puede* usted despertar a la recepcionista, por favor?

1. ¿Cuánto cuesta un cuarto para dos personas en el hotel?   2. ¿Puede el señor reservarle uno a Juan?   3. ¿Cuántas noches van a estar allí?   4. ¿Adónde vuelven mañana? 5. ¿Quién puede despertarlos, si quieren?   6. ¿Cómo duerme Juan?   7. ¿A qué hora abre los ojos Juan todos los días?

GENTLEMAN: Good afternoon. How can I help you? JUAN: Can you tell me how much a room for two costs in this hotel? GENTLEMAN: Two thousand pesos. JUAN: Fine. Can you reserve one for me? GENTLEMAN: Yes, gladly. For how many nights? JUAN: Only one. Early tomorrow morning my wife and I are returning to Asunción. GENTLEMAN: You're returning early tomorrow? If you want, the desk clerk can wake you. JUAN: That's not necessary. I sleep like a cat. Every morning (day) I open my eyes at 6:30 on the dot. GENTLEMAN: In that case, can you wake the desk clerk, please?

A. Certain Spanish verbs show a stem change from **o** to **ue** when the stem is stressed. This change does not occur in the **nosotros** and **vosotros** forms, because the stress does not fall on the stem.

recordar *(to remember)*		**volver** *(to return)*		**dormir** *(to sleep)*	
rec**ue**rdo	recordamos	v**ue**lvo	volvemos	d**ue**rmo	dormimos
rec**ue**rdas	recordáis	v**ue**lves	volvéis	d**ue**rmes	dormís
rec**ue**rda	rec**ue**rdan	v**ue**lve	v**ue**lven	d**ue**rme	d**ue**rmen

B. Other **o** to **ue** stem-changing verbs are:

almorzar   *to have lunch*
costar   *to cost*
encontrar   *to find*

poder   *to be able, can*
resolver   *to solve*
soñar (con)   *to dream (about)*

Recuerdo tu promesa.
¿No encuentras las entradas para la obra de teatro aquí?
¿Con quién almuerza usted hoy?
¿Podemos ir al cine mañana? —Tal vez.

Vuelven a Tejas el jueves.
Sueño con Enrique.

I remember your promise.
You don't find the tickets to the play here?
Who are you having lunch with today?
Can we go to the movies tomorrow?
   —Perhaps.
They are returning to Texas on Thursday.
I dream about Enrique.

C. The verb **jugar** is a **u** to **ue** stem-changing verb.

jugar *(to play)*

j**ue**go	jugamos
j**ue**gas	jugáis
j**ue**ga	j**ue**gan

Jugar means *to play* (a game or sport); **tocar** means *to play* (music or a musical instrument).

Juego a los naipes todos los viernes.
Jugamos al tenis mañana mientras ellos programan la computadora.
Juan toca el violín en una orquesta.

I play cards every Friday.
We're playing tennis tomorrow while they program the computer.
Juan plays the violin in an orchestra.

A. **Yo recuerdo que...**   Jorge is writing down some of the things he and his friends remember about each other. Make sentences from the following, as Jorge would.

> **MODELOS**   Elsa... / tú / dormir poco
> **Elsa recuerda que tú duermes poco.**

1. Ana y José... / nosotros / jugar al tenis los martes
2. tú... / Elsa y Javier / poder bailar el tango
3. nosotros... / Rubén / dormir como un gato
4. Mario... / yo / soñar con tocar en una orquesta
5. yo... / tú / resolver todos tus problemas
6. ustedes... / Javier y yo / volver a casa después de las cinco

B. **¡Qué buena idea!**   These people have some good ideas about how to spend a lazy Sunday. Make sentences stating that you and a friend are doing the same things they are.

> **MODELO**   Los García duermen hasta las diez de la mañana.
> **Nosotros también dormimos hasta las diez de la mañana.**

1. Pablo juega a los naipes con sus amigos.
2. Anita sueña con programar la computadora.
3. La familia almuerza en un restaurante italiano.
4. Pablo y sus amigos pueden jugar al tenis esta tarde.
5. Anita recuerda que hoy presentan *Carmen* en el cine del barrio.
6. Anita y Jorge vuelven tarde del cine.
7. El señor García encuentra un programa interesante en la televisión.

C. **Completar las frases.**   Complete each sentence with the appropriate form of the verb in parentheses.

1. (poder) Nosotros _____ ir a tu casa.
2. (volver) Roberto _____ a las seis.
3. (recordar) ¿_____ tú su número de teléfono?
4. (almorzar) Yo no _____ en el hotel.
5. (costar) La comida _____ mucho aquí.
6. (encontrar) ¿_____ ellos los discos?
7. (volver) Nosotros _____ mañana.
8. (jugar) Ellos _____ a los naipes.

PREGUNTAS

1. ¿Dónde almuerza usted?   2. ¿Vuelve usted a casa tarde o temprano de sus clases?   3. ¿A qué hora vuelve?   4. ¿Duerme usted bien por la noche? ¿Duerme en la clase de español? 5. ¿Cuánto cuesta un violín? ¿un texto de español? ¿una radio? ¿una guitarra? ¿un piano? 6. ¿Juega usted a los naipes? ¿al tenis?   7. ¿Con qué o con quién sueña usted mucho?

Direct and indirect object pronouns
in the same sentence

ARTURO	¿Recuerdas la canción «Guantanamera»? Es parte de un poema del poeta cubano José Martí.
JOSEFINA	Los versos los recuerdo de memoria, pero no recuerdo la música. *¿Me la* puedes tocar en la guitarra?
ARTURO	¿La guitarra?... La tiene Camilo. *Se la* doy los sábados porque toca en una orquesta.

1. ¿De quién son los versos de la canción «Guantanamera»?   2. ¿Los recuerda Josefina?
3. ¿Recuerda ella la música?   4. ¿Por qué no se la puede tocar Arturo en la guitarra?

ARTURO: Do you remember the song "Guantanamera"? It's part of a poem by the Cuban poet José Martí. JOSEFINA: The lines (of poetry) I remember by heart, but I don't remember the music. Can you play it for me on the guitar? ARTURO: The guitar? . . . Camilo has it. I give it to him every Saturday because he plays in an orchestra.

A. When an indirect and a direct object pronoun are used in the same sentence, the indirect always precedes the direct object pronoun. Both pronouns precede a conjugated verb.

Te doy cinco entradas para el teatro chicano.	*I am giving you five tickets for the Chicano theater.*
Te las doy.	*I am giving them to you.*
Nos prometen programas bilingües.	*They promise us bilingual programs.*
Nos los prometen.	*They promise them to us.*
Me toca la guitarra.	*He's playing the guitar for me.*
Me la toca.	*He's playing it for me.*

B. When used with an infinitive, the object pronouns (indirect, direct) may either be attached to the infinitive or precede the conjugated verb. Note that when two object pronouns are attached to the infinitive, an accent is required over the last syllable of the infinitive.

Voy a comprarte una entrada.	*I'm going to buy you a ticket.*
Te la voy a comprar. ⎫ Voy a comprártela. ⎭	*I'm going to buy it for you.*

C. Two object pronouns beginning with *l* do not occur in a row. If a third-person indirect object pronoun (**le, les**) is used with a third-person direct object pronoun (**lo, la, los, las**), the indirect object pronoun is replaced by **se**. The various meanings of **se** may be clarified by adding to the sentence **a él, a ella, a usted, a ellos, a ellas, a ustedes.**

Elena les canta una canción (a ellos).	*Elena is singing them a song.*
Elena se la canta (a ellos).	*Elena is singing it to them.*
El camarero le sirve el té (a ella).	*The waiter is serving her the tea.*
El camarero se lo sirve (a ella).	*The waiter is serving it to her.*

E J E R C I C I O S

A. **Rosa la generosa.**   Tell what Rosa is giving to various people, as suggested by the cues. Then shorten your statement by using direct and indirect object pronouns, as in the model.

> **MODELO**   un libro / al chico
> **Rosa le da un libro al chico. Se lo da.**

1. una guitarra / a Miguel
2. dinero / a sus hermanas
3. las cartas / a usted
4. consejos / a ustedes
5. el almuerzo / a esas muchachas
6. los regalos / a los profesores
7. una bicicleta / a la niña
8. las gracias / al señor Díaz

B. **Cuchicheos.** (*Chitchat.*)   Ramón can't concentrate on the film he's watching because everyone around him is chitchatting. Repeat what he overhears, shortening the sentences a little by replacing direct object nouns with pronouns. Make all necessary changes.

> **MODELO**   Eduardo le escribe *una carta* a Susana.
> **Eduardo se la escribe a Susana.**

1. Mañana le voy a pedir *un favor* al profesor.
2. Cuando voy de viaje, le dejo *mis gatos* a mamá.
3. ¿Cuándo me vas a decir *tu nombre?*
4. Te digo *mi nombre* si prometes escribirme *un poema.*
5. Abuela siempre nos compra *entradas de cine.*
6. ¿Por qué no le cantas *esa canción* a Juanita hoy?
7. Te vendo *mis dos autos* por mil dólares, ¿de acuerdo?
8. Quiero hacerles *esas preguntas* a los muchachos.

C. **Te lo prometo.**   Carlos wants to borrow his father's car to take his girlfriend to a party. Answer his father's questions as Carlos would.

> **MODELOS**   ¿Me vas a pedir el auto mañana?
> **No, no te lo voy a pedir mañana.**

¿Siempre nos vas a decir la verdad a tu mamá y a mí?
Sí, siempre se la voy a decir.

1. ¿Les vas a dar drogas a tus hermanos?
2. ¿Le vas a prometer ayuda a tu madre?
3. ¿Me vas a llevar los discos a la oficina?
4. ¿Nos vas a pedir dinero todos los días?
5. ¿Nos vas a hacer el almuerzo?

D. **Traducción.**   Work with a partner to translate these short conversations.

1. **PEPE**   I want to buy you a present.
   PEPA   Great! And when are you going to buy it for me?
   PEPE   Well, I can't tell you that.
   PEPA   Do you promise to give it to me before (**antes del**) Saturday?
   PEPE   No, I can't give it to you before February 14.

2. **LUIS**   Why don't you give me the tickets for the play?
   LUISA   I can't give them to you because I don't have them. Those tickets cost a lot, Luis. You and I can go to the movies and have lunch . . . for the price (**el valor**) of one ticket!
   LUIS   Good idea! Can you reserve a table for us at a good restaurant?
   LUISA   Pepe is going to reserve it for us this afternoon.

PREGUNTAS

1. ¿Baila usted el cha-cha-chá? ¿la salsa? ¿el tango? ¿el rock? ¿Qué baila usted? ¿Nos lo (la, los) quiere enseñar?   2. ¿Toca usted un instrumento musical? ¿el piano? ¿la guitarra? ¿el violín? ¿Cuándo y dónde lo (la) toca?   3. ¿Escucha usted canciones en español? ¿Las puede entender? 4. ¿Tiene usted cincuenta dólares? ¿Me los quiere dar? ¿Por qué?   5. ¿Pide usted a veces dinero a sus amigos? ¿Se lo dan? ¿Les pide consejos? ¿Se los dan?

LOS ÁNGELES: EN UN PARQUE DEL BARRIO CHICANO[1]

Un cinco de mayo[2] a las dos de la tarde en un parque de Los Ángeles

Andrea   ¿Qué hacemos este fin de semana? Sigo muchos cursos este semestre y necesito salir con ustedes los fines de semana... ¿Prometen no abandonarme°?

Jacinto   ¡Claro que prometemos no abandonarte, Andrea! ¿Quieres ir al «Club de la Raza»[3] a ver la exposición de arte chicano?

Andrea   No, no quiero ir allí. Prefiero ir al cine o a bailar...

Elvira   ¿Y si repetimos el programa del fin de semana pasado?

Jacinto   ¡Buena idea! Pero..., ¿saben ustedes quién va a tener una fiesta el sábado o el domingo?

Elvira   ¡Sí..., Rafael Costa! Sé que el viernes es su cumpleaños y sus padres le van a hacer la fiesta el sábado. ¿Conoces a Rafael, Andrea?

Andrea   En realidad no lo conozco, pero sé quién es. Tú y Manuel siempre me hablan de él. Es el chico que canta y toca la guitarra, ¿no?

Elvira   Sí, es él. Según Manuel, la fiesta va a ser muy buena. Van a tener una orquesta estupenda ¡y mucha comida! Voy a tratar de conseguir° invitaciones para todos nosotros. Se las puedo pedir a Lupita, la hermana de Rafael... Y tú, Manuel, ¿qué haces? ¿Duermes...?

Manuel   No, no duermo. Pienso en el baile de esta noche y juego con mi imaginación. Sueño con encontrar allí a Mariana...

Elvira   Así que mientras nosotros hacemos planes° para el fin de semana, tú sueñas...

Una celebración del cinco de mayo en San José, California

Manuel	Es que unos amigos me van a dar cinco entradas gratis° para *Los pelados°,* la obra que presenta el teatro chicano⁴ esta noche, y otras cinco entradas para la cena y el baile, en conmemoración del cinco de mayo. Tal vez Mariana...
Jacinto	Manuel, Mariana sale con Pedro todos los fines de semana. ¿Cuántas veces debo decírtelo? Sigues con tus sueños imposibles.
Andrea	Además, ¿cómo podemos estar en los tres lugares al mismo tiempo?
Elvira	¿Por qué al mismo tiempo? Primero vamos al teatro, después a la cena y luego al baile. Pero antes quiero llamar a José para ofrecerle° la entrada extra. Se la puedo ofrecer, ¿no, Manuel?
Manuel	Está bien, Elvira. Tal vez en el futuro Mariana y yo...

---

abandonarme *to abandon me*   **tratar de conseguir** *try to get*   **planes** *plans*   **gratis** *free*
Los pelados *The Have-nots*   **ofrecerle** *to offer him*

P R E G U N T A S

1. ¿Dónde están Andrea y sus amigos?   2. ¿Qué les dice Andrea a sus amigos?   3. Según Jacinto, ¿qué pueden hacer ellos? ¿Quiere hacer eso Andrea?   4. ¿Quién va a tener una fiesta el sábado? ¿Por qué? ¿Quiénes le van a hacer la fiesta a Rafael?   5. ¿Conoce Andrea a Rafael? ¿Qué sabe ella de él?   6. Según Manuel, ¿cómo va a ser la fiesta? ¿Qué van a tener allí? 7. ¿Qué va a tratar de conseguir Elvira? ¿A quién se las va a pedir?   8. ¿En qué piensa Manuel? ¿Con qué sueña él?   9. ¿Qué le van a dar gratis a Manuel?   10. ¿Pueden ir los muchachos a los tres lugares? ¿Cómo?   11. ¿Qué quiere hacer Elvira antes de ir al teatro? ¿Para qué?   12. ¿De qué habla usted con sus amigos? ¿Qué hacen ustedes los fines de semana?   13. ¿Celebran (*Do you celebrate*) en su ciudad el cinco de mayo? ¿Cómo lo celebran?

notas culturales

1.   The term **chicano** refers to the people and culture of Mexican-American heritage. Not all people of Mexican-American ancestry call themselves **chicano;** some prefer the term **méxico-americano.**

2.   **El cinco de mayo** is celebrated by Mexican-Americans as well as by Mexicans. It marks the day that the populist army led by Benito Juárez laid siege to the French troops in Mexico—May 5, 1867; this was the beginning of the end of French intervention in Mexico and the downfall of Maximilian of Hapsburg (whom Napoleon III had appointed Emperor of Mexico). Benito Juárez is much revered by the Mexican people—not only did he lead the country to create an independent democratic republic, but he was the first Mexican president of Indian origin.

3. The term **la raza** (*the race*) is used by many Spanish-Americans to refer to all people of Hispanic origin and sometimes American Indians as well. The day set aside to celebrate the discovery of the Americas (October 12, or Columbus Day) is referred to by Spanish-speaking people as **el Día de la Raza.**

4. Mexican-American theater is very popular in the southwestern United States. It grew out of the farm workers' strikes in California in the 1960s; people would improvise plays on such topics as the injustice of the big companies and the plight of the worker. The plays were written down only after they had been performed many times, and even today most of the scripts change with each performance.

ACTIVIDADES

In this chapter, you have seen examples of the following language functions, or uses. Here is a summary and some additional information about these functions.

MAKING REQUESTS

Here are some expressions that you can use when you need or want to ask for something:

¿Me hace el favor de + inf. ... ?   *Will you do me the favor of . . . ?*

¿Me puede + inf. ... ?   *Can you . . . for me?*

¿Me podría* dar (pasar, etc.)..., por favor?   *Could you give (pass, etc.) me . . . , please?*

In a shop, you should first greet the shopkeeper before making a request—it's considered rude not to.

Buenos días.   Busco...   Necesito...

The words **quiero** and **deseo** are rarely used in requests; these words are very direct and can sound rude or childish. After all, you wouldn't normally phrase a polite request in English with *I want . . . ,* but rather *I would like . . .* or *Please give me . . . I would like* in Spanish is **Quisiera...** (This form is covered in a later chapter, but for now, learn to recognize that **Quisiera...** means *I would like. . . .*)

Quisiera un café, por favor.   *I would like a (cup of) coffee, please.*

OFFERING ASSISTANCE

Here are some ways to offer assistance:

¿En qué puedo servirlo(la)?   *How can I help you?* (Shopkeepers and others use this quite often.)

Si quiere, podría...   *If you like, I could . . .*

Hago... con mucho gusto.   *I'll do . . . with pleasure.*

¿Le (te) puedo + inf. ... ?   *May I . . . to (for) you?*

Podría is a conditional form of **poder meaning* could. *It is used for* ***yo, usted, él,*** *and* ***ella.*** *(You will see other conditional forms in Chapter 16.)*

Here are some ways to express gratitude:

Gracias. Muchas gracias.   *Thank you.*
Thank you very much.
Mil gracias.   *Thank you very much*
(literally, "A thousand thanks").

Muy agradecido(a).   *(I'm) very grateful.*
Usted es (Tú eres) muy amable.   *You're very kind.*

A. **¿Qué dicen?**   Tell what the people in the drawings might be saying as they make requests.

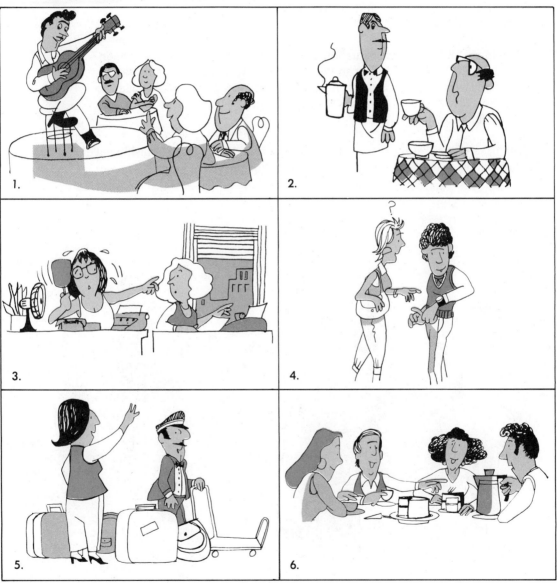

1.

2.

3.

4.

5.

6.

B. **Conversación.** Arrange the following conversation in order. Then tell who is talking.

Buenos días, señorita. Busco un nuevo bolso.

Sí, tiene razón. ¿Cuánto cuesta?

Tenemos muchos. ¿Qué tipo de bolso quisiera?

Buenos días. ¿En qué puedo servirle, señora?

A ver (*Let's see*). Éste es muy bonito.

No, gracias. Pero, ¿me podría envolver (*wrap*) éste, por favor?

Está bien. Lo llevo.

Necesito un bolso grande.

¿Necesita alguna otra cosa (*anything else*)? Le podría enseñar (*show*) un bolso de otro color...

Solamente 2.000 pesos.

Por supuesto... y con mucho gusto, señora.

C. **Situación.** Role-play this situation. A friend of yours is having a luncheon. After the meal, you ask if you can help her with the dishes. She says no but asks if you would prepare the coffee. Of course, you say, you'd be glad to do it. You ask if you should serve it. She thanks you and says she's very grateful for your help.

D. **¿Qué pasa en la fiesta?** Use your imagination to describe in Spanish what is happening at the party with as many details as possible.

VOCABULARIO ACTIVO

Verbos

almorzar (ue)	to have lunch
bailar	to dance
cantar	to sing
comprar	to buy
costar (ue)	to cost
dar	to give
dar las gracias	to thank
decir (i)	to say, tell
querer decir	to mean
dejar	to allow; to leave
despertar (ie)	to awaken (someone)
dormir (ue)	to sleep
encontrar (ue)	to find; to meet
ganar	to win; to earn
jugar (ue) (a)	to play (a sport or game)
pedir (i)	to ask, ask for; to order (in a restaurant)
poder (ue)	to be able, can
programar	to program
prometer	to promise
recordar (ue)	to remember
repetir (i)	to repeat
reservar	to reserve
resolver (ue)	to solve
seguir (i)	to continue; to follow
seguir un curso	to take a course
servir (i)	to serve
soñar (ue) con	to dream about; to dream of
tocar	to play (music or a musical instrument)
volver (ue)	to return, come back, go back

Sustantivos

el almuerzo	lunch
el baile	dance
el bolso	purse, pocketbook
el café	coffee
la canción	song
la carta	letter
la cena	dinner
el cine	movie theater; movies
la computadora	computer
el concierto	concert
el consejo	advice, piece of advice
la cosa	thing
el cuarto	room
el curso	course
el desayuno	breakfast
el disco	record
la entrada	ticket
el favor	favor
el gato	cat
la guitarra	guitar
el gusto	pleasure
con mucho gusto	gladly
la música	music
el naipe	card
la obra	work
la obra de teatro	play
el ojo	eye
la orquesta	orchestra
la parte	part
el piano	piano
el poema	poem
el, la poeta	poet
la promesa	promise
la raza	race
el, la recepcionista	receptionist
el sueño	dream
el teatro	theater
el tenis	tennis
el valor	value; price
el verso	line of poetry
el violín	violin

Otras palabras

antes	*first*	durante	*during*
antes de	*before*	imposible	*impossible*
bilingüe	*bilingual*	luego	*then, next*
cubano(a)	*Cuban*	mientras	*while*
chicano(a)	*Chicano*	mismo(a)	*same*
después	*afterward*	al mismo tiempo	*at the same time*
después de	*after*	seguro(a)	*sure; safe*
		solamente	*only*
		tal vez	*perhaps*

LOS HISPANOS DE LOS ESTADOS UNIDOS

¿Por qué encontramos letreros° como éstos en tiendas° de Nueva York, Miami, Chicago, Los Ángeles o San Francisco? La respuesta está en los dieciséis millones de hispanos que viven en los Estados Unidos (el número es mucho mayor° si incluimos a los varios millones de inmigrantes ilegales). Hay tres grupos principales: los chicanos o méxico-americanos; los puertorriqueños; y los cubanos. La mayor parte° de la población de Miami es de origen cubano, y en Nueva York viven más puertorriqueños que en San Juan, la capital de Puerto Rico. A esto hay que agregar° los miles de refugiados° políticos (chilenos, argentinos, salvadoreños, nicaragüenses, guatemaltecos, etcétera) que vienen a este país durante los últimos diez años.

signs / shops

greater

mayor... *greater part*

add

refugees

En el suroeste° de los Estados Unidos, la presencia hispana es muy anterior a° la presencia anglosajona. Por ejemplo, hay muchos estados (Colorado, Nevada, Tejas) y ciudades (San Francisco, Las Vegas, Amarillo) que tienen nombres españoles. La Misión de Santa Bárbara (en la fotografía) fue fundada° por padres españoles en 1786. Con la victoria militar de 1848, los Estados Unidos reciben de México el territorio que hoy forma el suroeste norteamericano. Muchos habitantes° de esta región son descendientes de los colonizadores españoles; otros son trabajadores mexicanos que vienen a este país para buscar trabajo.

La historia de los puertorriqueños en los Estados Unidos empieza con la victoria norteamericana en la guerra° de 1898 contra España; desde entonces°, Puerto Rico es territorio de los Estados Unidos. Hoy, los puertorriqueños son ciudadanos° de este país.

Un gran número de cubanos llegan aquí entre 1959 y 1962, como exiliados° políticos del régimen socialista-comunista de Fidel Castro. La mayor parte de ellos viven en Miami. Allí tienen un barrio muy próspero con teatros, cines, tiendas y restaurantes típicos. En 1980 llega otra gran ola° de inmigrantes cubanos.

southwest

muy... *much earlier than*

fue... *was founded*

inhabitants

war

desde... *since then*

citizens

exiles

wave

P R E G U N T A S

1. ¿Cuántos millones de hispanos viven en los Estados Unidos?   2. ¿Cuáles son los tres grupos principales?   3. ¿Dónde viven más puertorriqueños: en San Juan o en Nueva York?   4. En el suroeste de los Estados Unidos, ¿es la presencia hispana anterior o posterior a la anglosajona? 5. ¿Qué estados y ciudades con nombres españoles recuerda usted?   6. En 1848, ¿qué reciben de México los Estados Unidos?   7. ¿De quiénes son descendientes muchos habitantes de esos estados?   8. ¿Desde cuándo es Puerto Rico parte del territorio de los Estados Unidos?   9. ¿Dónde viven muchos cubano-americanos?

SELF-TEST I

I. The present tense

Complete the following sentences with the present tense of the verb in parentheses.

1. Yo _____ (conocer) a una abogada, pero no _____ (saber) dónde vive.
2. Los señores García _____ (buscar) a su prima Isabel.
3. Ahora nosotros _____ (poder) comer.
4. Yo _____ (poner) las maletas en el auto.
5. Yo _____ (salir) ahora para ir al cine. ¿_____ (venir) tú conmigo?
6. ¿Qué _____ (creer) tú? ¿Que yo _____ (ser) idiota?
7. Nosotros _____ (deber) resolver el problema.
8. Los agentes _____ (querer) los pasaportes.
9. Yo _____ (tener) dos semanas de vacaciones. ¿Cuántas _____ (tener) tú?
10. Él _____ (ir) a Venezuela este verano.
11. ¿Qué _____ (tener) que hacer nosotros?
12. Adela _____ (vivir) ahora en Buenos Aires.
13. Pues, yo te _____ (decir) la verdad. Todo el mundo _____ (decir) que Enrique tiene mucho dinero.
14. Él _____ (dormir) como un gato.
15. Marisa y Eduardo _____ (volver) del concierto a las once.
16. Yo no los _____ (ver).

II. Ser vs. estar

Complete the following narration with an appropriate form of **ser** or **estar**. In each case, state the reason for your choice.

Tengo un amigo, Felipe, que _____ argentino. Felipe no _____ de Buenos Aires; _____ de Córdoba, otra ciudad importante. Córdoba _____ en el interior de la Argentina. Felipe _____ un chico muy inteligente y amable. Esta noche debemos ir a una cena que _____ en casa de una de nuestras amigas, pero Felipe no _____ bien. Si _____ enfermo (*sick*) esta noche, no va a ir.

III. Adjectives

Complete the sentences with the appropriate possessive or demonstrative adjective, as indicated by the cue in parentheses.

A. 1. ¿Dónde está _____ pasaporte? (my)
   2. _____ ideas son brillantes. (your, familiar)
   3. ¿Cuándo empiezan _____ vacaciones? (their)

4. _____ agente de viajes es Fernando Olivera. (our)
5. ¿_____ familia está en Puerto Rico? (your, formal)

B. 1. ¿Hay muchos teatros en _____ ciudad? (this)
   2. ¿Son amables _____ señores? (those, over there)
   3. _____ libro es de Manuel. (this)
   4. No entiendo _____ formularios. (those, by you)
   5. _____ chica es chilena (de Chile). (that, by you)

IV. Object pronouns

Answer the following questions in the affirmative, replacing the words in italics with the appropriate direct or indirect object pronoun.

> **MODELO** ¿*Me* puedes dar *la entrada*?
> **Sí, te la puedo dar.** (*or* **Sí, puedo dártela.**)

1. ¿Tú llevas *la guitarra*?
2. ¿*Me* puedes esperar unos minutos?
3. ¿*Les* habla usted *a ellos*?
4. ¿Quieres preguntar*les* *eso a estos pasajeros*?
5. ¿*Me* quieres?
6. ¿Puede decir*nos* *el nombre del restaurante*?
7. ¿Quiere usted dar*le los naipes*?
8. ¿*Les* escribe Anita mucho *a ustedes*?
9. ¿*Te* puedo visitar mañana?
10. ¿*Le* vas a dar *tu número de teléfono*?

V. Verb pairs

Choose the appropriate verb in each pair to complete the following sentences. Use the appropriate form of the present tense, or the infinitive.

1. (saber/conocer) ¿_____ usted la ciudad? Yo quiero _____ cómo llegar al teatro.
2. (hablar/decir) ¿Qué _____ Enrique? ¿_____ de los Fernández?
3. (pedir/preguntar) Yo le _____ dinero. Y él me _____ para qué lo quiero.
4. (ser/estar) ¿Dónde _____ Manuel y Silvia? Ya _____ las cinco.

VI. Useful expressions

Give the Spanish equivalent of the following expressions.

1. Glad to meet you.   2. Good morning.   3. Thank you.   4. Please.   5. What time is it?
6. What day is today?   7. I'm hungry.   8. Good afternoon.   9. Can I reserve a room for two in this hotel?   10. How much does this watch cost?   11. I'll take it.   12. The weather is warm.   13. Are you warm?   14. Really?   15. Of course!   16. Can you tell me where the restaurant "La Cazuela" is?   17. See you tomorrow.   18. What a shame!

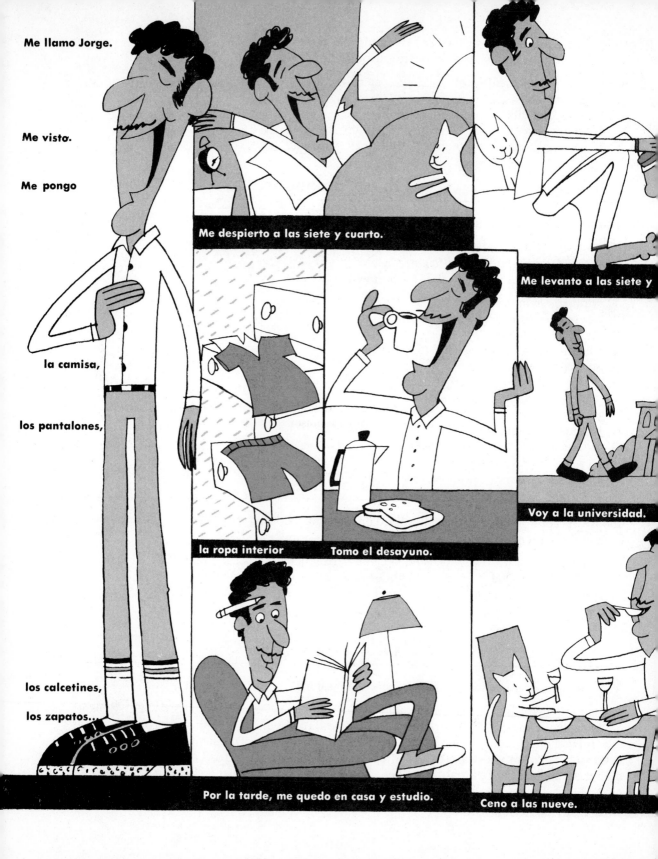

Me lavo.

Almuerzo a las doce.

A las once me acuesto.

CAPÍTULO 7

LA ROPA, LOS COLORES Y LA RUTINA DIARIA

EXPRESSING HESITATION

MAKING DESCRIPTIONS (2)

EJERCICIOS

Looking at the illustrations, tell whether the following statements are true (**cierto**) or false (**falso**).

1. Jorge se despierta a las siete y cuarto.
2. Se levanta a las nueve.
3. Se viste y después se lava.
4. Se queda en casa todo el día.
5. Primero se pone los zapatos y después los calcetines.
6. Toma el desayuno en la universidad.
7. Estudia por la tarde.
8. Almuerza a las dos.
9. Se acuesta a las once.

PREGUNTAS

1. ¿A qué hora se despierta usted? ¿A qué hora se levanta? 2. ¿Se viste usted y después se lava? ¿O se lava y después se viste? 3. ¿Toma usted el desayuno en casa o en la cafetería de la universidad? ¿A qué hora? 4. ¿A qué hora almuerza usted? 5. Por la tarde, ¿se queda usted en casa o va a la biblioteca? 6. ¿Qué hace usted a las once de la noche? ¿Se acuesta? ¿Mira televisión? ¿Estudia?

The reflexive

ALDO ¡José! ¿Vas a llevar esa camisa a la fiesta? ¿Cómo vas a conocer chicas si *te vistes* así?

JOSÉ No voy a la fiesta; *voy a quedarme* en casa. No *me divierto* en las fiestas.

ALDO Pero, José, ¿por qué no vienes con nosotros? Puedes bailar, hablar con la gente... y estoy seguro que *te vas a divertir.*

JOSÉ No sé bailar y tengo mucho trabajo. *Voy a acostarme* temprano y mañana *me voy a levantar* a las siete.

ALDO ¿*Te levantas* a las siete los domingos? ¡A esa hora yo *me acuesto*!

---

1. ¿Va a la fiesta José o se queda en casa? ¿Por qué?   2. ¿Qué hacen Aldo y sus amigos en las fiestas?   3. ¿Qué va a hacer José?   4. ¿A qué hora se levanta José los domingos?   5. En general, ¿qué hace usted a las siete de la mañana los domingos? ¿Se levanta o se acuesta?

ALDO: José! Are you going to wear that shirt to the party? How are you going to meet girls if you dress like that? JOSÉ: I'm not going to the party; I'm going to stay home. I don't enjoy myself at parties. ALDO: But, José, why don't you come with us? You can dance, talk to people, . . . and I'm sure you'll have a good time. JOSÉ: I don't know how to dance, and I have a lot of work. I'm going to go to bed early, and tomorrow I'm getting up at seven o'clock. ALDO: You get up at seven on Sundays? At that hour, I go to bed!

A. In a reflexive construction, the action of the verb "reflects back" to the subject of the sentence, as in the sentences *I enjoy myself* or *The child dresses himself.* In Spanish, reflexive constructions require the reflexive pronouns **me, te, se, nos, os,** and **se.** The pronoun **se** attached to an infinitive indicates that the verb is reflexive.

levantarse *(to get up)*

me levanto	nos levantamos
te levantas	os levantáis
se levanta	se levantan

B. The following verbs are reflexive, with stem changes indicated in parentheses.

acostarse (ue)   *to go to bed*
acostumbrarse   *to get used to*

despertarse (ie) *to wake up*
divertirse (ie) *to enjoy onself; to have fun*
irse *to leave, go away*
lavarse *to wash* (oneself)
llamarse *to be named*
mudarse *to move* (change residence)
ponerse *to put on*
quedarse *to remain; to stay*
quitarse *to take off*
sentarse (ie) *to sit down*
vestirse (i)* *to get dressed*

C. Like object pronouns, reflexive pronouns precede a conjugated verb or follow and are attached to an infinitive.

¿Nos sentamos aquí?	*Shall we sit here?*
Me divierto mucho en las fiestas.	*I enjoy myself a lot at parties.*
¿Ya te acuestas?	*Are you going to bed already?*
¿No vas a quedarte?	*Aren't you going to stay?*
No queremos mudarnos.	*We don't want to move.*
Raúl se va pero yo me quedo.	*Raúl is leaving, but I am staying.*
Hace calor; voy a quitarme el suéter.	*It's hot; I'm going to take off my sweater.*
Felipe se pone el abrigo.†	*Felipe is putting on his coat.*

D. Reflexive pronouns precede direct object pronouns: **Se lava las manos. Se las lava.**

E. Most verbs that are used reflexively are also used nonreflexively. In some cases the use of the reflexive pronoun changes the meaning of the verb.

Se llama Carmen.	*Her name is Carmen.*
José llama a Carmen, su novia, todos los días.	*José calls Carmen, his girlfriend, every day.*
Me lavo todos los días.	*I wash (myself) every day.*
Lavo el auto todas las semanas.	*I wash the car every week.*
Nos acostamos a las diez.	*We go to bed at ten o'clock.*
Acostamos a los niños entre las ocho y las nueve.	*We put the children to bed between eight and nine o'clock.*

*Conjugated like **servir** (page 123).
†Notice that when **ponerse** or **quitarse** is used with articles of clothing, the definite article is used rather than the possessive as in English. This will be practiced in Chapter 14.

F. The reflexive pronouns **nos** and **se** may be used with a first- or third-person plural verb form, respectively, in order to express a *reciprocal reflexive* action. This construction corresponds to the English *each other* or *one another*.

Todos se miran.

No nos vemos mucho.

They all look at one another.

We don't see each other often.

E J E R C I C I O S

A. **Nuestra rutina diaria.**   Lucía is telling Martín about her family's daily routine. Combine elements from all three columns to form logical affirmative or negative sentences, as Lucía would. Use each subject and each verb at least once.

MODELOS   Yo no me despierto antes de las ocho de la mañana.

Papá y mamá se acuestan y miran televisión.

		tarde todas las noches
mis dos hermanos	levantarse	en casa todo el día
papá	acostarse	y después toma(n) el desayuno
nosotros	despertarse	a las once de la noche, ¿no?
yo	divertirse	temprano para no perder el autobús
abuela	quedarse	y mira(n) televisión
tú	lavarse	aquí porque quiere(n)
papá y mamá	irse	y luego sale(n)
tú y David	sentarse	con Michi, nuestro gato
	vestirse	antes de las ocho de la mañana

B. **A ver. ¿Qué pasa?** (*Let's see. What's happening?*)   Form sentences with the words given, adding any additional ones you may need.

MODELOS   Ana / mudarse / Madrid / abril

Ana se muda a Madrid en abril.

niños / levantarse / siete

Los niños se levantan a las siete.

1. Ricardo / ponerse / la camisa y los pantalones
2. yo / irse / diez / noche
3. jóvenes / divertirse / fiesta
4. tú / quitarse / el abrigo
5. nosotros / lavarse / antes de acostarnos
6. tú y Diana / sentarse / y / estudiar / lección
7. amiga / llamarse / Beatriz Muñoz
8. estudiantes / acostumbrarse / vivir / padres

C. **Completar las frases.** Complete the sentences with the correct form of the more appropriate verb in parentheses.

MODELO   Nosotros _____**vamos**_____ (ir/irse) de compras los sábados.

1. En general, yo _____ (acostar/acostarse) a mi hijo temprano.
2. ¿A qué hora _____ (levantar/levantarse) tú?
3. Ustedes _____ (divertir/divertirse) en las fiestas, ¿no?
4. Jorge prefiere _____ (quedar/quedarse) en casa esta noche.
5. Nosotros _____ (lavar/lavarse) el auto todos los viernes.
6. ¿Cuándo vas a _____ (llamar/llamarse) a Susana?

D. **Traducción.** Give the Spanish equivalent of the following sentences.

1. I always get up early.
2. When do you go to bed?
3. He calls her every day.
4. We are going to enjoy ourselves at the concert tomorrow.
5. She puts them to bed at eight.
6. We are used to this house.

E. **Historia de un amor recíproco.** To follow Juan and Juanita's love story, complete the puzzle below using the reciprocal reflexive as a model. The ending of the story will appear in the column marked **Final.** (Allow for a blank between words.)

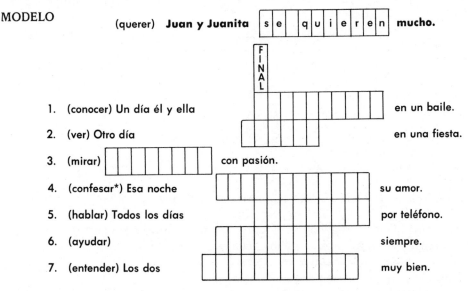

MODELO   (querer) **Juan y Juanita** | s | e | | q | u | i | e | r | e | n | **mucho.**

1. (conocer) Un día él y ella _____ en un baile.
2. (ver) Otro día _____ en una fiesta.
3. (mirar) _____ con pasión.
4. (confesar*) Esa noche _____ su amor.
5. (hablar) Todos los días _____ por teléfono.
6. (ayudar) _____ siempre.
7. (entender) Los dos _____ muy bien.

F. **Juan (Juanita) y yo.** Rewrite the story above, changing "Juan y Juanita" to "Juan (Juanita) y yo." Include the ending.

MODELO   (querer) **Juan (Juanita) y yo** | n | o | s | | q | u | e | r | e | m | o | s | **mucho.**

__Confesar__ (to confess) is an __e__ to __ie__ stem-changing verb.

La ropa, los colores y la rutina diaria **147**

1. ¿A qué hora se levanta usted los lunes? ¿los sábados? ¿Y a qué hora se acuesta?   2. ¿Se divierte usted en las fiestas?   3. ¿Va a quedarse en casa esta noche?   4. ¿Nos vemos aquí los domingos? ¿los lunes? ¿los jueves?   5. ¿Se ayudan usted y sus amigos? ¿Se dicen sus problemas?   6. ¿Se entienden usted y su novio(a)? ¿Se necesitan? ¿Se hablan mucho por teléfono?

Adjectives used as nouns

el sombrero

la blusa

la falda

la corbata

el traje

La señora Alegría
lleva blusa roja,
falda blanca
y sombrero negro.
(¡Qué combinación
de colores!)

¿Y el señor Alegría?
Lleva camisa blanca,
corbata roja,
traje gris
y zapatos negros.

LOS COLORES

amarillo(a) *yellow*
anaranjado(a) *orange*
azul *blue*
blanco(a) *white*
gris *gray*
marrón *brown*
negro(a) *black*
rojo(a) *red*
verde *green*
violeta *purple*

1. ¿De qué color es la blusa de la señora Alegría? ¿De qué color es su falda? ¿su sombrero?
2. Y el señor Alegría, ¿qué lleva?   3. Usted va a una fiesta y tiene que decidir entre dos camisas (blusas): una blanca y una violeta. ¿Prefiere llevar la blanca o la violeta?   4. Entre comprar zapatos marrones o zapatos amarillos, ¿cuáles prefiere?

In Spanish, adjectives are often used as nouns. They are generally preceded by a definite article or a demonstrative adjective. In the English equivalents of these constructions, a noun or the word *one* or *ones* is generally used.

¿Prefieres este abrigo azul o aquel abrigo
   gris? —Prefiero el gris.
¿Tienes mi suéter? —¿Cuál? ¿el verde o el
   anaranjado?

Do you prefer this blue coat or that gray
   coat? —I prefer the gray one.
Do you have my sweater? —Which one? The
   green one or the orange one?

El niño tiene un zapato, pero no puede
encontrar el otro.
¿Dónde está la francesa?

*The child has one shoe, but he can't find the
other one.
Where is the Frenchwoman?*

E J E R C I C I O

¿Qué prefieres?   Anita and Jorge are going shopping. Answer Anita's questions
to Jorge, following the model.

> MODELO   Anita   ¿Prefieres los pantalones marrones o los pantalones verdes?
> Jorge   **Prefiero los verdes.**

1. ¿Prefieres la camisa azul o la camisa blanca?
2. ¿Vas a comprar el abrigo rojo o el abrigo negro?
3. ¿Quieres los zapatos italianos o los zapatos colombianos?
4. ¿Necesitas el suéter marrón o el suéter rojo?
5. ¿Prefieres comer en el barrio italiano o en el barrio alemán?
6. ¿Prefieres ir al restaurante francés o al restaurante alemán?

P R E G U N T A S

1. ¿Prefiere usted los colores vivos, como el rojo y el anaranjado, o prefiere los colores neutros,
como el blanco o el gris?   2. Usted va de compras y tiene estas opciones: (a) pantalones negros
o pantalones anaranjados. ¿Compra usted los negros o los anaranjados? (b) un auto grande o un
auto pequeño, (c) unos zapatos elegantes o unos zapatos «Adidas». ¿Qué compra usted?

The relative pronouns **que** and **quien**

Blusas y faldas azules, el color que está de moda.
Abrigos para hombres que se visten con distinción.
Regalos elegantes para aquellos a quienes usted quiere y admira.

A. **Que** is the most commonly used equivalent for *that, which, who,* and *whom,* used to refer to both people and things.

El vestido violeta que quiero es un poco caro, pero está de moda.

The purple dress (that) I want is a bit expensive, but it's in style.

Éstas son las camisas de que hablo.

These are the shirts (that) I'm talking about.

¿Es del tamaño que necesita?

Is it the size (that) you need?

¿Quién es esa mujer guapa que abre el paraguas?

Who is that beautiful woman who is opening the umbrella?

Relative pronouns are often omitted in English, but they are always used in Spanish. **Que** is used after prepositions (**a, con, de, en, para,** etc.) when referring to things.

B. **Quien** (**quienes** in the plural) refers only to people. It is usually used as the object of a preposition (**a, con, de, en, para,** etc.). When used as an indirect object, **quien** (**quienes**) must be preceded by the preposition **a.**

Ésa es la chica a quien le vendo mi guitarra.

That's the girl to whom I'm selling my guitar.

Ésos son los amigos con quienes cenamos esta noche.

Those are the friends with whom we are having dinner tonight.

Ésa es la vendedora de quien hablas, ¿verdad?

That is the saleswoman you are talking about, right?

El hombre para quien trabajo siempre lleva traje y corbata.

The man for whom I work always wears a suit and tie.

E J E R C I C I O S

A. **De compras.** Tell about Blanca and Violeta's shopping trip by completing each of the following sentences with either **que** or **quien(es).**

MODELOS ¿Dónde está la corbata azul _____**que**_____ le quieres comprar a Raúl?
El muchacho con _____**quien**_____ salgo esta noche también se llama Raúl.

1. ¿Quién es esa mujer _____ se pone el abrigo marrón?
2. Las vendedoras _____ trabajan aquí se visten bien y son elegantes, ¿no?
3. ¿Ésos son los pantalones de _____ hablas?
4. Allí veo a dos chicas con _____ trabajo.
5. Éste es el vestido rojo _____ voy a llevar al baile esta noche.
6. Los zapatos negros _____ lleva esa mujer están muy de moda.
7. ¿Cómo se llama la amiga a _____ le vas a dar el suéter amarillo?
8. Bueno... , creo que no tienen los zapatos _____ busco.

B. **Opiniones.** Complete the first blank in each sentence with an appropriate noun that expresses your opinion and the second blank with **que** or **quien(es)**.

1. _____ es un(a) amigo(a) _____ admiro mucho.
2. _____ es un color _____ está de moda.
3. _____ son personas de _____ prefiero no hablar.
4. _____ son dos películas _____ pienso ver.
5. _____ es el (la) profesor(a) con _____ sigo un curso muy interesante.
6. _____ son ciudades _____ voy a visitar.
7. _____ son dos estudiantes _____ siempre están en clase.
8. _____ es una universidad _____ tiene muy buena reputación.

IV

Common uses of **por** and **para**

Manuel y Rosita se hablan por teléfono.

MANUEL ¿*Por* qué no viajamos a La Paz *por* avión, Rosita?

ROSITA Es que yo prefiero ir *por* auto o *por* tren, Manuel. Dicen que el viaje *por* los Andes es estupendo.

MANUEL Pero sólo vamos *por* una semana... y tenemos que estar allí *para* el jueves. ¿Recuerdas que Adolfo nos espera *para* la fiesta de Rosario?

ROSITA ¡Tienes razón! Pues... , entonces debemos salir mañana. ¿Tenemos que llevarles regalos?

MANUEL Bueno... , eso depende de ti.

ROSITA Entonces, voy al centro *para* buscar unos pantalones «Levi» *para* Adolfo y un vestido elegante *para* Rosario. Después podemos encontrarnos en casa de mamá *para* cenar juntos, ¿de acuerdo?

MANUEL De acuerdo. Prometo estar allí *para* la hora de la cena.

1. ¿Cómo prefiere ir a La Paz Rosita? ¿Por qué?   2. ¿Por cuánto tiempo van Manuel y Rosita a La Paz? ¿Para cuándo tienen que estar allí? ¿Por qué?   3. ¿Qué quiere comprar Rosita para Adolfo? ¿y para Rosario?   4. ¿Dónde se van a encontrar después Manuel y Rosita? ¿Para qué?   5. ¿Qué promete Manuel?

Manuel and Rosita are talking to each other on the phone. MANUEL: Why don't we travel to La Paz by plane, Rosita? ROSITA: It's just that I prefer to go by car or train, Manuel. They say the trip through the Andes is great. MANUEL: But we're only going for a week . . . and we have to be there by Thursday. Do you remember that Adolfo is expecting us for Rosario's party? ROSITA: You're right! Well . . . , then we should leave tomorrow. Do we have to take presents for them? MANUEL: Well . . . , that's up to you. ROSITA: Then I'll go downtown to look for some Levi jeans for Adolfo and an elegant dress for Rosario. Later we can meet at Mom's house to have dinner together, okay? MANUEL: Okay. I promise to be there by dinnertime.

Por and **para** have many uses in Spanish. While both prepositions are often translated by *for* in English, there is a great difference in usage between them. Here are some of the most common uses of **por** and **para**; you will see others in Chapter 16.

Por is generally used to express:

1. Cause or motive *(because of, on account of)*.

No van a venir por la lluvia.	*They're not going to come because of (on account of) the rain.*
Esos zapatos no están de moda. Por eso no los voy a comprar.	*Those shoes aren't in style. Because of that (for that reason) I'm not going to buy them.*

2. Duration or length of time, including parts of the day.

Los García se quedan con nosotros por dos semanas.	*The Garcías are staying with us for two weeks.*
Trabajo por la mañana y estudio por la tarde.	*I work in the morning and study in the afternoon.*

3. The equivalent of *through* or *along*.

Voy por el parque todos los días.	*I go through the park every day.*
Hay muchas tiendas interesantes por la calle Balboa.	*There are a lot of interesting shops along Balboa Street.*

4. *By* or *on* with means of transportation or communication.

Hablan por teléfono todas las semanas.	*They talk on the telephone (by telephone) every week.*
Tomás piensa viajar por avión.	*Tomás plans to travel by plane.*
Lo ven por televisión.	*They see it on television.*

Para is used to express:

1. An intended recipient *(for someone or something)*.

Este vestido es para Evita.	*This dress is for Evita.*
Trabajo para el señor Calderón.	*I work for Mr. Calderón.*

2. Purpose *(in order to)*.

Van a la biblioteca para estudiar.	*They're going to the library (in order) to study.*
Voy allí para comprar unas sandalias.	*I'm going there to buy some sandals.*

3. A specific point in time.

Tenemos que leer la lección para el lunes.	*We have to read the lesson by Monday.*

4. Direction or destination.

Salieron para México ayer.	*They left for Mexico yesterday.*
Voy para la universidad.	*I'm going to (toward) the university.*

Here are some common expressions with **por,** some of which
you have seen in previous chapters:

por ejemplo   *for example*   **¿por qué?**   *why?*
por eso   *for that reason*   **por suerte**   *luckily*
por favor   *please*   **por supuesto**   *of course*
por fin   *finally*

E J E R C I C I O S

A.   **Por... para todos.** (*Por . . . for everyone.*)   Complete each phrase on the
left with an appropriate ending on the right. Use each beginning twice.

   MODELO   **No queremos irnos por el frío.**
            No queremos irnos por razones económicas.

   siempre hablamos   por el frío
   hoy no vienen   por tres meses
   no queremos irnos   por el parque
   quieren ir   por la noche
   veo cosas interesantes   por tren
   se van a San Francisco   por razones económicas
   viajamos a España   por la calle Colón
   se mudan a un apartamento   por teléfono
   se queda en Madrid   por avión

B.   **Para... para practicar.** (*Para . . . for practice.*)   Complete each phrase on
the left with an appropriate ending on the right. Use each phrase on the left
twice.

   MODELO   **Carlos viene para cenar con ustedes.**
            Carlos viene para las once y media.

   mi hermana trabaja   para las once y media
   Carlos viene   para Toledo
   esos estudiantes van   para comprar ropa de invierno
   los Muñoz se mudan   para ir al baile con Susana
   prometo estar allí   para la clase de español
   tengo un regalo   para cenar con ustedes
   ese dinero es   para la doctora Díaz
   no necesito corbata   para el sur *(south)*
   tenemos que hacer los ejercicios   para la señora Solé

C.   **¿Por o para?**   Tell what the people you know are doing today by completing
the following sentences with **por** or **para,** as appropriate.

   1. Mi hermana va a una clase _____ la mañana pero vuelve a casa _____ almorzar.
   2. Papá sale _____ la oficina a las siete porque hoy va _____ autobús.
   3. Abuela no está bien. _____ eso voy a la farmacia _____ comprarle aspirinas.

La ropa, los colores y la rutina diaria   **153**

4. Mamá llama _____ teléfono al doctor y habla con él _____ unos minutos.
5. Yo voy a la biblioteca _____ estudiar _____ el examen de mañana.
6. Mi hermano va a hacer ejercicios _____ dos horas _____ perder diez kilo(gramo)s en una semana.
7. _____ la noche nos sentamos a la mesa _____ cenar.
8. Después papá lee _____ dos horas y yo me acuesto _____ levantarme temprano.

D. **Memorándum.** Here is a list of things Dina wants to accomplish before she goes to bed tonight. Complete her phrases with **por** or **para,** as appropriate.

MODELOS   estudiar / la mañana
                 estudiar por la mañana

                 comprar vino / fiesta
                 comprar vino para la fiesta

1. llamar a Susana / teléfono
2. escribir la composición / la clase de francés
3. ir de compras / la tarde
4. ir al centro / autobús
5. comprar una corbata / David
6. buscar ropa de invierno / su abuela
7. volver a casa / las nueve y media
8. mirar «Simón y Simón» / televisión

BARCELONA: LAS RAMBLAS

Dos muchachos españoles y dos muchachas norteamericanas están de paseo°
por las Ramblas de Barcelona.[1]

Hugo   ¿Nos sentamos aquí?

Sharon   Buena idea. Creo que pronto llega la tuna.[2]

Patsy   ¿La tuna? ¿Y qué es eso?

Sharon   Pues... , las tunas son estudiantes que salen en grupos para cantar y tocar la guitarra, por ejemplo. Casi siempre se visten de negro. Llevan unas capas o túnicas° largas.

Patsy   ¡Qué interesante! Gracias por la información, Sharon. Pero, ¿aquel muchacho los conoce a ustedes?

Llega Omar.

Omar   ¡Hola, guapas! ¡Qué vestidos más elegantes! Voy a sentarme aquí para poder mirarlas.

Hugo   Hay que tener cuidado, Patsy. Omar siempre dice piropos.[3]

Patsy   Entonces, me levanto y me voy.

Sharon   ¡Bah!, no es para tanto°. Omar es inofensivo°.

Patsy   Bueno, me quedo entonces. Pero no puedo acostumbrarme a los piropos.

Sharon   A veces son interesantes. ¡Ay, qué suerte! ¡Ahora llega la tuna!

Hugo   Creo que te dedican° la canción a ti, Patsy. ¿Ves cómo cantan y te miran?

Patsy   Creo que a quien miran es a Sharon...

Pasan unas horas. Todos se divierten. Por fin, Hugo se levanta.

Omar   Hombre, ¿por qué te vas? Todavía es temprano.

Hugo   Tengo que levantarme a las siete mañana... Me voy a casa a acostarme y a dormir. ¡Hasta mañana!

Patsy   ¡Hasta mañana, Hugo! Yo también tengo que irme. Pero nosotras nos vemos mañana porque vamos de compras, ¿verdad, Sharon?

Omar   Ustedes no necesitan vestirse a la moda para ser hermosas.

Patsy   ¿Crees, Sharon, que hay remedio para esta manía°?

Sharon   Lo dudo°... Creo que es incurable.

---

están de paseo *are taking a walk*   **capas o túnicas** *capes or tunics*   **no es para tanto** *it's not that important*   **inofensivo** *inoffensive, harmless*   **dedican** *they're dedicating*   **manía** *compulsion* **Lo dudo** *I doubt it*

P R E G U N T A S

1. ¿Dónde están los muchachos?   2. ¿Qué son las tunas?   3. ¿Quién siempre dice piropos? 4. ¿Qué hace Patsy? ¿Puede acostumbrarse ella a los piropos?   5. ¿Quiénes llegan a cantar? 6. ¿Qué piensa Hugo?   7. ¿Quién quiere irse temprano? ¿Por qué?   8. ¿Quiénes se ven mañana? ¿Por qué?   9. ¿Qué les dice Omar a Patsy y a Sharon?   10. ¿Qué piensa usted de las tunas? ¿Hay tunas o grupos similares en su universidad? ¿Y qué piensa de la costumbre *(custom)* de decir piropos?

notas culturales

1. The main axis of the old section of Barcelona is formed by **las Ramblas,** a wide, tree-lined avenue. **Las Ramblas,** a favorite promenade renowned for its charm, has seats beneath the trees along both sides and many stalls where birds and flowers are sold. There are also many cafés along the sidewalks.

2. The **tunas** are groups of students who sing and play guitars and other instruments, usually receiving some recompense from by-standers. This is a tradition that goes back to the Middle Ages, when many poor scholars did indeed have to sing for their supper. Nowadays, each school within a university generally has its own **tuna.** Sometimes the students stroll through the streets at night, dressed in academic gowns, and serenade their girlfriends. Often the girlfriends toss down ribbons for them to wear on their robes.

3. **Piropos** are compliments made by men to women, often to women passing by on the street. Some Spaniards consider it an art to be able to instantly devise a **piropo** appropriate to a particular occasion. This is a time-honored custom and is usually not taken as harmful or offensive.

ACTIVIDADES

In this chapter, you have seen examples of the following language functions, or uses. Here is a summary and some additional information about these functions of language.

EXPRESSING HESITATION

There will often be times when you don't have a ready answer for something someone has asked—this happens even in your native language, but it can happen even more frequently when you are speaking a foreign language. Here are some expressions you can use to fill in those moments of conversational hesitation.

A ver. *Let's see.*
Es que... *The thing is that* (literally, "It's that") . . .
Buena pregunta. *Good question.*

Pues... *Well . . .*
Bueno... *Well . . .*
Depende de... *It depends on . . .*

There will be many times when you have to describe something in Spanish, whether you are in a shop and trying to describe what you want or whether you are just trying to explain to someone what something is—especially if you don't know the word for it in Spanish. Here are some ways to ask for a description and to describe something.

¿De qué color es? —Es rojo (blanco, etcétera).

What color is it? —It's red (white, etc.).

¿De qué tamaño es? —Es grande (pequeño, el tamaño de un libro, etcétera).

What size is it? —It's big (little, the size of a book, etc.).

¿De qué es? —Es de madera (plástico, metal, etcétera).

What is it made of? —It's made of wood (plastic, metal, etc.).

¿Para qué sirve? —Sirve para tocar (leer, escribir, etcétera).

What do you use it for? —You use it for playing (reading, writing, etc.).

Relative pronouns are often helpful when making descriptions.

No sé cómo se llama en español, pero es una cosa de metal que sirve para ver qué hora es.

I don't know what it's called in Spanish, but it's a metal thing that you use to see what time it is.

El abrigo que él siempre lleva en el invierno es marrón.

The coat (that) he always wears in winter is brown.

A. Ask a classmate the following questions. Your classmate should express hesitation before answering them, using one of the expressions from this chapter.

   1. ¿Qué tipo de ropa te pones cuando quieres impresionar *(impress)* a la gente? ¿De qué color? ¿Te pones ropa elegante, sencilla *(simple),* extraña *(strange)...* ?
   2. ¿Cuál es tu color favorito? ¿Por qué?
   3. ¿Qué color asocias tú con el otoño? ¿con la primavera? ¿con la alegría *(happiness)*?
   4. ¿Cuántas horas duermes cada noche? ¿Te despiertas fácilmente *(easily)*? ¿Duermes bien, en general?

B. In small groups, one person will think of the name of an object that he or she can say in Spanish (something that has been presented in this book or in class). The others will take turns asking questions about the object; these must be yes/no questions. The person who guesses the object then takes a turn.

C. **En «La Elegancia».** The clerk in the shop "La Elegancia" is trying to encourage customers to buy some clothing. Complete the sentences he might say with the names of the appropriate items.

   1. ¿Se queda usted en casa por la lluvia? ¿Por qué no se compra un _____ y un _____?
   2. Para ir a un restaurante elegante, señor, debe usar _____ y corbata.

3. Para el frío del invierno usted necesita este _____.
4. Para una fiesta, señorita, puede comprarse una _____ larga o un _____ elegante.
5. No señor, ésas son blusas para señoras; pero aquí hay _____ para usted.

D. Imagine you are in a Spanish-speaking country and you need the following items but don't know the Spanish words. Describe each item using the hints on page 157 and, if necessary, gestures. (The Spanish words are given at the bottom of the page.)

1. pyjamas
2. bathing suit
3. blanket
4. clothes hanger

5. hotel or restaurant bill
6. toothpaste
7. credit card
8. spoon

E. Role-play the following situations in Spanish with one of your classmates. Be sure to express hesitation before answering the questions.

1. Your friend wants to know what sort of clothing to wear to a party.
2. A prospective freshman asks you about various aspects of campus and college life.
3. Your friend asks you to recommend a good movie or a good restaurant.
4. Your friend is going out on a blind date and would like some suggestions for topics of conversation or places to go.

1. el pijama 2. el traje de baño 3. la manta 4. la percha 5. la cuenta 6. la pasta de dientes 7. la tarjeta de crédito 8. la cuchara

VOCABULARIO ACTIVO

Verbos

acostar (ue)	to put to bed
acostarse	to go to bed
acostumbrarse	to get used to
admirar	to admire
cenar	to have dinner
confesar (ie)	to confess
depender (de)	to depend (on)
despertar (ie)	to awaken (someone)
despertarse	to awaken, wake up
divertir (ie)	to amuse, entertain
divertirse	to enjoy oneself, have a good time
irse	to go away, leave
lavar	to wash
lavarse	to wash oneself
levantar	to raise
levantarse	to get up, stand up
llamarse	to be called; to be named
llevar	to wear; to take
mudarse	to move, change residence
ponerse	to put on (clothing)
quedar	to be left, remain
quedarse	to stay
quitarse	to take off (clothing)
sentarse (ie)	to sit down, be seated
vestir (i)	to dress
vestirse	to get dressed

La ropa

el abrigo	coat (winter coat)
la blusa	blouse
la camisa	shirt
la corbata	tie
la falda	skirt
el impermeable	raincoat
la moda	fashion, style
el pantalón	pair of pants
los pantalones	pants
el paraguas	umbrella
la ropa	clothing
la sandalia	sandal
el sombrero	hat
el suéter	sweater
el traje	suit; outfit
el vestido	dress
el zapato	shoe

Los colores

amarillo(a)	yellow
anaranjado(a)	orange
azul	blue
blanco(a)	white
gris	gray
marrón	brown
negro(a)	black
rojo(a)	red
verde	green
violeta	purple

Otras palabras

a la moda (de moda)	in style, fashionable
A ver.	Let's see.
la costumbre	custom
diario(a)	daily
la elegancia	elegance
entonces	then
entre	between, among
Es que...	The thing is that . . .
el grupo	group
guapo(a)	handsome, good-looking (said of men and women)
hermoso(a)	beautiful
juntos(as)	together
largo	long
la novia	girlfriend
el novio	boyfriend
por ejemplo	for example
por fin	finally
por suerte	luckily
el remedio	cure, remedy
la rutina	routine
el tamaño	size
la tienda	store, shop

el vólibol

el béisbol

el esquiador

los esquíes

El esquí

la pelota

el jugador de tenis
(el tenista)

el jugador de fútbol
(el futbolista)

El fútbol

los espectadores

los corredores

los aficionados

el torero

el toro

La corrida de toros

el correr, el jogging

la esquiadora

la raqueta

la jugadora de tenis

El tenis

el fútbol americano

CAPÍTULO 8

DEPORTES Y DEPORTISTAS

EXPRESSING DISBELIEF
USING **PARA** IN COMPARISONS

EJERCICIO

Choose the word that does not belong and tell why.

1. pelota, raqueta, esquí, espectador
2. aficionado, jugador, torero, toro
3. llevar, jugar, nadar, esquiar
4. básquetbol, vólibol, pelota, fútbol
5. violento, pequeño, interesante, popular

PREGUNTAS

1. En un equipo de béisbol hay nueve jugadores. ¿Cuántos jugadores hay en un equipo de fútbol americano? ¿de fútbol? ¿de tenis? ¿de básquetbol?   2. ¿Juega usted al fútbol? ¿al tenis? ¿Qué deportes practica usted?   3. ¿Es usted aficionado(a) al básquetbol? ¿al béisbol? ¿al fútbol?   4. ¿Con qué deporte(s) asocia usted a Fernando Valenzuela? ¿a Chris Evert Lloyd? ¿a Doug Flutie? ¿a Karim Abdul Jibar?

The preterit of regular and stem-changing verbs

EVA	Te *llamé* anoche, Alfonso, pero no *contestaste*.
ALFONSO	*Asistí* a un partido de jai alai* con Elena.
EVA	¿Se *divirtieron*?
ALFONSO	Sí, mucho. Pedro Ramos y Paco González *jugaron* muy bien.
EVA	¿*Ganaste* dinero?
ALFONSO	No, *perdí* treinta pesos, pero Elena *ganó* cuarenta. Así que *ganamos* diez.

1. ¿A quién llamó Eva?   2. ¿Contestó él el teléfono?   3. ¿A qué asistieron Elena y Alfonso?   4. ¿Quiénes jugaron bien?   5. ¿Ganó dinero Alfonso? ¿Y Elena?   6. ¿Se divirtieron?   7. ¿Asistió usted a un partido de jai alai alguna vez (*ever*)?

EVA: I called you last night, Alfonso, but you didn't answer. ALFONSO: I went to a jai alai game with Elena. EVA: Did you have a good time? ALFONSO: Yes, very good. Pedro Ramos and Paco González played very well. EVA: Did you win money? ALFONSO: No, I lost thirty pesos, but Elena won forty. So we won ten.

A. The preterit tense is used to relate actions or events that occurred and were completed at a specific time or within a definite period in the past. The preterit tense of regular **-ar** verbs is formed by adding the endings **-é, -aste, -ó, -amos, -asteis, -aron** to the stem.

comprar

compré	compramos
compraste	comprasteis
compró	compraron

Tres jugadores importantes no participaron en el partido de ayer.	*Three important players did not participate in yesterday's game.*

B. The preterit tense of regular **-er** and **-ir** verbs is formed by adding the endings **-í, -iste, -ió, -imos, -isteis, -ieron** to the stem.

correr		volver		escribir	
corrí	corrimos	volví	volvimos	escribí	escribimos
corriste	corristeis	volviste	volvisteis	escribiste	escribisteis
corrió	corrieron	volvió	volvieron	escribió	escribieron

*See **Nota cultural 3** of this chapter.

Aprendí a jugar al básquetbol. Es un deporte muy emocionante.	*I learned how to play basketball. It's a very exciting sport.*	
Escribieron un artículo sobre el equipo.	*They wrote an article about the team.*	
Corrieron dos kilómetros.	*They ran two kilometers.*	

Notice that regular preterit forms are stressed on the endings rather than the stems: **Llego temprano.** (*I arrive early.*) **Llegó temprano.** (*He [she] arrived early.*) Notice also that the **nosotros** forms of **-ar** and **-ir** verbs are the same as in the present tense.

	present	*preterit*
-ar verbs	compramos	compramos
-er verbs	corremos	corrimos
-ir verbs	escribimos	escribimos

C. While the preterit forms of stem-changing **-ar** and **-er** verbs are all regular (**pensé, volví**), stem-changing **-ir** verbs show a change in the third-persons singular and plural of the preterit tense. The stem change is from **e** to **i** or **o** to **u**.

pedir		**dormir**	
pedí	pedimos	dormí	dormimos
pediste	pedisteis	dormiste	dormisteis
pidió	pidieron	durmió	durmieron

Other verbs that are conjugated like **pedir** in the preterit are **divertirse, seguir, servir,** and **preferir**. **Morir** is conjugated like **dormir**.

Alfredo siguió tres cursos el semestre pasado.	*Alfredo took three courses last semester.*	
Murieron tres toreros el año pasado en las corridas de toros.	*Three bullfighters died last year in the bullfights.*	

D. A number of verbs have a spelling change in the first-person singular of the preterit tense. Verbs ending in **-gar, -car,** and **-zar** have the following spelling changes, respectively: **g** to **gu**, **c** to **qu**, and **z** to **c**. These changes are required to preserve the sound of the last syllable of the infinitive.

llegar		**tocar**		**empezar**	
llegué	llegamos	toqué	tocamos	empecé	empezamos
llegaste	llegasteis	tocaste	tocasteis	empezaste	empezasteis
llegó	llegaron	tocó	tocaron	empezó	empezaron

Te busqué anoche en el partido de fútbol.	*I looked for you last night at the soccer game.*
Jugué al tenis ayer.	*I played tennis yesterday.*
Le explicó* la situación a su esposa.	*He explained the situation to his wife.*

E. Verbs such as **creer** and **leer** show a spelling change in the third-persons singular and plural: **creyó, creyeron; leyó, leyeron.** The other forms are regular. This change is made because an **i** between two vowels becomes a **y.**

Leyó que el béisbol es un deporte muy popular en Centroamérica y México.	*He read that baseball is a very popular sport in Central America and Mexico.*
Creyeron su historia. —¿De veras?	*They believed his story. —Really?*

F. The verb **nacer** (*to be born*) is used almost exclusively in the preterit.

¿Dónde naciste? —Nací en Bolivia.	*Where were you born? —I was born in Bolivia.*

E J E R C I C I O S

A. **Imaginación y lógica.**   Combine elements from all three columns to form logical affirmative or negative sentences in the past. Use each subject twice.

MODELOS   **Mi amiga no pidió una raqueta de tenis.**
Mi amiga buscó a un jugador del equipo.

ese atleta	pedir	antes de las diez
tú	asistir	una raqueta de tenis
nosotros	dormir	a un jugador del equipo
yo	llegar	café negro
mi amiga	buscar	a un partido emocionante
tú y Luis		después del concierto
		diez horas anoche
		a una corrida de toros

B. **¿Otra vez? ¡No lo puedo creer!** (*Again? I can't believe it!*)   Mrs. Fernández is talking to her son Nicolás. Respond as Nicolás would, saying that the same things happened yesterday.

MODELOS   Hoy practicas piano.
¡Pero ayer practiqué piano también!

Hoy Ana llega tarde.
¡Pero ayer llegó tarde también!

Hoy nos quedamos aquí.
¡Pero ayer nos quedamos aquí también!

*The infinitive is **explicar.***

1. Hoy corro por el parque.
2. Hoy Ana practica tenis.
3. Hoy te acuestas temprano.
4. Hoy tu papá juega al fútbol.
5. Hoy escribo cartas.
6. Hoy tú y Ana preparan la cena.
7. Hoy tu papá sale con sus amigos.
8. Hoy Ana se despierta a las diez.
9. Hoy tu papá y yo dormimos tarde.
10. Hoy empiezas tus deberes antes de la cena.
11. Hoy comemos después del partido de fútbol.

C. **Traducción.**   Give the Spanish equivalent.

1. They watched a program about basketball.
2. He called Juanita, but she didn't answer.
3. The soccer players returned from Asunción yesterday.
4. Did you (**tú**) have a good time at the movies?
5. The team played well.
6. The game began at eight o'clock.

D. **El sábado pasado.**   Look at the pictures and describe what the people did last Saturday. Use your imagination. (Several infinitives are listed by each picture to give you ideas.) Give at least two sentences for each picture.

MODELO

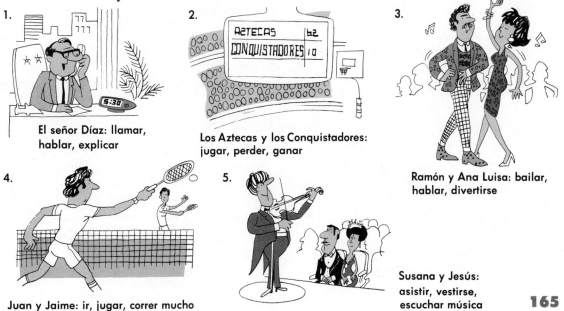

Roberto: quedarse,
mirar, jugar

El sábado pasado Roberto no salió con sus amigos. Él se quedó en casa y miró un partido de fútbol por televisión. Según él, los dos equipos jugaron muy bien.

1.

El señor Díaz: llamar,
hablar, explicar

2.

Los Aztecas y los Conquistadores:
jugar, perder, ganar

3.

Ramón y Ana Luisa: bailar,
hablar, divertirse

4.

Juan y Jaime: ir, jugar, correr mucho

5.

Susana y Jesús:
asistir, vestirse,
escuchar música

1. ¿A qué hora cenó usted anoche?   2. ¿Miró televisión?   3. ¿Habló con un(a) amigo(a) por teléfono?   4. ¿Leyó un libro? ¿Cuál?   5. ¿Escribió cartas?   6. ¿Salió? ¿Visitó a unos amigos? ¿Asistió a un concierto o a un partido?   7. ¿Durmió bien anoche? ¿A qué hora llegó a clase hoy?   8. ¿Dónde nació usted?

Adverbs ending in **-mente**; comparisons of equality

En el apartamento de Bárbara

TERESA   Hola, Bárbara. ¿Qué hay de nuevo? ¿Todavía haces ejercicios *diariamente*?
BÁRBARA   No, no tengo tiempo. Busco otro apartamento.
TERESA   ¿Por qué? ¿*Realmente* quieres mudarte?
BÁRBARA   Sí, no quiero pagar *tanto como* pago ahora, *especialmente* porque este apartamento es muy pequeño. Tú sabes que cuando Rita viene a hacer ejercicios aquí, ¡una de nosotras tiene que hacerlos en el corredor!
TERESA   ¡No puede ser! Pero, ¿sabes?... este lugar no es *tan pequeño como* mi cuarto. Allí, cuando entra el sol, ¡tengo que irme yo!

1. ¿Hace ejercicios diariamente Bárbara? ¿Por qué?   2. ¿Está contenta (*happy*) Bárbara con el apartamento que tiene?   3. ¿Por qué quiere mudarse Bárbara?   4. ¿Es el apartamento de Bárbara tan pequeño como el apartamento de Teresa?

In Bárbara's apartment   TERESA: Hi, Bárbara. What's new? Are you still doing exercises daily? BÁRBARA: No, I don't have time. I'm looking for another apartment. TERESA: Why? Do you really want to move? BÁRBARA: Yes, I don't want to pay as much as I'm paying now, especially because this apartment is very small. You know that when Rita comes to do exercises here, one of us has to do them in the hallway! TERESA: It can't be! But, you know, . . . this place is not as small as my room. There, when the sun comes in, I have to go out!

A.   Most adverbs in Spanish are derived from the feminine form of an adjective plus the suffix **-mente**.

rápido(a)	*rapid, fast*	rápidamente	*rapidly, fast*
lento(a)	*slow*	lentamente	*slowly*
reciente	*recent*	recientemente	*recently*
fácil	*easy*	fácilmente	*easily*

El profesor explica la lección claramente.	*The professor explains the lesson clearly.*
Es un deporte verdaderamente peligroso.	*It's a truly dangerous sport.*
Los aficionados hablan alegremente.	*The fans are talking happily.*

B. Comparisons of equality are formed by using **tan** + adjective or adverb + **como.**

Juana toca la guitarra tan bien como Pablo.	*Juana plays the guitar as well as Pablo.*
Elvira es tan alta y tan fuerte como José.	*Elvira is as tall and as strong as José.*
Paco nada tan rápidamente como Pablo.	*Paco swims as fast as Pablo does.*
Yo no contesto las cartas tan pronto como Eva.	*I don't answer letters as soon as Eva does.*

C. **Tan** can also mean *so:* **¡Eres tan inteligente!** (*You are so intelligent!*)

D. **Tanto(-a, -os, -as)** is used before a noun. **Tanto como** after a verb means *as much as.* **Tanto** by itself means *so much.*

Él tiene tantas oportunidades como yo.	*He has as many opportunities as I do.*
Ellos hacen tantos ejercicios como yo.	*They do as many exercises as I do.*
Tomás come tanto como yo.	*Tomás eats as much as I do.*
¿Por qué trabajas tanto?	*Why do you work so much?*

E J E R C I C I O S

A. **Marta y sus amigos.** Marta, Mirta, Mario, and Manuel are very much alike. They've even attended the same events! Compare them, following the models.

MODELOS   Marta y Mirta / alto / Mario
Marta y Mirta son tan altas como Mario.

Manuel / bailes / sus amigos
Manuel asiste a tantos bailes como sus amigos.

1. Mario y Manuel / bueno / Marta y Mirta
2. Marta / partidos de béisbol / Mirta
3. las chicas / sincero / los chicos
4. Manuel / fiestas / sus amigos
5. Marta y Manuel / popular / Mirta y Mario
6. Mario / conciertos / Marta
7. los chicos / amable / las chicas
8. Manuel / clases de guitarra / Mario
9. Mirta / trabajador / Manuel

B. **¿Cómo me comparo con mis parientes o con otra gente?** (*How do I compare myself to my relatives or other people?*)   It's a hard question, but . . . Form affirmative or negative sentences comparing yourself to your relatives in terms of what you are like, what you have, and what you do. Follow the models.

MODELOS   fuerte
                No soy tan fuerte como mis hermanos.

                amigas
                Tengo tantas amigas como mi hermana.

                estudiar
                No estudio tanto como José.

1. problemas   5. trabajador(a)   8. clases
2. dinero   6. ropa   9. joven
3. alto(a)   7. divertirse   10. dormir
4. correr

C. **De adjetivos a adverbios.**   Make adverbs from the following adjectives.

   1. posible   6. completo
   2. amable   7. rápido
   3. claro   8. simple
   4. lento   9. alegre
   5. general   10. probable

D. **¡Ganamos!**   Your school football team has just won a very important game. As a member of that team, answer the questions a journalist is asking you.

MODELOS   ¿Practicaron mucho? (diario)
                Sí, practicamos diariamente.

                ¿Jugó bien el otro equipo? (horrible)
                ¡No, jugó horriblemente!

1. ¿Jugaron bien ustedes? (estupendo)
2. ¿Ganaron con dificultad (*difficulty*)? (fácil)
3. ¿Jugaron también en Michigan? (reciente)
4. ¿Piensan jugar en otros estados? (regular)
5. ¿Necesita practicar el otro equipo? (probable)
6. ¿Durmieron bien anoche? (terrible)
7. ¿Volvieron contentos? (alegre)

P R E G U N T A S

1. ¿Qué deportes practica usted regularmente?   2. ¿Sabe usted nadar? ¿esquiar? ¿Nada usted tan bien como esquía?   3. ¿Juega usted al tenis? ¿Practica el tenis tanto como el básquetbol? ¿el béisbol tanto como el fútbol americano?   4. ¿Asiste usted a tantos partidos de fútbol americano (básquetbol, béisbol) este año como el año pasado?   5. ¿Sigue usted tantos cursos ahora como el semestre pasado? ¿Estudia ahora tanto como antes?   6. ¿Tiene usted tiempo de ver ahora tantas películas por semana como en el pasado? ¿de ir a tantos conciertos? ¿de leer tantos libros?

Comparisons of inequality and the superlative

ADELA	Eduardo, ¿son mis ojos *más brillantes que* el sol?
EDUARDO	Sí, Adela, son *brillantísimos.*
ADELA	Y soy *la mejor jugadora del equipo,* ¿verdad?
EDUARDO	Claro, Adela, *la mejor.*
ADELA	¿Y soy *la muchacha más inteligente y menos vanidosa que* conoces?
EDUARDO	¡Por supuesto!
ADELA	¿Y no hablas en broma... ?
EDUARDO	Claro que no.
ADELA	Ah, Eduardo, ¡sólo tú puedes decir cosas tan lindas!

1. Según Eduardo, ¿quién tiene los ojos más brillantes que el sol?   2. ¿Y quién es la mejor jugadora del equipo?   3. Según él, ¿quién es la chica más inteligente y menos vanidosa que conoce?

ADELA: Eduardo, are my eyes brighter than the sun? EDUARDO: Yes, Adela, they're very bright. ADELA: And I'm the best player on the team, right? EDUARDO: Of course, Adela, the best. ADELA: And am I the most intelligent and least vain girl that you know? EDUARDO: Of course! ADELA: And you're not joking . . . ? EDUARDO: Of course not. ADELA: Oh, Eduardo, only you can say such beautiful things!

A.   Comparisons of inequality.

1. In Spanish, comparisons of inequality are expressed with **más** (*more*)... **que** or **menos** (*less*)... **que**. *More than* is **más que**, and *less than* is **menos que**.

Es un deporte más emocionante que el fútbol. —¡Qué va!	*It's a more exciting sport than soccer. —Oh, come on!*
Juan corre mas rápidamente que los otros jugadores.	*Juan runs faster than the other players.*
Siempre tengo menos dinero que él.	*I always have less money than he does.*
Esta raqueta de tenis es menos cara que la otra.	*This tennis racket is less expensive than the other one.*
Solamente Luis ganó más que nosotros.	*Only Luis won more than we did.*
Juan practica menos que yo.	*Juan practices less than I do.*

2. Before a number, **de** is used instead of **que** to mean *than.**

Esperamos más de diez minutos.	*We waited more than ten minutes.*
Asistieron menos de cincuenta aficionados.	*Fewer than fifty fans attended.*

*However, in a negative sentence, **más que** can be used to mean only: **No tengo más que diez centavos.** (I have only ten cents.)

B. The superlative.

The superlative forms of adjectives and adverbs (which express *the most, the least,* etc.) are the same as the comparative forms.

Ana es la jugadora más (menos) importante del grupo.	*Ana is the most (least) important player of the group.*
Esteban es el más (menos) trabajador de la familia.	*Esteban is the most (least) hardworking in the family.*
Yo soy la más (menos) atlética de la clase.	*I am the most (least) athletic (one) in the class.*

Notice that **de** is used after a superlative to express the English *in* or *of.*

C. Irregular comparative and superlative forms.

adjective	*comparative*	*superlative*
bueno *good*	mejor *better*	el mejor *the best*
malo *bad*	peor *worse*	el peor *the worst*
pequeño *small*	menor (más pequeño) *younger (smaller)*	el menor (el más pequeño) *the youngest (smallest)*
grande *big*	mayor (más grande) *older (bigger)*	el mayor (el más grande) *the oldest (biggest)*

adverb		
bien *well*	mejor *better*	mejor *best*
mal *badly*	peor *worse*	peor *worst*

The comparative adjectives **mejor, peor, menor,** and **mayor** have the same forms in the feminine as in the masculine; the plurals are formed by adding **-es.**

Josefina es la mejor jugadora de vólibol de su equipo, pero es la peor estudiante de su clase de historia.	*Josefina is the best volleyball player on her team, but she's the worst student in her history class.*
¿Cómo se llama el chico que nadó mejor?	*What is the name of the boy who swam the best?*
¿Dónde están las mejores playas?	*Where are the best beaches?*

Note that **menor** and **mayor,** which usually follow the nouns they modify, are often used with people to refer to age (*younger, older*). When referring to physical size, *bigger* is usually expressed by **más grande(s)** and *smaller* is expressed by **más pequeño(-a, -os, -as).**

Paco y Pancho son menores que Felipe, pero Felipe es más pequeño.	*Paco and Pancho are younger than Felipe, but Felipe is smaller.*
Adriana es mi hermana mayor; Silvia y Marta son mis hermanas menores.	*Adriana is my older sister; Silvia and Marta are my younger sisters.*

D. The absolute superlative.

1. One way to express the superlative quality of an adjective is to use **muy** (*very*): **La casa es muy grande.** A second way is to add **-ísimo** (**-ísima, -ísimos, -ísimas**) to the adjective. The **-ísimo** ending is the absolute superlative, much stronger than **muy** + the adjective. If the adjective ends in a vowel, drop the final vowel before adding the **-ísimo** ending.

Como futbolista, él es malísimo. —¿En serio?	As a soccer player, he is extremely bad. —Really?
La casa es grandísima.	The house is extremely big.
Estas entradas son carísimas.	These tickets are extremely expensive.
Ese atleta es altísimo.	That athlete is extremely tall.

2. The **-ísimo** ending can also be added to an adverb.

Luis llegó tardísimo.	Luis arrived extremely late.
Hoy practicaron poquísimo.*	Today they practiced very little.
Comieron muchísimo.	They ate quite a lot.
¿La corrida de toros? Es un drama simbólico, lindísimo.	The bullfight? It's a symbolic drama, extremely beautiful.

E J E R C I C I O S

A. **¿Cuál es la palabra apropiada?** Complete the sentences by choosing the correct word or phrase in parentheses.

1. Babe Ruth es (más, menos) famoso que Juan Pérez.
2. Un equipo de béisbol tiene (más de, más que) tres jugadores.
3. Luis perdió cincuenta pesos. Mi papá perdió diez pesos. Luis perdió (más de, más que) mi papá.
4. El océano Pacífico es el océano (mayor, más grande) del mundo.
5. El béisbol es el deporte más popular (en, de) este país.

B. **¡Laura no anda con rodeos!** (*Laura doesn't beat around the bush!*) React to her boyfriend's comments as she would, following the model.

MODELO Estas raquetas son caras.
¡Son carísimas, hombre!

1. Esos equipos son buenos.
2. Aquella atleta es alta.
3. Ayer practicamos poco.
4. Anoche nos divertimos mucho.
5. Ese jugador español es famoso.
6. Estos ejercicios son fáciles.
7. El jai alai es un deporte peligroso.
8. Las películas de Clint Eastwood son violentas.

*The **c** of **poco** is changed to **qu** to preserve the **k** sound.

C. **¿Más... o menos... ?**   Following the example, create sentences by adding
the appropriate comparative.

> **MODELO**   Millard Fillmore / ser / famoso / Abraham Lincoln
> **Millard Fillmore es menos famoso que Abraham Lincoln.**

1. un equipo de fútbol / tener / 70 jugadores
2. Argentina / ser / grande / Nicaragua
3. un día / tener / 25 horas
4. un auto / ser / caro / bicicleta
5. febrero / tener / días / diciembre

D. **Traducción.**   Give the Spanish equivalent of the following sentences.

1. This is the most important game of the year.
2. Tomás is a good player, but he is not the best.
3. She is the best friend I have.
4. Paco is less vain than Pedro.
5. Adela is our youngest sister, but she is the tallest.
6. Mexico is bigger than Guatemala.
7. He's the worst athlete in the world.
8. Alicia is the girl who sings the best.

PREGUNTAS

1. ¿Quién cree usted que es el mejor jugador de fútbol de los Estados Unidos? ¿de béisbol? ¿de tenis? ¿de básquetbol?   2. ¿Cuál es el deporte más popular de los Estados Unidos? ¿de América del Sur? ¿del mundo?   3. ¿Cuál es el deporte más violento que usted conoce? ¿el menos violento? ¿el más aburrido?   4. ¿Cuál es el país más grande de América del Sur? ¿el más pequeño?   5. ¿Tiene usted un hermano o una hermana mayor? ¿menor?   6. ¿Es usted el (la) más pequeño(a) de su familia? ¿el (la) menor?   7. ¿Vive usted en un apartamento grandísimo? ¿pequeñísimo? ¿carísimo?   8. ¿Tiene usted muchísimo que estudiar esta noche? ¿este fin de semana?

IV

Omission of the indefinite article after **ser**

Following the verb **ser,** the indefinite article is omitted before an
unmodified noun that indicates profession, religion, nationality,
or political affiliation.

Juan es {
atleta.
católico.
socialista.
colombiano.
}

Juan is {
an athlete.
a Catholic.
a socialist.
Colombian.
}

Es un {	buen atleta. católico devoto. socialista rico. colombiano patriótico.

He's a {	good athlete. devout Catholic. rich socialist. patriotic Colombian.

EJERCICIOS

A. **Asociaciones.**   List whatever professions, political interests, religious beliefs, and nationalities you associate with the following people.

MODELOS   Julio Iglesias
Julio Iglesias es cantante (*singer*), **español y católico.**

Ronald Reagan
Ronald Reagan es político, actor, protestante y norteamericano.*

1. Pancho González
2. Fidel Castro
3. Jean-Paul Belmondo
4. Geraldine Ferraro
5. Jorge Luis Borges

6. Fernando Valenzuela
7. Margaret Thatcher
8. Michael Jackson
9. Dan Marino

B. **Cualidades y características.**   Now give one outstanding quality or characteristic of each of the people listed in Exercise A.

MODELO   Pancho González
Pancho González es un atleta famoso. Es tenista.

PREGUNTAS

1. ¿Qué profesión tiene su padre? ¿su madre?   2. ¿Es usted demócrata? ¿republicano(a)? ¿independiente?   3. ¿Puede usted nombrar (*name*) a un(a) socialista o comunista fanático(a)? ¿a un(a) católico(a) devoto(a)? ¿a un(a) español(a) famoso(a)? ¿a un futbolista latinoamericano? ¿a un(a) atleta muy rico(a)?

The feminine form of* **el político (politician) *is* **la político.**

SANTANDER: LOS DEPORTES

Los señores Moreno y los señores Blanco, con su hija Adriana, están en un café de Santander a las siete de la tarde.[1]

Sr. Blanco	Buenas tardes. ¿Ya pidieron?
Sr. Moreno	Sí, pedimos jerez[2] para todos.
Sr. Blanco	¿De veras? ¿No recordaron que mi señora no toma bebidas° tan fuertes como el jerez? ¿Verdad, María?
Sra. Blanco	Pues, yo... solamente...
Sr. Blanco	¡Camarero! Un vino blanco para la señora, por favor.
Camarero	Se lo sirvo inmediatamente, señor.
Sr. Moreno	Bueno, ¿y qué hay de nuevo?
Sr. Blanco	Anoche asistimos a un partido de jai alai.[3]
Sra. Blanco	Participaron los equipos más populares de España.
Sr. Blanco	El mejor jugador es Pardo. Empezó muy bien. Ganó doce puntos seguidos°.
Sr. Moreno	¡Qué bien!... pero... , ¿no lo dices en broma?
Sr. Blanco	No, pero no siguió así... Después jugó muy mal.
Sr. Moreno	¡Ah!... triunfó° el otro equipo. Y tú, ¿perdiste dinero?
Sr. Blanco	Perdí ochenta pesetas, pero me divertí.
Sra. Moreno	¿Y tú, María? ¿Te divertiste también?
Sra. Blanco	Pues yo... verdaderamente...

Sr. Blanco	¡Claro que se divirtió!
Sra. Moreno	Francamente°, yo prefiero la corrida de toros. Es más emocionante que el jai alai o el fútbol.
Sr. Moreno	Y menos violento.
Sr. Blanco	¡Pero no hablas en serio! En las corridas de toros siempre hay una muerte°.
Sr. Moreno	Sí, pero es el toro el que muere.
Sra. Moreno	Y después les dan la carne° a los pobres. Pero, ¿por qué no escuchamos la voz de la futura generación? ¿Qué piensas, Adriana, de la corrida de toros?
Sr. Blanco	Es un espectáculo° violentísimo, ¿verdad?
Adriana	No, papá. Realmente creo que es un drama simbólico, lindísimo.⁴
Sr. Moreno	Ah, los jóvenes de hoy, ¡son tan inteligentes!
Sr. Blanco	¡Bah! ¡Un grupo de rebeldes° y desconformes°!

bebidas *drinks*   **seguidos** *in a row*   **triunfó** *won*   **Francamente** *Frankly*   **muerte** *death*
carne *meat*   **espectáculo** *spectacle*   **rebeldes** *rebels*   **desconformes** *noncomformists*

PREGUNTAS

1. ¿Dónde están los señores Moreno y los Blanco?   2. Según el señor Blanco, ¿toma su señora bebidas tan fuertes como el jerez?   3. ¿Asistieron los señores Blanco a un partido de fútbol anoche?   4. ¿Quiénes participaron en el partido?   5. ¿Quién ganó doce puntos seguidos? 6. ¿Ganó dinero el señor Blanco?   7. ¿Se divirtió él? ¿y su señora?   8. ¿Cuál es el deporte favorito de la señora Moreno?   9. ¿Cree la señora Moreno que la corrida de toros es más violenta que el fútbol? ¿Qué dice Adriana? ¿Qué cree usted?

notas culturales

1. Between the hours of about 6:00 and 8:00 P.M., it is customary in Spain to go out to bars and restaurants for snacks (**tapas**) to help tide one over until the 9:00 or 10:00 P.M. supper hour. A few simple **tapas,** such as olives or sausage, usually come free when you buy a drink; many places also feature a varied and elaborate selection for a price.

2. **El jerez** (*sherry*) comes from the south of Spain and takes its name from the city of Jerez de la Frontera (*sherry* is an English corruption of the word **jerez**). Its production and exportation have been largely in the hands of several families of English descent.

3. Jai alai, or **la pelota vasca** (*Basque ball*), is a fast and strenuous game originated by the Basque people and now popular in Spain, Mexico, Cuba, and, to a lesser extent, in some other Hispanic countries and in certain parts of the United States. It is usually played in a rectangular court called a **frontón,** with spectators seated on one side, which has a protective screen, and walls on the other three sides. The ball is thrown against the other three walls with the aid of curved baskets attached to the players' hands. One or two players are on each team. The extremely high velocity often attained by the ball makes the game somewhat dangerous. It is common to bet money on jai alai games.

4. For many Hispanic people, bullfighting is more than a sport; it is a symbolic drama of life against death. The bullfighter, confronting death in the bullring, represents all human beings. There is a great deal of pageantry and spectacle associated with the traditional **fiesta brava,** or bullfight, including the brightly colored costumes and ritualistic steps of the **toreros.**

ACTIVIDADES

In this chapter, you have seen examples of the following language functions, or uses. Here is a summary and some additional information about these functions of language.

EXPRESSING DISBELIEF

Here are some ways to express that you can't quite believe what you've heard.

¿De veras? *Really?*

¿Habla(s) en broma? *Are you joking?*

No lo puedo creer. *I can't believe it.*

¡Qué ridículo! *How ridiculous!*

¡Peŗo lo dice(s) en broma! *But you're saying it in jest!*	¡Qué va! *Oh, come on!*
¡Pero no habla(s) en serio! *But you're not serious!*	Increíble. *Incredible.*
No lo creo. *I don't believe it.*	Imposible. *Impossible.*
	No puede ser. *It can't be.*

USING *PARA* IN COMPARISONS

In addition to the expressions you've learned in this chapter for making comparisons, there is one other expression you might need. The word **para** is used in comparisons to mean *for*.

Es muy alto para su edad.	*He's very tall for his age.*
Para norteamericana, ella habla muy bien el español.	*For an American, she speaks Spanish very well.*

A. **¡No lo creo!**   Give a reaction of disbelief to each of the following statements.

1. El jugador de tenis John McEnroe es un hombre que siempre está contento.
2. El jugador de béisbol Fernando Valenzuela vino a Estados Unidos de Francia.
3. Joe Montana no sabe mucho sobre el fútbol.
4. Martina Navratilova ganó un partido de golf muy importante en Pebble Beach el año pasado.
5. Dan Marino es un famoso jugador de tenis.

B. **¿Lo crees?**   Working with a partner, make at least three statements about yourself, some of them true and some of them false. Your partner should respond with either **Sí, te creo** or an expression of disbelief.

MODELOS   Yo tengo diecinueve años.
          Sí, te creo.

          Gané un partido de tenis con Chris Evert Lloyd ayer.
          ¡Qué va! Eso es imposible.

C. **Para...**   Make statements with **para**, following the model.

MODELO   Felipe es atleta. Come muy poco. (Los otros atletas comen mucho más.)
         Para atleta, Felipe come muy poco.

1. Jane es de Florida. Habla muy bien el francés. (Los otros norteamericanos no hablan tan bien el francés.)
2. David es policía. No conoce bien la ciudad. (Los otros policías conocen muy bien la ciudad.)
3. Raúl es agente de viajes. No viaja mucho. (Los otros agentes de viajes viajan mucho más.)
4. Carmen es músico. Canta muy mal. (Los otros músicos cantan mejor.)
5. Manuelito tiene dos años. Habla muy bien. (Los otros niños de dos años no hablan tan bien.)

Vocabulario Activo

Verbos

asistir a	to attend
contestar	to answer
correr	to run
entrar	to enter, come in
explicar	to explain
invitar	to invite
morir (ue)	to die
nacer (zc)	to be born
pagar	to pay (for)
participar	to participate

Los deportes

el aficionado (la aficionada)	fan
el, la atleta	athlete
el béisbol	baseball
la corrida de toros	bullfight
el deporte	sport
el equipo	team
el espectador (la espectadora)	spectator
el esquí	skiing; ski
el esquiador (la esquiadora)	skier
el fútbol	soccer
el fútbol americano	football
el jai alai	jai alai
el jugador (la jugadora)	player
el partido	match, game
la pelota	ball
el punto	point
la raqueta	racket
el, la torero	bullfighter
el toro	bull
el vólibol	volleyball

Adverbios que terminan en -mente

alegremente	happily
claramente	clearly
diariamente	daily
fácilmente	easily
generalmente	generally
lentamente	slowly
posiblemente	possibly
probablemente	probably
rápidamente	rapidly
realmente	really
recientemente	recently
regularmente	regularly
verdaderamente	truly

Otras palabras

alto(a)	tall
anoche	last night
así que	so (that)
ayer	yesterday
brillante	brilliant
católico(a)	Catholic
contento(a)	happy, contented
emocionante	exciting
fuerte	strong
lento(a)	slow
lindo(a)	beautiful, handsome
más (que)	more (than)
mayor	older
el, la mayor	oldest
mejor	better
el, la mejor	best
menor	younger
el, la menor	youngest
menos (que)	less (than)
peligroso(a)	dangerous
peor	worse
el, la peor	worst
pequeño(a)	small, little
pobre	poor
protestante	Protestant
rico(a)	rich
ridículo(a)	ridiculous
sincero(a)	sincere
tan, tanto (como)	so much, so many (as)
vanidoso(a)	vain
violento(a)	violent
la voz	voice

Expresiones útiles		No puede ser.	It can't be.
¿De veras?	Really?	¡Pero lo dice(s) en broma!	But you're saying it in jest!
¿Habla(s) en broma?	Are you joking?	¡Pero no habla(s) en serio!	But you're not serious!
Imposible.	Impossible.	¿Qué hay de nuevo?	What's new?
Increíble.	Incredible.	¡Qué ridículo!	How ridiculous!
No lo creo.	I don't believe it.	¡Qué va!	Oh, come on!
No lo puedo creer.	I can't believe it.		

LOS DEPORTES

En general, los deportes—y muy especialmente el fútbol—son muy populares en el mundo hispano.

Otros deportes también populares son el tenis, el jai alai y el básquetbol. El béisbol es un deporte favorito en América Central, México, Venezuela y en las islas del Caribe.

Hoy día hay equipos femeninos en casi todos los deportes. El vólibol es probablemente el deporte más popular entre las mujeres.

En muchos países hispanos hay playas lindas donde la gente va a nadar o a tomar sol.

Las montañas invitan a la gente a dejar la ciudad para gozar de° la naturaleza. El esquí es muy popular en las regiones montañosas de España y Latinoamérica.

gozar... *enjoy*

1. ¿Qué deportes practica usted? ¿Qué deportes mira por televisión?   2. ¿Va usted a la playa o a las montañas para gozar de la naturaleza? ¿Prefiere la vida del campo (*country*) a la vida urbana? ¿Por qué sí o por qué no?   3. ¿Piensa usted que debemos proteger (*protect*) la naturaleza? ¿Cómo? ¿Necesitamos más parques nacionales? ¿Para qué? ¿Qué podemos hacer para proteger la ecología?

Carnes para platos principales

el bistec, la carne de vaca

el jamón

el pollo

Postres

el helado

el queso

la torta

Platos comunes

el pan

el arroz

la ensalada

la hamburguesa

Frutas y verduras

la manzana   los frijoles   las papas   las bananas   la naranja   el maíz   la lech

Bebidas

el café

la cerveza

el té

el vino

el jugo

Ingredientes necesarios

el azúcar

la sal

la pimienta

el pescado

los huevos fritos

el tomate   la piña

a leche   el agua mineral

CAPÍTULO 9

COMIDAS Y BEBIDAS

EXPRESSING LIKES
EXPRESSING DISLIKES
ORDERING A MEAL IN A RESTAURANT

EJERCICIO

Match the dishes (foods or drinks) on the left with the ingredients they contain on the right.

1. una tortilla (*omelet*)
2. una ensalada
3. una sopa (*soup*)
4. un sandwich
5. la sangría

a. frutas y vino
b. huevos, queso, sal, pimienta
c. pollo o carne de vaca, verduras, frijoles
d. lechuga, tomate
e. pan, lechuga, jamón, queso

PREGUNTAS

1. ¿Qué toma usted de desayuno generalmente? ¿Come huevos fritos con jamón o solamente toma café negro? ¿Prefiere café o té?   2. ¿A qué hora almuerza usted? ¿Qué almuerza? ¿Prefiere un almuerzo abundante o sólo un sandwich?   3. ¿Come usted carne? ¿pescado? ¿Prefiere frutas y verduras?   4. ¿Cuáles son sus frutas y verduras favoritas? 5. ¿Toma usted mucho café? ¿vino? ¿mucha cerveza? ¿leche?   6. ¿Está usted a dieta? ¿Come muchas papas fritas (*french fries*)? ¿mucho arroz? ¿maíz? ¿muchos frijoles?   7. ¿Cena usted temprano o tarde? ¿A qué hora? ¿Qué cena generalmente?

183

The present tense of **encantar; faltar; gustar; importar; interesar;** the verbs **oír** and **traer**

CAMARERO	¿Qué le gustaría comer, señor?
SR. GUTIÉRREZ	Dos platos de chiles rellenos—*me gustan* mucho los chiles rellenos. Y picantes—¡a mí *me encanta* la comida picante!
CAMARERO	Sí, señor. (*Unos minutos más tarde.*) Aquí lo tiene. ¿*Le falta* algo?
SR. GUTIÉRREZ	Sí, pedí dos platos... Siempre pido un plato de chiles rellenos para mí y otro para mi mejor amigo. Trabajamos juntos por muchos años, y luego él tuvo que mudarse a Guatemala. Como a los dos *nos encantan* los platos picantes, especialmente los chiles rellenos, yo siempre pido un plato extra para él y él siempre pide un plato extra para mí. Lo hacemos como un acto simbólico, como recuerdo...
CAMARERO	¡Oh! Sí, señor, entiendo. Ahorita le *traigo* otro plato.
	Pasan unas semanas. Otra vez entra el señor Gutiérrez en el restaurante.
CAMARERO	Buenas tardes, señor.
SR. GUTIÉRREZ	Buenas tardes. Un plato de chiles rellenos, por favor.
CAMARERO	¿Un plato? ¿Es que... es que murió su amigo?
SR. GUTIÉRREZ	No, pero mi doctor me dice que ya no debo comer platos picantes.*

1. ¿Qué pide el señor Gutiérrez?   2. ¿Al señor Gutiérrez le gusta la comida picante?   3. ¿Qué le trae el camarero?   4. ¿Por qué pidió dos platos de chiles rellenos el señor Gutiérrez?   5. ¿Qué pasa unas semanas después?   6. ¿Murió el amigo del señor Gutiérrez?

WAITER: What would you like to eat, sir? MR. GUTIÉRREZ: Two plates of *chiles rellenos*—I like *chiles rellenos* very much. And hot (spicy)—I love spicy food! WAITER: Yes, sir. (*A few minutes later.*) Here you are. Do you need something? (literally, "Are you missing something?") MR. GUTIÉRREZ: Yes, I asked for two plates... I always order one plate of *chiles rellenos* for myself and one for my best friend. We worked together for many years, and then he had to move to Guatemala. Since both of us love hot food, especially *chiles rellenos,* I always order an extra plate for him, and he always orders an extra plate for me. We do it as a symbolic act, as a remembrance . . . WAITER: Oh! Okay sir, I understand. I'll bring you another plate right away. (*Several weeks go by. Mr. Gutiérrez comes into the restaurant again.*) WAITER: Good afternoon, sir. MR. GUTIÉRREZ: Good afternoon. One plate of *chiles rellenos*, please. WAITER: One plate? Did . . . did your friend die? MR. GUTIÉRREZ: No, but my doctor says I shouldn't eat hot foods (dishes) anymore.

A. **Gustar** means *to please* or *to be pleasing.* **Gustar** can be used to express the equivalent of the English term *to like* (or *not like*). However, in Spanish the person, thing, or idea that is pleas-

***Ya** generally means* already: **Ya están allí.** They're already there. **Ya no** *means* no longer, not any longer.

ing (pleases) is the subject of the sentence. **Gustar** is usually used in the third-person singular or plural, depending on whether the subject is singular or plural. The person who is pleased is the indirect object. (In English, the verb *to disgust* functions the same way: *Your attitude disgusts us.* = *We don't like your attitude.*) An indirect object pronoun is normally used with the verb **gustar.**

Me gusta esta bebida.	*I like this beverage.* ("This beverage pleases me.")
¿Te gustan las verduras?	*Do you like vegetables?*
Nos gustan mucho los postres.	*We like desserts a lot.*

B. The prepositional phrase **a** + noun or pronoun is often used with **gustar.** It is frequently necessary for emphasis or clarity and is usually placed at the beginning of the sentence.

A los hispanos les gusta el café con leche.	*Hispanic people like coffee with milk.*
A usted le gustan los vinos buenos, ¿no?	*You like good wines, don't you?*

C. If what is liked (or what is pleasing) is an infinitive, the third-person singular of **gustar** is used.

No me gusta estar a dieta.	*I don't like to be on a diet.*
A José le gusta cocinar.	*José likes to cook.*

D. The form **gustaría** + an infinitive means *would like to . . .* (This form will be covered further in Chapter 16.)

¿Qué les gustaría tomar?	*What would you like to drink?*
Me gustaría ir a ese restaurante italiano.	*I'd like to go to that Italian restaurant.*

E. **Importar** (*to be important, to matter*), **faltar** (*to be lacking or missing*), **interesar** (*to interest*), and **encantar** (*to delight*) function like **gustar. Encantar** is often used to express the equivalent of *to love* (things, ideas, and so forth, but not people).

No nos importa el dinero.	*Money doesn't matter to us.*
Me falta azúcar para hacer una torta.	*I need* ("lack") *sugar to make a cake.*
¿Te interesa el arte?	*Are you interested in art?*
Me encantan las papas fritas.	*I love french fries (fried potatoes).* (Literally, "They delight me.")

F. The verb **oír** (*to hear*) is irregular:

oír

oigo	oímos
oyes	oís
oye	oyen

G. The verb **traer** (*to bring, carry*) is irregular in the first-person singular: **traigo.** The other forms are regular.

A. **Y entonces, ¿qué te gusta?**   Eduardo is a very fussy eater. Every time his mother asks him why he's not eating something, he answers that he doesn't like it. Give Eduardo's answers, following the model.

MODELO   ¿Por qué no comes la hamburguesa?
   ¡Es que no me gusta la hamburguesa!

1. ¿Por qué no comes el pollo?
2. ¿Por qué no comes las papas?
3. ¿Por qué no comes la manzana?
4. ¿Por qué no comes las bananas?
5. ¿Por qué no comes el queso?
6. ¿Por qué no comes la ensalada?

B. **¿A quién le gusta... ?**   Make a question asking whether or not someone likes the following, as in the model.

MODELO   a ti / el pescado
   ¿Te gusta el pescado?

1. a ustedes / el jamón
2. a tus padres / viajar
3. a Juan y a ti / los frijoles
4. a Susana / cocinar
5. a ti / las naranjas
6. a usted / el queso

C. **¿Qué nos falta... ?**   Everybody I know is going out to dinner tonight. Why? Because we are all lacking something we need to prepare a meal at home! Form sentences according to the model and you'll find out what ingredients each of us is missing.

MODELOS   a Rubén / sal / comida
   Le falta sal para la comida.

a nosotros / frutas / el postre
   Nos faltan frutas para el postre.

1. a Eduardo / lechuga / ensalada
2. a mí / huevos / tortilla
3. a ustedes / papas / papas fritas
4. a ti / arroz / paella
5. a nosotros / verduras / sopa
6. a los Ruiz / carne / hamburguesas

D. **«Sobre gustos y colores no hay nada escrito.»** (*"There's nothing written [i.e., no laws] about tastes and colors."*)   Complete the following sentences as shown in the examples.

MODELOS   A mí me gusta(n) mucho...
   A mí me gusta mucho viajar.
   A mí me gustan mucho las motocicletas.

1. A mí me gusta(n) mucho...
2. A mí no me gusta(n)...
3. A mí no me importa(n) mucho...
4. A mí me importa(n) muchísimo...
5. A las mujeres no les interesa(n) mucho...
6. A los hombres les importa(n) mucho...
7. A los jóvenes de hoy les encanta(n)...
8. A mis padres les encanta(n)...

E. **Traducción.**   Give the Spanish equivalent of the following sentences.

1. Do you hear music?
2. He likes meat, and she likes vegetables.
3. I'll bring you (**tú**) the salt.
4. We need bread and eggs.
5. They are bringing a cake.
6. Are you interested in music?

P R E G U N T A S

1. ¿Qué tipo de comida le gusta más: la mexicana o la italiana? ¿la china o la japonesa? ¿Por qué?   2. En su casa, ¿quién va al supermercado? ¿Quién cocina? ¿Quién lava los platos? ¿A usted le gusta cocinar o prefiere lavar los platos?   3. ¿A usted le gusta comer carne de vaca? ¿pollo? ¿jamón? ¿O prefiere el pescado?   4. ¿Le gustan las frutas? ¿y las verduras?

The preterit of irregular verbs

TOMÁS	¿Qué *hiciste* anoche, Hilda?
HILDA	*Fui* al restaurante «La Cazuela». Fernando *quiso* ir también, pero no *pudo*.
TOMÁS	Y ¿con quién *fuiste*?
HILDA	*Fui* con Ramona. También *fueron* unos amigos de ella. Y pedí paella. Es un plato que tiene arroz, pescado y mariscos.
TOMÁS	Y Ramona... ¿qué pidió?
HILDA	Primero,* gazpacho andaluz, que es una sopa fría de tomates y pepinos. Después pidió un bistec y el camarero se lo *trajo* con una ensalada.
TOMÁS	¿Y el postre? ¿Cómo *estuvo*?
HILDA	Muy rico. Nos *dieron* flan.
TOMÁS	*Tuviste* que abandonar la dieta, entonces.
HILDA	No totalmente—*supe* cuidarme. No le *puse* azúcar al café.

1. ¿Qué hizo Hilda anoche?   2. ¿Quién quiso ir pero no pudo?   3. ¿Qué es la paella?
4. ¿Qué pidió Ramona?   5. ¿Cómo estuvo el postre que les dieron?   6. ¿Tuvo que abandonar la dieta Hilda?

TOMÁS: What did you do last night, Hilda? HILDA: I went to the restaurant "La Cazuela." Fernando wanted to go, too, but couldn't. TOMÁS: And whom did you go with? HILDA: I went with Ramona. Some friends of hers went, too. And I ordered *paella*. It's a dish that has rice, fish, and shellfish. TOMÁS: And Ramona, . . . what did she order? HILDA: First, *gazpacho andaluz*, which is a cold soup of tomatoes and cucumbers. Afterward, she ordered a steak, and the waiter brought it to her with a salad. TOMÁS: And the dessert? How was it? HILDA: Very delicious. They gave us *flan*. TOMÁS: You had to abandon your diet, then. HILDA: Not completely—I knew how to be careful. I didn't put sugar in my coffee.

***Primero** is an adverb meaning first. It is also an adjective; as an adjective, it becomes **primer** before a masculine singular noun: **el primer tren** (the first train), **la primera vez** (the first time), **los primeros invitados** (the first guests).

Comidas y bebidas   **187**

A. There are a number of verbs in Spanish that have irregular preterit-tense forms, both stems and endings. These forms do not have written accents.

Infinitive	Preterit stem	Preterit endings
hacer	hic-	
querer	quis-	-e
venir	vin-	-iste
poder	pud-	-o
poner	pus-	-imos
saber	sup-	-isteis
estar	estuv-	-ieron
tener	tuv-	

The endings in the chart are attached to the stems shown to form the preterit of all of the verbs listed. There is only one spelling change: the third-person singular of **hacer** is **hizo,** which involves a change from **c** to **z** to retain the sound of the infinitive. Note that the preterit of **saber** usually means *to find out.* The preterit of **querer** in the affirmative means *to try to;* in the negative, it means *to refuse.* The preterit of **poder** in the affirmative means *to be able to, to manage to;* in the negative it usually means *to try and fail.*

Paco hizo una tortilla con tres huevos, queso y un poco de sal.
Paco made an omelet with three eggs, cheese, and a little salt.

Supimos que Fernando está a dieta.
We found out that Fernando is on a diet.

Los niños quisieron hacer una torta.
The children tried to make a cake.

Luisa no quiso ir sola a la fiesta.
Luisa refused to go to the party alone.

Tuve invitados a cenar la semana pasada.
I had dinner guests last week.

Felipe tuvo la oportunidad de oír al jefe anoche.
Felipe had the chance to hear the leader last night.

¿Estuviste en casa hasta las seis?
Were you at home until six o'clock?

Puse la mesa.*
I set the table.

¿Pudieron preparar el postre? —No, no pudimos comprar el azúcar.
Did you manage to prepare dessert? —No, we couldn't buy sugar.

B. Traer and decir have irregular preterits; note that the third-person plural ending is **-jeron** rather than **-ieron.**

decir		**traer**	
dije	dijimos	traje	trajimos
dijiste	dijisteis	trajiste	trajisteis
dijo	dijeron	trajo	trajeron

Luz dijo que trajeron vino.
Luz said that they brought wine.

*Notice that **poner la mesa** means to set the table.

C. **Ir** and **ser** have the same forms in the preterit tense.

ir, ser

fui	fuimos
fuiste	fuisteis
fue	fueron

La fiesta fue en tu casa, ¿no?	*The party was at your house, right?*
Fuimos allí anoche y comimos arroz con pollo.	*We went there last night and ate rice with chicken.*

D. **Dar** is considered irregular in the preterit because it requires the preterit endings for regular **-er** and **-ir** verbs rather than the endings for **-ar** verbs.

dar

di	dimos
diste	disteis
dio	dieron

Le di el dinero para el helado.	*I gave him the money for the ice cream.*

E. **Hubo** is the preterit form of **hay;** the infinitive is **haber.**

Hubo un accidente en la calle Quinta ayer.	*There was an accident on Fifth Street yesterday.*

E J E R C I C I O S

A. **Imaginación y lógica.** Using elements from all three columns, form affirmative or negative sentences in the preterit. Use each subject twice.

MODELOS **Mi hermana quiso poner la mesa.**
Mi hermana no tuvo la oportunidad de oír al jefe.

		a comer mariscos
usted	querer	en la fiesta anoche
nosotros	venir	poner la mesa
tú y Anita	estar	que desayunar tarde
yo	hacer	un postre típico
tú	tener	gazpacho y paella
mi hermana	ir	con ellos el lunes pasado
		la oportunidad de oír al jefe

B. **¿Qué hay de nuevo?** (*What's new?*)   Complete the sentences with appropriate information. In each case, use the preterit form of the verb in parentheses.

MODELO   (decir) La semana pasada Felipe...
La semana pasada Felipe me dijo que a él no le gustan los frijoles.

1. (hacer)   Anoche mis amigos...
2. (traer)   Ayer ustedes...
3. (dar)   Paco y Susana...
4. (ir)   En 1980 mi familia...
5. (poner)   Después de cocinar, mamá...
6. (poder)   Anoche tú...
7. (saber)   Antes de cenar, yo...
8. (venir)   El año pasado nosotros...

C. **Un viaje a Sevilla.**   Restate the following paragraph, changing the verbs from the present tense to the preterit.

Esta semana voy a Sevilla. Salgo el miércoles a las dos de la tarde y llego dos horas después. En el aeropuerto me esperan unos amigos y paso la noche en casa de ellos. El jueves vamos a visitar las ruinas de Itálica, una antigua (*ancient*) ciudad romana. Allí tengo la oportunidad de aprender muchas cosas interesantes sobre la historia española. Volvemos a Sevilla a las diez de la noche y cenamos. Al otro día (*the next day*), viernes, doy un paseo (*I take a walk*) por la ciudad y esa misma noche vuelvo a casa. ¡Es un viaje magnífico!

D. **Traducción.**   Give the Spanish equivalent of the following sentences.

1. Ana brought me some eggs.
2. We came here last week.
3. Yesterday we had to eat late.
4. Catalina was at the airport at six o'clock.
5. They told her the truth.
6. Did you (**tú**) do this?

PREGUNTAS

1. ¿Fue usted a un partido de fútbol ayer? ¿de béisbol? ¿A otra parte (*somewhere else*)? ¿Fue solo(a) o con amigos?   2. ¿Dónde estuvo ayer a las dos de la tarde? ¿a las nueve de la noche? 3. ¿Comió usted en un restaurante la semana pasada? ¿Dónde? ¿Qué pidió?   4. ¿Fue usted a un restaurante donde sirven comida española o latinoamericana? ¿Pudo usted pedir en español? 5. ¿Qué hizo usted el fin de semana pasado?

Affirmative and negative words

CAMARERO ¿Qué desean pedir?

ELLEN Para mí, huevos fritos con jamón, por favor. *Alguien* me dijo que un buen desayuno es necesario para la salud.

RAFAEL Yo *nunca* desayuno mucho: *ni* huevos *ni* jamón... Sólo café con leche para mí, por favor.

ELLEN ¡Eres un hispano típico! Pero, ¿no quieres *algún* jugo o *algunas* tostadas con tu café?

RAFAEL No, gracias, *nada* más. *Nunca* desayuno mucho porque nuestro almuerzo es abundante.

Algunos minutos más tarde

CAMARERO Aquí tienen el desayuno. ¡Buen provecho! ¿Desean *algo* más?

RAFAEL No, esto es todo, gracias. ¡Ah! La cuenta, por favor.

CAMARERO Muy bien, señor.

ELLEN Sabes, Rafael... creo que voy a aumentar *algunos* kilos aquí, pero... «Estómago lleno, corazón contento», ¿no?

---

1. ¿Qué pide Ellen? ¿Por qué desayuna bien ella? 2. ¿Come mucho Rafael en el desayuno? ¿Qué pide él? 3. ¿Qué piensa de eso Ellen? 4. ¿Quiere Rafael un jugo o algunas tostadas con su café? 5. ¿Por qué nunca desayuna mucho Rafael?

WAITER: What do you wish to order? ELLEN: For me, fried eggs and (with) ham, please. Someone told me a good breakfast is necessary for your health. RAFAEL: I never eat much for breakfast: neither eggs nor ham . . . Just *café au lait* (half coffee and half hot milk) for me, please. ELLEN: You're a typical Hispanic! But don't you want some juice or some toast with your coffee? RAFAEL: No, thanks, nothing else. I never have a big breakfast because our lunch is large. (*A few minutes later*) WAITER: Here is your breakfast. Enjoy the meal! Do you want something else? RAFAEL: No, this is all, thank you. Oh! The check, please. WAITER: Very well, sir. ELLEN: You know, Rafael . . . I think I'm going to gain a few kilos here, but . . . "Full stomach, happy heart," right?

Affirmative words

alguien *someone, anyone*
algo *something*
algún, alguno(s), alguna(s)
   some, any

también *also*
siempre *always*
o... o *either . . . or*

Negative words

nadie *no one, not anyone*
nada *nothing, not anything*
ningún, ninguno, ninguna
   none, not any, no, neither
   (of them)
tampoco *not either, neither*
nunca, jamás *never, not ever*
ni... ni *neither . . . nor*

A. The negative words **nadie, nada, ninguno, tampoco,** and **nunca** can be placed either before or after a verb.

No me lo dijo nadie. ⎫
Nadie me lo dijo. ⎬ *No one told me so (it).*

No visitamos la catedral tampoco. ⎫
Tampoco visitamos la catedral. ⎬ *We didn't visit the cathedral either.*

No uso nunca sal. ⎫
Nunca uso sal. ⎬ *I never use salt.*

Notice that **no** precedes the verb when a negative word follows it. **No** is omitted when a negative word precedes the verb.

B. **Alguno** and **ninguno** can refer either to people or to things, while **alguien** and **nadie** refer only to people. **Alguno** and **ninguno** usually refer to certain members or elements of a group that the speaker or writer has in mind. Before a masculine singular noun, **alguno** becomes **algún** and **ninguno** becomes **ningún**. **Ningún, ninguno,** and **ninguna** are generally used in the singular.

Aquí nadie come tomates.	*No one here eats tomatoes.*
Ninguno de ellos sabe cocinar pescado.	*Neither of them knows how to cook fish.*
¿Alguien tiene pimienta?	*Does anyone have (any) pepper?*
¿Hay algunos estudiantes de nuestra clase aquí?	*Are there some (any) students from our class here?*
¿Quiere algún postre?	*Do you want some (any) dessert?*

The personal **a** is used with the pronouns **alguien** and **nadie** and with **alguno** and **ninguno** when they refer to people in the same way that it is used with nouns or other pronouns.

¿Busca usted a algunos amigos de Enrique?	*Are you looking for some of Enrique's friends?*
No se lo voy a decir a nadie.	*I'm not going to tell it to anyone.*

C. Several negatives can be used in the same sentence.

¡No dio nada a nadie nunca! *He never gave anything to anyone, ever!*

D. *Neither . . . nor* is expressed by **ni... ni.**

No como ni carne ni pescado. *I eat neither meat nor fish. (I don't eat either meat or fish.)*

No hay ni jugo ni agua mineral. *There is neither juice nor mineral water.*

A. **Construcciones sinónimas.** Change the negative constructions in these sentences, following the model.

MODELO Yo nunca desayuno antes de las ocho.
Yo no desayuno nunca antes de las ocho.

1. ¿Nadie almuerza con ustedes?
2. Ellas nunca piden postre.
3. ¿Tampoco fueron ustedes?
4. Nunca vamos al centro.
5. Ninguno de los muchachos quiere ir allí.
6. ¿Nunca fuiste a ese restaurante?
7. A nadie le gusta ese vino.
8. Ningún muchacho tomó cerveza.

B. **Gustos opuestos.** (*Opposite tastes.*) Some people just happen to have completely opposite tastes. Complete the sentences in the negative, following the model.

MODELO A ti te gusta estar con alguien, pero a mí...
A ti te gusta estar con alguien, pero a mí no me gusta estar con nadie.

1. Pepe quiere hacer algo, pero Susana...
2. Ellos siempre comen pescado los viernes, pero nosotros...
3. Yo voy a ir o al cine o al teatro, pero tú...
4. Ustedes practican algún deporte los domingos, pero los Pérez...
5. A ustedes también les gusta salir los domingos, pero a ellos...

C. **¡Ya te dije que no!** When Guillermo calls Eliana, she is in a bad mood. Complete the dialog by giving Eliana's responses in the negative, as in the model.

MODELO Guillermo: Hola, Eliana, ¿me llamó alguien?
Eliana: **No, no te llamó nadie.**

GUILLERMO ¿Viste a Jorge o a Lucía?
ELIANA No, _____.
GUILLERMO ¿Hay algún problema?
ELIANA No, _____.
GUILLERMO ¿Quieres salir a cenar o a bailar?
ELIANA No, _____.
GUILLERMO ¿No quieres ir al cine tampoco?
ELIANA No... ¡Perdón, Guillermo... !; ya no estoy enojada (*angry*). ¿Por qué no salimos esta noche?

D. **Traducción.** Give the Spanish equivalent of the following sentences.

1. She didn't bring anything here.
2. I'm going to order either fish or chicken.
3. Do you need something?
4. No one brought cheese or wine to the party.
5. Did any of your friends go to the movies last night?
6. Rogelio never finishes anything.

1. ¿Conoce usted algún restaurante español? ¿Sirven allí alguna comida típica? ¿Qué sirven?
2. ¿Invitó usted a alguien a su casa para cenar la semana pasada? ¿Qué cenaron? ¿Sirvió usted algún postre? ¿Qué postre?   3. ¿Fue usted a comer a casa de algún amigo o de alguna amiga el fin de semana pasado? ¿Le sirvieron algo especial? ¿rico? ¿Qué le sirvieron?   4. Cuando usted hace una fiesta en su casa, ¿qué platos prepara? ¿Traen sus amigos algo? ¿Qué traen?

SEVILLA: EN LA GIRALDA

Claudio, un joven de Sevilla, lleva a unos amigos a visitar la Giralda,[1] que es la torre° de la catedral.

Esteban	¡Qué subida° más larga!
Claudio	No hay ninguna vista de Sevilla como ésta. ¿Qué dicen? ¿Les gusta?
Luisa	¡A mí me encanta! Veo el Barrio de Santa Cruz.[2] Anoche fuimos allí a ver baile flamenco.
Esteban	Y comimos una paella que nos gustó muchísimo... , un postre muy rico...
Luisa	¿Por qué no hablamos del postre más tarde? Claudio, ¿sabes quién hizo esta torre?
Claudio	La empezó un jefe árabe en el siglo doce y la terminó Almanzor, su sucesor.
Esteban	¿Por qué no vamos a almorzar y venimos otra vez por la tarde? Tengo un hambre terrible.
Luisa	¡Esteban, por favor! Claudio, esta torre probablemente fue un lugar ideal para esperar el ataque° del enemigo, ¿no?
Claudio	Sí, y el enemigo vino. Fue Fernando III,[3] a quien llamaron «el Santo». Tuve la oportunidad de verlo el año pasado.
Esteban	¿Oigo bien? ¿No vivió en el siglo trece?
Claudio	Oyes bien. Dije que lo vi el año pasado. Estuve en la catedral el día de su fiesta, cuando abren la tumba. Su cadáver se mantiene° muy bien. Es un milagro°.
Luisa	Sí, alguien me dijo eso y no lo quise creer.
Esteban	Y ustedes no quieren creer que en el hotel no me dieron el desayuno... ¡Ni siquiera° café negro!
Claudio	Creo que Esteban sólo tiene ganas de ver una vista de platos variados°...
Esteban	¡Sí!... montañas de carne de vaca, ríos° de vino y océanos de helado de chocolate.
Luisa	Mejor vamos a comer.
Esteban	¡Bueno, éste es el milagro! Y mañana no voy a salir antes de tomar un buen desayuno.

torre *tower*　　subida *climb*　　ataque *attack*　　**se mantiene** *is maintained, preserved*
milagro *miracle*　　**Ni siquiera** *Not even*　　variados *various, varied*　　ríos *rivers*

1. ¿Qué es la Giralda?　　2. ¿A quién le encanta la vista desde allí?　　3. ¿Para qué fueron los estudiantes al Barrio de Santa Cruz?　　4. ¿Qué comieron allí? ¿Les gustó?　　5. ¿Quiénes hicieron la torre? ¿Cuándo?　　6. ¿Quién vino a atacar a los árabes?　　7. ¿Qué milagro vio Claudio el año pasado?　　8. En el hotel, ¿le dieron a Esteban algo para el desayuno?　　9. ¿Cuál es la «vista» que Esteban quiere ver?　　10. ¿Cree usted en los milagros? ¿Puede dar un ejemplo de un milagro?

notas culturales

1.   **La Giralda,** the exquisite tower of Seville's cathedral, can be seen from almost any part of the city. The bottom section was the minaret of the sumptuous mosque built by the Moslem rulers of southern Spain in the 1100s and later demolished by the Christians. The top section, called the Triumph of Faith, was added by the Christian rulers during the Renaissance. The pinnacle turns around in the wind and so has given rise to the popular name of the tower, **la Giralda** (*the Weather Vane*). The cathedral itself, third largest in the world, is a treasure house of art and artifacts.

2.   The Santa Cruz district, the old Jewish section of the city (**la judería**), has narrow streets, flower-filled patios, and quaint, colorful houses. Several places there feature flamenco dancing and guitar music.

3.   King Ferdinand III of Castile and Leon, called **el Santo** (*the Saint*) because he was later canonized by the Catholic church, captured Seville from the Moslems in 1248.

ACTIVIDADES

In this chapter, you have seen examples of the following language functions, or uses. Here is a summary and some additional information about these uses of language.

EXPRESSING LIKES

Me gusta(n)...
Me gustaría (+ infinitive)...
Me interesa(n)...
Me encanta(n)...
...es lindo (interesante, etcétera).
...está bueno (rico, sabroso, etcétera).

I like . . .
I would like . . .
I am interested in . . .
I love . . .
. . . is beautiful (interesting, etc.).
. . . is good (rich, delicious, etc.; used for foods).

EXPRESSING DISLIKES

No me gusta(n)...
No me gustaría (+ infinitive)
No me interesa(n)...
...es horrible (aburrido, etcétera).
...está frío (demasiado picante, etcétera).

I don't like . . .
I wouldn't like . . .
I am not interested in . . .
. . . is horrible (boring, etc.).
. . . is cold (too hot, etc.; used for foods).

ORDERING A MEAL IN A RESTAURANT

Here are some useful expressions for ordering in a restaurant:

¿Qué nos recomienda?	*What do you recommend (to us)?*
¿Nos puede traer... ?	*Can you bring us . . . ?*
A mí me gustaría tomar (comer)...	*I would like . . . to drink (eat).*
Nos falta(n)...	*We need . . .*
Quisiera...	*I'd like . . .*
...estuvo muy rico (bueno, sabroso).	*. . . was very delicious (good, tasty).*
La cuenta, por favor.	*The check, please.*

These are some expressions a waiter might use:

¿Qué desea(n) pedir?	*What do you wish (would you like) to order?*
¿Qué le(s) gustaría comer (tomar)?	*What would you like to eat (drink)?*
¡Buen provecho!	*Enjoy the meal!*

A. **Gustos.** Working with a classmate, find out five things that he or she likes and five things that he or she dislikes. You might want to start by asking about the following things:

MODELOS   ¿Te gusta jugar a los naipes?
No, para mí eso es muy aburrido.

¿A ti te interesan las películas de los hermanos Marx?
Sí, me interesan mucho.

el chocolate	las películas de los hermanos Marx	el fútbol americano
los pepinos	la música de Michael Jackson	el esquí
el pescado	la música «punk rock»	ir a la playa
vestirse a la moda	jugar a los naipes	ir de compras
llevar ropa elegante	jugar al tenis	la lluvia
ir al doctor o al dentista	el fútbol	la nieve
las películas de horror		

B. **Entrevista.** Ask a classmate the following questions. Then report the information to the class.

1. ¿Qué comidas o bebidas te gustan más cuando hace calor? ¿cuando hace frío? ¿cuando no tienes tiempo de cocinar? ¿cuando estás a dieta? ¿cuando estás en un restaurante elegante?
2. ¿Qué comiste anoche? ¿Estuviste en algún restaurante? ¿En cuál?
3. ¿Comiste comida española alguna vez? ¿Te gustó?
4. ¿Fuiste a comer a la casa de alguien la semana pasada? ¿Qué te dieron de postre? ¿Llevaste algo a la cena?
5. En una semana típica, ¿cuánto cuestan los comestibles (comidas) que compras? ¿Compras mucha carne? ¿Qué compras?
6. ¿Cocinas todas las noches? ¿Qué cocinas cuando tienes invitados (*guests*)?

C. **En el restaurante «La Cazuela».**   Arrange the dialog below in order.

Restaurante La Cazuela
Menú Bilingüe

Entradas	**Hors d'oeuvres**	**Postres**	**Desserts**
Gazpacho	Gazpacho (cold soup)	Flan	Custard with caramel sauce
Sopa de verduras	Vegetable soup	Torta	Cake
		Fruta fresca	Fresh fruit
		Helado	Ice cream

Platos del día	**Today's specialties**	**Bebidas**	**Beverages**
Paella	Paella (rice, seafood, vegetables)	Vino	Wine
		Sangría	Sangría (chilled red wine with fruit)
Arroz con pollo	Chicken with rice		
Tortilla de huevos	Omelette	Cerveza	Beer
Bistec	Steak	Gaseosas	Soft drinks
Mariscos	Shellfish	Leche	Milk
		Agua mineral	Mineral water
		Café/té	Coffee/tea

¡Buen provecho!

—Nuestra especialidad es la paella, pero el arroz con pollo y el bistec también están muy ricos.

—No, gracias. Pero necesitamos la cuenta, por favor.

—Buenas noches, señores. ¿Qué desean pedir?

—Estuvo riquísima.

—¿Algún postre? ¿Café?

—Pues, es la primera vez que estamos aquí. ¿Qué nos recomienda?

—Para mí la paella, entonces.

—(*Algunos minutos después.*) ¿Cómo estuvo la comida?

—Y para mí el bistec... y una ensalada, por favor.

—Es un plato con arroz, pescado y mariscos.

—Y la paella, ¿qué es?

VOCABULARIO ACTIVO

Verbos

aumentar	*to gain, increase*
cocinar	*to cook*
cuidar	*to take care of*
cuidarse	*to take care of oneself*
desayunar	*to have breakfast*
encantar	*to delight*
Me encanta(n)...	*I love . . .*

faltar	*to be missing or lacking*
Me falta(n)...	*I need . . .*
gustar	*to please, be pleasing*
Me gusta(n)...	*I like . . .*
interesar	*to interest*
Me interesa(n)...	*I am interested in . . .*
oír	*to hear*
poner la mesa	*to set the table*
traer	*to bring, carry*

Comidas y bebidas

el	agua (f.)	water
el	agua mineral	mineral water
el	arroz	rice
el	azúcar	sugar
la	banana	banana
la	bebida	beverage, drink
el	bistec	beef(steak)
la	carne	meat
la	carne de vaca	beef
la	cerveza	beer
la	ensalada	salad
el	flan	caramel custard
los	frijoles	beans
la	fruta	fruit
el	gazpacho	cold tomato soup with vegetables
la	hamburguesa	hamburger
el	helado	ice cream
el	huevo	egg
el	jamón	ham
el	jugo	juice
la	leche	milk
la	lechuga	lettuce
el	maíz	corn
la	manzana	apple
el	marisco	shellfish
la	naranja	orange
la	paella	dish with rice, shellfish, chicken
el	pan	bread
la	papa	potato
el	pepino	cucumber
el	pescado	fish
la	pimienta	(black) pepper
la	piña	pineapple
el	pollo	chicken
el	postre	dessert
el	queso	cheese
la	sal	salt
el	sandwich	sandwich
la	sangría	sangría, drink made with fruit and wine
la	sopa	soup
el	tomate	tomato
la	torta	cake
la	tortilla	omelet
la	tostada	piece of toast
la	verdura	vegetable

Adjetivos

abundante	plentiful, large
común	common
frito	fried
picante	hot, spicy (foods)
primer, primero(a)	first
principal	main
rico(a)	delicious
solo(a)	alone

Palabras afirmativas y negativas

algo	something
alguien	someone, anyone
algún, alguno(a)	some, any
jamás	never, ever
nada	nothing, not anything
nadie	no one, not anyone
ni... ni	neither . . . nor
ningún, ninguno(a)	none, not any, no, neither (of them)
nunca	never, not ever
o... o	either . . . or
siempre	always
también	also
tampoco	not either, neither

Otras palabras

	A mí me gustaría tomar (comer)...	I would like . . . to drink (eat).
	¡Buen provecho!	Enjoy the meal!
la	catedral	cathedral
	como	as, since
el	corazón	heart
la	cuenta	bill, check
	estar a dieta	to be on a diet
el	enemigo	enemy
el	estómago	stomach
el	jefe	leader; boss
el	kilo(gramo)	kilogram
	¿Qué nos recomienda?	What do you recommend (to us)?
el	recuerdo	remembrance; souvenir
la	salud	health
el	siglo	century
	sólo	only
	tener la oportunidad de	to have the opportunity to
la	vista	view
	ya	already

besarse, el beso

te

enamorarse (de), el amor

tener una cita

llevarse bien

acompañar,
el compañero
(la compañera)
de clase

la iglesia

(de)

asarse (con), la boda

abrazarse, el abrazo

NOVIOS Y AMIGOS | 10

TELLING A STORY
GIVING THE SPEAKER ENCOURAGEMENT
USING POLITE EXPRESSIONS

EJERCICIO

Complete the sentences with an appropriate word or words.

1. A Pedro no le gusta ver a su novia con esos muchachos; Pedro _____ de ellos.
2. En junio mi hermana _____ con su novio Javier.
3. A Paco y a Silvia les gusta hacer las mismas cosas; ellos _____ bien.
4. En Hispanoamérica, cuando dos amigos o amigas se encuentran, generalmente se _____.
5. ¿Dónde es la _____? —En la iglesia de San Francisco.
6. Hoy no puedo ir, Marta, porque tengo una _____ con Federico.
7. En Hispanoamérica, cuando dos novios salen juntos, generalmente algún amigo o pariente los _____.

PREGUNTAS

1. ¿Tiene usted muchos amigos? ¿un(a) amigo(a) favorito(a)? ¿Dónde y cuándo se conocieron?   2. En general, ¿cómo se lleva usted con sus amigos? ¿Se ven mucho? ¿Se ayudan? ¿Cómo?   3. ¿Se enamoró usted alguna vez de algún actor (alguna actriz) de cine o de televisión? ¿De quién? ¿Vio muchas películas o muchos programas de ese actor (esa actriz)?   4. ¿Tiene usted novio(a) ahora? ¿Se llevan bien? ¿mal? ¿más o menos bien? ¿Tiene usted celos de los amigos de su novia (las amigas de su novio)? ¿Piensa casarse con él (ella)? ¿Por qué sí o por qué no?   5. ¿Cree usted que puede existir una amistad (*friendship*) profunda y sincera (sin implicaciones románticas) entre un hombre y una mujer?

The imperfect of regular and irregular verbs (ir, ser, ver)

ANA	¿*Sabías* que antes José *trabajaba* y *estudiaba* al mismo tiempo?
ELENA	¿En serio? Entonces, ¿cómo *sacaba* tan buenas notas?
ANA	*Sabía* organizarse: *trabajaba* por la mañana, *asistía* a clases por la tarde y *estudiaba* por la noche.
ELENA	¿Y qué *hacía* los fines de semana?
ANA	*Practicaba* deportes, *veía* televisión y *salía* con sus amigos.
ELENA	¡Qué muchacho más admirable! Pero entonces, ¿por qué rompiste con él?
ANA	¡Porque no le *quedaba* tiempo para tener novia!

1. ¿Qué hacía José antes?   2. ¿Sacaba buenas o malas notas?   3. ¿Cuándo estudiaba? ¿Cuándo trabajaba?   4. ¿Qué hacía los fines de semana?   5. ¿Por qué rompió Ana con José?   6. ¿Cree usted que es posible trabajar, salir con amigos y sacar buenas notas? ¿Cómo?

ANA: Did you know that before, José was working and studying at the same time? ELENA: Seriously? Then, how did he get such good grades? ANA: He knew how to organize himself: he worked in the morning, attended classes in the afternoon, and studied at night. ELENA: And what did he do on weekends? ANA: He played sports, watched television, and went out with his friends. ELENA: What a great guy! But then, why did you break up with him? ANA: Because he had no time left to have a girlfriend!

A. The imperfect tense of regular **-ar** verbs is formed by adding the endings **-aba, -abas, -aba, -ábamos, -abais**, and **-aban** to the stem of the infinitive.

hablar

hablaba	habl**á**bamos
hablabas	hablabais
hablaba	hablaban

B. To form the imperfect of regular **-er** and **-ir** verbs, the endings **-ía, -ías, -ía, -íamos, -íais**, and **-ían** are added to the stem.

comer

comía	comíamos
comías	comíais
comía	comían

vivir

vivía	vivíamos
vivías	vivíais
vivía	vivían

Note that the stress is on the endings, not the stems, so stem-changing verbs do not change their stems in the imperfect: **re-cordaba, volvía, pedía.**

C. There are only three verbs that are irregular in the imperfect: **ir, ser,** and **ver.**

ir		**ser**		**ver**	
iba	íbamos	era	éramos	veía	veíamos
ibas	ibais	eras	erais	veías	veíais
iba	iban	era	eran	veía	veían

D. The imperfect is a past tense used:

1. To express customary or repeated past actions.

Pedro siempre sacaba buenas notas.	*Pedro always got (used to get) good grades.*
Ellos me visitaban todos los veranos.	*They visited (used to visit) me every summer.*
Acompañábamos a mi tía al mercado todos los viernes.	*We went (used to go) to the market with my aunt every Friday.*
Siempre se besaban en público. —¡Qué escándalo!	*They always used to kiss in public. —What a scandal!*

2. To express progressive past actions (actions that were occurring during a period of time).

Hablábamos con el maestro de Toñito.	*We were talking with Toñito's teacher.*
Él leía mientras ella estudiaba.*	*He was reading while she was studying.*
Íbamos a la boda.	*We were going to the wedding.*

3. To describe situations or conditions that existed for a prolonged period of time.†

Mi compañera de cuarto trabajaba más el semestre pasado.	*My roommate was working more last semester.*
Pablo siempre llevaba un anillo de oro.	*Pablo always wore a gold ring.*
En la época del rey Alfonso, había una escuela de traductores en Toledo.‡ Allí trabajaban juntos los maestros árabes, cristianos y judíos.	*In the era of King Alfonso, there was a school of translators in Toledo. There Arab, Christian, and Jewish masters (scholars) worked together.*

*Notice that subject pronouns are often used with first- and third-person forms for clarity.
†If a specific period of time is viewed as completed, the preterit is generally used: **Viví allí por (durante) diez años.**
‡**Había** is the imperfect form of **hay.**

4. To express the time of day in the past or the age of people or things.

Eran las ocho de la mañana.
El rey Juan Carlos de España tenía cuarenta años en 1978.

It was eight o'clock in the morning.
King Juan Carlos of Spain was forty years old in 1978.

5. In addition, the imperfect is generally used to describe mental or emotional states.

Jorge amaba a Lisa; parecían muy felices y querían casarse.*
Yo pensaba que Ana era más cariñosa.
Cuando eras soltero, Enrique, ¿eras más feliz?
Adela tenía celos de su hermana.

Jorge loved Lisa; they seemed very happy and wanted to get married.
I thought that Ana was more affectionate.
When you were single, Enrique, were you happier?
Adela was jealous of her sister.

E. There are several possible translations of the imperfect in English.

Ellos estudiaban juntos.
$\begin{cases} \textit{They used to study together.} \\ \textit{They were studying together.} \\ \textit{They studied together (often, from time to time).} \\ \textit{They would study together (often).} \end{cases}$

E J E R C I C I O S

A. **Imaginación y lógica.** Using elements from all three columns, form logical affirmative or negative sentences in the imperfect. Use each subject twice.

MODELOS **Yo estudiaba siempre por la tarde.**
Yo no veía a Isabel todos los días.

		a Isabel todos los días
		veinte años entonces
nosotros	ser	allí los fines de semana
Ana y Luis	tener	mayor que Rogelio
tú	estudiar	siempre por la tarde
yo	ir(se)	compañeros de clase
mi abuela	ver(se)	en general de nueve a doce
ustedes	salir	una maestra excelente
		de compras los jueves

---

*The verb **parecer** (to seem, appear) has an irregularity in the first-person, present tense: **parezco**.

B. **Nada nuevo bajo el sol.** (*Nothing new under the sun.*)   Pepe is telling you about himself and the people he knows. You respond by telling him that you or the people you know used to do the same things. Follow the models.

MODELOS   Pepe: Mi hermana es muy trabajadora. (María Teresa)
Usted: **María Teresa también era muy trabajadora.**

Pepe: Paco y yo nos llevamos bien. (Ernesto y yo)
Usted: **Ernesto y yo también nos llevábamos bien.**

1. Dina y Lucía sacan buenas notas. (Tito y Roberto)
2. Mis abuelos van a la iglesia regularmente. (mis abuelos)
3. Tío Bernardo es maestro de escuela. (mi papá)
4. Yo tengo celos de mis hermanas. (yo)
5. La señora López oye música clásica. (tío Carlos)
6. Nosotros vemos televisión por la noche. (mis hermanos y yo)
7. Papá y mamá se acuestan muy tarde. (mis padres)
8. Yo acompaño a mis hermanas al cine. (yo)
9. Pablo y yo queremos ser actores. (Esteban y yo)

C. **Cuando todos éramos más jóvenes.**   Your mother is telling you about people and things in the past, when she was younger. Using the verbs **ser**, **ir**, and **ver**, tell what she says, as suggested by the cues.

MODELO   el señor García / rico / teatro / amigos
El señor García era rico. Siempre iba al teatro. Allí veía a sus amigos.

1. mis padres / profesores / universidad / compañeros
2. yo / aficionado al fútbol / los partidos / equipo favorito
3. tío Juan / soltero / playa / novia
4. tú / muy pequeño / parque / primos
5. mis abuelos / pobres / iglesia / parientes
6. la tía de Pepe / doctora / hospital / pacientes
7. nosotros / más jóvenes / cine / amigos

P R E G U N T A S

1. ¿Trabajaba o estudiaba usted el año pasado?   2. ¿Qué hacía los fines de semana?   3. ¿Veía mucha televisión?   4. ¿Salía con los amigos?   5. ¿Iba con frecuencia al cine?   6. ¿A qué hora del día prefería estudiar?   7. ¿Le gustaba a usted practicar algún deporte? ¿Cuál?   8. ¿Tenía tiempo para novios (novias) el semestre pasado?

The imperfect versus the preterit

EMA	¡Hola, Olga! ¡Hola, Bob! No *sabía* que ustedes se *conocían.*
OLGA	Nos *conocimos* anoche en la boda de Amparo y Domingo. Y *bailamos* toda la noche.
EMA	¿Así que tú *eras* la «misteriosa» muchacha que *bailó* con Bob? Lo *supe* esta mañana por Antonio. Me *dijo* que hacen una linda pareja. ¡Oh!... y esta noche vienen a mi fiesta, ¿no?
BOB	¡Otro baile! ¿Pero cuándo duermen ustedes los latinos?

1. ¿Sabía Ema que Olga y Bob se conocían?   2. ¿Cuándo se conocieron ellos?   3. ¿Bailaron mucho o poco en la boda? ¿Cómo lo supo Ema?   4. ¿Qué más le dijo Antonio a Ema? 5. ¿Adónde van esta noche Olga y Bob?   6. ¿Cree Bob que los latinos duermen mucho? ¿Qué pregunta él?

EMA: Hi, Olga! Hi, Bob! I didn't know that you knew each other. OLGA: We met last night at Amparo and Domingo's wedding. And we danced all night. EMA: So, you were the "mysterious" young lady who danced with Bob? I found (it) out this morning from Antonio. He told me that you make a nice couple. Oh, and tonight you are coming to my party, right? BOB: Another dance! But when do you Latins sleep?

A. The imperfect emphasizes an indefinite duration of time, while the preterit reports a past completed action or event or limits an action or event in the past by indicating when it began or when it ended or by stating its specific duration.

Todos los días Pedro besaba a su mujer antes de ir a la oficina.	*Every day Pedro kissed his wife before going to the office.*
Pedro besó a su mujer y se fue.	*Pedro kissed his wife and left.*
Marina siempre iba al cine los fines de semana.	*Marina always went to the movies on weekends.*
Marina fue al cine diez veces el mes pasado.	*Marina went to the movies ten times last month.*
El semestre pasado yo estudiaba tres horas por día.	*Last semester I studied three hours a day.*
Empecé a estudiar a las ocho. Terminé a las once.	*I began to study at eight o'clock. I finished at eleven.*

Whenever a time limit, however long or short, is specified for the past action or condition, the preterit is used. Time expressions like **ayer** or **diez veces** often reinforce the notion introduced by the preterit that the event or series of events is completed. With the imperfect, time expressions like **siempre, los domingos,** or **mientras** are often used. Patterns of habitual action, mental states, descriptions of the way things looked or sounded, the time of day, and other background conditions in the past are typically reported with verbs in the imperfect; the speaker's interest is not in their start or end, but just that they were existing.

B. Often the preterit and imperfect are used in the same sentence to report that an action that was in progress in the past (expressed with the imperfect) was interrupted by another action or event (expressed with the preterit).

Paco miraba televisión cuando Teresa lo llamó.	*Paco was watching television when Teresa called him.*
Encontré las joyas que buscaba.	*I found the jewelry I was looking for.*
Mirabel tenía treinta años cuando se enamoró de Pablo.	*Mirabel was thirty years old when she fell in love with Pablo.*
Paseábamos por la plaza cuando vimos a Enrique.	*We were walking around (through) the plaza when we saw Enrique.*
Ya tomábamos champaña cuando Felipe dijo «¡Salud!»	*We were already drinking champagne when Felipe said "Cheers!"*

C. The imperfect of **conocer** means *to know, to be acquainted with,* while the preterit means *to meet, to make the acquaintance of.* The imperfect of **saber** means *to know,* while the preterit means *to find out.* Again, the imperfect emphasizes indefinite duration of time in the past, while the preterit indicates a completed action.

Mamá sabía que Eduardo conocía a mi hermano.	*Mom knew that Eduardo knew (was acquainted with) my brother.*
Esta mañana supe que usted conocía a mi hermano. ¿Dónde lo conoció?	*This morning I found out that you knew my brother. Where did you meet him?*

E J E R C I C I O S

A. **¿Pretérito o imperfecto?** Restate the following sentences in the past. Use the preterit or the imperfect, as appropriate. In some cases, either is possible, depending on the meaning.

1. Esta tarde veo a mi novia.
2. Siempre vas al cine con Pablo, ¿no?
3. ¿Cuántos años tiene su hermana?
4. Son las seis en punto.
5. Alicia y Rodolfo se casan en julio.
6. En general, nosotros salimos todos los domingos.
7. Hoy llego tarde a clase.
8. ¿A quién le das esa carta?
9. Pasean por la plaza cuando ven a Marisa.
10. ¿Parecemos felices?

B. **Completar las frases.** Complete each passage with the appropriate preterit or imperfect form of the verb in parentheses.

1. Nosotros _____1_____ (llegar) tarde a la boda porque no _____2_____ (saber) cómo llegar a la iglesia y _____3_____ (tener) que preguntar.
2. Mario _____ (sacar) la nota que _____ (desear), pero Isabel _____ (recibir) una mala nota porque _____ (estudiar) muy poco.
3. Anoche fui a una fiesta y _____4_____ (bailar) toda la noche. _____5_____ (haber) mucha gente en un apartamento muy pequeño, pero mis amigos y yo _____6_____ (divertirse) muchísimo.
4. Lucía no _____7_____ (encontrar) los libros que _____8_____ (buscar) y por eso no _____9_____ (escribir) la composición que su profesor le _____10_____ (pedir).

C. **El misterioso robo de los regalos de boda.** Change the following passage to the past tense, using the appropriate imperfect and preterit verb forms.

Es una noche de invierno. Susana y su esposo Jaime duermen. La sala (*living room*) todavía está llena de sus regalos de boda, que incluyen (*include*) muchas joyas. Susana y Jaime piensan poner esos regalos en otro lugar porque en la sala no están bien.

A las doce en punto alguien entra en la casa. Es el hombre a quien la policía busca desde el sábado. Va directamente a la sala. Abre la puerta con mucho cuidado. Allí ve los regalos de Susana y Jaime. El hombre hace cuatro viajes para poder llevarse todos los regalos. Nadie lo oye cuando entra y nadie lo ve cuando finalmente se va. Cuando Jaime y Susana se despiertan y van a la sala, los regalos ya no están allí. Jaime y Susana están tristes (*sad*), pero no muy tristes porque las joyas más importantes, los anillos de boda, todavía los tienen.

D. **El Greco (1541–1614).** Complete the following passage with the correct imperfect or preterit forms of the verbs in parentheses.

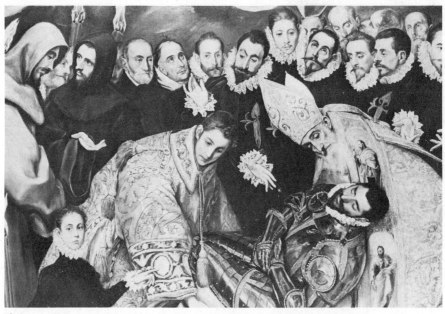

El Greco, *El Entierro del Conde de Orgaz* (detalle), Santo Tomé, Toledo

El nombre real del famoso pintor (*painter*) conocido como (*known as*) El Greco _____ (ser) Domenikos Theotokopoulos. _____ (ser) de Grecia. Cuando _____ (tener) aproximadamente veinte años _____ (ir) a Italia para estudiar arte. Allí _____ (conocer) a tres famosos pintores italianos: Miguel Ángel, Correggio y Tiziano. Tiziano _____ (ser) su maestro por muchos años, pero también los otros dos _____ (tener) gran influencia sobre su obra. Unos años después, El Greco _____ (viajar) a España, y a los treinta y seis años _____ (decidir) ir a vivir a la ciudad de Toledo. Allí _____ (pasar) el resto de su vida. ¿Por qué no _____ (volver) a Grecia? Probablemente porque en España, y especialmente en Toledo, _____ (poder) encontrar ese gran misticismo y ese espíritu (*spirit*) religioso que están presentes en todas sus obras. El Greco _____ (morir) en Toledo en 1614.

Hace with expressions of time

JANE	¡Por fin llegas!
FERNANDO	¿«Por fin»? *¿Cuánto tiempo hace* que me esperas?
JANE	*Hace una hora* que estoy aquí. ¿Dónde estabas?
FERNANDO	En casa, hasta que salí *hace media hora.* ¿Por qué?
JANE	¿No teníamos que encontrarnos a las cinco? *Hacía media hora* que estaba aquí cuando tú saliste.
FERNANDO	Tú y tu puntualidad yanqui. Estás en América Latina, Jane, ¿recuerdas?
JANE	Pero Fernando, si tienes una cita a las cinco, ¿a qué hora llegas generalmente?
FERNANDO	Un poco más tarde, por supuesto. A las cinco y media, o a las seis, o...

1. ¿Cuánto tiempo hace que Jane espera a Fernando?   2. ¿Cuándo salió Fernando de su casa?   3. ¿A qué hora tenían que encontrarse?   4. ¿Cuánto tiempo hacía que Jane estaba allí cuando Fernando salió?   5. Generalmente, ¿llega Fernando tarde, a tiempo o temprano a una cita? ¿Y Jane?

JANE: So you got here at last! FERNANDO: "At last"? How long have you been waiting for me? JANE: I've been here for an hour. Where were you? FERNANDO: At home, until I left a half hour ago. Why? JANE: Weren't we supposed to meet at five o'clock? I had been here half an hour when you left. FERNANDO: You and your Yankee punctuality. You're in Latin America, Jane, remember? JANE: But Fernando, if you have an appointment at five o'clock, when do you generally arrive? FERNANDO: A little later, of course. At five-thirty or six o'clock, or . . .

A.   Hace + time period + **que** + verb in the present tense expresses an action or event that began in the past and continues into the present.

Hace tres años que vivo aquí.   *I have been living (have lived) here for three years* (and still do).

Hace seis meses que asisto a la universidad.   *I've been attending the university for six months.*

The verb in the main clause is in the present tense, since the action is still in progress. If the action is no longer in progress, the preterit is used.

Viví aquí tres años.

I lived here three years (but no longer do).

Asistí a la universidad por seis meses.

I attended the university for six months.

B. Hacía + time period + **que** + verb in the imperfect tense can be used to express an action or event that began at some point in the past and continued up to some other point in the past.

Hacía tres años que vivía allí cuando te conocí.

I had been living (had lived) there for three years when I met you.

Hacía seis meses que asistía a la universidad.

I had been attending the university for six months (and was still there at the moment I'm thinking of).

C. The clause in the present or imperfect can occur at the beginning of the construction; in this case, **que** is omitted.

Vivo aquí hace tres años. (Hace tres años que vivo aquí.)*

I have been living here for three years.

Vivía aquí hacía tres años. (Hacía tres años que vivía aquí.)

I had been living here for three years.

D. **Hace** can also mean *ago;* in this case the verb is in the preterit or imperfect.

Hablé con Juan hace varios† meses.

I spoke with Juan several months ago.

Vi a ese actor en el Teatro Nacional hace una semana.

I saw that actor at the National Theater a week ago.

Éramos compañeros de clase hace diez años.

We were classmates ten years ago.

Supe que ganaste la lotería hace diez minutos. ¡Felicitaciones!

I found out you won the lottery ten minutes ago. Congratulations!

E J E R C I C I O S

A. **Al corriente.** (*Up to date.*)   Felipe is visiting his cousin Jaime. Take the part of Felipe and let Jaime know where things stand with the family, using time expressions with **hace**. Follow the models.

> MODELO   Jaime: Anoche viste a abuela Victoria, ¿verdad?
> Felipe: **Sí, pero hacía un mes que no la veía.**

*The word **desde** (which normally means from or since) often occurs in this construction: **Vivo aquí desde hace tres años.**

†**Varios (varias)** is always used in the plural and means some or several.

1. a. Anoche le escribiste a Ernesto, ¿verdad?
   b. Anoche cenaste con tío Rafael, ¿verdad?
   c. Anoche fuiste a casa de tus padres, ¿verdad?
   d. Anoche te encontraste con los primos, ¿verdad?

MODELO Jaime: ¿Cuándo se casó Rosita?
Felipe: **Hace dos semanas que ella se casó.**

2. a. ¿Cuándo rompiste con Isabel?
   b. ¿Cuándo viajaron tus padres?
   c. ¿Cuándo te escribió Amparo?
   d. ¿Cuándo se mudaron Pepe y Beatriz?

MODELO Jaime: ¿Ves a tía Carmen todos los días?
Felipe: **No, hace cuatro días que no la veo.**

3. a. ¿Sales con Marisa todos los días?
   b. ¿Llamas a Ester todos los días?
   c. ¿Recibes cartas de tu hermano todos los días?
   d. ¿Comes con abuelo José todos los días?

B. **Lo hice hace tiempo.**   Silvia is all ready for her trip to Toledo. Take Silvia's part and answer her mother's questions using **hace** + a time expression. Follow the model and use object pronouns wherever possible.

MODELO La mamá: ¿Ya reservaste un cuarto en el hotel? (un mes)
Silvia: **Sí, lo reservé hace un mes.**

1. ¿Ya le hablaste a Amalia? (una hora)
2. ¿Fuiste a la iglesia? (dos días)
3. ¿Hiciste las maletas? (una semana)
4. ¿Ya le diste un beso a tu abuela? (diez minutos)
5. ¿Llamaste un taxi? (media hora)

C. **Una entrevista.**   Felipe Torres is being interviewed for a job as a bilingual secretary for a big company in New York City. Here are some of the questions he is being asked. Answer them in the affirmative, using **hace** + a time expression, as he would.

MODELO Usted busca trabajo como secretario bilingüe, ¿no? (diez días)
Sí, hace diez días que busco trabajo como secretario bilingüe.

1. Su familia vive en Nueva York, ¿no? (cinco años)
2. Uno de sus amigos trabaja aquí, ¿no? (cuatro meses)
3. Usted da clases de español por la noche, ¿no? (mucho tiempo)
4. Su hija y mi hijo se ven todos los días, ¿no? (varios meses)
5. Nuestros hijos piensan casarse, ¿no? (unas tres semanas)
6. Usted quiere trabajar aquí, ¿no? (varios días)
   ¡Pues hace varios años que necesito una persona como usted!

D. **Traducción.**   Give the Spanish equivalent.

1. We saw the actor three weeks ago.
2. She started to work here seven months ago, right?
3. Rosita had been in Toledo for eight days when she met Pablo.
4. My brother has not played the guitar for several years.
5. I had been living here for a week when my parents visited me.

P R E G U N T A S

1. ¿Cuánto tiempo hace que sus padres viven en la misma casa? ¿Dónde vivían hace diez años?
2. ¿Cuántos meses hace que usted estudia español?   3. ¿A qué hora llegó usted a la universidad hoy? ¿Cuántas horas o minutos hace que está en la universidad?   4. ¿Dónde estaba hace tres horas? ¿cinco horas?

IV

Prepositions

A.   The preposition **con** combines with **mí** to form **conmigo** and with **ti** to form **contigo.**

¿Quién fue contigo? —Tu hermano fue conmigo.	*Who went with you? —Your brother went with me.*

B. In Spanish, infinitives are often used after **antes de, después de, sin,** and **para,** although in English the *-ing* form of the verb may be used.

Antes de almorzar, fuimos de compras.	*Before having lunch, we went shopping.*
Después de almorzar, fuimos a ver una película.	*After having lunch, we went to see a movie.*
Sin decir nada, José salió.	*Without saying anything, José left.*
Dentro de una hora, voy a la biblioteca para estudiar.	*Within an hour, I'm going to the library to study.*

E J E R C I C I O S

A. **¿Con quién?**   Restate the following, changing the preposition **sin** to **con** and making any other necessary changes.

1. Iba al cine sin ti.
2. Va al concierto sin ellos
3. Salió para Madrid sin mí.

4. Vienen a la escuela sin ella.
5. Cenan todos los días sin nosotros.

B. **Completar lógicamente...**   Complete the following phrases with appropriate infinitive phrases, as in the models.

MODELOS   Lo hicimos después de...
Lo hicimos después de tener los ingredientes.

Susana fue a España para...
Susana fue a España para visitar a sus abuelos.

1. Ellos pusieron la mesa antes de...
2. ¿Pudiste hacerlo sin... ?
3. Teresa y Ramón fueron al cine después de...

4. Queremos ir allí para...
5. José Luis se casó con Inés sin...
6. ¿Por qué no llamaron antes de... ?

TOLEDO: UN IMPORTANTE CENTRO CULTURAL

En un autobús de turismo° que entra en la ciudad de Toledo

Guía   Hace mucho tiempo, en la época del rey Alfonso el Sabio,[1] Toledo era un importante centro cultural. Aquí el rey estableció° la famosa Escuela de Traductores°, donde trabajaban juntos los maestros árabes, cristianos y judíos y...

Sr. Blanco   ¡Cómo habla el tipo°! ¡Hace dos horas que habla de Toledo!

Sofía	Pero dice cosas que yo no sabía. Es interesante.
Sra. Vega	Para usted, quizás. Yo venía con la idea de comprar joyas.[2]
Sofía	Probablemente me interesa porque soy judía y...
David	¡Ah!, tú eres judía también. Me llamo David Blum. Soy argentino.
Sofía	Mucho gusto. Sofía Marcus. Conocí a un Blum en Bogotá cuando era niña y...
Guía	...iban y venían los sabios de Europa por estas calles. Bueno, alguien me preguntó algo hace unos minutos. ¿Fue usted, señor Blanco?

Sr. Blanco	Sí. ¿Cuántos años tenía El Greco[3] cuando pintó° *Vista de Toledo*?
Guía	Bueno... El Greco tenía... Pues lo sabía, pero ahora realmente no lo recuerdo. En fin, ustedes tienen dos horas para visitar la ciudad. Salimos a las once en punto. Y ahora, con permiso...
David	¿Tú también pensabas ir a comprar joyas, Sofía?
Sofía	No, quiero visitar la Sinagoga del Tránsito[4] y el Museo Sefardí que está dentro de ella.
David	No está lejos, creo. ¿Puedo acompañarte? Yo viajo solo porque soy soltero, ¿y tú?

Dos horas más tarde

Guía	¡Hora de salir! Señora, aquí está su cámara. La encontré en el autobús.
Sra. Vega	¡Oh!, ¡muchas gracias!
Guía	No hay de qué°. Bueno, ¿estamos todos?
Sra. Vega	¿Dónde están los dos jóvenes, Sofía y David? Los vi en la plaza. Iban del brazo° y parecían muy felices.

Sr. Blanco	¡Qué escándalo! Esos jóvenes se conocieron esta mañana y ahora seguramente se besan y se abrazan en público. ¿No podían esperar?
Sra. Vega	¿Y no hacíamos lo mismo° nosotros, cuando éramos jóvenes?
Sr. Blanco	Posiblemente lo hacía usted, señora. Pero yo... nunca fui tan joven.
Sra. Vega	Ya lo creo.

---

turismo *tourism*   **estableció** *established*   **Traductores** *Translators*   **tipo** *guy*   **pintó** *he painted*
No hay de qué. *You're welcome.*   **Iban del brazo** *They were walking arm in arm*   **lo mismo** *the same thing*

PREGUNTAS

1. ¿Dónde estableció el rey Alfonso el Sabio la Escuela de Traductores?   2. ¿Quiénes trabajaban en esa escuela?   3. ¿Con qué idea venía la señora Vega?   4. ¿Qué le preguntó el señor Blanco al guía?   5. ¿Supo contestar la pregunta el guía?   6. ¿Adónde quería ir Sofía? ¿Quién la acompañó?   7. ¿Iban del brazo o de la mano Sofía y David?   8. ¿Cuál fue la reacción del señor Blanco? ¿Qué piensa usted de su reacción?

notas culturales

1.   King Alfonso X of Castile (1221–1284) was known as **el Sabio** (*the learned*) because he devoted most of his energies to scholarly projects such as poetry, law codes, and the writing of a history of the world. Many ancient manuscripts (including those of Aristotle, Euclid, Ptolemy, Hippocrates, and Averroës) would have been lost had it not been for the School of Translators, which employed Arab, Jewish, and Christian scholars to translate ancient texts into Latin and Spanish.

2.   The jewelry and metalwork of Toledo have been distinctive and famous for centuries. During the Middle Ages, Toledo was also famous for the production of swords, which are still made for decorative use.

3.   Domenikos Theotokopoulos (1541–1614) was known as **El Greco** (*The Greek*). He lived in Spain most of his life and is considered one of the world's greatest painters.

4.   The synagogue called **El Tránsito**, located in the Jewish Quarter (**la judería**) of Toledo, is considered one of the most beautiful in the world. The building is a fine example of the **mudéjar** style of architecture, the style perfected by Arab craftsmen living under Christian rule. Attached to the synagogue is a small museum containing relics from the history of the Sephardic Jews (**los sefardíes**)—the Jews who lived in Spain until they were expelled at the end of the fifteenth century.

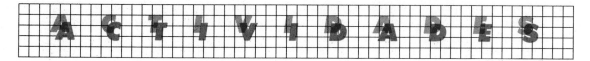

In this chapter, you have seen examples of the following language functions, or uses. Here is a summary and some additional information about these functions of language.

TELLING A STORY

Here are some expressions that are often used in telling a story.

¿Sabe(s) qué le pasó a Julio (me pasó a mí) ayer?	*Do you know what happened to Julio (to me) yesterday?*
¿Sabía(s) que... ?	*Did you know that . . . ?*
Eso me recuerda...	*That reminds me of . . .*
Siempre recuerdo...	*I'll always remember . . .*
Después (Entonces)...	*Then . . .*
¿Y sabe(s) qué?	*And do you know what?*
En fin...	*Finally . . . (Well . . .)*

GIVING THE SPEAKER ENCOURAGEMENT

When someone is telling a story, it's important to give the speaker some sort of response to show you are listening and want him or her to continue. Here are some ways to do this in Spanish.

¿Y después?	*And then what?*
¿Y qué pasó después?	*And then what happened?*
¿Y qué hacía(s) mientras pasaba eso?	*And what were you doing while that was happening?*
¿Y qué hizo (hiciste) después?	*And then what did you do?*
¿Hace cuánto tiempo pasó eso?	*How long ago did that happen?*
Sí, entiendo.	*Yes, I understand.*
Sí, claro.	*Yes, sure.*
Sí, cómo no.	*Yes, of course.*
¿En serio? (¿De veras?)	*Really?*

USING POLITE EXPRESSIONS

Con permiso means *Excuse me* when you are about to pass in front of someone, eat something in front of someone, etc. It means *With your permission.* **Perdón** means *Excuse me* when you have done something for which you are apologizing (like stepping on someone's toe, spilling something on someone, etc.).

¡Salud! (literally, "Health!") is used when making toasts to mean *Cheers!* and also when someone sneezes to mean *Gesundheit!*

There are two ways to say *You're welcome:* **De nada** and **No hay de qué,** both of which mean basically *It's nothing.*

A. **¿Es usted una persona cortés?** Referring to the cartoons, use the polite expression that best fits each of the situations below and at the top of page 219. To evaluate your results, see page 223.

¿Qué dice usted... ?

1. si alguien le da un regalo
2. si alguien le da las gracias por un favor

3. si quiere pasar delante de (*in front of*) alguien
4. si usted no conoce a alguien, pero quiere, por alguna razón, decirle su nombre
5. antes de tomar vino o champaña
6. a unas personas que empiezan a comer
7. si usted tropieza con (*bump into*) alguien en la calle
8. si alguien estornuda (*sneezes*)
9. si alguien viene a visitarlo(la); ustedes están en el aeropuerto
10. si su mejor amigo(a) anuncia su boda
11. si alguien a quien usted no conoce le dice: «Hola, me llamo Julio Rendón.»
12. si usted está en un ascensor (*elevator*) lleno de gente y quiere salir

B. **Historia de amor.**　　Tell a story based on the following pictures. Use the expressions you've learned in this chapter.

C. **¿Y sabes qué... ?**　　With a partner, tell a story about something that happened to you or someone you know. Your partner will ask questions and give encouragement; use words and expressions from this chapter. Then change roles and your partner will tell a story.

D. **Compañero(a) de cuarto.**　　Tell a story about a roommate you've had, or invent one. Include the answers to these questions:

1. ¿Cómo era su compañero(a)? ¿Qué estudiaba?
2. ¿Qué diferencias había entre su compañero(a) y usted? Por ejemplo, ¿les gustaba el mismo tipo de comida? ¿Estudiaban a las mismas horas? ¿Se levantaban más o menos a la misma hora? ¿Les gustaba el mismo tipo de música?
3. ¿Se llevaban bien, en general?

VOCABULARIO ACTIVO

Verbos

abrazar	to hug, embrace
acompañar	to accompany, go with
amar	to love
besar	to kiss
casarse (con)	to get married (to)
enamorarse (de)	to fall in love (with)
llevarse (bien, mal) con	to get along (well, poorly) with
organizar	to organize
parecer (zc)	to seem
pasear	to stroll, walk
respetar	to respect, esteem
romper	to break
romper con	to break up with
sacar	to take (out)
sacar una nota	to get a grade

Novios y amigos

el abrazo	hug, embrace
el amor	love
el anillo	ring
el beso	kiss
la boda	wedding
los celos	jealousy
tener celos de	to be jealous of
la cita	date, appointment
tener una cita	to have a date or an appointment
el compañero (la compañera) de clase	classmate
el compañero (la compañera) de cuarto	roommate
la joya	jewel
las joyas	jewelry
la iglesia	church
la pareja	pair, couple

Adjetivos

cariñoso(a)	tender, affectionate
cristiano(a)	Christian
feliz (felices)	happy
judío(a)	Jewish
medio(a)	half
misterioso(a)	mysterious
soltero(a)	single, unmarried
varios (varias)	several, some

Expresiones útiles

Con permiso.	Excuse me. (With your permission.)
¿Cuánto tiempo hace que... ?	For how long . . . ?
De nada.	You're welcome.
en fin	finally; well (as an expletive)
¡Felicitaciones!	Congratulations!
Hace (dos años) que... (+ verb in the present)	For (two years) . . .
(verb in the past +) hace (dos años)	(two years) ago
No hay de qué.	You're welcome. (It's nothing.)
Perdón.	Excuse me.
¡Por fin!	Finally!
¡Qué escándalo!	What a scandal!
¡Salud!	Cheers! Gesundheit! (literally, "Health!")

Otras palabras

el actor	actor
la actriz	actress
dentro (de)	inside, within
desde	from, since
la época	epoch, era
el maestro (la maestra)	teacher, master, scholar
la nota	grade
el público	public
en público	in public
el rey	king
el semestre	semester
el tipo	type, (slang) guy

La mezquita de Córdoba

LA ESPAÑA DEL PASADO

La historia de España es una historia de muchas razas y culturas. Los primeros habitantes históricamente conocidos° de España fueron los iberos°, gente de origen europeo. Después vinieron los fenicios°, los griegos° y los cartagineses° del norte de África. Una guerra° terrible y larga entre° los cartagineses y los romanos terminó en el año 218 con el triunfo de los romanos. Es fácil ver la influencia cultural de Roma en la lengua° española (el latín que en aquella época hablaba la gente formó la base del español moderno), en el sistema de leyes y en la religión católica,

known

Iberians /
   Phoenicians
Greeks /
   Carthaginians /
   war
between

language

El acueducto de Segovia

proclamada° como religión oficial por Teodosio, emperador romano nacido° en España. Los romanos construyeron° puentes°, caminos° y acueductos por todo el país. En la foto vemos el famoso acueducto de Segovia.

 En el año 711 los moros (musulmanes del norte de África) invadieron la Península Ibérica. Les tomó tres años conquistarla°, pero establecieron allí una cultura que durante mucho tiempo fue la más espléndida del mundo occidental. Los sabios de toda Europa viajaban a las ciudades de Córdoba, Granada, Sevilla y a otras más para aprender de los moros nuevos conocimientos° en las ciencias en general, la arquitectura, la agricultura y el arte. En la foto en la página 221 vemos la mezquita° de Córdoba, donde los arcos y columnas simbolizan el poder° infinito de Alá.

 Desde el norte de España los reinos° cristianos empezaron la guerra de la Reconquista°, que duró° casi ocho siglos. En 1492 las fuerzas° militares de Isabel de Castilla y Fernando de Aragón conquistaron Granada, último reino de los moros. Ese mismo año Cristóbal Colón descubrió un nuevo mundo en nombre de España. Ahora los españoles podían utilizar la disciplina militar de la Reconquista para la colonización del Nuevo Mundo. En la foto vemos la tumba de Isabel y Fernando en Granada.

proclaimed

born /
 constructed /
 bridges / roads

Les... It took
them three
years to
conquer it

knowledge

mosque

power

kingdoms

Reconquest /
lasted / forces

1. ¿Quiénes fueron los primeros habitantes de España? ¿Qué otros grupos llegaron después? 2. ¿Fue larga o corta la guerra entre los cartagineses y los romanos? ¿En qué año terminó? ¿Quiénes triunfaron? 3. ¿Qué ejemplos puede dar usted de la influencia romana sobre la cultura española? 4. ¿Quiénes invadieron la Península Ibérica en el año 711? ¿En cuántos años la conquistaron? 5. ¿Cómo fue la cultura que establecieron los moros en España? 6. En el siglo X, ¿para qué viajaban a ciudades como Córdoba, Granada y Sevilla los sabios de toda Europa? 7. ¿Desde qué parte de España empezaron los cristianos la guerra de la Reconquista? ¿Cuánto tiempo duró? 8. ¿Por qué podemos decir que el año 1492 tiene doble importancia en España?

La tumba de los Reyes Católicos

0–5 ¡Qué horror! Usted todavía tiene mucho que aprender...

6–9 Usted es bastante cortés, pero...

10–12 Usted es muy cortés; es una persona bien educada (*well brought up*).

Respuestas correctas:

12. Con permiso.

8. ¡Salud! 9. Bienvenido(a). 10. ¡Felicitaciones! 11. ¡Mucho gusto.

4. ¡Hola! Me llamo... 5. ¡Salud! 6. ¡Buen provecho! 7. Perdón.

1. Gracias. 2. De nada. (No hay de qué.) 3. Con permiso.

Respuestas:

Evaluación: ¿Es usted una persona cortés?, página 218.

la catedral

el museo de arte

el mercado

el correo

el parque zoológico

el banco

el estadio

OFICINA DE ADUANA

el puerto

equipaje

un mapa de la ciudad con sitios de interés turístico

la estación de trenes (del ferrocarril)

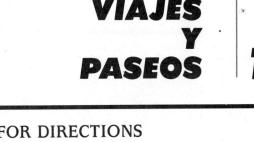

VIAJES Y PASEOS

ASKING FOR DIRECTIONS
UNDERSTANDING DIRECTIONS
GETTING SOMEONE'S ATTENTION

EJERCICIO

Match the words on the left with the definitions or descriptions on the right.

1. la catedral
2. el barco
3. el banco
4. el equipaje
5. el estadio
6. la aduana
7. el mercado
8. el correo
9. el puerto
10. el pasaje

a. las maletas
b. sitio (lugar) donde se puede comprar frutas, verduras, etcétera
c. oficina pública relacionada (*related*) con la inmigración o emigración
d. medio (*means*) de transporte acuático
e. edificio relacionado con créditos, dinero, etcétera
f. sitio para competiciones deportivas
g. iglesia grande
h. algo que uno recibe después de pagar por el derecho (*right*) de viajar de un lugar a otro
i. lugar donde generalmente hay barcos
j. lugar donde uno compra estampillas (*stamps*)

PREGUNTAS

1. ¿A usted le gusta viajar? ¿Qué ciudad(es) o sitio(s) visitó durante su último viaje?   2. ¿Piensa hacer algún viaje este año? ¿Adónde? ¿Cuándo?   3. Uno de los paseos favoritos de muchos niños es ir al zoológico o al parque. ¿Cuál es su paseo favorito?   4. ¿Piensa hacer algún paseo este fin de semana? ¿Adónde?   5. ¿Pasea usted mucho a pie (*on foot*) o prefiere pasear en auto? ¿Por qué? Cuando usted viaja, ¿le gusta más viajar por avión? ¿por autobús? ¿por barco? ¿Por qué?

225

Formal **usted** and **ustedes** commands

SR. SMITH	*Oiga,* señor, ¿sabe usted si hay algún banco por aquí cerca? Necesitamos cambiar dinero.
OTRO SEÑOR	Pues, el Banco de América está a siete cuadras de aquí. *Vayan* derecho por esta calle hasta la Avenida España. *Doblen* a la izquierda y *caminen* dos cuadras. El banco está en la esquina de la calle Colonia y la Avenida España.
SR. SMITH	Señor, *espere* un momento, por favor. A ver... Vamos derecho por esta calle hasta la Avenida España. Allí doblamos a la izquierda y caminamos dos cuadras, ¿no?
OTRO SEÑOR	Exacto... , ¡pero son las tres menos cuarto! Aquí los bancos cierran a las tres. ¡*Tomen* un taxi o no llegan a tiempo!
SR. SMITH	Muchas gracias, señor. ¡Taxi!... ¡Taxi!

1. ¿Adónde quieren ir los señores Smith? ¿Para qué?   2. ¿Qué banco está a siete cuadras de allí?   3. ¿Cuántas cuadras deben caminar por la Avenida España?   4. ¿A qué hora cierran los bancos en esa ciudad?   5. ¿Qué deben hacer los señores Smith para no llegar tarde?

MR. SMITH: Excuse me, sir, do you know if there is a bank around here? We need to exchange some money. ANOTHER GENTLEMAN: Well, the Bank of America is seven blocks from here. Go straight on this street to España Avenue. Turn left and walk two blocks. The bank is on the corner of Colonia Street and España Avenue. MR. SMITH: Sir, wait a minute, please. Let's see . . . We go straight on this street to España Avenue. There we turn left and walk two blocks, right? ANOTHER GENTLEMAN: Right . . . , but it's a quarter to three! Here the banks close at three. Take a taxi or you won't make it on time (literally, "you won't arrive on time")! MR. SMITH: Thanks very much, sir. Taxi! . . . Taxi!

A.   To form the singular formal (**usted**) command of regular verbs, drop the **-o** ending from the first-person singular (**yo**) form of the present tense and add **-e** for **-ar** verbs and **-a** for **-er** and **-ir** verbs. The **ustedes** command is formed by adding an **-n** to the singular command forms.

-ar Compro esa maleta. { Compre (usted) esa maleta.
{ Compren (ustedes) esa maleta.

-er Como algo. { Coma (usted) algo.
{ Coman (ustedes) algo.

-ir Escribo la carta. { Escriba (usted) la carta.
{ Escriban (ustedes) la carta.

The pronouns **usted** and **ustedes** are usually omitted, but they are sometimes used to soften a command, to make it more polite. To make a command negative, place **no** before the verb.

No compre un pasaje de ida y vuelta.
Don't buy a round-trip ticket.
No escriban ustedes la carta.
Don't write the letter.

B. If a verb has an irregularity or a stem change in the first-person singular of the present tense, this irregularity or stem change is carried over into the command forms.

No salga todavía.
Don't leave yet.
Recuerde el número de la casa.
Remember the house number.
Duerman un poco.
Sleep a little (while).
Vuelvan en seguida.
Come back right away.
No pierdan los cheques de viajero.
Don't lose the traveler's checks.

C. Infinitives that end in **-zar**, **-car**, and **-gar** have a spelling change in the **usted** and **ustedes** command forms to preserve the sound of the infinitive ending.

c to **qu**   buscar   yo busco   bus**qu**e(n)
g to **gu**   llegar   yo llego   lle**gu**e(n)
z to **c**   empezar   yo empiezo   empie**c**e(n)

Saquen unas fotos (fotografías) aquí.
Take some photos (photographs) here.
Busque la maleta.
Look for the suitcase.

D. Some irregular formal (**usted** and **ustedes**) commands are:

ir   **vaya(n)**
ser   **sea(n)**
saber **sepa(n)**
estar **esté(n)**
dar   **dé,* den**

Vayan primero a la estación de trenes.
First go to the train station.
Sean puntuales.
Be punctual.
Sepa el precio del boleto antes de llegar al aeropuerto.
Know the price of the ticket before arriving at the airport.
No esté triste.
Don't be sad.
Den un paseo con los niños.
Take a walk with the children.

The accent on **dé distinguishes the word from the preposition **de**.*

A. **Vuelva en seguida, por favor.** Mr. Roa has to leave on a business trip. Tell his secretary to do some last-minute errands, as he would, following the models.

MODELOS   ir al banco
Vaya al banco.

no llegar tarde
No llegue tarde.

1. llamar a la agencia de viajes
2. hablar con Luisa
3. reservar los pasajes
4. no perder el tiempo
5. salir para el banco
6. no ir en autobús
7. tomar un taxi
8. sacar diez mil pesos del banco
9. pagar por los pasajes y...
10. ¡...volver inmediatamente!

B. **¡Recuerden mis consejos!** Some friends of yours will soon be going to Mexico City for two weeks. Having been to Mexico before, you give them some advice. Follow the models.

MODELOS   llevar cheques de viajero
Lleven cheques de viajero.

no perder sus pasaportes
No pierdan sus pasaportes.

1. hacer las maletas hoy o mañana
2. no llegar tarde al aeropuerto
3. asistir a una corrida de toros
4. recordar la cámara
5. sacar muchas fotografías
6. ir al Museo Nacional de Antropología
7. dar un paseo por el Zócalo y...
8. ¡comer comidas típicas!

C. **Preguntas...** It is the first day of a tour, and the tourists are asking their guide many questions. Answer their questions, as the guide would, with an affirmative **usted** or **ustedes** command.

MODELOS   ¿Puedo ir al banco ahora?
Sí, vaya al banco ahora.

¿Podemos buscar el equipaje?
Sí, busquen el equipaje.

1. ¿Puedo cambiar dinero aquí?
2. ¿Puedo usar el teléfono?
3. ¿Podemos salir de la aduana ya?
4. ¿Puedo comprar algunos regalos ahora?
5. ¿Podemos hacer una excursión en barco?
6. ¿Podemos sacar unas fotografías?

D. **...y más preguntas.** Now answer the tourists' questions from Exercise C with a negative **usted** or **ustedes** command, as appropriate.

MODELOS   ¿Puedo ir al banco ahora?
No, no vaya al banco ahora.

¿Podemos buscar el equipaje?
No, no busquen el equipaje.

E. **Traducción.** Give the Spanish equivalent.

1. Don't open the window, sir.
2. Follow Florida Street, ma'am.
3. Eat, children.

4. Wait a minute, gentlemen.
5. Don't go tomorrow, miss; go today.

Use **usted** commands in all your answers.

1. ¿Cómo voy de aquí a la biblioteca? ¿de aquí a la cafetería? ¿de aquí a la oficina del presidente?
2. ¿Qué debo hacer para perder peso (*weight*)? ¿para aumentar de peso? ¿para ganar más dinero?

Tú commands

Cerca del puerto de Veracruz

FERMÍN   *Oye,* Tito, ¿me puedes decir cómo llegar al puerto?

TITO   *Toma* el autobús aquí y *baja* en la estación de autobuses; allí, *dobla* a la derecha. Después *ve* hasta el hotel El Viajero, pero ¡ciudado!, no *dobles* a la izquierda. *Sigue* derecho hasta el edificio de la aduana.

FERMÍN   ¿Crees que llego a tiempo para reservar los pasajes?

TITO   No hay problema. Los niños te acompañan. (*Llama a los niños.*) ¡Toño! ¡Lisa! Vayan con el tío Fermín adonde están los barcos, ¿eh?

TOÑO   ¿Los barcos? ¡Oh, ya sé! ¡Lisa! *¡Ven* aquí! *¡Corre!* ¡Vamos a la juguetería con el tío Fermín!

---

1. ¿Adónde quiere ir Fermín?   2. Según las instrucciones de Tito, ¿dónde debe doblar Fermín?   3. ¿Para qué quiere llegar Fermín al puerto?   4. ¿Quiénes lo van a acompañar? 5. ¿Adónde cree Toño que van a ir?   6. En general, ¿prefiere usted viajar en autobús, en barco o en avión? ¿Por qué?

Near the port of Veracruz FERMÍN: Listen, Tito, can you tell me how to get to (arrive at) the harbor? TITO: Take the bus here and get off at the bus station; there, turn right. Then go as far as the hotel El Viajero (*The Traveler*), but careful!, don't turn left. Continue straight on to the customs building. FERMÍN: Do you think I'll arrive in time to reserve the tickets? TITO: There's no problem. The children will accompany you. (*He calls the children.*) Toño! Lisa! Go with Uncle Fermín to where the boats are, okay? TOÑO: The boats? Oh, I get it! (literally, "now I know!") Lisa! Come here! Run! We're going to the toy store with Uncle Fermín!

A. Informal singular (**tú**) affirmative commands for regular verbs are the same as the third-person singular, present-tense form. The pronoun **tú** is not used, except very rarely, for emphasis.

Gloria toma el tren.	Gloria is taking the train.
Toma (tú) el tren.	Take the train.
Juan lee el mapa.	Juan is reading the map.
Lee el mapa.	Read the map.
Julia sube al autobús.*	Julia gets on the bus.
Sube al autobús.	Get on the bus.
Felipe cruza la calle.	Felipe is crossing the street.
Cruza la calle.	Cross the street.

B. Some irregular affirmative **tú** commands are:

di	(decir)	**sal**	(salir)
haz	(hacer)	**sé**	(ser)
ve	(ir)	**ten**	(tener)
pon	(poner)	**ven**	(venir)

Irene, di gracias.	Irene, say thank you.
Haz la maleta.	Pack your suitcase.
Ve a la aduana, Jorge.	Go to the customs office, Jorge.
Pon el equipaje aquí.	Put the luggage here.
Sal ahora o no llegas a tiempo.	Leave now or you won't arrive on time.
Sé simpático, Mateo.	Be nice, Mateo.
¡Ten cuidado, José!	Be careful, José!
Ven acá, María.	Come here, María.

C. Negative **tú** commands are formed by adding an **s** to the **usted** commands.

No doble (usted) aquí.
No dobles (tú) aquí. } *Don't turn here.*

No vuelva (usted) tarde.
No vuelvas (tú) tarde. } *Don't come back late.*

No salga (usted) ahora.
No salgas (tú) ahora. } *Don't leave now.*

No vaya (usted) a ninguna parte ahora.
No vayas (tú) a ninguna parte ahora. } *Don't go anywhere now.*

__Subir a__ with a means of transportation means to get on. __Subir__ without the preposition __a__ means to climb or to go up: __Subimos una montaña. Los precios suben.__

A. **¡No salgas muy tarde!**   Eliana has invited Lelia to come to her house at around 8 P.M. Using the phrases below, form affirmative **tú** commands to give Lelia directions on how to get to her friend's house, as Eliana would.

MODELO   salir antes de las siete
    Sal antes de las siete.

1. tomar la calle Colonia
2. caminar tres cuadras
3. doblar a la izquierda
4. ir a la estación de autobuses
5. subir al autobús número 85
6. pagar el pasaje
7. leer los nombres de las calles
8. bajar del autobús en la calle Colón
9. seguir por Colón hasta el número 121,
 que es donde vivo
10. ¡ser puntual!

B. **¡Feliz viaje!**   Rubén is planning a trip to Buenos Aires, but he's very confused after talking to Marisa and Arturo. While Marisa, his girlfriend, tells him to do one thing, Arturo advises him to do just the opposite! Play the roles of both Marisa and Arturo, following the model.

MODELO   buscar un hotel en el centro
    Marisa: **Busca un hotel en el centro.**
    Arturo: **No busques un hotel en el centro.**

1. visitar el zoológico
2. ir al teatro los fines de semana
3. ver películas argentinas
4. asistir a algún concierto en el Teatro Colón
5. comer mucha carne y tomar mucho vino
6. usar el transporte público; no andar en taxi
7. hacer un viaje a Montevideo y...
8. ¡sacar fotos de todos los sitios de interés!

Ask these questions of a fellow student. **Tú** commands should be used in all the answers.

1. ¿Cómo puedo ir de aquí al correo? ¿a la librería universitaria? ¿a la estación del ferrocarril? ¿al aeropuerto? ¿al centro?   2. ¿Qué debo hacer para sacar buenas notas?

Position of object pronouns with commands

En la Ciudad de México, donde los señores Castellón viajan en auto con sus tres hijos

PEPE	Papá, tengo hambre. ¿Cuándo vamos a llegar al Parque de Chapultepec?
SR. CASTELLÓN	*Déjanos* en paz, Pepe. Y *siéntense*, niños, por favor—vamos a parar. (*Para el coche.*) Silvia, *dame* el mapa.
SRA. CASTELLÓN	¿Otra vez estamos perdidos? Mejor salgo a preguntar.
PAQUITA	¡Qué bien! ¡Qué bien! ¡Llegamos!
SRA. CASTELLÓN	No, niños. *Quédense* en el coche. (*Sale del coche y regresa en unos minutos.*) Dice el señor que hay que regresar a la Plaza de las Tres Culturas, doblar a la izquierda en Paseo de la Reforma y después...
SR. CASTELLÓN	¡Pero no puede ser! Ya estuvimos en Paseo de la Reforma y nos dijeron que debíamos buscar Insurgentes.
SRA. CASTELLÓN	*Cálmate*, Mario. Ten paciencia.
	Media hora más tarde
SRA. CASTELLÓN	Niños, ¡estamos aquí! Pero, ¿qué les pasa? ¡*Despiértense!*
LOS NIÑOS	Zzzzzzz.

1. ¿Dónde está la familia Castellón?   2. ¿Qué quieren saber los niños?   3. ¿Por qué para el coche el señor Castellón?   4. ¿Qué hace la señora Castellón?   5. Según el señor, ¿qué hay que hacer?   6. Cuando llegan al parque, ¿qué hacen los niños?

In Mexico City, where Mr. and Mrs. Castellón are traveling by car with their three children PEPE: Daddy, I'm hungry. When are we going to get to Chapultepec Park? MR. CASTELLÓN: Leave us in peace, Pepe. And sit down, children, please—we're going to stop. (*He stops the car.*) Silvia, give me the map. MRS. CASTELLÓN: We're lost again? I'd better get out and ask. PAQUITA: Oh, boy! Oh, boy! We're here! MRS. CASTELLÓN: No, kids. Stay in the car. (*She gets out of the car and returns in a few minutes.*) The man says that we have to go back to the Plaza of the Three Cultures, turn left on Paseo de la Reforma, and then . . . MR. CASTELLÓN: But it can't be! We were already on Paseo de la Reforma, and they told us we should take Insurgentes (Avenue). MRS. CASTELLÓN: Calm down, Mario. Have patience. (*A half hour later.*) MRS. CASTELLÓN: Children, we're here! But what's wrong with you? Wake up! THE CHILDREN: Zzzzzzz.

A. Object and reflexive pronouns are attached to affirmative commands, familar and formal. The stressed vowel of the command form is still stressed when pronouns are attached, which usually means that an accent mark must be written on the stressed vowel to maintain the stress.

Compra los cheques de viajero. Cómpralos (tú).	*Buy the traveler's checks. Buy them.*
Léeme la dirección. Léemela (tú).	*Read me the address. Read it to me.*

Cuéntenos (usted) algo del viaje de negocios.*	*Tell us something about the business trip.*
Denle (ustedes) la bienvenida a tía Carmen.	*Welcome (literally, "give welcome to") Aunt Carmen.*
Perdónenme (ustedes).	*Pardon (Excuse) me.*

B. Object pronouns precede negative commands, familar and formal.

No cierres la puerta. No la cierres (tú).	*Don't close the door. Don't close it.*
No te preocupes.	*Don't worry.*
No saque la foto aquí. No la saque (usted) aquí.	*Don't take the photo here. Don't take it here.*
No les digan (ustedes) eso.	*Don't tell them that.*

C. When both a direct object pronoun and an indirect object pronoun are used, the indirect object pronoun precedes the direct object pronoun, just as with statements or questions.

Dímelo. No me lo digas (tú).	*Tell me (it). Don't tell me (it).*
Déjenselos (los cheques de viajero).† No se los dejen (ustedes).	*Leave them (the traveler's checks) for them (her, him). Don't leave them for them (her, him).*

E J E R C I C I O S

A. **Búscalos aquí, por favor.**   You have just arrived home from a long trip and are telling your brother to please look for certain things for you. Follow the model.

> MODELO   los regalos / la maleta grande
> **Búscalos en la maleta grande, por favor.**

1. las maletas / el auto
2. el pasaporte / la mesa
3. los mapas / el equipaje
4. la carta de José / aquí
5. las fotos / la maleta pequeña

---

*The verb **contar** (to tell, relate) is an **o** to **ue** stem-changing verb.*
†*Here **dejar** means to leave in the sense of to leave behind, not take and requires a direct object. (**Dejar,** of course, also means to allow, permit, or let.) **Salir** means to leave in the sense of to depart; it does not take a direct object.*

B. **No lo compre, señora.**   You are a tourist guide in an open-air market and realize that one of the ladies in your group is about to make some bad purchases. Advise her not to buy these items because the prices are too high. Follow the model.

MODELO   un reloj de oro
           No lo compre, señora.

1. unos sombreros
2. un vestido
3. una blusa típica
4. varias joyas
5. un mapa turístico
6. libros y cuadernos
7. una guitarra grande
8. unas sandalias

C. **¡Háganlo ahora!**   Replace the nouns with object pronouns.

MODELO   Escribe la carta, Susana.
           Escríbela, Susana.

1. Lee tu lección, Pablo.
2. Compra frutas, Carmela.
3. Abre tu maleta, Marcelo.
4. Lleva esta camisa, Miguel.
5. Cuente su dinero, señora.
6. Deje los cheques aquí, señor.
7. Pidan la dirección, chicos.
8. Pongan los sombreros aquí, señores.

D. **¡No lo hagan!**   Replace the nouns with object pronouns.

MODELO   No busques los pasajes allí, Teresa.
           No los busques allí, Teresa.

1. No traigas a los niños, Mónica.
2. No hagas esas cosas, Antonio.
3. No ponga el reloj en la mesa, señorita.
4. ¡No perdonen a esas muchachas, amigos!
5. No comas estos sandwiches, Paco.
6. No lleve ese pasaporte, señor.
7. No cuenten sus secretos, chicas.
8. No hagan ese viaje, muchachos.
9. No crucen la calle, niños.

E. **Órdenes (*Orders*) de papá.**   When Roberto and Carolina return from school one afternoon, they find a note from their father explaining that he had to leave unexpectedly on a business trip. He says he'll be back in a few days and leaves them a list of things they should do while he's away. Using the reflexive verbs provided and the names listed, write the commands or suggestions he leaves for them. Use the **tú** or **ustedes** form, as appropriate.

MODELOS   acostarse temprano hoy (Roberto y Carolina)
           Acuéstense temprano hoy.

           irse al banco mañana (Carolina)
           Vete al banco mañana.

1. levantarse a las siete (Roberto)
2. acostarse antes de las doce (Carolina)

3. sentarse a la mesa con Roberto (Carolina)
4. quedarse en casa el jueves (Roberto)
5. irse al cine el sábado (Roberto y Carolina)
6. vestirse bien si van al concierto (Roberto y Carolina)
7. divertirse este fin de semana (Roberto y Carolina)

CIUDAD DE MÉXICO: EN LA ANTIGUA CAPITAL AZTECA

En una oficina del Zócalo, México, D.F.[1] Dos agentes de la Compañía Turismo Mundial° le dan la bienvenida a Amalia Mercado, una agente uruguaya en viaje de negocios.

Héctor   ¡Bienvenida, señorita Mercado! ¿Qué tal el viaje?

Amalia   Bastante bueno, gracias. Pero ¡no me llame «señorita»! Llámeme Amalia, por favor. ¿Y usted es... ?

El Zócalo

Héctor	¡Oh, perdóneme! Yo soy Héctor Peralta, y éste es Alonso Rodríguez. Él está a cargo de° las excursiones al Caribe...
Amalia	¡Alonso! ¡Pero ya nos conocemos! Fue en Montevideo. ¿Recuerdas?
Alonso	¡Claro! Me llevaste a pasear por la playa.
Amalia	No sabía que ahora vivías en México.
Alonso	Vine aquí hace dos años.
Héctor	Cuéntenos algo de usted, Amalia. ¿Es éste su primer viaje a México?
Amalia	Sí. Vine por invitación de la Compañía Mexicana de Aviación. ¡Y vean mi suerte! La invitación incluye° pasaje de ida y vuelta y seis días en el mejor hotel de esta ciudad, que me parece extraña y fascinante.
Héctor	Es verdad. La ciudad está construida° sobre las ruinas de la antigua capital azteca...
Alonso	...que estaba en medio de un lago,² algo así como una antigua Venecia mexicana, ¿no?
Héctor	Exacto. Dicen que los aztecas tenían su gran templo° aquí cerca, en el sitio donde está ahora la catedral.
Amalia	¿Realmente? ¡Qué interesante!... ¿Y qué les parece si ahora me llevan a conocer el centro? ¡Recuerden que sólo tengo seis días!
Alonso	Tus deseos° son órdenes, Amalia. Vengan. Síganme. Los invito a tomar una copa° en el bar de la Torre Latinoamericana.³
Héctor	Desde allí usted va a poder admirar la belleza° de esta ciudad. ¡La vista es hermosa!
Amalia	¡Qué suerte!... Pero por favor, espérenme unos minutos. Quiero comprar película para mi cámara. Vuelvo en seguida. ¡No me dejen!
Alonso	Tú no cambias, Amalia. Nunca vas a ninguna parte sin tu famosa cámara. Pero no te preocupes, aquí te esperamos.

Mundial *World*   **a cargo de** *in charge of*   **incluye** *includes*   **construida** *built, constructed*
templo *temple*   **deseos** *wishes*   **tomar una copa** *to have a drink*   **belleza** *beauty*

P R E G U N T A S

1. ¿Dónde están los tres agentes?   2. ¿Se conocían ya Amalia y Alonso? ¿Dónde se conocieron? 3. ¿Cuánto tiempo hace que Alonso está en México?   4. ¿Es éste el primer viaje de Amalia a México? ¿Qué incluye la invitación de la Compañía Mexicana de Aviación?   5. ¿Dónde está construida la ciudad de México?   6. ¿Qué tenían los aztecas en el sitio donde está ahora la catedral?   7. ¿Para qué piensan ir a la Torre Latinoamericana?   8. ¿Qué quiere hacer Amalia antes de ir allí?   9. ¿Le gusta a ella sacar fotos? ¿Cómo sabemos que la fotografía es una de sus diversiones favoritas?   10. ¿Le gusta a usted sacar muchas fotos cuando viaja o prefiere comprar postales (*postcards*) en los lugares que visita? ¿Por qué?

notas culturales

1.   **El Zócalo** (officially called **Plaza de la Constitución**), one of the biggest squares in the world, is located in the center of Mexico City (**México, Distrito Federal**). One side is occupied by the cathedral, one of the largest in America, built on the site of a former Aztec temple. Another side is occupied by the **Palacio Nacional,** which contains the offices of the president and other government officials. It was built over the site of Montezuma's palace. Montezuma was the emperor of the Aztecs, who had conquered most of the other Indians of Mexico by the time the Spanish arrived.

2.   The subsoil of Mexico City is like a giant sponge; about 85 percent of it is water, much of which is extracted from time to time for use in the growing city. For this reason, many of the older public buildings have been thrust upward and must be entered by stairways added later to the original structure, while others have sunk and must now be reached by descending a stairway.

3.   The **Torre Latinoamericana** is a forty-four–story skyscraper, one of the tallest in Latin America. It literally floats on its foundation, which consists of piers sunk deep into the clay beneath Mexico City. The observatory on top is popular with tourists.

ACTIVIDADES

In this chapter, you have seen examples of the following language functions, or uses. Here is a summary and some additional information about these functions of language.

ASKING FOR DIRECTIONS

The ability to ask for and understand directions is one of the most important language functions you will need when traveling in a Spanish-speaking country. Here are some ways to ask for directions.

¿Dónde está... ?	*Where is . . . ?*
Busco la calle...	*I'm looking for . . . Street.*
¿Hay un correo (una estación de autobuses) cerca de aquí?	*Is there a post office (a bus station) near here?*
Por favor, señor(a), ¿está lejos (está cerca) el mercado?	*Please, sir (ma'am), is the marketplace far away (nearby)?*
¿Cuál es la dirección de... ?	*What's the address of . . . ?*
¿Me puede decir cómo llegar a... ?	*Can you tell me how to get to . . . ?*
¿Por dónde va uno a... ?	*How do you get to . . . ?*

Here are some responses you may hear when you ask for directions.

Siga por la calle...	*Follow . . . Street.*
Doble a la izquierda (derecha).	*Turn left (right).*
Siga adelante (derecho).	*Keep going straight.*
Vaya derecho hasta llegar a...	*Go straight until you get to . . .*
Sígame hasta llegar a...	*Follow me until you get to . . .*
Camine dos cuadras hasta llegar a...	*Walk two blocks until you arrive at . . .*
Cruce la calle y...	*Cross the street and . . .*
Está al norte (sur, este, oeste) de...	*It's north (south, east, west) of . . .*
Está en la esquina de...	*It's on the corner of . . .*
Está en el centro.	*It's downtown.*
Después de pasar por... , está...	*After you pass . . . , it's . . .*

GETTING SOMEONE'S ATTENTION

One way to get attention is to simply say, ¡Oiga, señor (señora, señorita)! Oiga is a word that never fails to get people to lend an ear. **Perdón, perdóneme,** or **discúlpeme** are also often used and are more polite.

A. **¿Por dónde va uno para llegar a... ?**   In pairs, ask and tell each other how to get from class to each of the following places:

   1. un buen restaurante
   2. un parque o un lugar bonito para dar un paseo
   3. un sitio de interés que a usted le gusta visitar

B. **En la Ciudad de México.**   You are in Mexico City, at the intersection of Avenida Insurgentes and Paseo de la Reforma. If you followed these directions, where would you be? (Begin each time from Insurgentes and Paseo de la Reforma; see map, facing page.) The answers are on page 241.

   MODELO   Tome la Avenida Insurgentes Norte hasta llegar a la Avenida Hidalgo. Doble a la derecha. Siga derecho hasta la Avenida San Juan de Letrán y doble a la derecha. Camine media cuadra y lo va a ver a su derecha.
   el Palacio de Bellas Artes

   1. Vaya derecho por Paseo de la Reforma hasta llegar a la Fuente de la Diana Cazadora. Allí no vaya derecho. Usted va a entrar al Parque de Chapultepec, pero siga por Paseo de la Reforma hasta llegar a un gran edificio a su derecha.
   2. Tome Paseo de la Reforma hacia el Monumento a Colón y vaya hasta la Avenida Juárez. Doble a la derecha. Cruce las Avenidas San Juan de Letrán y Brasil. Siga adelante. Es una gran plaza que va a ver enfrente de usted.
   3. Tome Paseo de la Reforma hasta llegar a la Avenida Juárez. Doble a la izquierda. Está en la Plaza de la República.
   4. Tome Insurgentes Norte hasta la Avenida Hidalgo. Doble a la derecha. Cruce las Avenidas San Juan de Letrán y Brasil. Está en la esquina de Hidalgo y Brasil.

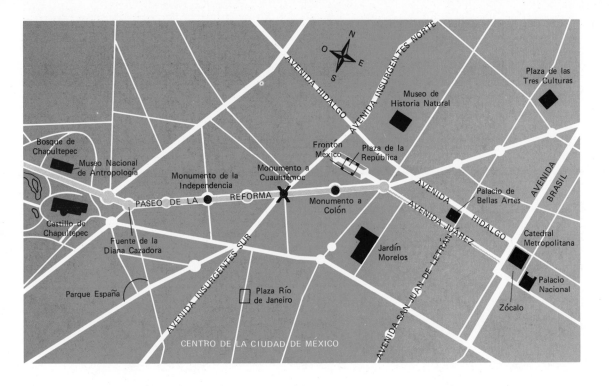

C. **¿Qué hace el (la) turista experimentado(a)** *(experienced)*? Eduardo has not traveled very much and asks his friend Ana, an experienced traveler, about the most important rules for traveling. Formulate six rules (using the **tú** command form, negative and affirmative) that Ana might give to Eduardo.

No dejes las cosas para último momento. Compra los boletos (de barco, tren o avión) temprano.

MODELO   No dejes las cosas para último momento. Compra los boletos temprano.

El (la) turista experimentado(a):

AEROPUERTO

1. **Hace la maleta varios días antes de viajar. Nunca lleva mucho equipaje; prefiere llevar una sola maleta.**

2. **Llega temprano al aeropuerto, al puerto o a la estación de trenes. No llega tarde nunca.**

PASAJE PASAPORTE

3. **Lee varios libros sobre el país donde va a viajar. También consulta mapas de las diferentes ciudades y regiones.**

4. **Siempre recuerda las tres cosas más importantes: los boletos (pasajes), el dinero (o cheques de viajero) y el pasaporte.**

HOTEL

5. **Pide información sobre los precios de los cuartos antes de quedarse en un hotel.**

D. **Un viaje imaginario.** One student should begin by saying the following phrase: **Mañana me voy de viaje. Llevo... mi pasaporte.** The next student should repeat the phrase and add another object; for example: **Mañana me voy de viaje. Llevo mi pasaporte y una raqueta de tenis.** The game continues until someone can't remember all the objects or makes a grammar mistake. Then the game begins again.

VOCABULARIO ACTIVO

Verbos

calmar	to calm
calmarse	to calm down, be calm
cambiar	to change, exchange
caminar	to walk
contar (ue)	to tell; to count
cruzar	to cross
doblar	to turn
insistir (en)	to insist (on)
parar	to stop
perdonar	to forgive, pardon
preocuparse (de)	to worry (about)
subir	to climb, go up
subir a	to get on

Viajes y paseos

adelante	straight, straight ahead
la aduana	customs; customs house
a tiempo	on time
el banco	bank
el barco	ship, boat
la bienvenida	welcome
darle la bienvenida a alguien	to welcome someone
el boleto	ticket
el cheque	check
el cheque de viajero	traveler's check
el correo	post office; mail
la cuadra	(city) block
de ida y vuelta	round-trip
derecho (adv.)	straight, straight ahead
la dirección	address
¿Cuál es la dirección de... ?	What's the address of . . . ?

el equipaje	luggage
la esquina	corner
Está al norte (sur, este, oeste) de...	It's north (south, east, west) of . . .
la estación	station
el estadio	stadium
la foto(grafía)	photo(graph)
sacar una foto	to take a photo
el mapa	map
el mercado	market
el negocio	business
el viaje de negocios	business trip
la parte	part
alguna parte (ninguna parte)	somewhere (nowhere)
el pasaje	ticket; fare
el paseo	outing
dar un paseo	to take a walk or drive
¿Por dónde va uno a... ?	How do you get to . . . ?
el puerto	port
la ruina	ruin
el sitio	place
sitio de interés	point (site) of interest
el taxi	taxi
el viajero (la viajera)	traveler
el zoológico	zoo

Adjetivos

antiguo(a)	ancient; (before the noun) former
extraño(a)	strange
fascinante	fascinating
puntual	punctual
simpático(a)	nice
uruguayo(a)	Uruguayan

Otras palabras

la compañía	company
en medio de	in the middle of
en seguida	at once, immediately
exacto	exact; exactly
la juguetería	toy store
la ruina	ruin
la suerte	luck

Respuestas, Ejercicio B, página 238.

1. el Museo Nacional de Antropología 2. el Zócalo 3. el Frontón México 4. la Catedral Metropolitana

el artista (el actor)

la artista (la actriz)

el cuadro

el retrato

la pintora

las pinturas

una antología de cuentos

el periódico

la revista

LA GUERRA Y LA PAZ

la no...

Blanca, ¿prefieres ir al teatro o al museo hoy?

¿Otra vez teatro o museo, Eduardo? ¿Por q

autor
(escritor)

la manifestación

NCEREMOS

No a la
censura

Paz,
pan y
libertad

¿...mos algo diferente hoy?

PREFERENCIAS Y OPINIONES

12

EXPRESSING AGREEMENT

EXPRESSING DISAGREEMENT

EJERCICIO

Choose the word that does not belong.

1. escritor, autora, pintor, escuela
2. cuento, cuadro, pintura, retrato
3. revista, teatro, periódico, novela
4. pintar, escribir, leer, dormir
5. censura (*censorship*), literatura, cine, pan

PREGUNTAS

1. ¿Adónde quiere ir hoy Eduardo?   2. ¿Qué prefiere hacer Blanca? 3. ¿A usted le gusta ir al teatro? ¿Le gusta leer obras de teatro? 4. ¿Prefiere usted leer cuentos o novelas?   5. ¿Cuál es su autor(a) favorito(a)? ¿su novela o cuento favorito?   6. ¿Lee usted el periódico todos los días? ¿Lee revistas? ¿Cuáles?   7. ¿Le gusta a usted escribir? ¿Le gusta pintar?   8. ¿Le gustan los cuadros realistas o prefiere el arte abstracto? ¿Cuál es su pintor(a) favorito(a)?   9. ¿A usted le interesa la política (*politics*)? ¿Va a manifestaciones políticas?

The impersonal se

1. En general, ¿se cierran los negocios a la hora de la siesta en el país de Marta?   2. ¿Cree Cindy que es mejor olvidar (*to forget*) la siesta y trabajar de nueve a cinco? ¿Por qué? 3. Según Marta, ¿cómo se explica este cambio de horario? ¿Está ella de acuerdo con esa explicación? ¿Por qué?   4. ¿En qué librería se venden libros en inglés? ¿Por qué no se puede comprar nada allí antes de las tres? ¿De quién es la Librería Báez?   5. ¿Qué piensa usted de la costumbre de dormir la siesta? ¿Cree, como Cindy, que se trabaja mejor después de una buena siesta? ¿Por qué sí o por qué no?

CINDY: Is it true that in this country businesses aren't open between noon and three? MARTA: Well, that depends . . . In general, in the towns businesses are still closed during those hours, but in the bigger cities that custom is practically lost by now. CINDY: And how can that change be explained? I think that one works better after a good siesta, don't you? MARTA: Of course I do, but they say that with the nine-to-five schedule it is possible to conserve energy, especially in the winter. CINDY: And you agree with that? MARTA: In theory yes, but in practice, by no means (no way). If I am not allowed to have my siesta, I believe I'll die! CINDY: Really? Then you're dying today! . . . because I saw that at the Báez Bookstore they sell books in English. Will you come with me to buy two or three? MARTA: Yes, of course, but after three. There they still honor the Hispanic siesta. That bookstore belongs to my parents, Cindy!

A.   The pronoun **se** followed by a verb in the third-person singular is a construction frequently used when it is not important to express or identify the agent or doer of an action. This use of **se** is often translated in English with *one, people, we, you,* or a passive construction. It is known as the impersonal **se**.

Se cree que el estilo de escultura de Picasso era único.

It's believed that Picasso's style of sculpture was unique.

Se dice que las obras más importantes de Picasso son sus esculturas.	*People say that Picasso's most important works are his sculptures.*

B. **Se** + a verb in the third-person singular or plural is another common construction in Spanish, called the **se** for passive, since it is used instead of the passive when the agent is not expressed. The verb is in the singular or plural to agree with the subject.

¿Se vende ese retrato?	*Is that portrait being sold?*
¿Se venden esos retratos?	*Are those portraits being sold?*
Se necesita maestro bilingüe.	*A bilingual teacher is needed.*
Se necesitan maestros y escritores bilingües.	*Bilingual teachers and writers are needed.*
Se trajo el cuadro aquí.	*The painting was brought here.*
Se trajeron los cuadros aquí.	*The paintings were brought here.*
Aquí se estudia francés en la escuela secundaria.	*French is studied in high school here.*
Aquí se estudian lenguas en la escuela secundaria.	*Languages are studied in high school here.*

E J E R C I C I O S

A. **¿Qué se hace aquí?**   Susan Johnson is spending a few months in Montevideo, Uruguay, as an exchange student. After a month there, she still has many questions for Gloria, her Uruguayan "sister." Using an expression with **se**, answer Susan's questions in the affirmative or negative, as Gloria would.

MODELOS   ¿Estudian aquí lenguas en la escuela secundaria? (sí)
Sí, aquí se estudian lenguas en la escuela secundaria.

¿Enseñan arte en la universidad? (no)
No, aquí no se enseña arte en la universidad.

1. ¿Van aquí mucho a la playa en el verano? (sí)
2. ¿Pagan aquí para asistir a la universidad? (no)
3. ¿Ven aquí películas norteamericanas? (sí)
4. ¿Practican aquí tantos deportes como en los Estados Unidos? (no)
5. ¿Juegan aquí mucho al fútbol? (sí)
6. ¿Leen aquí literatura inglesa en la escuela secundaria? (sí)
7. ¿Siguen aquí el sistema de semestres? (no)
8. ¿Presentan aquí muchas obras de teatro en el invierno? (sí)
9. ¿Traen aquí muchos autos de los Estados Unidos? (no)

B. **Otra época, otro mundo.**   Imagine that you live in a completely different time and/or world, where things are done in an unusual way. Using the impersonal **se**, mention some things that are done differently.

MODELOS   **Se come sólo una vez cada 24 horas.**
Se cree que es malo comer más.
No se toman bebidas alcohólicas.
Se duerme de día y se trabaja de noche.

C. **Traducción.** Give the Spanish equivalent of the following sentences.

1. Spanish is spoken here.
2. They don't sell novels in that store.
3. Wine is not served there.
4. Spanish writers needed.

5. They say that German is very difficult.
6. It is believed that *Don Quixote* is the first modern novel.

P R E G U N T A S

1. ¿Sabe usted cómo se dice «Good-bye» en español? ¿en francés? ¿en japonés? ¿en alemán?
2. ¿Qué lenguas se enseñan en esta universidad?   3. ¿Se venden novelas o cuentos en español en la librería universitaria? ¿Y en otras librerías? ¿Dónde?   4. ¿Qué se necesita, además de tiempo y dinero, para viajar a otro país? ¿Cree usted que se necesita hablar la lengua del país que se visita? ¿Por qué?   5. ¿Se traen películas españolas o hispanoamericanas aquí? ¿En qué cine se las puede ver?   6. ¿Se presentan obras de teatro en español en esta universidad? ¿en algún teatro de esta ciudad?   7. ¿Se puede ver algún programa de televisión en español aquí? ¿Qué programa(s)?

The past participle used as an adjective

La biblioteca está *abierta* ahora.

Los bancos están *cerrados*.

En esta librería se venden libros *usados*.

En esta casa de música se venden guitarras *hechas* en México.

A. To form the past participle of regular **-ar** verbs, add **-ado** to the stem of the infinitive. For **-er** and **-ir** verbs, add **-ido**.

hablado   *spoken*
comido   *eaten*
vivido   *lived*

If the stem of an **-er** or **-ir** verb ends in **a, e,** or **o,** the **-ido** ending takes an accent.

traído   *brought*
creído   *believed*
oído   *heard*

B. Some irregular past participles are:

(abrir)	abierto	*open, opened*
(cubrir)*	cubierto	*covered*
(describir)	descrito	*described*
(descubrir)	descubierto	*discovered*
(decir)	dicho	*said*
(escribir)	escrito	*written*
(hacer)	hecho	*made, done*
(morir)	muerto	*died, dead*
(poner)	puesto	*put*
(resolver)	resuelto	*solved*
(romper)	roto	*broken*
(ver)	visto	*seen*
(volver)	vuelto	*returned*

C. The past participle is often used as an adjective, in which case it agrees in number and gender with the noun it modifies. It is often used with **estar,** frequently to describe a condition or state that results from an action.

¿Está escrito en español el poema?
   —Correcto.

Is the poem written in Spanish? —Right.

Los cuadros pintados en México y las tazas hechas en el Japón son de la señora Ordóñez.

The pictures painted in Mexico and the cups made in Japan are Mrs. Ordóñez's.

El problema está resuelto.

The problem is solved.

Las montañas están cubiertas de nieve.

The mountains are covered with snow.

Estamos muy ocupados ahora; en cambio, ellos no tienen mucho que hacer.

We're very busy now; on the other hand, they don't have much to do.

Cubrir (to cover) is conjugated like **descubrir.**

A. **La casa de los Botero.**   The Boteros like to travel, and wherever they go, they buy things to bring back with them. Using the elements given, describe what they have brought back, following the models. (Pay close attention to the forms of the past participles.)

MODELOS   tazas / comprar / en Colombia
tazas compradas en Colombia

una guitarra / hacer / en España
una guitarra hecha en España

1. dos sombreros / traer / de Panamá
2. un bolso / hacer / en Guatemala
3. varias maletas / comprar / en Chile
4. una foto de Pancho Villa / sacar / hace mucho tiempo
5. libros / escribir / en inglés, francés y alemán
6. un cuadro de Picasso / pintar / en 1924
7. zapatos / hacer / en Italia
8. joyas / traer / de Toledo
9. una escultura antigua / encontrar / en México

B. **Sí, ya está hecho.**   Mrs. Ibáñez is asking her husband, Ricardo, if he has done certain things. Answer her questions in the affirmative, as Ricardo would.

MODELO   ¿Abriste las ventanas?
Sí, las ventanas ya están abiertas.

1. ¿Lavaste el auto?
2. ¿Pusiste la mesa?
3. ¿Escribiste las cartas?
4. ¿Resolviste el problema?
5. ¿Hiciste los ejercicios?
6. ¿Pagaste la cuenta?

PREGUNTAS

1. ¿Está usted inspirado(a) en este momento? ¿cansado(a)? ¿preocupado(a)? ¿Por qué?   2. ¿Está usted sentado(a) cerca de la ventana? ¿de la puerta? ¿del (de la) profesor(a)?   3. ¿Tiene usted el libro de español abierto o cerrado ahora?   4. ¿Vio usted alguna vez un cuadro pintado por Picasso? ¿por Velázquez? ¿por El Greco? ¿por algún otro pintor español conocido (famoso)? ¿Qué cuadro(s)?   5. ¿Leyó cuentos escritos por Edgar Allan Poe? ¿Leyó alguna novela escrita por Ernest Hemingway? ¿William Faulkner? ¿H. G. Wells? ¿Virginia Woolf? ¿Ray Bradbury? ¿Isaac Asimov? ¿Cuál(es)? ¿Qué piensa de estas obras?

The present and past perfect tenses

PRIMER SEÑOR	Perdone, señor. *¿Ha visto* usted a algún policía por esta calle?
SEGUNDO SEÑOR	Por aquí, no, pero me *he encontrado* con unos policías enfrente del Teatro de Comedias.
PRIMER SEÑOR	¿No *ha visto* a nadie por aquí?
SEGUNDO SEÑOR	No, antes de encontrarme con usted, no *había visto* a nadie.
PRIMER SEÑOR	Entonces, ¡arriba las manos!

1. ¿Ha visto el señor a algún policía por la calle?   2. ¿Y enfrente del Teatro de Comedias?
3. ¿Se ha encontrado con alguien?   4. ¿Qué le dice el bandido después de todas las preguntas?

FIRST GENTLEMAN: Excuse me, sir. Have you seen a policeman on this street? SECOND GENTLEMAN: Not around here, but I came across (met) a few policemen in front of the Comedy Theater. FIRST GENTLEMAN: You haven't seen anyone around here? SECOND GENTLEMAN: No, before meeting you, I hadn't seen anyone. FIRST GENTLEMAN: Then, hands up!

A. The present perfect tense is formed with the present tense of the auxiliary verb **haber** + a past participle.

haber (*to have*)

he	hemos	
has	habéis	} + past participle
ha	han	

It is used to report an action or event that has recently taken place or been completed and still has a bearing upon the present. It is generally used without reference to any specific time in the past (that is, without words such as **ayer, la semana pasada,** etc.), since it implies a reference to the present day, week, month, etc.

La obra de ese pintor ha sido muy admirada recientemente.

¿Carlos e Inés ya han hablado contigo?*
  —Al contrario, no me han dicho nada.

That painter's work has been much admired recently.

Carlos and Inés have already spoken with you? —On the contrary, they haven't said anything to me.

*The conjunction **y** becomes **e** before **i** or **hi: francés e inglés, Roberto e Hilda.**

A pesar de que Julio escribe poesía constantemente, no ha escrito un solo poema bueno.	*In spite of the fact that Julio writes poetry constantly, he hasn't written a single good poem.*
¿Te ha gustado el retrato? —Sí, ¡cómo no!	*Have you liked the portrait? —Yes, of course!*
Felipe dice que la censura de los periódicos aquí ha sido una cosa buena. —¡Qué tontería!	*Felipe says that censorship of the newspapers here has been a good thing. —What nonsense!*

The past participle always ends in **-o** when used to form a perfect tense; it does not agree with the subject in gender or number.

B. The past perfect tense is formed with the imperfect of **haber** + a past participle.

haber

había	habíamos	
habías	habíais	+ past participle
había	habían	

It is used to indicate that an action or event had taken place at some time in the past prior to another past event, stated or implied. If the other past event is stated, it is usually in the preterit or imperfect.

Leí que un escritor peruano había ganado el premio.	*I read that a Peruvian writer had won the prize.*
Ya había salido para la manifestación cuando yo llegué. —¿Quién? ¿José u Olga?*	*He (she) had already left for the demonstration when I arrived. —Who? José or Olga?*

C. The auxiliary form of **haber** and the past participle are seldom separated by another word. Negative words and pronouns normally precede the auxiliary verb.

No he recibido el retrato.	*I haven't received the portrait.*
¿Ya me has enviado el cuento?	*Have you already sent me the story?*
No, no te lo he enviado todavía.	*No, I haven't sent it to you yet.*

---

*The conjunction **o** becomes **u** before **o** or **ho: José u Olga, mujer u hombre.**

A. **Imaginación y lógica.** Combine elements from all three columns to form logical sentences in the present perfect tense, following the models. Use each verb at least once.

MODELOS Ustedes ya han venido aquí, ¿verdad?
Yo nunca he viajado a Guatemala con los niños.

		un retrato de mamá y papá
creo que tú	viajar	a Toledo muchas veces
yo nunca	hacer	estos cuentos
ese pintor	leer	una antología de poesía
ustedes ya	venir	aquí, ¿verdad?
esos escritores	escribir	obras muy realistas
nosotros	pintar	a Guatemala con los niños

B. **Más imaginación y lógica.** Using the elements given above, form sentences in the past perfect tense, stating that the various activities described had already been done before. Follow the models.

MODELOS Ustedes ya habían venido aquí antes, ¿verdad?
Yo nunca había viajado a Guatemala con los niños antes.

C. **¡Hemos tenido mucha suerte!** Mrs. Díaz is telling her husband how happy she is because of the many good things that have happened to them recently. Complete the sentences with the present perfect forms of the verbs in parentheses, and you'll see why she is so happy.

MODELO (encontrar) Sonia ___ha encontrado___ un buen trabajo.

1. (sacar) Los niños _____ muy buenas notas.
2. (ganar) Tú _____ más dinero que nunca (*than ever*).
3. (escribir) Yo _____ una novela muy leída.
4. (pintar) Nuestra hija _____ sus mejores cuadros.
5. (hacer) Tú y yo _____ muchos viajes.
6. (casarse) Pedro _____ con una muchacha muy buena.
7. (resolver) Carlos y Marisa _____ muchos de sus problemas.
8. (pedir) ¡Y nadie nos _____ dinero!

D. **Completar las frases.** Complete the sentences with the past perfect forms of the verbs in parentheses.

MODELO (leer) Conocía el cuento porque lo ___había leído___ en una antología.

1. (cenar) Ellos ya _____ cuando llegué.
2. (llamar) Roberto me dijo que tú _____.
3. (romper) Carlitos confesó que fue él quien _____ esa puerta.
4. (vender) No sabía que tus padres _____ su casa.
5. (ser) Tina me contó que tú y ella _____ novios antes.

6. (levantarse) Tú ya _____ cuando Rita te llamó, ¿no?

7. (acostarse) ¿Creías que yo _____ tan temprano?

8. (traer) Susana me contó que usted _____ un postre muy rico.

E. **Traducción.**   Give the Spanish equivalent of the following sentences.

1. Pedro has returned today from Spain.
2. We have seen that painting many times.
3. Fernando had said that you (**tú**) were coming.
4. She had already talked to you (**usted**) when she called me.
5. They have been very busy lately.

P R E G U N T A S

1. ¿Qué ha hecho usted esta mañana? ¿Ha hecho algo interesante? ¿bueno? ¿malo? ¿original? 2. ¿Ha ido al cine recientemente? ¿Qué película(s) ha visto? ¿Le ha(n) gustado? ¿Por qué?   3. ¿Ha visitado algún museo en los últimos dos meses? ¿Cuál? ¿Había estado allí antes? ¿Cuándo? 4. ¿Ha ido a Europa este verano? ¿Había estado allí antes? ¿Cuándo?   5. ¿Ha perdido algo importante recientemente? ¿Qué ha perdido?   6. ¿Ha encontrado algo de mucho valor? ¿trabajo? ¿amor? ¿dinero en la calle?   7. ¿Ha sacado una buena nota en su último examen de español? ¿Había sacado una nota peor o mejor antes?

GUATEMALA: IDEAS EN TRANSICIÓN

Don Pepe, un guatemalteco° que vive en la capital,[1] recibe en su casa a unos amigos de los Estados Unidos: Lesley, fotógrafa, y su esposo, Alan, profesor de antropología en la universidad Brandeis.

Don Pepe	Siéntense, por favor. ¿Tienen hambre?
Alan	No, ya hemos comido, gracias.
Don Pepe	Así que han estado en Tikal.[2] ¿Qué tal el viaje?
Lesley	¡Estupendo! ¡Las pirámides° son magníficas! Saqué unas fotos estupendas...
Alan	...que probablemente las voy a usar en mi libro sobre esas pirámides. Dicen que los mayas las abandonaron. ¿Sabe usted por qué?
Don Pepe	No, eso es un misterio°. No lo sabe nadie.
Lesley	Pasamos la Semana Santa° en un pueblo pequeño y allí vimos las ceremonias° del Maximón.[3] Yo había estado allí antes, pero en agosto. Es una costumbre realmente fascinante.

Ciudad de Guatemala

Alan	Es cierto. Una extraña combinación de elementos paganos° y cristianos.
Don Pepe	Exacto. Los indios creen en el Dios cristiano y en los ídolos° antiguos al mismo tiempo. Pero eso no significa para ellos ninguna contradicción.
Alan	Son muy supersticiosos, ¿no? En el mundo moderno la religión ya no es necesaria...
Don Pepe	Eso depende de la cultura. Los indios siempre han encontrado un gran consuelo° en la religión.
Lesley	¿Y los ladinos?[4]
Don Pepe	La Iglesia Católica es muy importante para ellos, sobre todo en la educación moral de los hijos.
Lesley	Pero la Iglesia prohibe el divorcio, el aborto°, el control de la natalidad°... Creo que ha hecho mal° en eso.
Don Pepe	En cambio, yo creo que ha hecho bien... Pero sé que en estas cuestiones no vamos a ponernos de acuerdo. Tengo amigos que piensan como ustedes.
Alan	Y nosotros tenemos amigos que piensan como usted.
Don Pepe	¡Qué bien! ¡Viva la democracia°! Y ahora vamos a brindar° por la libertad de expresión con una taza de café guatemalteco, ¡el mejor del mundo!

guatemalteco *de Guatemala*   **pirámides** *pyramids*   **misterio** *mystery*   **Semana Santa** *Holy Week*
ceremonias *ceremonies*   **paganos** *pagan*   **ídolos** *idols*   **consuelo** *consolation*   **aborto** *abortion*
natalidad *birth*   **ha hecho mal** *has been* (literally, "done") *wrong*   **¡Viva la democracia!** *Long live*
(hurray for) democracy!   **brindar** *to make a toast*

PREGUNTAS

1. ¿Han estado en Tikal Alan y Lesley? ¿Les gustó?   2. ¿Quién sacó fotos fabulosas de las
pirámides? ¿Cómo piensa usar esas fotos Alan?   3. ¿Por qué abandonaron Tikal los mayas?
4. ¿Qué vieron Alan y Lesley en un pueblo pequeño durante la Semana Santa?   5. ¿En qué
creen los indios?   6. ¿Es importante la religión para Alan y Lesley?   7. ¿Qué encuentran los
indios en la religión?   8. ¿Están de acuerdo don Pepe y sus amigos Alan y Lesley con respecto
al divorcio y al aborto?   9. ¿Piensa usted como don Pepe o como Alan y Lesley?   10. ¿Por
qué quiere brindar don Pepe? ¿Con qué?

notas culturales

1.   Founded in 1775, Guatemala City is the largest city in Central
America and the political, cultural, and economic heart of Guatemala.
Destroyed by earthquakes in 1917 and 1918, it was largely rebuilt. There
was another serious earthquake in 1976.

2.   Tikal is a partially restored ancient Mayan city in the Petén,
the northern jungle area of Guatemala. It flourished until around
A.D. 900, when, like other great Mayan cities, it was abandoned for
unknown reasons. Archeologists have mapped over 3,000 structures
there, plus 10,000 earlier foundations beneath the structures that sur-
vived. They have also discovered over 250 stone monuments and count-
less art treasures. At its peak, Tikal may have covered 25 square miles,
with houses of stone and plaster surrounding the ceremonial center,
which contained pyramids, palaces, plazas, and shrines.

3.   The **Maximón** is an idol honored during Holy Week by the
Mayans of the village of Santiago Atitlán. It is composed of many layers
of clothing bundled around a mysterious core, which may be a Mayan
statue; its face in public is a wooden mask that always appears with a
large cigar in its mouth. A special brotherhood is responsible for keeping
the **Maximón,** dressing it, and officiating at various ceremonies to honor
it. Though prayers and gifts are offered to it, **Maximón** is publicly hanged
at the height of the celebration. Later it is brought down and hidden
until the next year. Some think there may be a connection between the
Maximón and the effigies of Judas, Christ's betrayer, that are hung in
many towns of Guatemala during Holy Week, except that the **Maximón**

is the object of devotion, not derision. Only the members of the Indian brotherhood know the true contents and significance of the draped figure, but it is thought to have derived from ancient Mayan religious practices.

4. **Ladino** is the term used to designate those Guatemalans who are European in culture and usually of mixed Spanish-Indian ancestry, as opposed to the pure-blood Indians who speak Quiché or other Indian languages. The distinction is much more cultural than racial, for an Indian becomes a **ladino** by learning to speak Spanish and adopting European dress and customs.

A C T I V I D A D E S

In this chapter, you have seen examples of the following language functions, or uses. Here is a summary and some additional information about these functions of language.

EXPRESSING AGREEMENT

Here are some ways to indicate agreement:

Exacto.   *Exactly.*
Claro. (Seguro. Por supuesto. Naturalmente.)
     Certainly. (Sure. Of course. Naturally.)
Eso es.   *That's it.*
Sí, ¡cómo no!   *Yes, of course!*
Correcto.   *Right. (Correct.)*

Estoy de acuerdo.   *I agree.*
Sí, es verdad.   *Yes, it's (that's) true.*
Así pienso yo.   *That's how I think.*
¡Ya lo creo!   *I believe it!*
Probablemente sí. (Es probable que sí.)
     Probably. (Probably so.)

EXPRESSING DISAGREEMENT

Here are some ways to indicate disagreement:

No, no es verdad.   *No, it's (that's) not true.*
No, no estoy de acuerdo.   *No, I don't agree.*
Probablemente no. (Es probable que no.)
     Probably not.
Al contrario...   *On the contrary . . .*

Pero en cambio...   *But on the other hand . . .*
¡Qué tontería!   *What nonsense!*
¡Qué absurdo (ridículo)!   *How absurd (ridiculous)!*
¡Qué va!   *Oh, come on!*

You can use the following to disagree with a suggestion that you or someone else do something.

¡Ni por todo el dinero del mundo!   *Not for all the money in the world!*

¡Ni hablar!   *Don't even mention it!*
¡De ninguna manera!   *No way!*

A. **¿Qué piensas?**   Working with a partner, take turns reading and responding to each of the following statements. One of you reads the statement, and the other reacts with an expression of agreement or disagreement.

1. El escritor más importante de la historia fue Edgar Guest.
2. Gabriel García Márquez es un famoso escritor colombiano.
3. La música clásica es muy aburrida.
4. La música de Mozart es muy hermosa.
5. En esta ciudad siempre hace muy buen tiempo en enero.
6. La primavera es la estación más linda del año.
7. Los jóvenes que tienen menos de 25 años no deben votar (*vote*).
8. El sistema de notas de esta universidad es perfecto.
9. Es mejor vivir solo(a) que en una residencia estudiantil (*dorm*).
10. Como ahora existe la fotografía, el realismo en el arte ya no es importante.

B. **Al contrario...**   Work with a partner. One of you makes at least five statements of opinion. The other plays "devil's advocate" and disagrees, making a contradictory statement. Try to use as many expressions of disagreement as possible.

MODELO   La comida de la cafetería de la universidad es excelente.
Al contrario, ¡es horrible!

You may choose your own topics or choose from among the following:

1. los exámenes de la clase de español
2. el control de los revólveres y de las pistolas
3. el arte surrealista
4. el equipo de fútbol de la universidad
5. las clases de matemáticas (de historia, etcétera)
6. los lunes por la mañana / los sábados por la noche
7. el verano / las vacaciones
8. el uso de drogas como la marijuana o la cocaína
9. las leyes sobre la edad de tomar bebidas alcohólicas / votar
10. el transporte público en su área
11. las novelas de... (su escritor favorito)
12. la película... (nombre de una película), que es realmente artística

▼OCABULARIO ▲CTIVO

Verbos

cubrir	*to cover*
describir	*to describe*
enviar	*to send*
olvidar	*to forget*
pintar	*to paint*
ponerse de acuerdo	*to agree*
significar	*to mean*

Arte y literatura

la **antología**	*anthology*
el, la **artista**	*artist; actor (actress)*
el **autor** (la **autora**)	*author*
la **censura**	*censorship*
el **cuadro**	*painting*
el **cuento**	*story*
la **escultura**	*sculpture*
el **estilo**	*style*
el **fotógrafo** (la **fotógrafa**)	*photographer*
la **lengua**	*language*
la **libertad**	*freedom*
la **novela**	*novel*
el **periódico**	*newspaper*
el **pintor** (la **pintora**)	*painter*
la **pintura**	*painting*
la **poesía**	*poetry*
el **premio**	*prize*
el **retrato**	*portrait*
la **revista**	*magazine*

Adjetivos

abstracto(a)	*abstract*
despierto(a)	*awake, alert*
magnífico(a)	*great, magnificent*
ocupado(a)	*busy*
realista	*realistic*
secundario(a)	*secondary*
la **escuela secundaria**	*high school*
único(a)	*unique; only*

Otras palabras

Al contrario...	*On the contrary . . .*
a pesar de	*in spite of*
el **cambio**	*change*
Claro.	*Certainly.*
¡Cómo no!	*Of course!*
Correcto.	*Right. (Correct.)*
la **cuestión**	*issue, question*
¡De ninguna manera!	*No way!*
En cambio...	*On the other hand . . .*
el **horario**	*schedule*
la **manifestación**	*demonstration*
el **mediodía**	*noon*
¡Ni por todo el dinero del mundo!	*Not for all the money in the world!*
¡Ni hablar!	*Don't even mention it!*
Probablemente no. (Es probable que no.)	*Probably not.*
Probablemente sí. (Es probable que sí.)	*Probably. (Probably so.)*
el **pueblo**	*town; people*
¡Qué tontería!	*What nonsense!*
la **taza**	*cup*

HISPANOAMÉRICA: ANTES Y DESPUÉS DE LA CONQUISTA

Antes del siglo XVI, cuando los españoles llegaron al Nuevo Mundo, ya existían allí varias civilizaciones indígenas°. Una civilización muy avanzada° fue la de los mayas. Los mayas sabían mucho sobre matemáticas, astronomía y arte. También tenían su propio° sistema de escritura° a base de símbolos jeroglíficos°.

Otra civilización bastante avanzada fue la de los toltecas°, quienes construyeron° pirámides como la que° se ve en la foto. Ésta es la Pirámide del Sol que está en Teotihuacán (México). Cuando el conquistador español Hernán Cortés llegó a México en 1519, Teotihuacán estaba en manos de los aztecas. Era una ciudad magnífica, con templos, palacios, mercados y escuelas. Los aztecas tenían un gran imperio°, pero también tenían

native
advanced
own / writing
hieroglyphic
Toltecs
built / la... the
one that

empire

muchos enemigos. Con la ayuda de las otras tribus indígenas de la región, Cortés conquistó° fácilmente a los aztecas.

conquered

Otra gran cultura indígena de Hispanoamérica fue la de los incas. Los incas vivían en la región de los Andes (hoy Perú, Ecuador, Bolivia y Chile) y tenían una estructura social piramidal, con un jefe supremo (el Inca) y varias clases sociales. La muchacha de la foto es descendiente de los incas. La gente común trabajaba en tierras colectivas y solamente recibía la comida necesaria para vivir. Los nobles eran muy ricos. Los viejos y enfermos° recibían ayuda del estado, un sistema bastante «socialista». Los incas sabían mucho sobre medicina. Por ejemplo, usaban anestesia y hacían operaciones delicadas. Construyeron, entre otras cosas, excelentes caminos°, puentes°, acueductos y ciudades.

the ill

roads / bridges

Durante los tres siglos de la Colonia—desde el siglo XVI hasta el XIX— la estructura social en Hispanoamérica fue básicamente feudal. Los indios trabajaban para los españoles y para los criollos°, que eran los blancos nacidos en América. Poco a poco°, los mestizos formaron un puente social entre los otros grupos. Los españoles (nacidos en España) tenían casi todo el poder°, porque el gobierno° español les daba a ellos todos los puestos° políticos. Esta discriminación causaba resentimientos entre los criollos, y por eso eran inevitables los movimientos de independencia.

Creoles
Poco... *Little by little*
power /
government
positions

Simón Bolívar

El padre Miguel Hidalgo

En México el padre Miguel Hidalgo empezó la Revolución Mexicana; el general José de San Martín fue el jefe de las fuerzas° revolucionarias que lucharon° por la independencia de Argentina y Chile; y Simón Bolívar ganó la liberación del norte de Sudamérica. Para 1825 ya toda Hispanoamérica era independiente. Aunque Bolívar quería unir° todos los países de Hispanoamérica para formar un solo país poderoso°, la unidad fue imposible, y los países permanecieron° separados e independientes entre sí°. Muchas naciones pasaron a manos de dictadores. Aparentemente, la independencia política de España no fue una verdadera liberación para la mayoría° de los países de Hispanoamérica. En las fotos anteriores se ve a Simón Bolívar y al padre Miguel Hidalgo, respectivamente.

forces
fought

unite
powerful
remained
entre... *among themselves*

majority

EJERCICIO

Match the people or groups on the left with the appropriate items on the right.

1. Simón Bolívar
2. los toltecas
3. los incas
4. el padre Hidalgo
5. los aztecas
6. los criollos
7. José de San Martín
8. los mayas

a. sabían mucho sobre medicina y tenían un sistema social bastante «socialista»
b. jefe de las fuerzas revolucionarias que lucharon por la independencia de Argentina y Chile
c. tenían un sistema de escritura con símbolos jeroglíficos
d. blancos nacidos en América
e. tenían un gran imperio cerca de Teotihuacán y tenían muchos enemigos
f. construyeron la Pirámide del Sol
g. una persona muy importante en la Revolución Mexicana
h. ganó la liberación del norte de Sudamérica y quería unir todos los países sudamericanos para formar una sola nación

SELF-TEST II

I. Commands

React to the following statements with commands, as in the models. Use object pronouns whenever possible.

MODELOS   Tú no haces tu trabajo. **Hazlo.**
Usted me lo pide. **No me lo pida.**

1. Ustedes hablan de su viaje.
2. Tú estudias con Ramón hoy.
3. Usted los apoya.
4. Tú no te vas ahora, Rosa.
5. Usted es pesimista.
6. Usted no me pasa la sal.
7. Ustedes están tristes.
8. Tú no le dices la verdad.
9. Tú me llamas muy temprano.
10. Tú no vienes a clase.
11. Usted no me trae una cerveza.
12. Tú no tienes cuidado.
13. Ustedes no me esperan.
14. Usted no se viste a la moda.

II. The past tenses

A. Change the verbs in the following sentences from the present to the preterit.

MODELO   Felipe va al centro. **Felipe fue al centro.**

1. Tienen que aprender inglés.
2. ¿Qué pides?
3. Ya los veo.
4. Se lo damos a ellos.
5. ¿Quién pierde? ¿Quién gana?
6. No tienes tiempo de ver el partido.
7. Simón Bolívar quiere unir toda Sudamérica.
8. Los árabes traen a España una rica cultura.
9. Salgo temprano.
10. Fernando se va a casa a dormir.
11. Se divierten mucho.
12. No nos quiere ver.
13. Conocen a María.
14. Sabe la verdad.
15. Me levanto a las ocho.

B. Change the verbs in the following sentences of Exercise A to the imperfect: 1, 5, 6, 7, 11, 12, 13, 14, and 15.

MODELO   Felipe va al centro. **Felipe iba al centro.**

C. Change the verbs in the following sentences of Exercise A to the present perfect: 2, 3, 4, 5, 6, 10, and 11.

MODELO   Felipe va al centro. **Felipe ha ido al centro.**

D. Choose the correct Spanish equivalent of the sentences or phrases in italics.

1. *He used to come at eight o'clock.*
   a. Vino a las ocho.   **b.** Venía a las ocho.   **c.** Había venido a las ocho.
2. *They haven't yet bought the house.*
   a. No han comprado la casa todavía.   **b.** No habían comprado la casa todavía.
   c. No compraron la casa todavía.
3. We were having lunch *when he came in.*
   a. cuando entraba   **b.** cuando ha entrado   **c.** cuando entró
4. *She was leaving.*
   a. Salió.   **b.** Ha salido.   **c.** Salía.
5. *He began to study* at seven o'clock and finished at ten.
   a. Empezó a estudiar   **b.** Empezaba a estudiar   **c.** Había empezado a estudiar
6. *What have you done!*
   a. ¡Qué había hecho!   **b.** ¡Qué hice!   **c.** ¡Qué has hecho!
7. I believed her because *she had spoken* to my mother about it.
   a. habló   **b.** había hablado   **c.** ha hablado
8. He played the guitar while *he waited for you.*
   a. te ha esperado   **b.** te esperaba   **c.** te había esperado

E. Complete the paragraph with the appropriate past-tense (i.e., preterit, imperfect, present perfect, or past perfect) form of the verbs in parentheses.

Ayer, mientras yo (esperar) _____ el autobús, (ver) _____ a Juan, un amigo muy querido. Recuerdo que en 1975, cuando él y yo (conocerse) _____, los dos (querer) _____ ser pintores famosos. Él (admirar) _____ profundamente a Goya y (tener) _____ un cuadro que (heredar) (*inherit*) _____ de una tía rica. No (ver) _____ a Juan desde 1980. Cuando lo (ver) _____, (llevar) _____ un traje elegante y zapatos muy caros. Yo le (decir) _____ que (estar) _____ muy contento de verlo y le (preguntar) _____ si (seguir) _____ obsesionado por las obras de Goya. Me (decir) _____ que ya no, que ahora (dedicarse) _____ a viajar y a visitar casinos por todo el mundo. Juan me (contar) _____ que en 1981 (conocer) _____ a una mujer admirable, (enamorarse) _____ de ella y en menos de un mes ellos (decidir) _____ casarse. La mujer (tener) _____ mucho dinero porque (ser) _____ la única hija de un millonario italiano. Me contó mi amigo que él y su esposa (vivir) _____ muy felices hasta la semana pasada, cuando el doctor de la familia (descubrir) _____ que su esposa (tener) _____ cáncer. La tragedia de mi amigo me (dejar) _____ muy triste pero (inspirar) _____ este cuadro, que yo (empezar) _____ hace unas horas y cuyo título (*whose title*) va a ser «Los dólares todavía no (poder) _____ curar todos los dolores del mundo».

III. The reflexive

Restate the following, changing the pronouns and verbs from the plural to the singular.

   MODELO   ¿Nos sentamos aquí? **¿Me siento aquí?**

1. Siempre nos divertimos con Andrea y Tomás.
2. Ellos se van de aquí mañana.
3. ¿Se lavan ustedes la cara? (Give both singular forms.)
4. Nos levantamos de la mesa.
5. ¿Cómo se llaman tus mejores amigos?
6. Siéntense, por favor. (Give both singular forms.)
7. Nos acostamos a las once.
8. Ustedes se despiertan temprano. (Give both singular forms.)

IV. Useful expressions

Give the Spanish equivalent of the following expressions.

1. What's new?   2. Glad to meet you.   3. Congratulations!   4. Can you tell me how to get to the Hotel Internacional?   5. Cheers!   6. You're welcome.   7. Where are shoes sold? 8. What time do the stores open?   9. Bring me a (cup of) coffee, please.   10. What do you wish to order?   11. The check, please.   12. Excuse me (I beg your pardon).   13. What a shame (pity)!   14. Enjoy the meal!   15. What do you recommend (to us)?

unos huevos de chocolate

un pavo

unas tarjetas

FELICES PASCUAS

un árbol de Navidad

los Reyes Magos*

un desfile

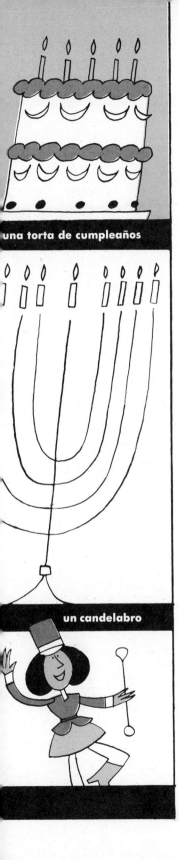

una torta de cumpleaños

un candelabro

CAPÍTULO 13

FIESTAS Y ANIVERSARIOS

EXTENDING INVITATIONS

ACCEPTING INVITATIONS

DECLINING INVITATIONS

MAKING A TOAST

MAKING INTRODUCTIONS

EJERCICIO

Complete the sentences with an appropriate word or words.

1. El sábado próximo es el _____ de mamá; vamos a hacerle una _____ para celebrarlo.
2. El 12 de octubre (Día de la Raza) va a haber un _____ en el centro en honor a Cristóbal Colón.
3. ¿Dónde están los adornos para el _____ de Navidad?
4. Nuestros amigos judíos tienen un _____ de Janucá.
5. En los Estados Unidos mucha gente come _____ para celebrar el Día de Acción de Gracias (*Thanksgiving*).
6. Andresito les va a pedir muchos regalos a los _____; en Hispanoamérica los niños no le piden regalos a Santa Claus.
7. Comprémosles _____ a los niños para las Pascuas (*Easter*).
8. Siempre les envío _____ de Navidad a mis amigos.

PREGUNTAS

1. ¿Cuándo es su cumpleaños (el de usted)? ¿Cómo lo celebra? 2. ¿Cuál es su día de fiesta favorito? ¿Por qué? 3. ¿Envía muchas tarjetas a sus amigos? ¿Cuándo? ¿Se las envían ellos también a usted? ¿Cuándo? 4. ¿Come pavo su familia el Día de Acción de Gracias? ¿Y en Navidad?

*In Spain, and in most Latin American countries, children receive presents on January 6, Epiphany, rather than on Christmas.

265

The present subjunctive of regular verbs

Un 15 de diciembre, en Ciudad de México

RAMONA   ¡Ay, Carmen, el instructor de baile quiere que yo *baile* con Carlos! Pero yo no quiero bailar con él. ¡Él y yo no bailamos bien juntos!

CARMEN   ¡Qué suerte tienes! Yo siempre le pido que me *permita* bailar con Carlos, pero él manda que yo *practique* y *trabaje* con Luis. Prohibe que nosotros *bailemos* con otra persona.

RAMONA   ¡Qué injusticia! ¿Sabes que Luis y yo... ?

CARMEN   ¡Claro que lo sé! ¡Todo el mundo lo sabe... y creo que el instructor también! Probablemente por eso él prohibe que tú y Luis *bailen* juntos. ¿Por qué no te quejas?

RAMONA   Pues, porque no quiero que él le *diga* algo a Carlos. ¡Pobre Carlos! Él no tiene la culpa.

CARMEN   Te comprendo. Además, ya sabemos que el instructor no va a cambiar de idea. Ahora quiere que *practiquemos* durante las Posadas.* Y como una vez tú dijiste, si el instructor quiere que *bailes* con una mesa, lo haces, y si nos pide que *asistamos* a clase en Navidad o en Año Nuevo, entonces tal vez nosotros también...

1. ¿Dónde están Ramona y Carmen? ¿Qué día es?   2. ¿Qué quiere el instructor? ¿Está de acuerdo Ramona? ¿Por qué?   3. ¿Qué le pide siempre al instructor Carmen? ¿Qué manda él?   4. Según su opinión, ¿qué relación hay entre Luis y Ramona? ¿Son hermanos? ¿amigos? ¿novios?   5. ¿Por qué no quiere quejarse Ramona?   6. ¿Qué dice Carmen de la situación?   7. Según las dos amigas, ¿es el instructor una persona buena y simpática? ¿Cómo es él? Descríbalo con dos o tres adjetivos.   8. ¿Conoce usted a alguien como este instructor? ¿Quién?

December 15, in Mexico City   RAMONA: Oh, Carmen, the dancing instructor wants me to dance with Carlos! But I don't want to dance with him. He and I don't dance well together! CARMEN: How lucky you are! I always ask him to let me dance ("that he let me dance") with Carlos, but he says that I have to practice ("orders that I practice") and work with Luis. He won't allow us to dance ("prohibits that we dance") with anyone else. RAMONA: How unfair ("What an injustice")! Do you know that Luis and I . . . ? CARMEN: Of course I know it! Everyone knows it . . . and I believe the instructor does (know it), too! Probably that's why he won't allow you and Luis to dance together. Why don't you complain? RAMONA: Well, because I don't want him to say something to Carlos. Poor Carlos! It's not his fault. CARMEN: I understand (you). Besides, we already know the instructor won't change his mind. Now he wants us to practice during the **Posadas.** And as you once said, if the instructor wants you to dance with a table, you'll do it, and if he asks us to attend ("that we attend") class on Christmas or New Year's Day, then perhaps we'll also . . .

*See **Nota cultural 1** of this chapter.*

So far in this text, the tenses presented have been in the indicative mood, except commands, which are in the imperative mood. In this chapter, the subjunctive mood is introduced. While the indicative mood is used to state facts or ask direct questions and the imperative mood is used to give commands, the subjunctive is used:

1. For indirect commands or requests.

   My boss requests that I *be* at work at eight o'clock sharp.
   Mary's mother asks that she *celebrate* Christmas with the family.

2. For situations expressing doubt, probability, or something hypothetical or contrary to fact.

   If I *were* rich, I would go to Seville for the Easter celebrations.
   Be that as it *may* . . .

3. For statements of emotion, hope, wishing, or wanting.

   May you succeed at everything you do.
   Sally wishes that Tom *were going* to the party.

4. For statements of necessity.

   It is necessary that he *do* the honors and *make* a toast.

5. For statements of approval or disapproval, permission, or prohibition.

   Father forbids that she even *think* about going to Mexico for Christmas.
   It's better that we *stay* home.

The subjunctive is used in Spanish far more than it is in English, and the discussion of the uses of the subjunctive in Spanish will be continued in Chapters 14 and 15. In this chapter, its use will be limited to indirect requests and commands with four verbs: **mandar** (*to order*), **pedir** (*to ask, request*), **querer** (*to wish, want*), and **prohibir** (*to prohibit, forbid*). First, you'll see how the subjunctive of regular verbs is formed.

A. To form the present subjunctive of regular -**ar** verbs, drop the ending -**o** from the first-person singular (**yo**) form of the present indicative and add the endings -**e**, -**es**, -**e**, -**emos**, -**éis**, -**en**. For -**er** and -**ir** verbs, add the endings -**a**, -**as**, -**a**, -**amos**, -**áis**, -**an**.

hablar		comer		vivir	
hable	hablemos	coma	comamos	viva	vivamos
hables	habléis	comas	comáis	vivas	viváis
hable	hablen	coma	coman	viva	vivan

Mis padres quieren que celebremos Nochebuena en casa de mis tíos.	*My parents want us to celebrate Christmas Eve at my aunt and uncle's.*
Le pido que me presente a los invitados.	*I'm asking him (her, you) to introduce me to the guests.*
Nos mandan que asistamos a clase.	*They're ordering us to attend class.*
El doctor prohíbe que yo fume* o que coma sal.	*The doctor forbids me to smoke or to eat salt.*
Quiero que le compres un regalo de cumpleaños a tu madrina.	*I want you to buy a birthday present for your godmother.*
¿Quiere el profesor que terminemos la lectura la próxima semana?	*Does the teacher want us to finish the reading next week?*

B. You may have noticed that the **usted** and **ustedes** forms of the present subjunctive are the same as the **usted** and **ustedes** command forms and that the **tú** form is like the negative **tú** command form. Compare the following sentences.

Lean el periódico.	*Read the newspaper.*
Quiero que ustedes lean el periódico.	*I want you to read the newspaper.*
No llame a los invitados hoy.	*Don't call the guests today.*
No quiero que llame a los invitados hoy.	*I don't want you to call the guests today.*
No vayas al desfile.	*Don't go to the parade.*
Prohíben que vayas al desfile.	*They forbid you to go to the parade.*
No te quejes.	*Don't complain.*
Te pido que no te quejes.	*I'm asking you not to complain.*

In an indirect command or request, there is an implied command, as you can see.

C. There are a number of things to notice about the structure of the sentences with the subjunctive that you have just seen. One is that the verb **mandar** or **pedir** or **prohibir** or **querer** is in the indicative in a clause that could (grammatically) stand alone as a sentence; for instance: **Piden.** (*They request.*) This clause is called an independent clause. The independent clause is followed by **que** (*that*) plus another clause that contains a verb in the subjunctive. This clause with **que** is called a dependent clause—it cannot stand alone as a sentence. For example, in the sentence **Piden que asistamos a clase,** the phrase **que asistamos a clase** (*that we attend class*) is not a complete sentence. The **que** is essential in the Spanish sentence, although *that* is not always used in English. In English, an infinitive construction is frequently used.

El doctor prohíbe que ella fume.
{ *The doctor forbids that she smoke.*
{ *The doctor forbids her to smoke.*

*The verb **fumar** means to smoke.

If the subject of the independent clause is different from the subject of the dependent clause, the subjunctive must be used in Spanish rather than an infinitive construction. However, an infinitive must be used in Spanish when there is no change of subject. Compare:

Quiero celebrar el Día de la Raza con tío Jorge.

I want to celebrate Columbus Day with Uncle Jorge. (no change in subject)

Quiero que nosotros celebremos el Día de la Raza con tío Jorge.

I want us to celebrate ("I want that we celebrate") *Columbus Day with Uncle Jorge.* (change in subject)

No quieren acostarse a medianoche.

They don't want to go to bed at midnight. (no change in subject)

No quieren que sus hijos se acuesten a medianoche.

They don't want their children to go to bed at midnight. ("They don't want that their children go to bed at midnight.") (change in subject)

Quieren reunirse en el Café Sol.
Quieren que nos reunamos en el Café Sol.

They want to meet in Café Sol.
They want us to meet in Café Sol.

E J E R C I C I O S

A. **Imaginación y lógica.**   Using elements from all three columns, form logical sentences in the present subjunctive, following the models. Use each verb from the second column in two different sentences.

MODELOS   Nosotros prohibimos que Susana escriba eso.
El doctor no prohibe que tú comas pavo.

el doctor		tú / comer pavo
mis padres	(no) querer	Susana / escribir eso
yo	(no) mandar	los niños / aprender español
Marisa y tú	(no) pedir	nosotros / pasar Navidad aquí
mi madrina	(no) prohibir	yo / mirar el desfile mañana
nosotros		Ernesto y Miguel / fumar mucho
		ustedes / reunirse el sábado

B. **Por favor, ¡usen el subjuntivo!**   Restate the sentences, changing them to requests from a different person (or persons), following the model.

MODELO   Hablo con los niños. Me pide que...
Me pide que hable con los niños.

1. Pedrito nos invita a su cumpleaños. Quiero que...
2. Tus hijos miran el desfile. ¿No quieres que... ?
3. Vivimos cerca de la universidad. Nos piden que...
4. Leo esta revista. ¿Prohibes que... ?
5. Toman vino con la comida. No quiero que...

6. Le escribo una carta a mi tía. ¿Quiere que... ?
7. Estudian el capítulo trece. Manda que...
8. Comes sólo frutas y pescado. ¿Te pide que... ?
9. Recibimos a los estudiantes. Mandan que...
10. Teresa y Jorge hablan por teléfono. Prohiben que...

C. **Deberes para mañana.**   Estela missed class today, and Rita, a classmate, is telling her what their Spanish teacher wants them to do for tomorrow. Form sentences with the following elements, as Rita would.

MODELO   pedir / todos / leer la lectura «Las fiestas»
          Pide que todos leamos la lectura «Las fiestas».

1. prohibir / nosotros / usar el diccionario durante el examen
2. mandar / todos / estudiar la próxima lección
3. querer / tú / escribir una composición extra
4. no querer / nadie / hablar inglés en clase
5. pedir / Juan y Elba / preparar preguntas sobre la lectura
6. querer / yo / hablar de mi viaje a México
7. prohibir / Ramón / fumar en clase
8. pedir / nosotros / aprender bien el vocabulario

D. **Traducción.**   Give the Spanish equivalent of the following sentences.

1. I want you (**tú**) to send a birthday gift to your grandmother.
2. She is asking us to read the book.
3. The teacher is ordering Rodrigo to study more.
4. We want you (**ustedes**) to call us tomorrow.
5. They always prohibit us from writing in the books.
6. Elena, I am asking you to drink your milk!
7. My parents forbid me to stay at my friend's house.
8. He wants you (**ustedes**) to attend his birthday party.
9. I'm asking them not to complain.
10. They want us to meet at the restaurant "La Cazuela."

P R E G U N T A S

1. ¿Quiere usted que sus padres lo (la) escuchen más? ¿que le celebren su cumpleaños? ¿que le manden más dinero?   2. ¿Quieren sus padres que usted les escriba más? ¿que usted los visite todas las semanas?   3. ¿Les pide usted a sus amigos que lo (la) acompañen al cine? ¿que lo (la) ayuden con sus estudios?   4. ¿Qué les pide a sus amigos? ¿a su compañero(a) de cuarto?

The present subjunctive of irregular, orthographic-changing, and stem-changing verbs

ALICIA Mamá, quiero que *conozcas* a John. Llegó hace unas horas de California.
MADRE Mucho gusto, John. ¿Qué tal el viaje?
JOHN Fue un poco largo, pero interesante.
ALICIA ¿Quieres que *salgamos* para ver la ciudad?
JOHN ¡Sí, con mucho gusto! Sabes que tengo que volver el viernes.
MADRE ¿Ah, sí? ¡Qué lástima! El sábado empiezan las Posadas.
JOHN Es que... mis padres quieren que *vuelva* pronto.
MADRE ¿Por qué no les pides que te permitan quedarte unos días más?
ALICIA ¡Sí, John! Quiero que los llames y les *digas* que estás invitado a pasar Navidad con nosotros.
JOHN De acuerdo... , buena idea. ¡No veo la hora de saber cómo son las Posadas!

1. ¿A quién quiere Alicia que su madre conozca?   2. ¿De dónde es él?   3. ¿Qué quiere Alicia que John y ella hagan?   4. ¿Cuándo debe volver John? ¿Por qué?   5. ¿Cuándo empiezan las Posadas?   6. ¿Qué quiere Alicia que haga su amigo?

ALICIA: Mom, I want you to meet John. He arrived from California a few hours ago. MOTHER: Glad to meet you, John. How was the trip? JOHN: It was a bit long, but interesting. ALICIA: Do you want us to go out to see the city? JOHN: Yes, gladly! You know that I have to return Friday. MOTHER: Oh, really? What a shame! The **Posadas** start on Saturday. JOHN: It's just that . . . my parents want me to return soon. MOTHER: Why don't you ask them to allow you to stay a few days longer? ALICIA: Yes, John! I want you to call them and tell them that you are invited to spend Christmas with us. JOHN: Okay . . . , good idea. I can't wait to find out what the **Posadas** are like!

A. Verbs that have an irregularity in the first-person singular of the present indicative maintain this irregularity in the present subjunctive. The endings, however, are regular.

decir		conocer		tener	
diga	digamos	conozca	conozcamos	tenga	tengamos
digas	digáis	conozcas	conozcáis	tengas	tengáis
diga	digan	conozca	conozcan	tenga	tengan

Other verbs that follow this pattern are:

construir*	**construy-**	poner	**pong-**	venir	**veng-**
hacer	**hag-**	salir	**salg-**	ver	**ve-**
oír	**oig-**	traer	**traig-**		

B. The following verbs are irregular:

dar   estar   haber

dé	demos	esté	estemos	haya	hayamos
des	deis	estés	estéis	hayas	hayáis
dé	den	esté	estén	haya	hayan

ir   saber   ser

vaya	vayamos	sepa	sepamos	sea	seamos
vayas	vayáis	sepas	sepáis	seas	seáis
vaya	vayan	sepa	sepan	sea	sean

C. Most stem-changing **-ar** and **-er** verbs retain the same pattern of stem change in the present subjunctive that they have in the indicative.

encontrar   poder

encuentre	encontremos	pueda	podamos
encuentres	encontréis	puedas	podáis
encuentre	encuentren	pueda	puedan

entender   pensar

entienda	entendamos	piense	pensemos
entiendas	entendáis	pienses	penséis
entienda	entiendan	piense	piensen

D. Stem-changing **-ir** verbs that have a change in stem of **e** to **ie**, **e** to **i**, or **o** to **ue** in the present indicative follow the same pattern in the subjunctive, with one additional change: in the **nosotros** and **vosotros** forms, the **e** of the stem is changed to **i**; the **o** is changed to **u**.

Construir means to build or construct. A **y is inserted before any ending (except future-tense and conditional endings) that does not begin with **i**: construyo. An **i** changes to **y** between two vowels: construyó.*

sentir		morir		dormir	
sienta	sintamos	muera	muramos	duerma	durmamos
sientas	sintáis	mueras	muráis	duermas	durmáis
sienta	sientan	muera	mueran	duerma	duerman

pedir		vestirse	
pida	pidamos	me vista	nos vistamos
pidas	pidáis	te vistas	os vistáis
pida	pidan	se vista	se vistan

E. To preserve the sound of the stem when subjunctive endings are added, certain changes in spelling are sometimes necessary.

1. **c** changes to **qu** before **e**
que yo bus**qu**e, sa**qu**e, to**qu**e

2. **g** changes to **gu** before **e**
que yo jue**gu**e, lle**gu**e, pa**gu**e

3. **z** changes to **c** before **e**
que yo almuer**c**e, empie**c**e

Ana me pide que esté listo a las diez. Vamos a misa.	*Ana asks me to be ready at ten o'clock. We are going to mass.*
Mi madrina quiere que vayas con ellos al cine. —¡Qué bien! Tengo toda la tarde libre.	*My godmother wants you to go with them to the movies. —Great! I have the whole afternoon free.*
El doctor prohibe que te levantes o que te vistas.	*The doctor forbids you to get up or get dressed.*
Mandan que la compañía les construya una casa.	*They order the company to build them a house.*
¿Quieres que yo busque otra tarjeta?	*Do you want me to look for another card?*

EJERCICIOS

A. Imaginación y lógica. Using elements from all three columns, form logical sentences with the present subjunctive, following the models. Use each subject from the second column in two different sentences.

MODELOS   **¿Piden que Amalia y tú den dinero para los pobres?**
Quiero que Amalia y tú conozcan a mis padres.

	tú	conocer / a mis padres
	Juan y María	salir / antes de las seis
quiero que	yo	ir / al desfile con Pepe
mandan que	la universidad	tener / una fiesta el domingo
¿piden que... ?	José Luis	ver / el candelabro nuevo
prohibimos que	Rogelio y yo	construir / casas para los profesores
¿quieres que... ?	Amalia y tú	hacer / una torta de cumpleaños
	los niños	pensar / en el examen
		pedir / regalos a los Reyes Magos
		dar / dinero para los pobres

B. **Quiero que sean buenos, niños.** Mrs. Gil is going to a party. Following the models, answer the questions that her children and the baby-sitter ask her before she leaves.

MODELOS ¿Debo acostarme temprano? Sí, quiero que (tú)...
Sí, quiero que (tú) te acuestes temprano.

¿Debemos hacer eso? No, prohibo que (ustedes)...
No, prohibo que (ustedes) hagan eso.

1. ¿Debemos decir la verdad? Sí, les pido que (ustedes)...
2. ¿Debe hacer ejercicios Susana? No, no quiero que (ella)...
3. ¿Debo estar aquí hasta medianoche? Sí, quiero que (usted)...
4. ¿Deben saber eso ellos? No, prohibo que (ellos)...
5. ¿Debo permitirles salir? No, le pido que (usted) no...
6. ¿Debemos ver ese programa? No, prohibo que (ustedes)...
7. ¿Debo acostarme en el sofá? No, te pido que (tú)...
8. ¿Deben ponerse pijama los niños? Sí, mando que (ellos)...

C. **Completar las frases.** Complete the sentences with the appropriate forms of the verbs in parentheses.

1. Quieren que nosotros (ir) _____ a su casa.
2. Te pido que (traer) _____ a tu novio a la fiesta del sábado.
3. Mis padres me prohiben que (pensar) _____ en esas cosas ahora.
4. Mamá nos manda que (hacer) _____ una torta.
5. Queremos que tú (seguir) _____ un curso con la señora Rodríguez.
6. ¡No pueden prohibirme que (volver) _____ tarde!
7. ¿Te pide ella que le (dar) _____ dinero por su cumpleaños?
8. El policía manda que usted le (decir) _____ dónde vive.

D. **Traducción.** Give the Spanish equivalent of the following sentences.

1. I want you to be good, Miguelito.
2. Carla asks her mother to give her ten dollars.
3. Do you (**usted**) want us to take something to the party?
4. Her mother prohibits her from going out at night.
5. Are you (**ustedes**) asking me to do you a favor?
6. The doctor asks him to get dressed.
7. The policeman orders her to tell the truth.
8. They are asking us to be here before the parade.

P R E G U N T A S

1. ¿Quiere usted que sus compañeros de clase recuerden su cumpleaños? ¿Prefiere que lo ignoren? ¿Por qué? ¿Desea que lo celebren de alguna manera? ¿Cómo? 2. En general, ¿quieren los profesores que los estudiantes vengan a clase regularmente? ¿que sepan la lección? ¿que duerman en la clase? ¿Qué quiere su profesor(a) que hagan ustedes en la clase de español? 3. ¿Deben los profesores prohibir que los estudiantes traigan radios a la clase? 4. ¿Qué quiere su profesor(a) que usted haga para mañana?

Additional command forms

PADRE	¿Qué quieren que les traigan los Reyes Magos, niños?
JUANITO	Mm... *pensemos*...
PEPITO	No, mejor *escribámosles* una carta.
PADRE	Bueno, pero no debe ser una carta muy larga, ¿eh?
JUANITO	No te preocupes por los regalos, papá. ¡Que *se preocupen* los Reyes!

1. ¿Qué les pregunta el padre a sus dos hijos?   2. ¿Quién quiere que escriban una carta?
3. ¿Quiere el padre que la carta sea larga o corta?   4. Según Juanito, ¿quiénes deben preocuparse por los regalos?

FATHER: What do you want the Wise Men to bring you, children? JUANITO: Hmmm . . . let's think . . . PEPITO: No, (better) let's write them a letter. FATHER: All right, but it shouldn't be a very long letter, eh? JUANITO: Don't worry about the gifts, Dad. Let the Wise Men worry about it!

A. As you have seen, the **usted** and **ustedes** command forms are the same as the **usted** and **ustedes** forms of the present subjunctive, and the negative **tú** command forms are the same as the **tú** form of the present subjunctive. Similarly, the **nosotros** form of the present subjunctive is equivalent to the first-person plural command form; it corresponds to *Let's . . .* or *Let's not . . .* in English.

Hablemos con el dueño. (No hablemos con el dueño.)	*Let's speak with the owner. (Let's not speak with the owner.)*
Comamos pavo. (No comamos pavo.)	*Let's eat turkey. (Let's not eat turkey.)*
Escribamos tarjetas de Navidad. (No escribamos tarjetas de Navidad.)	*Let's write Christmas cards. (Let's not write Christmas cards.)*

One exception is the affirmative **Vamos** (*Let's go*). *Let's not go* is **No vayamos. Vamos a** + infinitive can also be used for the affirmative **nosotros** command form.

Vamos a cenar.
Cenemos. } *Let's eat dinner.*

Vamos a saludar a mi padrino.
Saludemos a mi padrino. } *Let's say hello to my godfather.*

Pronouns are added to the affirmative **nosotros** command forms just as they are added to other command forms; they precede the negative **nosotros** commands.

Celebrémoslo con una torta.	*Let's celebrate it with a cake.*
Comámosla pronto.	*Let's eat it soon.*
No la comamos ahora.	*Let's not eat it now.*

When **nos** is added to an affirmative command, the final **-s** of the verb is dropped.

Levantémonos.	*Let's stand up.*	Vámonos.	*Let's go.*

Note: In both cases, an accent mark must be written to preserve the original stress.

B. Indirect commands are commands given to someone else (indirectly). They usually follow the pattern **Que** + subjunctive + subject of the verb. Notice that object pronouns precede the affirmative indirect command.

Que les vaya bien.	*May all go well with you.*
¡Que terminen los niños de poner los adornos en el árbol de Navidad!	*Let (Have) the children finish putting the decorations on the Christmas tree!*
¡Que pasen todos al comedor!	*Have everyone go into the dining room!*
Que haga ella el papel de María.	*Let her play the role of María.*

E J E R C I C I O S

A. **En otras palabras...**   Restate the sentences following the models.

MODELOS   Vamos a saludar a Jorge.
Saludemos a Jorge.

Vamos a reunirnos hoy.
Reunámonos hoy.

1. Vamos a celebrar tu cumpleaños.
2. Vamos a ver al dueño.
3. Vamos a servir la cena.
4. Vamos a vestirnos de negro.
5. Vamos a traer una piñata.
6. Vamos a hacer una torta.

B. **Entre niños.**   Luisito is asking his twin sister Anita whether they should or shouldn't do certain things. Answer his questions using affirmative **nosotros** commands, as Anita would. Use object pronouns whenever possible.

MODELO   ¿Saludamos a los padrinos?
Sí, saludémoslos.

1. ¿Fumamos un cigarrillo?
2. ¿Escribimos a los Reyes Magos?
3. ¿Ponemos las tarjetas en la mesa?
4. ¿Nos vamos con Pepito?
5. ¿Visitamos a la abuela el día de su cumpleaños?
6. ¿Comemos los huevos de chocolate?

C. **¿Qué hacemos?**   It's Saturday afternoon and Juan and María don't have any plans, yet they can't seem to agree on how to spend the rest of the day. Answer Juan's suggestions in the negative, as María would. Use **nosotros** command forms and object pronouns whenever possible, following the example.

MODELO   ¿Vamos a visitar a Teresa?
               No, no vayamos a visitarla.

1. ¿Hacemos la sopa?
2. ¿Nos reunimos con Ramón?
3. ¿Preparamos arroz con pollo para la cena?
4. ¿Nos sentamos en la sala?
5. ¿Pedimos una pizza grande?

D. **No, gracias.**   Pablo is a polite but very shy boy. When he is asked to do something, he always suggests that someone else do it. Answer the questions with indirect commands, as Pablo would. Follow the model.

MODELO   Pablo, ¿quieres romper la piñata?   (los otros niños)
               No, gracias. Que la rompan los otros niños.

1. ¿Quieres cantar «Guantanamera»? (Sonia y Luis)
2. ¿Quieres ir al desfile con Sonia? (Ernesto)
3. ¿Quieres ver *El padrino*? (mis hermanos)
4. ¿Quieres saludar a las muchachas? (mamá)
5. ¿Quieres poner los adornos en el árbol? (Anita)

P R E G U N T A S

1. ¿Qué quiere usted que hagamos hoy? ¿Quiere que leamos el diálogo o que conversemos por unos minutos?   2. ¿Quiere usted que hagamos una fiesta aquí en la clase la semana próxima? ¿antes de terminar el semestre?   3. ¿Qué quiere usted que hagamos mañana? ¿Quiere que hagamos muchos ejercicios? ¿que hablemos de algunas fiestas hispanas típicas? ¿que escuchemos algunas canciones en español?

QUERÉTARO: LAS POSADAS

Don Antonio, un español de 75 años, está en el pueblo de Querétaro, México, de visita en casa de su hija Paula. Es época de Navidad. Varias familias se han reunido en la casa de unos vecinos para celebrar las Posadas.[1]

La vecina   Entren, por favor. Están en su casa.[2]
    Paula   ¡Qué bonitos están los adornos y el nacimiento°!

La vecina	Gracias. Siéntese usted aquí, don Antonio; quiero que vea bien las Posadas.
Don Antonio	Muchas gracias, señora. Y como no sé mucho de esto, les pido que me expliquen el origen de la celebración.
Paula	Es muy típica de México. Creo que viene de la época de los aztecas.
La vecina	¡Escuchen! Ya han empezado las canciones.

*Dos hombres empiezan a cantar; uno hace el papel de San José
y el otro hace el papel del dueño de la casa.*

San José	En nombre del cielo, danos posada. Ábrele la puerta a mi esposa amada.

El dueño	Aquí no hay mesón.
	Sigan adelante.
	Y no me hables más,
	¡ladrón o tunante!³

Una hora después. Las canciones han terminado.

El vecino	Bueno, que pasen todos al comedor. La comida está lista.
La vecina	Sí, entremos y comamos. A ver..., ¡que traigan la piñata!⁴
Paula	Me pregunto° quién va a ser el padrino el año que viene...
Rosita	¡Mira qué grande es la piñata, abuelo! ¿Tienen piñatas en España?
Don Antonio	No, mi tesoro°. No es nuestra costumbre.
Pablito	¡Pobres niños españoles!

---

nacimiento *nativity scene*   **Me pregunto** *I wonder*   **mi tesoro** *my dear* (literally, "my treasure")

1. ¿Para qué se han reunido varias familias mexicanas?   2. ¿Qué pide don Antonio que le expliquen? ¿Por qué no sabe mucho de esto?   3. ¿Cuáles son los papeles que hacen los dos hombres que cantan?   4. Después de las canciones, ¿adónde quiere el vecino que pasen todos? ¿Por qué?   5. ¿Qué manda la vecina que traigan?   6. ¿Ha visto usted una piñata alguna vez? ¿Ha estado usted en México o en algún otro país hispano durante alguna celebración? ¿Cuál?

notas culturales

1.   The **Posadas** (literally, "the inns") are Christmas celebrations in Mexico commemorating the search of Joseph and Mary for lodging in Bethlehem. The festivities are held on nine consecutive nights, beginning on December 16 and ending on Christmas Eve. Nine families usually participate, with each family sponsoring one evening. The celebration begins around eight o'clock with prayers and songs; then the company divides into two groups, one group acting as Joseph and Mary seeking lodging, the other acting as the innkeepers. The groups converse in song. At the end of each evening, the identity of those seeking shelter is revealed, they are admitted to the "inn," and there is much celebrating. For the first eight nights, there are fruits, nuts, candies, and punch; on Christmas Eve the host family for that year (the **padrinos**) provides a large dinner after Midnight Mass (**Misa de gallo**). The origin of the custom is said to be an Aztec ceremony that a Spanish priest, Diego de Soria, adapted to Christian purposes.

2.   This is the traditional greeting by which a host or hostess in the Hispanic world welcomes a guest into his or her home. It means *You are in your own house.*

3.   *Saint Joseph:* In the name of heaven,   /   give us shelter.   /   Open the door   /   to my beloved wife.   /   *Owner:* There is no inn here.   /   Continue (on your search).   /   Speak to me no further,   /   thief or rogue!

4.   The **piñata** is a brightly colored figure, usually in the shape of an animal or toy, made of tissue paper, which covers a clay or cardboard container full of fruits, candies, and coins. The children take turns at being blindfolded and trying to break the **piñata** with a bat. When it is finally broken, the contents spill out and all the children leap upon them happily. **Piñatas** are also used for children's parties in many countries.

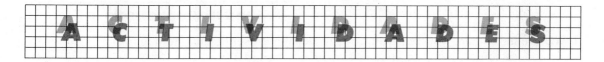

In this chapter, you have seen examples of the following language functions, or uses. Here is a summary and some additional information about these functions of language:

EXTENDING INVITATIONS

¿Le (te) gustaría ir a... (conmigo)?
¿Qué le (te) parece si vamos a... ?
Si está(s) libre hoy, vamos a...
¿Quiere(s) ir a... ?
¿Me quiere(s) acompañar a... ?

Would you like to go to . . . (with me)?
How do you feel about going to . . . ?
If you're free today, let's go to . . .
Do you want to go to . . . ?
Do you want to go with (accompany) me to . . . ?

ACCEPTING INVITATIONS

Sí, ¡con mucho gusto!
¡Cómo no! ¿A qué hora?
¡Listo(a)! Gracias por la invitación.
Oh, sí, ¡qué buena idea!
No veo la hora (de verte, de hablar con José, etcétera).
De acuerdo, ¡tengo todo el día libre!

Yes, gladly (sure)!
Sure. What time?
I'm ready to go! Thanks for the invitation.
Oh, yeah, what a good idea!
I can't wait (to see you, to talk to José, etc.).

Okay, I have the whole day free!

DECLINING INVITATIONS

Es que tengo mucho que hacer esta semana. La semana que viene, tal vez.
Me gustaría mucho, pero no puedo ir.
Otro día tal vez; hoy estoy muy ocupado(a).
¡Qué lástima! Esta tarde tengo que estudiar.

I have a lot to do this week. Next week, perhaps.
I'd like to very much, but I can't go.
Another day, perhaps; today I'm very busy.
What a shame! This afternoon I have to study.

MAKING A TOAST

The most common way to make a toast is **¡Salud!** (*To your health!*), as you saw earlier. Three longer versions that you may hear are:

Salud, amor y pesetas.
Salud, amor y pesetas y el tiempo para gastarlos.
Salud y plata y un(a) novio(a) de yapa.

Health, love, and money.
Health, love, and money, and the time to enjoy (spend) them.
Health, money, and a sweetheart besides.

If you are introducing yourself, you can say **Déjeme presentarme. Me llamo...**
To introduce someone else to another person, you can say:

Ésta es... , una amiga de México (California, etcétera).	*This is . . . , a friend from Mexico (California, etc.).*
Quiero que conozca(s) a...	*I want you to meet . . .*
Quiero presentarle(te) a...	*I want to introduce you to . . .*
	(or: I want to introduce . . . to you.)

As you have seen earlier, **Mucho gusto** is generally used for *Glad to meet you.*

A. **Invitaciones.**   Working with a classmate, extend an invitation to do each of the following things. Your classmate should accept some of the invitations and decline others.

1. ir a un desfile
2. reunirse con unos amigos para una fiesta de Tupperware
3. ir a una fiesta de cumpleaños para su mamá
4. ir a misa el domingo
5. ir a una conferencia (*lecture*) sobre Centroamérica
6. ir a un concierto de Michael Jackson
7. ir a un restaurante muy elegante
8. ir al zoológico
9. ir a un partido de jai alai
10. ir a las montañas para esquiar
11. ir a una corrida de toros
12. ir con él (ella) de compras
13. ayudarlo(la) a mudarse
14. ir a un concierto de música clásica
15. ir al barrio italiano para comer pizza

B. Role-play the following situations.

1. You and a friend are having dinner in a nice restaurant on Valentine's Day. You ask for some wine, which the waiter brings. You make a toast. Your friend tells you he or she had an interview for a job, and the boss wants him or her to start work next week. You congratulate your friend. To celebrate his or her good luck, your friend wants to take you to the theater after dinner. You accept the invitation and say you'd be delighted.
2. An acquaintance of yours who is very selfish and difficult to be around is constantly inviting you out and won't take no for an answer. This time he (she) invites you to go to a movie on Friday. You say you're busy—you're going to a birthday party. He (She) then asks you about Saturday, then Sunday, etc. Each time make up an excuse and decline the invitation (politely!).

C. In Spanish, make a list of five things you're interested in and would like to do: play a game of tennis, go to a rock concert, take dancing lessons, see a play, learn to cook Chinese food, etc. Then invite people in your class to join you. Try to find someone with the same interests you have. If you do, make plans in Spanish to get together. (You may even want to follow up on them!)

D. **Situación.** Consuelo and Manolo are guests at Graciela's house on Christmas Day. Play their roles, using the following ideas as guidelines.

GRACIELA «Hola, Consuelo, ¡feliz Navidad! ¿Cómo estás?»

CONSUELO Dice que está bien y que le encantan los adornos de la casa, etcétera.

GRACIELA Le da las gracias y le dice que quiere que ella conozca a su vecino Manolo. Llama a Manolo.

MANOLO Saluda a Graciela y le dice que la fiesta es muy agradable (*pleasant*), que la comida es muy rica, etcétera.

GRACIELA Presenta a Manolo y a Consuelo.

MANOLO Le pregunta a Consuelo si quiere que le traiga una copa de champaña.

CONSUELO Dice que sí, que le gusta mucho el champaña y que entonces van a poder brindar (*toast*) por una feliz Navidad para todos.

VOCABULARIO ACTIVO

Verbos

celebrar	to celebrate
construir	to build
fumar	to smoke
mandar	to order, command; to send
permitir	to permit, allow
presentar	to introduce
quejarse	to complain
reunirse	to meet, get together
saludar	to greet

Las fiestas

el adorno	decoration
el árbol	tree
el árbol de Navidad	Christmas tree
el candelabro	candelabra
la celebración	celebration
el comedor	dining room
el cumpleaños	birthday
el desfile	parade

el invitado (la invitada)	guest
Janucá	Chanukah
la madrina	godmother
la misa	mass
la Navidad	Christmas
la Nochebuena	Christmas Eve
el padrino	godfather
los padrinos	godparents; host family
el papel	role
hacer el papel (de)	to play the role (of)
el pavo	turkey
los Reyes Magos	Three Kings (Three Wise Men)
la tarjeta	card

Otras palabras

el dueño (la dueña)	owner
la injusticia	injustice
¡Qué injusticia!	How unfair!
la lectura	reading
listo(a)	ready; clever
medianoche	midnight
No veo la hora de (+ inf.)	I can't wait (+ inf.)
próximo(a)	next
el vecino (la vecina)	neighbor

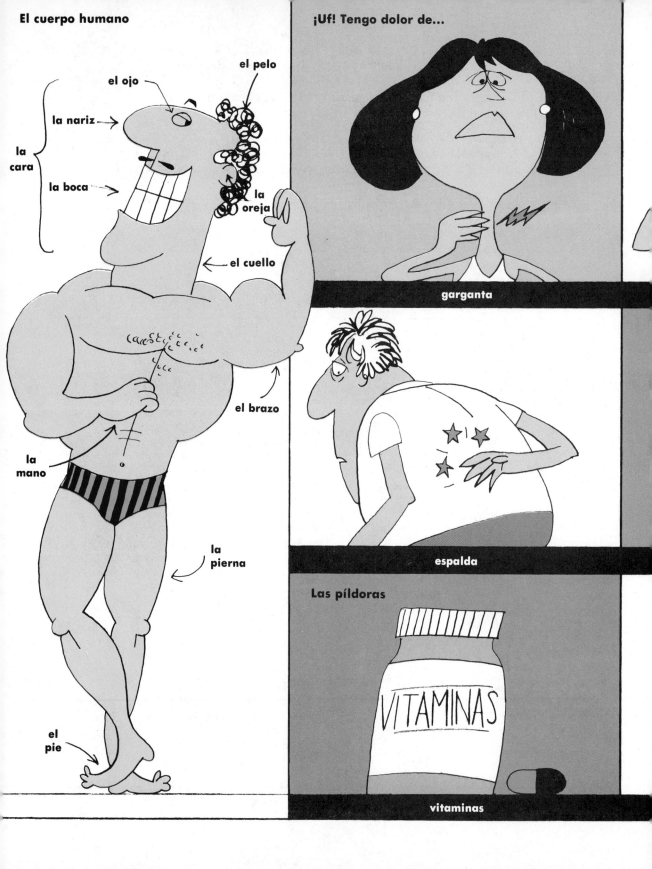

El cuerpo humano

el pelo

el ojo

la nariz →

la cara

la boca →

la oreja

el cuello

el brazo

la mano

la pierna

el pie

¡Uf! Tengo dolor de...

garganta

espalda

Las píldoras

VITAMINAS

vitaminas

cabeza

estómago

aspirina

CAPÍTULO 14

LA SALUD Y EL CUERPO

EXPRESSING DOUBT

ASKING FOR PERMISSION

GRANTING OR DENYING PERMISSION

GIVING ADVICE

EJERCICIO

Complete the sentences.

1. Una aspirina es una _____.
2. Cuando tengo una pregunta en la clase, levanto la _____.
3. Paco anda mucho en bicicleta; por eso tiene las _____ muy fuertes.
4. Pinocho (*Pinocchio*) tenía la _____ muy grande.
5. Esa muchacha tiene ojos azules y _____ negro.
6. Por favor, Miguelito, lávate la _____. Y no te olvides de tomar tus _____.
7. Voy a tomar mucho líquido hoy porque tengo dolor de _____.
8. «Ser el _____ derecho de alguien» quiere decir ser la persona de mayor confianza (*confidence*) de alguien.
9. Comí demasiado; tengo dolor de _____.
10. Vimos a una mujer india que llevaba a su hijo en la _____.

PREGUNTAS

1. ¿Qué parte del cuerpo usamos para ver? ¿para pensar? ¿para hablar? ¿para caminar?   2. ¿Hace usted muchos ejercicios físicos? ¿Anda en bicicleta? ¿Nada? ¿Practica algún deporte regularmente? ¿Corre? ¿Tiene las piernas y los brazos fuertes?   3. ¿Toma usted vitaminas todos los días?   4. ¿Cuándo tiene usted más energía: por la noche o por la mañana? ¿el sábado por la noche o el lunes por la mañana?   5. En general, ¿tiene usted dolor de cabeza durante un examen? ¿en una discoteca? ¿los domingos por la mañana? ¿en la clase de física?

285

Other uses of the definite article

RAMÓN	¿Qué tal *el* dolor de cabeza, mi amor?
JOSEFINA	Hoy fui *al* médico. Me dio píldoras de Anabufenol y otras medicinas. No sé qué son porque no sé leer latín. Después fui a *la* doctora Soya, que es experta en nutrición.
RAMÓN	¿Y qué te dijo ella?
JOSEFINA	Me dijo que *las* frutas y *las* verduras frescas son muy importantes para *la* salud y que *el* café, *el* té y *el* chocolate son malos. Y me dio «Herbavor», que, según ella, cura todos *los* males.
RAMÓN	¡Qué bien!
JOSEFINA	Después, por *la* tarde, fui a una clase de yoga. *La* maestra me dijo que *la* tensión es *la* causa principal de *los* dolores de cabeza. Me enseñó algunos ejercicios como «*el* león» y «*la* cobra». Ahora me duele* mucho *la* espalda.
RAMÓN	¡Qué lástima!
JOSEFINA	Por fin, fui a Madame Leona, *la* espiritista. Ella me aconsejó quitarme *los* zapatos. Dijo que *los* zapatos pueden causar toda clase de dolores. Y que no debo salir *los* viernes porque mi signo es Aries.
RAMÓN	Pero ahora, ¿cómo te sientes?
JOSEFINA	No sé. Después de tantos consejos, ¡tengo un dolor de cabeza terrible!

1. ¿Qué problema tenía Josefina?   2. ¿Qué le dio el médico?   3. ¿Qué le dijo la doctora Soya? ¿Qué le dio ella?   4. Según la maestra de yoga, ¿cuál es la causa principal de los dolores de cabeza? ¿Qué le recomendó ella a Josefina?   5. ¿Qué le dijo Madame Leona a ella?   6. ¿Cómo se siente Josefina después de todos esos consejos?

RAMÓN: How's your headache, dear? JOSEFINA: Today I went to the doctor. He gave me Anabufenol pills and some other medicines. I don't know what they are because I can't read Latin. Then I went to Dr. Soya, who is a nutrition expert. RAMÓN: And what did she tell you? JOSEFINA: She told me that fresh fruits and vegetables are important for one's health and that coffee, tea, and chocolate are bad. And she gave me "Herbavor," which, according to her, cures all (one's) ills. RAMÓN: That's good! JOSEFINA: Then, in the afternoon, I went to a yoga class. The teacher told me that tension is the main cause of headaches. She taught me some exercises like "the lion" and "the cobra." Now my back aches a lot. RAMÓN: What a shame! JOSEFINA: Finally, I went to Madame Leona, a spiritualist. She advised me to take off my shoes. She said shoes can cause all sorts of aches. And that I shouldn't go out on Fridays because my sign is Aries. RAMÓN: But now how do you feel? JOSEFINA: I don't know. After all that advice, I have a terrible headache!

Several uses of the definite article have already been presented, such as the article with titles (Chapter 1) and with dates and days of the week (Chapter 4). Other uses of the definite article are:

*__Doler__ (to ache, hurt) *is an* **o** *to* **ue** *stem-changing verb. Like* **gustar,** *it is normally used with an indirect object pronoun.*

A. With parts of the body and articles of clothing when it is clear who the possessor is. The possessive adjective is not used in these instances.

El médico se lava las manos.	*The doctor is washing his hands.*
Ana se pone los zapatos.	*Ana is putting on her shoes.*
Ricardo se quitó el suéter.	*Ricardo took off his sweater.*
Dame la mano.	*Give me your hand.*
Me duele la cabeza. Tengo que descansar.	*My head aches. I have to rest.*
A Esteban le duelen los pies.	*Esteban's feet hurt.*

B. Before a noun used in a general sense as representative of its class or type. The noun can be singular or plural, concrete or abstract.

La salud es muy importante.	*Health is very important.*
Así es el amor.	*That's love.*
No me gustan los cigarros.	*I don't like cigars.*

C. With names of languages and fields of study, except after the preposition **en** and after **aprender, enseñar, estudiar, hablar,** and **leer,** when it is usually omitted.

Aprendo alemán. —El alemán es una lengua muy útil.	*I'm learning German. —German is a very useful language.*
Me gustan las ciencias en general.	*I like sciences in general.*
¿Hablas francés? —Sí, pero con dificultad.	*Do you speak French? —Yes, but with difficulty.*
¿Cómo se dice «buen viaje» en francés? —«Bon voyage.»	*How do you say "Have a good trip" in French? —"Bon voyage."*

D. For rates and prices.

Aquí se venden huevos a setenta centavos la docena.	*Eggs are sold here for seventy cents a dozen.*
Compré un vino excelente a cuarenta pesos el litro.	*I bought an excellent wine for forty pesos a liter.*
¿Ese queso cuesta quinientos pesos el kilo? —No tengo la menor idea.	*Does that cheese cost 500 pesos a kilo? —I don't have the slightest idea.*

E J E R C I C I O S

A. **¿Qué se puso Anita?**　Anita is getting ready to go meet her boyfriend downtown. Describe what she put on before she left, following the model.

MODELO　blusa / blanco
Anita se puso la blusa blanca.

1. traje / rojo	3. suéter / azul	5. chaqueta / nuevo
2. falda / blanco	4. zapatos / negro	6. sombrero / gris

B. **¿Qué no le gusta a Luis?**   Luis is telling his girlfriend some of the things he doesn't like. Describe them as he would, following the model.

> MODELO   comidas / picante
> **No me gustan las comidas picantes.**

1. café / negro
2. vinos / italiano
3. chocolate / blanco
4. películas / cómico
5. música / clásico
6. conciertos / moderno

C. **¿Qué le duele?**   You are going to see a doctor because you ache everywhere. Describe your aches and pains, following the model.

> MODELO   garganta / ojos
> **Me duele la garganta y también me duelen los ojos.**

1. nariz / espalda
2. pies / piernas
3. manos / brazos
4. cuello / boca
5. cabeza / cuerpo
6. orejas / estómago

D. **Completar las frases.**   Complete the sentences, using a definite article if needed.

1. Teresa abre _____ ojos.
2. Orlando lleva el pasaporte en _____ mano.
3. Miguel se ponía _____ pantalones.
4. Ana se quitó _____ zapatos.
5. Me duelen _____ orejas.
6. _____ tiempo es oro.
7. A Jaime no le gustan _____ películas italianas.
8. _____ español es una lengua muy útil.
9. Compré un buen vino a veinte pesos _____ litro.
10. ¿Cómo se dice «Cheers!» en _____ español? —Se dice ¡Salud!
11. ¿Habla usted _____ alemán?
12. Aquí venden huevos a setenta centavos _____ docena.

E. **Traducción.**   Give the Spanish equivalent of the following sentences.

1. Two very important languages are Spanish and French.
2. In the United States many people speak Spanish.
3. She put on her shoes.
4. Give me your hand.
5. Children need milk.
6. My arm hurts a lot.

PREGUNTAS

1. Cuando usted se despierta por la mañana, ¿abre los ojos fácilmente o con mucha dificultad?
2. ¿Le duele a usted a veces la cabeza? ¿el estómago? ¿la garganta? ¿Qué toma o que hace usted entonces?   3. ¿Qué ropa se pone usted cuando hace frío? ¿cuando hace calor? ¿cuando llueve (*when it's raining*)?   4. ¿Le interesa a usted el arte? ¿la política? ¿la literatura?

The subjunctive with certain verbs expressing emotion, necessity, will, and uncertainty

LA DOCTORA	Primero quiero que la enfermera le *tome* la temperatura.
LA ENFERMA	Ya lo hizo, doctora, y no tengo fiebre. Pero me siento* muy mal.
LA DOCTORA	No me sorprende que *se sienta* mal. Quiero que usted *vaya* al hospital ahora mismo.
LA ENFERMA	Pero, doctora, ¿qué tengo?
LA DOCTORA	No estoy segura. Por ahora sólo sé que su aspecto físico es horrible. Mírese en ese espejo. Usted está muy pálida, tiene los ojos nublosos, la nariz...
LA ENFERMA	¡Basta ya! ¡Tampoco usted es una Venus!

1. ¿Qué quiere la doctora que haga la enfermera?   2. ¿Cómo se siente la enferma?   3. ¿Qué quiere la doctora que haga la enferma?   4. ¿Sabe la doctora qué tiene la enferma?   5. ¿Qué hace usted cuando se siente muy mal?

DOCTOR: First, I'd like the nurse to take your temperature. PATIENT: She already took it, doctor, and I don't have a fever. But I feel terrible. DOCTOR: I'm not surprised that you feel bad. I want you to go to the hospital right away. PATIENT: But doctor, what do I have? DOCTOR: I'm not sure. Right now I only know that your physical appearance is horrible. Look at yourself in that mirror. You are very pale, your eyes are blurry, your nose . . . PATIENT: That's enough! You're no Venus yourself!

A. You have seen that many sentences are composed of two or more clauses, or groups of words containing a subject and a verb. For instance, in the sentence *We wish that he were coming,* *We wish* is an independent clause, and *that he were coming* is a dependent clause. The subjunctive is used in Spanish in dependent clauses after verbs expressing:

1. An order or request; for example, **insistir (en), pedir, decir.**

Insiste en que su hijo estudie medicina.	*He insists that his son study medicine.*
Le pido al niño que no ponga los pies en la mesa.	*I am asking the child not to put his feet on the table.*
¡Te digo que levantes la mano!	*I'm telling you to raise your hand!*

*****Sentirse (ie)** + *adjective means* to feel *(good, bad, etc.);* **sentir que** *usually means* to be sorry that: **Siento que Juan no esté aquí.** (I'm sorry [that] Juan isn't here.)

2. Will, desire, preference; for example, **querer, desear, preferir.**

No quiero que usted pierda el tiempo.	*I don't want you to waste time.*
Deseo que vengan a visitarme.	*I want you to come visit me.*
Elena prefiere que su esposo no fume cigarrillos.	*Elena prefers that her husband not smoke cigarettes.*

3. Hope, emotion, and feeling; for example, **ojalá, tener miedo, alegrarse (de), sorprender, sentir.**

Ojalá que Susana se sienta bien.	*I hope Susana will feel well.*
Tengo miedo que los niños se enfermen.	*I'm afraid that the children will get sick.*
Me alegro (de) que no tengas fiebre.	*I'm glad you don't have a fever.*
No me sorprende que Ernesto esté enfermo porque no come bien.	*It doesn't surprise me that Ernesto is sick, because he doesn't eat well.*
Siento que Juan tenga un resfrío.	*I'm sorry Juan has a cold.*

4. Approval, permission, prohibition, or advice; for example, **gustar, permitir, prohibir, aconsejar, recomendar.**

Me gusta que Ana diga eso.	*I'm pleased (It pleases me) that Ana says that.*
Mamá no permite que hablemos con la boca llena.	*Mom doesn't allow us to talk with our mouths full.*
El doctor le prohibe que se levante de la cama.	*The doctor forbids him (her) to get out of bed.*
Te aconsejo que llegues a las nueve en punto.	*I advise you to arrive at nine o'clock on the dot.*
El médico recomienda que tomes mucha agua y otros líquidos.	*The doctor recommends that you drink a lot of water and other liquids.*

5. Necessity; for example, **necesitar.**

Necesitan que alguien los lleve al hospital.	*They need someone to take them to the hospital.*

6. Doubt or uncertainty; for example, **dudar, no estar seguro(a).**

Dudo que encuentren la cura para esa enfermedad.	*I doubt they will find the cure for that disease.*
No estoy seguro que el doctor sepa hacerlo.	*I'm not sure the doctor knows how to do it.*

B. The verbs **creer** and **pensar** require the subjunctive in interrogative or negative sentences when surprise or doubt is implied. The indicative is used in affirmative sentences or when there is no uncertainty in the speaker's mind.

¿Crees que Alicia esté embarazada?	*Do you think that Alicia is pregnant?* (doubt implied)
¿Crees que Alicia está embarazada?	*Do you think that Alicia is pregnant?* (simple question)
No creo que Alicia esté embarazada.	*I don't believe that Alicia is pregnant.*

¿Piensas que Ramón sea feliz?
No pienso que Ramón sea feliz.

Pienso que Ramón es feliz.

Do you think Ramón is happy? (doubt implied)
I don't think that Ramón is happy. (the speaker thinks he probably isn't)
I think that Ramón is happy.

C. Remember that **que** is always used in these expressions, although in English *that* can be omitted or an infinitive used.

Espero que ellos hablen con el médico.
Quiero que Juanito tome estas vitaminas.

I hope (that) they talk to the doctor.
I want Juanito to take these vitamins.

Remember also that the subjunctive is used only when there is a change of subject; when the subject of the main and dependent clauses is the same, an infinitive is used.

Queremos ir a pescar mañana.
Necesito comprar unas medicinas.

We want to go fishing tomorrow.
I need to buy some medicines.

EJERCICIOS

A. **Imaginación y lógica.** Combining elements from all three columns, form logical sentences using the subjunctive, as in the models. Use each phrase in the column on the right twice.

MODELOS **Espero que ustedes se sientan mejor.**
Nos alegramos de que tú te sientas mejor.

no quiero que...	nosotros	llamar al médico
dudamos que...	tú	darnos la medicina
espero que...	el enfermero	traer los cigarrillos
¿quieren que... ?	mis abuelos	sentirse mejor
nos alegramos de que...	tú y Roberto	tomarme la temperatura
no creo que...	yo	estar bien
	ustedes	

B. **Completar las frases.** Complete the sentences with the correct form of the verbs in parentheses.

1. (llegar) ¡Ojalá que la enfermera _____ pronto!
2. (conocer) Queremos que tú _____ a Magdalena.
3. (dar) Le pido que no le _____ aspirinas al niño.
4. (volver) ¿Dudas que el doctor _____ mañana?
5. (saber) Esperamos que ellas _____ hacerlo.
6. (venir) No creo que él _____ porque tiene dolor de garganta.
7. (tener) ¿Te sorprende que yo _____ un resfrío?
8. (ser) ¿No creen que ella _____ mi hermana?
9. (estar) Sentimos que usted _____ enferma.
10. (trabajar) ¿No le gusta que su esposa _____ en el hospital?
11. (descansar) El médico aconseja que tú _____ más.
12. (ir) Recomiendo que ustedes _____ en bicicleta.

La salud y el cuerpo **291**

Traducción. Give the Spanish equivalent of the following sentences.

1. I hope (that) he helps the family.
2. I want him to help the family.
3. She believes you (**usted**) are at the hospital.
4. She doubts that you (**usted**) are at the hospital.
5. They don't believe that you (**usted**) are at the hospital.
6. Do you (**tú**) think he has a fever?
7. I think he has a fever.
8. We don't think he has a fever.
9. I advise you (**tú**) to arrive early.
10. The doctor forbids Mrs. López to do exercises now.

P R E G U N T A S

1. ¿Cree usted que los médicos generalmente les dicen la verdad a sus pacientes?   2. ¿Necesita usted que el doctor le dé una dieta especial? ¿Qué tipo de dieta?   3. ¿Piensa usted que las vitaminas son necesarias? ¿Por qué sí o por qué no?

The subjunctive with impersonal expressions

En una ciudad de Colombia

SR. ÁLVAREZ	Si piensa casarse con mi hija, es importante que me *diga* qué hace y cuánto gana.
EL NOVIO	Pues mire, señor Álvarez, es preferible que ella *sea* feliz y no ricà, ¿no? Yo gano siete mil pesos por semana. Soy enfermero.
SR. ÁLVAREZ	Usted tiene razón. Sin embargo, es posible que se *mueran* de hambre, aunque también es verdad que mi hija va a estar bien cuidada con un enfermero en casa...

1. ¿Qué quiere saber el señor Álvarez?   2. ¿Cuánto gana el novio?   3. Según el señor Álvarez, ¿qué es posible que les pase a los novios después de casarse? ¿Por qué?   4. ¿Piensa él que su hija va a estar bien o mal cuidada? ¿Por qué?

In a city in Colombia   MR. ÁLVAREZ: If you intend to marry my daughter, it's important that you tell me what you do and how much you earn. BOYFRIEND: Well, look, Mr. Álvarez, it's preferable for her to be happy, not rich, isn't it? I earn seven thousand pesos a week. I'm a nurse. MR. ÁLVAREZ: You're right. However, it's possible that you might die from hunger, although it is also true that my daughter is going to be well taken care of with a nurse at home...

A. Impersonal expressions have no obvious subject, and equivalent English expressions often begin with the pronoun *it*. The subjunctive is used after many impersonal expressions of doubt, emotion, expectation, permission or prohibition, and personal judgment. Some of the more commonly used impersonal expressions that require the subjunctive in a following clause are:

Es bueno. *It's good.*
Es malo. *It's bad.*
Es mejor. *It's better.*
Es imposible. *It's impossible.*
Es posible. *It's possible.*
Es importante. *It's important.*

Es (una) lástima. *It's a pity.*
Es probable. *It's probable.*
Es necesario. *It's necessary.*
Es ridículo. *It's ridiculous.*
Está bien. *It's all right (okay).*
Está prohibido. *It's forbidden.*

¿Es bueno que ellos hagan ejercicios?
Es mejor que me vaya.
Es importante que tomes vitaminas.
No es posible que sea tan difícil.
¿Está bien que te acompañemos?
Está prohibido que los estudiantes fumen en la sala de clase.

Is it good that they exercise?
It's better for me to leave.
It's important that you take vitamins.
It's not possible that it's so difficult.
Is it all right if we go with you?
It's forbidden for students to smoke in the classroom.

All of the preceding impersonal expressions are followed by the subjunctive in dependent clauses in affirmative, negative, or interrogative sentences.

B. The following expressions require the indicative when used in the affirmative but the subjunctive when used in the negative. They take the subjunctive in interrogative sentences only if doubt is strongly implied.

Es cierto. *It's certain.*
Es (Está) claro. *It's clear.*

Es seguro. *It's certain.*
Es verdad. *It's true.*

No es verdad que todo se vaya a arreglar.*

¿Es verdad que todo se vaya a arreglar?

¿Es verdad que todo se va a arreglar?

Es verdad que todo se va a arreglar.

No es cierto que esa enfermedad sea incurable.

It's not true that everything is going to turn out all right.

Is it true that everything is going to turn out all right? (doubt implied)

Is it true that everything is going to turn out all right? (simple question)

It's true that everything is going to turn out all right.

It's not true that that disease is incurable.

Arreglar means to fix, repair, *or* arrange; *arreglarse* is to be okay, turn out all right.

C. The expressions **tal vez** and **quizás**, which both mean *perhaps,* normally require the subjunctive. They are followed by the indicative if the speaker or writer wants to express belief or conviction.

Quizás fume demasiado.

Perhaps he smokes too much. (the speaker is not sure)

Quizás fuma demasiado.

Perhaps he smokes too much. (the speaker thinks he probably does)

Tal vez Enrique lo sepa.

Maybe Enrique knows about it. (the speaker is not sure)

Tal vez Enrique lo sabe.

Maybe Enrique knows about it. (the speaker thinks he probably does)

E J E R C I C I O S

A. **Imaginación y lógica.**   Combining elements from all three columns, form logical sentences in the subjunctive or indicative, as appropriate. Use each impersonal expression at least once.

> MODELOS   ¿Es necesario que Manuel trabaje los fines de semana?
> Es cierto que ustedes son buenos doctores.

es verdad que...	los Ortiz	estar muy enfermo
es (una) lástima que...	ustedes	trabajar los fines de semana
no es cierto que...	yo	fumar veinte cigarrillos por día
¿no es mejor que... ?	Marisa y tú	levantarse temprano los domingos
es cierto que...	Manuel	ser buenos doctores
es posible que...	tú	tener una enfermedad incurable
¿es seguro que... ?	nosotros	hacer ejercicios regularmente
¿es necesario que... ?		

B. **Es mejor que practiquemos...**   Create new sentences, replacing the words in italics with **que** + a clause. Use the word or words in parentheses as subjects.

> MODELO   Es bueno *ser bilingüe.* (Tomás)
> **Es bueno que Tomás sea bilingüe.**

1. Es una lástima *no llegar temprano.* (Eduardo y Carolina)
2. Es importante *no trabajar demasiado.* (tú)
3. Es posible *tener fiebre.* (la hija del doctor)
4. Es mejor *no hacerlo.* (nosotros)
5. Es ridículo *decir esas cosas.* (usted)
6. Es necesario *ver al doctor regularmente.* (yo)
7. ¿Está prohibido *hablar inglés en esta clase?* (los estudiantes)
8. Está bien *ponerse la ropa ahora.* (la enfermera)

C. **¿Es necesario, doctor?** Mrs. Ramos is pregnant with her first child and goes to see the family doctor. Form sentences with the following elements, starting with **Es necesario que,** as the doctor would.

MODELO usted / tomar mucha leche
Es necesario que usted tome mucha leche.

1. su esposo / ayudar más en la casa
2. usted / dormir ocho horas por día
3. usted y su esposo / querer tener este bebé
4. usted / comer bien y tomar vitaminas
5. ustedes / buscar un buen hospital
6. usted / no fumar
7. usted / no tomar bebidas alcohólicas
8. usted / volver aquí la próxima semana

D. **Quizás...** Write three sentences using **quizás** or **tal vez** telling what you or people you know may do this weekend.

PREGUNTAS

1. ¿Es importante o no que uno vea al doctor regularmente? ¿Por qué?   2. ¿Es posible que en el futuro exista la posibilidad de vivir eternamente? ¿Le gusta o no la idea de no morir? ¿Por qué sí o por qué no?   3. ¿Cree usted que es probable que los científicos descubran alguna cura para el cáncer?   4. ¿Es probable que podamos llegar a Martes (*Mars*) en esta década (*decade*)? ¿que podamos hablar con habitantes (*inhabitants*) de otros planetas?   5. ¿Es posible que no tengamos guerras (*wars*) en el futuro? ¿problemas económicos? ¿enfermedades?

COLOMBIA: EN LA COSTA DEL CARIBE

Un rancho en la costa del Caribe

Antonia   ¡Jesús, ven acá![1] Necesito que me traigas agua. Me duele mucho la espalda.
Jesús   Aquí estoy, mamá. Voy a ir por el agua y después voy a pescar.
Antonia   Está bien. Ojalá que regreses con un buen pescado.

El niño sale, pero regresa en seguida.

Jesús   Mamá, por el río llega gente en canoa°.
Antonia   ¿Estás seguro? ¿Quiénes pueden ser?... ¡Ah, sí!, son Félix y Marta. ¡Bienvenidos!
Félix   Buenos días, comadre[2] Antonia.

La salud y el cuerpo **295**

Antonia	Muy buenos días, compadres. Pasen ustedes.
Félix	¿Y el compadre Ezequiel?
Antonia	Está con don José. Jesús, ve por tu papá.
Jesús	Sí, mamá. Ahora mismo voy a decirle que venga.
Antonia	En un momentito les hago un rico tinto.³
Félix	Bueno, si usted insiste.
Antonia	Claro, y también insisto en que almuercen con nosotros.
Marta	En estos momentos, es mejor que nos haga una burundanga.⁴
Antonia	Pero, ¿por qué? ¿Se siente mal? La veo pálida.
Marta	Es que tenemos muchos problemas. El señor Álvarez nos ha quitado° el rancho porque no podíamos pagar las deudas°.
Félix	La señora Álvarez quiere que trabajemos para ella en su casa. Pero, ¡qué va! No queremos ser sirvientes°.
Antonia	Claro. Es mejor ser pobres pero libres. ¿Por qué no vienen a vivir con nosotros?

Marta	Gracias, comadre. Pero no creo que aquí haya bastante espacio para dos familias. Además, como usted puede ver, estoy embarazada.
Antonia	No lo sabía. ¡Felicitaciones! Y ahora, con más razón, estoy segura que Ezequiel no va a permitir que se vayan. Es verdad que no tenemos mucho, pero con más manos para el trabajo, también vamos a producir° más.
Félix	Se lo agradecemos° de todo corazón, comadre. Vamos a ver qué pasa.
Antonia	¡No se preocupen! Todo se va a arreglar.

---

canoa *canoe*   **quitado** *taken away*   **deudas** *debts*   **sirvientes** *servants*   **producir** *to produce*
Se lo agradecemos *We thank you*

P R E G U N T A S

1. ¿Qué le pide Antonia a Jesús? ¿Por qué necesita ayuda ella?   2. ¿Qué quiere hacer Jesús después?   3. ¿Qué espera Antonia?   4. ¿Quiénes llegan en canoa?   5. ¿Con quién está Ezequiel?   6. ¿Qué le va a decir Jesús a su papá?   7. ¿En qué insiste Antonia?   8. ¿Cuáles son los problemas de Félix y Marta?   9. ¿Qué quiere la señora Álvarez que hagan Félix y Marta?   10. «Es mejor ser pobres pero libres.» ¿Está usted de acuerdo? ¿O es necesario que uno tenga dinero para ser verdaderamente libre?

notas culturales

1.   **Jesús** is a common proper name in the Hispanic world, and it is used for both males and females, often in compound names such as **María de Jesús** or **Santiago de Jesús**.

2.   The words **comadre** and **compadre** are used in many areas of the Hispanic world to mean *good friend,* particularly by families joined together by the system of **compadrazgo.** This often means that the husband and wife of each of the families are godparents to the children of the other family and also are bound to help them in times of trouble.

3.   The word **tinto** is used in Colombia and certain other places to mean *black coffee.* It normally refers to red wine (**vino tinto**) and is used to distinguish it from white wine (**vino blanco**) in all parts of the Hispanic world.

4.   A **burundanga** is a drink made from herbs; it is supposed to cause certain spiritual changes in the person who drinks it. The word is of African origin, as are many of the words used in the Caribbean and the coastal areas of Colombia, since many of the people there are of African ancestry, often mixed with Indian and Caucasian.

ACTIVIDADES

In this chapter, you have seen examples of the following language functions, or uses. Here is a summary and some additional information about these functions of language.

EXPRESSING DOUBT

You don't know how to respond to someone because you don't know or can't decide something.

No sé.	*I don't know.*
No se sabe.	*No one knows. (Literally, "It's not known.")*
¿Quién sabe?	*Who knows?*
¿Qué sé yo?	*What do I know? (informal)*
No tengo la menor idea.	*I don't have the slightest idea.*

You have a response, but you are doubtful about it.

No estoy seguro(a) que (+ subj.)...	*I'm not sure that . . .*
Es posible (probable) que (+ subj.)...	*It's possible (probable) that . . .*
Puede (Podría) ser.	*It could be.*
Tal vez... , Quizá(s)... (+ subj. or ind.)	*Perhaps . . .*
Que yo sepa... (+ ind.)	*As far as I know . . .*
Creo que sí (no).	*I believe so (not).*
Creo que (+ ind.)... , No creo que (+ subj.)...	*I believe that . . . , I don't believe that . . .*
Pienso que sí (no).	*I think so. (I don't think so.)*
Pienso que (+ ind.)... , No pienso que (+ subj.)...	*I think that . . . , I don't think that . . .*

ASKING FOR PERMISSION

¿Me permite (+ inf.)... ?	*May I . . . ? (Will you allow me to . . . ?)*
¿Se permite (+ inf.)... ? ¿Se debe (+ inf.)... ?	*May one (we, I) . . . ?*
¿Se puede (+ inf.)... ?	*Can one (we, I) . . . ?*
¿Está bien que (+ subj.)... ?	*Is it okay to . . . ?*

GRANTING OR DENYING PERMISSION

Sí, está bien que (+ subj.)...	*Yes, it's okay to . . .*
Sí, estoy seguro(a) que puede(s)...	*Yes, I'm sure you can . . .*
No, no está bien que (+ subj.)...	*No, it's not okay to . . .*
No, está prohibido que (+ subj.)...	*No, it's prohibited to . . .*
Se prohibe (+ inf.)...	*It's prohibited (forbidden) to . . .*
No se permite (+ inf.)...	*It's not permitted to . . .*
Eso no se hace.	*That's not done (allowed).*
¡Ni hablar!	*Don't even mention it!*

GIVING ADVICE

Usted debe (Tú debes)...	*You should . . .*
Le (Te) aconsejo que (+ subj.)...	*I advise you to . . .*
Es mejor que usted (tú) (+ subj.)...	*It's better for you to . . .*
Recomiendo que usted (tú) (+ subj.)...	*I recommend that you . . .*

A. **Dudas.**   Juanita reads a lot about health, but she doesn't always get her facts straight. Express doubt as she tells you the following things, which she has incorrectly interpreted. Use as many different expressions of doubt as you can.

MODELO   Hacer muchos ejercicios siempre es malo para el corazón.
   No estoy seguro(a) de que siempre sea malo para el corazón.

1. El chocolate puede causar cáncer.
2. La persona que sale de la casa con el pelo mojado (*wet*) se enferma.
3. Las pulseras de cobre (*copper bracelets*) curan la artritis.
4. La vitamina C cura el cáncer.
5. La leche es buena para todo el mundo.
6. Es bueno para el pelo si uno se lo lava con huevos y cerveza.
7. Dos o tres días sin comer, tomando (*drinking*) sólo jugo de lechuga, cura todos los males.
8. Si uno tiene fiebre, es mejor no comer; si uno tiene un resfrío, se debe comer mucho.
9. La persona que come mucha cebolla (*onion*) va a vivir mucho.

B. **No, mi amor...**   Manuel's wife, Sara, is pregnant for the first time, and he is overly protective. She asks if she can do various things and he says no, since he is worried about her health. Take their roles and follow the model. Use as many different expressions to ask for permission as possible.

MODELO   tomar un café (es importante que no...)
         Sara: **¿Está bien que tome un café?**
      Manuel: **No, es importante que no tomes café.**

1. tomar una copa de vino (el doctor prohibe que...)
2. fumar un cigarrillo (insisto en que no...)
3. hacer algunos ejercicios (te digo que no...)
4. llevar cuatro libros grandes de un lugar a otro (no quiero que...)
5. comer unos chocolates (no me gusta que...)
6. acostarse muy tarde (te pido que no...)
7. aumentar de peso (no está bien que...)

C. **La espiritista.**   Tina has a lot of problems and goes to Madame Leona, a spiritualist. In pairs, role-play their conversation using the cues provided.

TINA   Dice que últimamente se siente mal, que siempre tiene dolores de cabeza y que está muy nerviosa. Le pregunta qué puede ser.

MME. LEONA   Le hace varias preguntas sobre su rutina diaria: a qué hora se levanta, a qué hora se acuesta, qué come, etcétera.

TINA	Dice que no duerme mucho y que tampoco come mucho porque no tiene tiempo. Trabaja unas dieciocho horas por día.
MME. LEONA	Le hace unas preguntas sobre su vida social: si tiene novio, etcétera.
TINA	Describe a su novio.
MME. LEONA	Le da los siguientes consejos:

No es bueno:
    tomar café
    seguir viendo (*keep seeing*) a su novio
    salir los martes
    trabajar tantas horas al día
    ? (add two items of your own)

También le dice que es bueno:
    hacer más ejercicios
    dormir más
    comer tres comidas al día
    leer su horóscopo todos los días
    salir más para conocer a más muchachos
    ? (add two items of your own)

D. **Consejos.**   In pairs, take turns giving each other advice. One person states a problem, real or imaginary. The other tells him or her what to do.

MODELO   Siempre estoy cansado(a).
               Te aconsejo que descanses más (que tomes vitaminas, etcétera).

E. **¿Qué dicen?**   Tell what the people shown are probably saying, using expressions for asking, granting, and denying permission. You might want to use some of the following vocabulary: **cerrar, quitarme el sombrero, usar su lápiz, pescar, abrir, presentarle a mi amigo Adolfo, fumar, sentarme aquí, sacar una foto, entrar.**

MODELO

¿Podría sentarme aquí?

No fumar

2.

3.

4.

5.

▼OCABULARIO
▲CTIVO

sentir (ie)	*to feel; to sense*
sentir que	*to be sorry that*
sentirse + adj.	*to feel a certain way*
sorprender	*to surprise*

Verbos

alegrarse de	*to be glad*
andar	*to walk*
andar en bicicleta	*to ride a bicycle*
arreglar	*to fix, arrange*
arreglarse	*to be okay, turn out all right*
curar	*to cure*
descansar	*to rest*
doler (ue)	*to ache, hurt*
dudar	*to doubt*
enfermarse	*to get sick*
pescar	*to fish*

El cuerpo humano

la boca	*mouth*
el brazo	*arm*
la cara	*face*
el cuello	*neck*
el cuerpo	*body*
la espalda	*back*
la garganta	*throat*
la nariz	*nose*
la oreja	*ear*
el pelo	*hair*
el pie	*foot*
la pierna	*leg*

La salud

el aspecto (físico)	(physical) appearance
la aspirina	aspirin
la cama	bed
el cigarro	cigar
el cigarrillo	cigarette
la cura	cure
la energía	energy
la enfermedad	illness
el enfermero (la enfermera)	nurse
el hospital	hospital
el médico, la médica	doctor
la píldora	pill
el resfrío	cold
la temperatura	temperature
la vitamina	vitamin

Adjetivos

embarazada	pregnant
enfermo(a)	sick
fresco(a)	fresh; cool
humano(a)	human
libre	free, at liberty
pálido(a)	pale
posible	possible

Otras palabras

ahora mismo	right away
¡Basta!	That's enough!
la comadre	close family friend, often godmother of one's child
el compadre	close friend, often godfather of one's child
la costa	coast
demasiado	too much
la dificultad	difficulty
la docena	dozen
el espejo	mirror
el miedo	fear
tener miedo (de) que	to be afraid that
Ojalá que...	I hope (It is to be hoped) that . . .
perder (el) tiempo	to waste time
¿Qué te pasa?	What's wrong? (What's the matter with you?)
el rancho	ranch; in Venezuela and Colombia a small, poor dwelling
el río	river

LAS FIESTAS

A los hispanos les gustan las fiestas y los espectáculos. Celebran muchas fiestas religiosas y nacionales. En muchos pueblos de Guatemala los indios se visten de conquistadores o de jefes indios y participan en una representación de la conquista. Así pueden olvidar su vida de trabajo y pobreza y recordar las ricas tradiciones del pasado.

Como la mayoría° de la gente hispana es católica, las fiestas católicas son muy importantes, tanto en España como en Hispanoamérica. Por esa razón, muchos pueblos y ciudades celebran el día de su santo patrón. También por eso, muchas personas celebran el día de su santo. Por ejemplo, si alguien se llama Teresa, es muy probable que celebre—además de su cumpleaños—el quince de octubre, día de Santa Teresa de Jesús. Pero una de las festividades religiosas más importantes del mundo hispano es la celebración de la Semana Santa. En Sevilla, España, se adornan las casas y hay procesiones lentas y silenciosas de enormes «pasos», que

°majority

Representación de la conquista en Guatemala

La Semana Santa en Sevilla

Fiesta de la Diablada en Oruro, Bolivia

son plataformas decoradas con estatuas que representan escenas religiosas. Después de las Pascuas°, hay una gran celebración con bailes, música y fuegos artificiales°. En la foto se ve parte de una procesión en Sevilla durante la Semana Santa.

En las fiestas religiosas de los pueblos pequeños de Hispanoamérica se encuentra, muchas veces, una mezcla° curiosa de cristianismo y paganismo. Así, por ejemplo, en algunas partes del Perú y de Bolivia, la gente honra° simultáneamente a la Virgen María y a la Pachamama o Madre Tierra. En la Fiesta de la Diablada, los indios bolivianos llevan máscaras° que representan el bien y el mal en forma de ángeles y diablos, o de los antiguos demonios de los Andes. Hay bailes dramáticos y la celebración generalmente termina con una ceremonia religiosa.

Easter

fuegos... fireworks

mixture

honor

masks

E J E R C I C I O

Pretend that a Spanish-speaking student is visiting you; you are curious about his or her favorite holiday. Prepare a list of six questions you might ask, beginning with **¿Qué día de fiesta te gusta más?**

Está triste (deprimida).
Llora.

...one furiosa.

...tá asustada. Se asusta.

CAPÍTULO 15

SENTIMIENTOS Y EMOCIONES

APOLOGIZING

EXPRESSING FORGIVENESS

EXPRESSING RELIEF

EXPRESSING SURPRISE

EXPRESSING ANGER

EJERCICIO

Give the adjective that corresponds to each of the following nouns.

> MODELO   el orgullo
> **orgulloso**

1. la tristeza
2. la alegría
3. la vergüenza
4. el enojo
5. el susto
6. la desilusión

PREGUNTAS

1. ¿Cómo está la persona que tiene un mes de vacaciones? ¿que dice o hace algo malo en público? ¿que descubre que su mejor amigo va a mudarse a otra ciudad? ¿que pierde su pasaporte y su dinero?   2. ¿Qué hace la persona que ve una película trágica? ¿que escucha un chiste (*joke*)?   3. ¿Cómo se siente la persona que está sola en la casa a medianoche y oye ruidos (*noises*) extraños?   4. ¿Cómo se siente usted cuando gana en un deporte o juego?   5. Cuando esperamos a una persona por mucho tiempo, ¿cómo nos ponemos?   6. ¿Cuándo llora usted?   7. ¿Cuándo tiene vergüenza usted? ¿Qué cosas le dan vergüenza?   8. ¿Hay cosas que le asustan a usted? ¿Puede dar un ejemplo?

305

The infinitive

LA VIAJERA   Señor, ¿es posible *ir* a Valencia en tren?

EL AGENTE   Sí, señorita. Puede *tomar* el Talgo* si desea *viajar* de día o el expreso si no teme *viajar* de noche. ¿Cuándo quiere *ir*?

LA VIAJERA   Esta misma noche. Espero *estar* allí mañana antes de las seis. ¡Estoy ansiosa por *ver* a mi familia!

EL AGENTE   Pues, vamos a *ver*... Ahora son las doce menos cinco. Acaba de *salir* el Talgo... ¡Pero hoy es su día de suerte, señorita! Dentro de diez minutos va a *salir* un expreso para Valencia.

LA VIAJERA   ¡Qué alegría! ¿Y a qué hora llega allí?

EL AGENTE   A las seis menos diez. Éste lleva un coche-cama. Puede *dormir* unas horas, si quiere.

LA VIAJERA   ¡Buena idea! Deme un pasaje de ida y vuelta. ¡Pero, dese prisa, por favor! ¡No quiero *perder*lo!

---

1. ¿Se puede viajar de Barcelona a Valencia en tren?   2. ¿Se debe tomar el Talgo si se quiere viajar de noche? ¿el expreso?   3. ¿A qué hora quiere estar la señorita en Valencia? ¿Por qué?   4. ¿Perdió ella el expreso de las doce y cinco?   5. ¿A qué hora llega ese expreso a Valencia? ¿Lleva o no un coche-cama?   6. ¿Qué clase de pasaje quiere ella? ¿sólo de ida o de ida y vuelta?

From Barcelona to Valencia   TRAVELER: Sir, is it possible to go to Valencia by train? AGENT: Yes, miss, you can take the **Talgo** if you want to travel by day or the express if you are not afraid of traveling at night. When do you want to go? TRAVELER: Tonight (literally, "This very night"). I hope to be there tomorrow before six. I'm eager to see my family! AGENT: Well, let's see . . . It's now five to twelve. The **Talgo** just left . . . But today is your lucky day, miss! In ten minutes, an express is going to leave for Valencia. TRAVELER: How wonderful (literally, "What happiness")! And what time does it arrive there? AGENT: At ten to six. This one has (literally, "carries") a Pullman (sleeping car). You can sleep a few hours if you want. TRAVELER: Good idea! Give me a round-trip ticket. But hurry, please! I don't want to miss it!

In Spanish the infinitive can be used in the following ways.

1. As a noun. The infinitive is often used as the subject or object of a verb in much the same way that the *-ing* form of the English verb is used. It can be used with or without the definite article.

Creo que (el) viajar es estupendo.   *I believe that traveling is great.*

*In Spain, the **Talgo** is a very fast, modern train.*

2. As a verb complement. Most verbs may be followed directly by an infinitive. Certain verbs require a preposition (most often **a** or **de,** but in some cases **en** or **con**) before the infinitive. **Tener** and **haber** are followed by **que** to express obligation.

Francisca puede reír y llorar de alegría a la vez.	Francisca can laugh and cry from happiness at the same time.
Fuimos a ver *La venganza del Zorro.*	We went to see The Revenge of Zorro.
Tratan de llegar temprano.	They try to arrive early.
Tenemos que comprar el pasaje. Hay que comprarlo hoy.	We have to buy the ticket. We must buy it today.

The expression **acabar de** is followed by the infinitive to mean *to have just* (done something).

Acabo de hablar con Enrique. —¡Por fin!	I have just spoken to Enrique. —Finally!
Acabamos de oír las malas noticias. —¡Esto es el colmo!	We've just heard the bad news. —This is the last straw!

3. As the object of a preposition.

Antes de comprender el problema, Marta lo leyó muchas veces.	Before understanding the problem, Marta read it many times.
Después de llorar casi una hora, Ana se calmó.	After crying almost an hour, Ana calmed down.
En vez de trabajar, él va a la playa todos los días.	Instead of working, he goes to the beach every day.
Sin mentir, le conté todo.*	Without lying, I told him everything.
Para ir a Asunción, hay que manejar dos horas.	To go to Asunción, you have to drive two hours.

4. With **al. Al** + infinitive expresses the idea of *on* or *upon* + the *-ing* form of the verb.

Al hablar con mamá de lo que pasó, me di cuenta que estaba enojada. —Perdóname, le dije.	Upon talking to Mom (When we talked with Mom) about what happened, I realized she was angry. —"Excuse me," I said to her.
Al recibir la noticia, Pedro se sintió avergonzado.	Upon receiving the news (When he received the news), Pedro felt embarrassed.
Al saber que su marido tenía una amante, Olga se puso furiosa.	Upon learning that her husband had a lover, Olga became furious.

E J E R C I C I O S

A. **Entonces, ¿qué vamos a hacer?**   Pedro and Miguel are discussing how they and their friends will get to their class picnic. Answer Pedro's questions

---

Mentir (to lie) *is an* **e** *to* **ie** *stem-changing verb.*

in the negative, using the verbs in parentheses, as Miguel would. Follow the model.

MODELO ¿Viene Susana a buscarnos? (poder)
No, ella no puede venir a buscarnos.

1. ¿Va al picnic en taxi Ramón? (pensar)
2. ¿Lo llevan sus padres? (ir a)
3. ¿Pasan tus primas por Teresa y Ramón? (querer)
4. ¿Lo saben ellos? (deber)
5. ¿Maneja Inés el auto de tus padres? (querer)
6. ¿Lo hace Pepito? (tener ganas de)
7. ¿Tomamos el tren? (poder)
8. Entonces, ¿olvidamos el picnic? (deber)

B. **¡Vamos a darnos prisa!** Lelia and Rolando are going over some last-minute details regarding a farewell party they have organized for Alicia, who is leaving town in the morning. Answer Lelia's questions using the cues provided, as Rolando would.

MODELOS ¿Quién llama a Paco? (yo / ir a)
Yo lo voy a llamar.

¿Quién trae la torta? (Marisa / prometer)
Marisa prometió traerla.

1. ¿Quién compra el regalo? (Daniel / ir a)
2. ¿Quién habla con Sofía? (mi hermana / pensar)
3. ¿Quién le da el regalo a Alicia? (yo / querer)
4. ¿Quién trae los discos? (Ernesto y Mario / prometer)
5. ¿Quién cuenta los chistes? (los Gómez / deber)
6. ¿Quién hace el postre? (Rogelio / tener ganas de)
7. ¿Quién busca a Alicia? (su novio / querer)
8. ¿Quién prepara la sangría? (los muchachos / prometer)
9. ¿Quién toca la guitarra y canta? (tú y yo / poder)

C. **Sí, abuela, acabo de hacerlo.** Answer Mrs. Bello's questions according to the example, as her grandson would. Use object pronouns wherever possible.

MODELO ¿Viste a tu prima?
Sí, acabo de verla.

1. ¿Terminaron tus padres el trabajo?
2. ¿Lavaste el auto?
3. ¿Les habló Lucía a ustedes?
4. ¿Recibiste mi carta?
5. ¿Leyeron mis chistes tus hermanos?

D. **Traducción.** Give the Spanish equivalent of the following sentences.

1. I have just watched that program.
2. We left before eating.
3. Was he angry? He went away without saying anything.

4. Seeing is believing.
5. We have just arrived.
6. Why doesn't she laugh instead of crying?
7. I'm trying to study.
8. Luis is anxious to see his girlfriend.
9. Upon receiving that letter, we all felt very happy.

1. ¿Qué hizo usted anoche al llegar a su casa? ¿esta mañana al levantarse?   2. ¿Se sintió usted triste o feliz al terminar sus estudios secundarios? ¿al recibir la nota de su primer examen de español?   3. ¿Prefiere usted viajar de día o de noche? ¿Teme usted viajar en avión? ¿Por qué sí o por qué no?   4. ¿Qué debe decir uno al encontrarse con un amigo? ¿al recibir un regalo? ¿al entrar a clase? ¿al salir?

The subjunctive in descriptions of the unknown, nonexistent, or indefinite

SR. MÉNDEZ	¿Es usted la persona que quiere trabajar aquí?
SR. GÓMEZ	Sí, señor, yo soy profesor y busco un empleo que me *guste*. Puedo enseñar historia, literatura o cualquier otro curso que usted *mande*.
SR. MÉNDEZ	¡Qué bien! Me alegro de conocer a alguien que sabe tanto. Dígame, ¿sabe usted quién mató a Julio César?
SR. GÓMEZ	Pero señor, pregúntele eso a alguien que *sea* detective.
SR. MÉNDEZ	¡Bruto!
SR. GÓMEZ	Esto es demasiado, señor. Por favor, sin ofender...

1. ¿Quién busca un empleo que le guste?   2. ¿Qué es el señor Gómez?   3. ¿Qué puede enseñar él?   4. Aparentemente, ¿sabe él quién mató a Julio César?   5. Según el señor Gómez, ¿a quién hay que preguntarle quién lo mató?   6. ¿Trabaja usted además de estudiar? ¿Está contento(a) con su trabajo?

MR. MÉNDEZ: Are you the person who wants to work here? MR. GÓMEZ: Yes, sir, I am a teacher, and I'm looking for a job that I like. I can teach history, literature, or any other course you like ("order"). MR. MÉNDEZ: Great! I'm glad to meet someone who knows so much. Tell me, do you know who killed Julius Cesar? MR. GÓMEZ: But sir, ask that of someone who is a detective. MR. MÉNDEZ: Brutus! (also "Brute! Ignoramus!") MR. GÓMEZ: This is too much, sir. Please, there's no need to be insulting (literally, "without being insulting") . . .

The subjunctive is used in certain clauses that modify a noun or pronoun that is unknown, nonexistent, or indefinite—as, for instance, some person or thing that one needs but may not find, or some person or thing that may or may not exist. However, the indicative is used if the person or thing is definitely known to exist (including sentences with the pronouns **alguien, alguno,** and **algo**). Compare the following examples.

Ana busca un empleo que le guste. (*indefinite*)

Ana is looking for a job that she likes.

Por fin tiene un empleo que le gusta. ¡Gracias a Dios! (*definite*)

Finally she has a job that she likes. Thank God!

Perdónenme... ¿hay alguien aquí que comprenda francés? (*indefinite*)

Excuse me . . . is there anyone here who understands French?

Sí, aquí hay alguien que comprende francés. (*definite*)

Yes, there is someone here who understands French.

Cuéntame un chiste que me haga reír. (*indefinite*)

Tell me a joke that will make me laugh.

Cuéntame ese chiste que siempre me hace reír. (*definite*)

Tell me that joke that always makes me laugh.

The personal **a** is used before a direct object that is a person when the speaker has someone definite in mind, but not when the person is indefinite, unspecified, or nonexistent.*

Buscan un ingeniero que sea experto en eso. (*indefinite*)

They're looking for an engineer who is an expert on that.

Pagan a un ingeniero que es experto en eso. (*definite*)

They're paying an engineer who is an expert on that.

Although the subjunctive may be used in a question that refers to someone or something indefinite, the answer will contain the indicative if the person or thing is known to exist:

¿Hay alguien aquí que conozca a Enrique? (*indefinite*)

Is there anyone here who knows Enrique?

Sí, aquí hay alguien que conoce a Enrique. (*definite*)

Yes, there's someone here who knows Enrique.

No, aquí no hay nadie que conozca a Enrique. (*nonexistent*)

No, there's no one here who knows Enrique.

*However, when the pronouns **alguien, nadie,** and **alguno/ninguno** are used as direct objects referring to a person, the personal **a** is nearly always used, whether the person is known or not. (This point is not practiced in the exercises in this text.)*

A. **Imaginación y lógica.**   Combine elements from all three columns to form logical sentences in the subjunctive, following the models. Use each element in the second column at least once.

MODELOS   **Busco un auto que no cueste tanto.**
Necesitamos un(a) secretario(a) que hable español y francés.

	un(a) novio(a)	matar a amantes infieles (*unfaithful*)
	una persona	saber usar esas computadoras
	un auto	no tener defecto(s)
quieren...	nadie	ser optimista(s) y alegre(s)
busco...	un(a) secretario(a)	curar la depresión
¿aquí no hay... ?	profesores	vivir lejos del centro
necesitamos...	zapatos	hablar español y francés
	estudiantes	querer trabajar cincuenta horas a la semana
	medicinas	no enojarse nunca
	detectives	no costar tanto

B. **Pequeñas diferencias.**   Create new sentences by substituting the words in parentheses for the italicized words and by changing the verbs to the present subjunctive.

MODELO   Quiero asistir a *la clase* que empieza *a las diez.* (una clase / a las once)
Quiero asistir a una clase que empiece a las once.

1. Queremos visitar *el museo* que tiene obras de *Goya.* (un museo / Picasso)
2. Aquí *hay alguien* que sabe hablar español, ¿verdad? (no hay nadie)
3. Vamos a *la cafetería* donde sirven café *colombiano.* (una cafetería / guatemalteco)
4. Queremos comprar *los zapatos* que te gustan. (unos zapatos)
5. Aquí *hay algo* que te puede *ofender.* (no hay nada / asustar)
6. Voy a pasar la noche en *el hotel* que está cerca *del parque.* (un hotel / de la playa)

C. **¿Por qué se mudan?**   Mr. Riquelme and his family are thinking about moving. To know why they want to move, complete Mr. Riquelme's comments using the present indicative or subjunctive of the verbs indicated.

MODELO   (gustar) Vivimos en un barrio que no nos **gusta**.

Buscamos un barrio que nos **guste**.

1. (ser) Tenemos una casa que _____ muy pequeña. Necesitamos una casa que _____ más grande.
2. (gustar) Aquí no hay restaurantes que nos _____. Sólo hay restaurantes que no nos _____.
3. (estar) Los niños quieren ir a una escuela que _____ cerca de casa. Ahora ellos van a una escuela que _____ muy lejos.
4. (enseñar) Mi hija asiste a una escuela secundaria donde no se _____ música. Ella quiere asistir a una escuela secundaria donde se _____ música.

D. **Para completar...**   Complete the following sentences using adjective clauses
in the indicative or subjunctive, as necessary. Follow the models.

MODELOS   No quiero decir nada que...
          No quiero decir nada que pueda ofenderte.

          Jorge conoce a alguien que...
          Jorge conoce a alguien que sabe muchos chistes.

1. Necesitan un detective que...
2. Tengo una amiga que...
3. Aquí hay gente que...
4. En esta clase no hay nadie que...
5. No queremos oír nada que...
6. ¿Dónde está esa secretaria que... ?

7. Algún día voy a manejar un auto que...
8. Buscamos un restaurante que...
9. ¿Hay alguien aquí que... ?
10. Necesito el libro que...

P R E G U N T A S

1. ¿Tiene usted amigos que viven cerca de su casa? ¿Prefiere que sus amigos vivan cerca o lejos de su casa? ¿Por qué?   2. ¿Es usted amigo(a) de alguien que sea muy interesante? ¿que tenga muchos problemas? ¿que siempre esté contento(a)?   3. ¿Conoce usted a alguien que tenga más de cien años? ¿que escriba poemas o cuentos? ¿que viaje mucho?   4. ¿Prefiere usted ver películas que le den risa? ¿que le hagan llorar? ¿que le hagan pensar?   5. ¿Hay alguien en esta clase que sepa hablar árabe? ¿japonés? ¿Hay alguien que pueda tocar la guitarra? ¿cantar?

The subjunctive with certain adverbial conjunctions

En una casa paraguaya

JANE	Discúlpeme, doña Ramona. Creo que rompí este reloj.
DOÑA RAMONA	No importa, Jane. Ya estaba roto, pero vamos a arreglarlo tan pronto como *podamos.*
JANE	Oh, ¡qué alivio!
DOÑA RAMONA	Pero pareces un poco deprimida. ¿Quieres que te enseñe algunas palabras en guaraní* antes de que *vuelvas* a tu país?
JANE	¡Sí, doña Ramona! Las despedidas siempre me causan tristeza. Pero puede empezar a enseñarme guaraní cuando *desee.* Por ejemplo, ¿cómo se dice «yo te quiero»? Quiero decírselo a Teddy cuando lo *vea.*
DOÑA RAMONA	Pues eso se dice «che ro jaijú». Sé que él se va a sentir muy feliz tan pronto como le *digas* qué significa.

*See **Nota cultural 2** of this chapter.

In a Paraguayan home   JANE: Forgive me, doña Ramona. I think I broke this clock. DOÑA RAMONA: It doesn't matter, Jane. It was already broken, but we're going to fix it as soon as we can. JANE: Oh, what a relief! DOÑA RAMONA: But you seem a little depressed. Do you want me to teach you some words in Guaraní before you go back to your country? JANE: Yes, doña Ramona! Farewells always make me sad (literally, "cause me sadness"). But you can start teaching me Guaraní whenever you want. For example, how does one say "I love you"? I want to say it to Teddy when I see him. DOÑA RAMONA: Well, you say "che ro jaijú." I know he will be very happy as soon as you tell him what it means.

A. The following adverbial conjunctions always require the subjunctive in a clause following them; they indicate that an action or event is indefinite or uncertain (it may not necessarily take place):

a menos que   *unless*
antes (de) que*   *before*
en caso (de) que*   *in case*

para que   *so that*
sin que   *without*

No voy a ir a menos que me sienta mejor.
Sea cortés, para que no se ofendan.
¿Por qué no salen ahora, chicos, antes de que papá se ponga nervioso?
Vamos ahora en caso de que ellos tengan prisa.
Ana ve a Carlos todos los días sin que su familia lo sepa.

I'm not going to go unless I feel better.
Be polite, so that they are not offended.
Why don't you go out now, children, before Dad gets nervous?
Let's go now in case they're in a hurry.

Ana sees Carlos every day without her family knowing it.

B. **Aunque** is followed by the subjunctive to indicate conjecture or uncertainty, but by the indicative to indicate fact or certainty.

Voy a salir, aunque llueva.†

Voy a salir, aunque llueve.

I am going to go out even though it may rain.

I am going to go out even though it is raining.

C. Either the subjunctive or the indicative may follow these conjunctions of time:

cuando   *when*
después (de) que   *after*
hasta que   *until*

mientras (que)   *while*
tan pronto como   *as soon as*

The **de may be omitted.*
*†**Llover** (to rain) is an **o** to **ue** stem-changing verb.*

A Elena le va a dar mucha rabia tan pronto como lo sepa.	*Elena is going to be very angry as soon as she finds out.*
A Elena le dio mucha rabia tan pronto como lo supo.	*Elena got very angry as soon as she found out.*
Cuando les cuente el chiste, ellos van a morirse de risa.	*When I tell them the joke, they're going to die of laughter.*
Cuando les conté el chiste, ellos se murieron de risa.	*When I told them the joke, they (nearly) died of laughter.*
No le digamos eso al jefe hasta que se calme.	*Let's not tell the boss that until he calms down.*
No le dijimos eso al jefe hasta que se calmó.	*We didn't tell the boss that until he calmed down.*
Vamos a poner la mesa después que llegue Jorge.	*We are going to set the table after Jorge arrives.*
Pusimos la mesa después que llegó Jorge.	*We set the table after Jorge arrived.*

The indicative is used if the adverbial clause expresses a fact or a definite event; for instance, a customary or completed action. However, if the adverbial clause expresses an action that may not necessarily take place or that will probably take place, but at an indefinite time in the future, the subjunctive is used.

D. Some of the conjunctions just discussed are prepositions or adverbs combined with **que** (**para que, sin que, antes de que, hasta que, después de que**). These prepositions are often followed by infinitives if there is no change in subject.

Después de enojarse, Juan se puso muy triste.	*After getting angry, Juan became very sad.*
Después de que ella se enojó, Juan se puso muy triste.	*After she got angry, Juan became very sad.*

E J E R C I C I O S

A. **Imaginación y lógica.**   Combining elements from all three columns, form logical sentences with the indicative or subjunctive, as appropriate. Use each of the conjunctions in the second column at least once.

> MODELOS   **Lo hacen mientras los niños duermen.**
> **Debes comer para que ellos no se enojen.**

debes comer	mientras	Sergio / volver
vamos a estar tristes	aunque	ellos / no enojarse
lo hacen	tan pronto como	ustedes / irse
pienso esperar aquí	cuando	tú / no tener hambre
siempre vamos al cine	hasta que	los niños / dormir
se pone furioso(a)	para que	su amante / mentirle
van a sentirse felices	a menos que	sus amigos / mudarse
en general, estudio	antes (de) que	yo / escribir
		los Pérez / estar lejos

B. **La historia de Raquel.**   Combine the sentences using the conjunction given in parentheses to find out about Raquel's personal life. Follow the model.

MODELO   Raquel vivió con sus padres. Se mudó a un apartamento. (hasta que)
Raquel vivió con sus padres hasta que se mudó a un apartamento.

1. Su papá se puso furioso. Raquel se fue de la casa. (cuando)
2. Ella no le habló más a su papá. Él se calmó. (hasta que)
3. Raquel se va a alegrar. Su padre la perdona. (cuando)
4. Raquel le escribió una carta. Su padre la llamó. (tan pronto como)
5. Su mamá se puso muy contenta. Ella supo la noticia. (después que)
6. Raquel quiere mucho a su novio. Él es muy pobre. (aunque)
7. Los dos van a trabajar. Ellos pueden casarse y mudarse a una casa grande. (hasta que)

C. **Para completar...**   Complete the following sentences with the correct form of one of the verbs listed, adding other information, as appropriate.

MODELO   Voy a pasar la noche aquí para que...
Voy a pasar la noche aquí para que tú no estés solo.

1. Quieren irse antes de que...	volver
2. Susana hace eso para que usted...	ofenderse
3. Pensamos llegar a las siete a menos que...	estar
4. ¿Por qué no vamos al cine antes de que... ?	llover
5. Ellos van a clase a menos que...	entender
6. ¿Piensan hacerlo sin que ella lo... ?	llegar
7. El profesor habla despacio para que nosotros lo...	saber
8. ¿Realmente no puedes hacer nada sin que ellos... ?	levantarse

D. **Traducción.**   Give the Spanish equivalent of the following sentences.

1. They will call me before they leave.
2. She is going to his birthday party, although she doesn't feel well.
3. I usually play the piano whenever I am a little depressed.
4. They are waiting for us until we arrive.
5. He is going to use the car without his father's knowing about it.
6. You (**tú**) can't sleep unless you are very tired, right?

P R E G U N T A S

1. ¿Adónde piensa ir usted cuando termine esta clase? ¿cuando lleguen las vacaciones? ¿cuando complete sus estudios universitarios?   2. ¿Qué quiere hacer usted cuando sepa hablar bien el español? ¿antes de que termine esta década (*decade*)?   3. ¿Asiste usted a clase aunque llueva? ¿aunque esté muy cansado(a)?   4. ¿No puede estudiar usted a menos que tome café? ¿a menos que esté solo(a)?   5. ¿Qué cree usted que debe hacer un(a) estudiante para que le sea más fácil aprender español?

ASUNCIÓN:[1] EL HOMBRE Y LA MUJER

Dos mujeres se encuentran en la «Peluquería° Guaraní»[2] de Asunción, Paraguay.

Gloria   ¡Hola, Elena! ¡Cuánto me alegro de verte! ¿Cómo estás?

Elena   Muy bien, Gloria. ¡Qué sorpresa! Hacía tanto que no te veía. ¿Qué haces aquí?

Gloria   Vengo todos los meses para que me cambien el color del pelo. Hay una muchacha aquí que me lo hace muy bien, sin que nadie pueda notarlo°. No quiero que mi novio descubra que no soy rubia° natural. Me da vergüenza decírselo.

Elena   Pero cuando él sepa la verdad, se va a sentir desilusionado, ¿no lo crees?

Gloria   Tal vez sí, pero no importa. Por ahora no lo sabe y está contento.

Entra María, la peluquera°.

María   Buenas tardes, señorita Martínez. Tan pronto como termine con la señora Ospina, la atiendo°.

Gloria   Gracias, María. No tengo prisa.

María   *(a Elena)* ¿Y usted, señorita? ¿En qué puedo servirla?

Elena   Tengo que viajar mañana y necesito un peinado° que sea elegante y sencillo° a la vez.

María   No hay ningún problema... si usted puede esperar unos veinte minutos hasta que termine con otra clienta.

Elena   Cómo no... Francamente, Gloria, me parece triste que una mujer le tenga que mentir a su novio o a su esposo.

Gloria   ¿Por qué? Ellos nos mienten a nosotras. Hace algunos días—para darte un ejemplo—Olga me llamó por teléfono para contarme que su esposo tiene una amante. Y tú sabes que han tenido otros problemas también. ¡Lloraba tanto la pobre!

Elena   ¡Qué barbaridad! ¿Y qué va a hacer?

Gloria   Nada. ¿Qué puede hacer?

Elena   Puede buscarse un amante ella también.

Gloria   ¿Para qué? La venganza es estúpida.

Elena   Entonces puede divorciarse°.

Gloria   Tampoco. A pesar de que su esposo no le es fiel°, Olga todavía lo quiere. Creo que cuando te cases, Elena, vas a pensar de otra manera.

Elena   Lo dudo. Además es difícil que me case aquí.³

Gloria   ¿No conoces a ningún hombre que te interese?

Elena   Sí, pero no hay ninguno que me guste para marido.

Gloria   ¡Qué increíble! Espero que no mueras soltera.

Elena   ¿Por qué no? Mi abuela decía que «es mejor estar solo que mal acompañado». Y en mi caso, realmente prefiero estar soltera que mal casada.

---

peluquería *beauty parlor*   **notarlo** *notice it*   **rubia** *blond*   **peluquera** *hairdresser*   **la atiendo** *I'll wait on you*   **peinado** *hairdo*   **sencillo** *simple*   **divorciarse** *(to) get a divorce*   **fiel** *faithful*

P R E G U N T A S

1. ¿Dónde se encuentran Gloria y Elena?   2. ¿Por qué viene Gloria a este lugar todos los meses?
3. Según Elena, ¿cómo se va a sentir el novio de Gloria cuando sepa la verdad?   4. ¿Qué le parece triste a Elena? ¿Le parece triste eso a usted también? ¿Por qué sí o por qué no?   5. ¿Qué le contó a Gloria su amiga Olga cuando la llamó por teléfono?   6. ¿Qué va a hacer Olga? ¿Por qué no va a divorciarse? ¿Qué cree usted que ella debe hacer?   7. ¿Piensa casarse Elena? ¿Por qué?   8. ¿Está usted de acuerdo en que es mejor estar soltero(a) que mal casado(a)? ¿Por qué?

1. Asunción, one of the oldest cities of South America (founded in 1537), is the capital city and port of Paraguay, on the eastern bank of the Paraguay River. The center of trade and government of the nation, it has a picturesque charm with its pastel-colored buildings and numerous orange trees.

2. **Guaraní** is the language of the Indians who inhabited Paraguay before the Spanish conquest. Paraguay is the only Latin American country that has adopted an Indian language as one of its two official languages. Almost all Paraguayans are mestizo and bilingual, and street signs, newspapers, and books often appear in both Spanish and Guaraní. Spanish is the language used for instruction and business in general, but Guaraní is favored for social discourse at all levels of society.

3. In Paraguay the ratio of men to women is rather low because many men emigrate to nearby Brazil and Argentina, where there is a higher standard of living and more opportunities for work. The scarcity of males dates from the War of the Triple Alliance (1865–70), when President Solano López waged a war against Argentina, Brazil, and Uruguay that killed about half of Paraguay's population. Only 13 percent of the survivors were male, mostly old men and very young boys. It took many years for the sex ratio of young people at a marriageable age to return to an approximately even balance. It is said that some of the priests in those times went so far as to advocate polygamy.

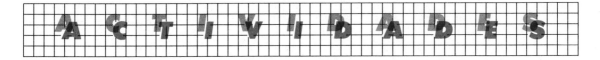

ACTIVIDADES

In this chapter, you have seen examples of the following language functions, or uses. Here is a summary and some additional information about these functions of language.

APOLOGIZING

Lo siento (mucho).	*I'm (very) sorry.*
Siento mucho que (+ subj.)...	*I'm very sorry that . . .*
Perdón. Perdóneme. (Perdóname.)	*Excuse me.*
Discúlpeme. (Discúlpame.)	*Excuse me.*

EXPRESSING FORGIVENESS

Está bien.	*It's okay.*
No hay (ningún) problema.	*There's no problem.*
No importa.	*It doesn't matter.*
No hay pena.	*No need to be embarrassed.*
No hay de qué.	*It's nothing. (also: You're welcome.)*

EXPRESSING RELIEF

¡Qué bien!	*Good!*
¡Qué alivio!	*What a relief!*
¡Cuánto me alegro!	*How happy I am!*
¡Qué alegría!	*How wonderful! (How happy I am!)*
¡Por fin!	*Finally! (when something good has finally happened)*
Gracias a Dios.	*Thank God. (Thank goodness.)*

EXPRESSING SURPRISE

¡Qué sorpresa!	*What a surprise!*
¡Qué lindo (amable, etcétera)!	*How beautiful (nice, etc.)!*
¡Qué increíble!	*How amazing!*

EXPRESSING ANGER

¡Esto es el colmo!	*This is the last straw!*
¡Esto es demasiado!	*This is too much!*
¡Qué barbaridad!	*Good grief! (How terrible! How absurd!)*

A. **¿Qué se dice?** Give an appropriate expression that you could use in each of the following situations.

MODELO La universidad va a aumentar el precio de la matrícula (*tuition*).
 ¡Qué barbaridad!

1. Es su cumpleaños (de usted) y cree que nadie lo sabe; cuando llega a su casa por la noche, allí lo (la) esperan treinta personas, con una torta de cumpleaños.
2. Recibe una «F» en un examen y usted creía que lo había hecho bien.
3. Recibe una «A» en un examen y no había estudiado; creía que iba a recibir una «F».
4. Un(a) buen(a) amigo(a) está enfermo(a) y le pide un favor: que vaya al correo a llevarle una carta importante. Como usted está muy ocupado(a), se olvida de hacerlo. Tres días después ve a su amigo(a).
5. Va con un(a) amigo(a) a cenar a un restaurante; además de la cena piden vino blanco. Les dan un vino francés que cuesta $30, pero no saben el precio hasta que llega la cuenta.
6. Su mamá descubre que tiene un tumor; va al médico y éste le dice que no es maligno.

7. Usa la raqueta de tenis de su compañero(a) de cuarto y la rompe. Su compañero(a) está enojado(a).
8. Su novio(a) sale con su mejor amiga(o).
9. Su compañero(a) de cuarto pierde la radio de usted. Aunque está enojado(a), lo (la) perdona.
10. Le roban la bicicleta.
11. Usted no puede encontrar su billetera (*wallet*) pero cree que está en la casa. Hace una hora que la busca cuando finalmente la encuentra.
12. Su compañero(a) de cuarto dice que siente mucho haberlo(la) despertado a usted cuando llegó tan tarde anoche. Pero en realidad, no lo (la) despertó.

B. **Situación.**   Role-play the following situation. Your boyfriend (girlfriend) calls you two hours after you had planned to go out. He (She) had forgotten all about the date. You mention that this is the second time this week that this has happened (**es la segunda vez que pasó esto esta semana**). You are furious and say so. He (She) apologizes profusely, but at first you refuse to forgive him (her). Eventually you give in and accept his (her) apology.

C. **Refranes.** (*Proverbs.*)   Here are some Spanish proverbs on the subject of **el hombre y la mujer.** What does each one mean? Can you give an English equivalent?

Donde hay amor, hay dolor.
El amor es un egoísmo entre dos.
Ni el que ama ni el que manda quieren compañía.
Amores nuevos olvidan viejos.
Ni ir a la guerra (*war*) ni casar, se debe aconsejar.
Donde hay celos, hay amor.
Más vale (*It's better*) estar solo que mal acompañado.

D. **Entrevista.**   Ask a classmate the following questions. Then report the information to the class.

1. ¿Qué cosas te dan rabia? ¿Te has enojado recientemente por alguna razón? ¿Por qué? ¿Cuándo fue la última vez que te enojaste?
2. ¿Cuál fue una de las sorpresas más lindas que has recibido últimamente?
3. A muchos hispanos la mujer norteamericana le parece «liberada», libre de hacer lo que quiera (*whatever she likes*). Según tu opinión, ¿está «liberada» la mujer norteamericana? ¿Crees que las mujeres de este país tienen los mismos derechos que los hombres, tanto en el trabajo como en la casa?
4. ¿Existe la «norteamericana típica» o no? Si crees que existe, descríbela.
5. ¿Crees que es mejor que una mujer con hijos se quede en su casa en vez de trabajar fuera de casa (*outside the home*)? ¿Por qué sí o por qué no?
6. ¿Piensas que son más felices las mujeres casadas que las solteras? ¿los hombres casados que los solteros? ¿Por qué?

▼OCABULARIO ▲CTIVO

Verbos

acabar de + inf.	to have just (done something)
asustarse	to be frightened
calmarse	to calm down
darse cuenta de	to realize
darse prisa	to be in a hurry
disculpar	to forgive
enojarse	to become angry, get mad
llorar	to cry
llover (ue)	to rain
manejar	to drive
matar	to kill
mentir (ie)	to lie, tell a lie
ofender	to offend
ofenderse	to take offense
ponerse + adj.	to become + adj.
reírse (i)	to laugh
temer	to fear
tener prisa	to be in a hurry
tratar (de)	to try (to)

Las emociones

alegre	happy
la alegría	happiness
ansioso(a)	anxious, nervous
asustado(a)	frightened, startled
avergonzado(a)	embarrassed, ashamed
contento(a)	happy, content
¡Cuánto me alegro!	How happy I am!
deprimido(a)	depressed
desilusionado(a)	disappointed
enojado(a)	angry
el enojo	anger
la esperanza	hope
¡Esto es el colmo!	This is the last straw!
¡Esto es demasiado!	This is too much!

furioso(a)	furious
No hay pena.	No need to be embarrassed.
orgulloso(a)	proud
¡Qué alegría!	How happy I am! (I'm so happy!)
¡Qué alivio!	What a relief!
¡Qué barbaridad!	Good grief! (How terrible! How absurd!)
¡Qué increíble!	How amazing!
¡Qué sorpresa!	What a surprise!
la rabia	anger, rage
la risa	laughter
la sorpresa	surprise
el susto	fright
triste	sad
la tristeza	sadness
la venganza	revenge
la vergüenza	shame
darle vergüenza a alguien	to make someone ashamed

Conjunciones

a menos que	unless
antes (de) que	before
aunque	although
en caso (de) que	in case
hasta que	until
mientras (que)	while
para que	so that
sin que	without
tan pronto como	as soon as

Otras palabras

el, la amante	lover
cualquier(a)	any
el chiste	joke
la despedida	farewell, leave-taking
el, la detective	detective
estúpido(a)	stupid, ridiculous
expreso	express, fast
el marido	husband
la noticia	news item
las noticias	news

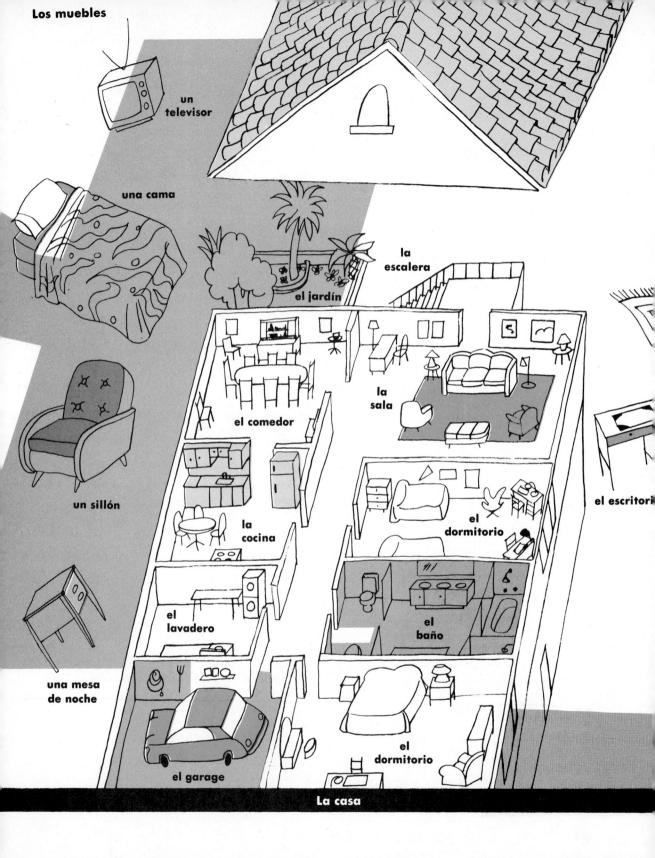

Los muebles

un televisor

una cama

un sillón

una mesa de noche

el jardín

la escalera

la sala

el comedor

la cocina

el dormitorio

el escritorio

el lavadero

el baño

el garage

el dormitorio

La casa

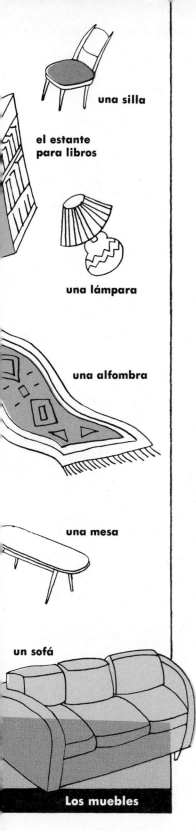

una silla

el estante
para libros

una lámpara

una alfombra

una mesa

un sofá

Los muebles

MAKING DEDUCTIONS
STATING INTENTIONS
EXPRESSING PROBABILITY
AND POSSIBILITY

EJERCICIO

Match the room with the activity described.

1. el dormitorio
2. el comedor
3. la cocina
4. el lavadero
5. la sala
6. el baño

a. cocinar
b. dormir
c. lavar la ropa
d. bañarse (*to bathe*), lavarse
e. comer
f. mirar televisión, leer

PREGUNTAS

1. Usted acaba de comprar la casa y los muebles (*furniture*) que se ven en estas dos páginas. ¿Dónde va a poner usted el sofá? ¿la cama? ¿el sillón? ¿la mesa de noche?   2. ¿Qué muebles va a poner usted en el comedor? ¿en la sala?   3. ¿Qué muebles no se usan nunca en el dormitorio?   4. ¿Adónde va usted para tomar sol? ¿para jugar a los naipes? ¿para preparar la comida?   5. ¿Qué hay que subir o bajar para ir de un piso (*floor*) a otro?   6. ¿Dónde guarda usted (*do you keep*) el coche?

323

The future tense

GERENTE	Sí, señorita, tenemos un cuarto muy lindo. Venga conmigo y se lo *enseñaré.* (...) Mire, da al parque.
SEÑORITA	Sí, la vista es linda. ¿Tiene agua caliente?
GERENTE	Ahora no; sólo agua fría, pero *tendrá* agua caliente en unas semanas.
SEÑORITA	¿Y qué le pasó a esta puerta?
GERENTE	¡Oh!... *estará* rota. *Tendremos* que arreglarla.
SEÑORITA	¡Uf! ¡Qué calor hace aquí! ¿Tiene aire acondicionado la habitación?
GERENTE	No, pero *abriré* la ventana. (...) ¡Oh!, casi nunca hay tanto ruido aquí.
SEÑORITA	(*en voz alta*) ¿Cómo? No lo puedo oír.
GERENTE	Nada. Mire, señorita, aquí tiene una cama muy cómoda, un estante para libros, un escritorio, un sillón...
SEÑORITA	¿Se puede alquilar el cuarto por semana?
GERENTE	No, sólo por mes. Y *querré* un depósito.
SEÑORITA	Pues, necesito tiempo para pensarlo. Lo *llamaré* mañana, ¿de acuerdo?

1. ¿Cómo es el cuarto? ¿Da a la calle? ¿Tiene agua caliente? ¿aire acondicionado? ¿Qué tiene?   2. ¿Se puede alquilar la habitación por semana? ¿Hay que dejar un depósito? 3. ¿Cree usted que la señorita va a alquilar el cuarto o no?   4. Describa su cuarto (el de usted). ¿Tiene alguna vista? ¿Qué muebles tiene? ¿Qué adornos tiene? (Por ejemplo, ¿hay fotos, cuadros o carteles [*posters*]? ¿De qué o de quién?) ¿Está limpio y ordenado (*neat*) su cuarto o está un poco desordenado (*messy*)? ¿A usted le gusta su cuarto, en general? ¿Por qué sí o por qué no?

MANAGER: Yes, miss, we have a very pretty room. Come with me and I'll show it to you. (. . .) Look, it faces the park. WOMAN: Yes, the view is nice. Does it have hot water? MANAGER: Not now; only cold water, but it will have hot water in a few weeks. WOMAN: And what happened to this door? MANAGER: Oh! . . . it must be broken. We'll have to fix it. WOMAN: Whew! It's so hot in here! Does the room have air-conditioning? MANAGER: No, but I'll open the window. (. . .) Oh! It's almost never this noisy here. WOMAN: (*loudly*) What? I can't hear you. MANAGER: Nothing. Look, miss, here you have a very comfortable bed, a bookcase, a desk, an armchair . . . WOMAN: Can one rent the room by the week? MANAGER: No, only by the month. And I'll want a deposit. WOMAN: Well, I need time to think about it. I'll call you tomorrow, okay?

A. To form the future tense, add to the infinitive the endings **-é, -ás, -á, -emos, -éis, -án.** The endings are the same for **-ar, -er,** and **-ir** verbs. Except for the first-person plural, **nosotros,** all forms have written accents.

hablar		**comer**		**vivir**	
hablaré	hablaremos	comeré	comeremos	viviré	viviremos
hablarás	hablaréis	comerás	comeréis	vivirás	viviréis
hablará	hablarán	comerá	comerán	vivirá	vivirán

Te acompañaré a comprar los muebles.
¿Crees que el vendedor los convencerá de que compren esa propiedad?
El miércoles próximo iremos a Quito.

I'll go with you to buy the furniture.
Do you think the salesman will convince them to buy that property?
Next Wednesday we will go to Quito.

B. Some verbs are irregular in the future. However, the irregularity is only in the stem; the endings are the same as for regular verbs. The following are several types of verbs that show an irregularity in the future:

1. Verbs that drop the vowel of the infinitive ending.

habr-	(haber)
podr-	(poder)
querr-	(querer)
sabr-	(saber)

2. Verbs that replace the vowel of the infinitive ending with **d**. (Note that these are the same verbs that have a **g** in the present-tense **yo** form.)

pondr-	(poner)
saldr-	(salir)
tendr-	(tener)
vendr-	(venir)

3. Verbs that drop the stem consonant, plus a vowel.

dir-	(decir)
har-	(hacer)

Jaime no querrá quedarse en una casa tan desordenada.
¡Limpia el piso!* —Lo haré mañana.
Tendrán que esperar un rato.
Podremos quedarnos en un cuarto cómodo con dos camas, televisor, baño y una buena vista.

Jaime will not want to stay in such a messy house.
Clean the floor! —I'll do it tomorrow.
They'll have to wait a while.
We'll be able to stay in a comfortable room with two beds, a television, a bath, and a good view.

*__El piso__ means floor *(of a room),* as opposed to **el cielo raso** (ceiling); a floor or story of a building is also **el piso. El suelo** means floor or ground, as opposed to **el techo** (roof).

C. The future tense can also be used to express probability or doubt in the present.

¿Qué hora será?	*What time can it be? (I wonder what time it is.)*
Serán las ocho.	*It must be eight o'clock. (It is probably eight o'clock.)*
¿Dónde estará Tomás?	*Where can Tomás be? (Where might Tomás be?)*
Tomás estará en su dormitorio.	*Tomás is probably (must be) in his room.*

E J E R C I C I O S

A. **Vacaciones futuras.** Mr. and Mrs. Villalba are discussing their family's plans for next summer. Form sentences in the future, as Mrs. Villalba would when describing them to her husband.

MODELO   mamá y papá / ir a Lima y a Machu Picchu
     Mamá y papá irán a Lima y a Machu Picchu.

1. nosotros / viajar a Europa en junio
2. yo / tener una fiesta para Susanita
3. ella / pasar las vacaciones con sus tíos
4. Susanita y sus primos / ver a Ramón en julio
5. tus padres / venir a visitarnos en agosto
6. mamá / visitar muchos museos peruanos
7. Isabel y Rogelio / hacer un viaje por América Central
8. tú y tu papá / divertirse mucho en Madrid

B. **Lo que será, será...** Complete the following phrases logically, using the future tense.

MODELO   Cuando terminen las clases...
     Cuando terminen las clases, mis padres vendrán a buscarme.

1. Algún día, mi novio(a) y yo...
2. Esta noche, yo...
3. Durante las vacaciones, el (la) profesor(a)...
4. Cuando terminen las clases...
5. Dentro de algunos años, este país...
6. El último día de clase, nosotros...
7. Creo que mañana...
8. Es verdad que la casa nueva...

C. **Planes futuros.** Complete the following paragraph with the appropriate future forms of the verbs in parentheses.

El próximo verano mi familia y yo _____ (ir) a México. Primero _____ (visitar) la ciudad de Monterrey, donde papá _____ (ver) a un amigo. Después, mamá y él _____ (ir) a Guanajuato. Allí tenemos varios parientes y mis padres _____ (sentirse) muy felices de verlos. Sé que todos _____ (querer) tenerlos en su casa, pero estoy seguro de que papá y mamá _____ (preferir) estar solos en algún hotel. Ellos

_____ (necesitar) un dormitorio cómodo con una cama grande. Durante ese tiempo, mi hermano y yo _____ (viajar) y _____ (conocer) muchos lugares interesantes. _____ (hacer) una visita a Guadalajara, donde mi hermano _____ (poder) ver algunos cuadros de Orozco, el famoso pintor mexicano, y yo _____ (divertirse) en la Plaza de los Mariachis. Finalmente, los cuatro _____ (encontrarse) en la Ciudad de México. Mis padres _____ (llegar) allí en auto desde Guanajuato y nosotros en avión desde Guadalajara.

D. **¡Los muebles hablan!**   They say that a piece of furniture can reveal the personality of its owner. Below you'll find drawings of several items. What do you think of their owners? Say a couple of things about the person who might own each of them, following the model.

MODELO

La dueña será una persona vieja, tal vez una profesora; tendrá unos setenta años.

1.

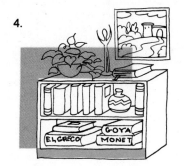

2.

3.

4.

5.

E. **Traducción.**   Give the Spanish equivalent of the following sentences.

1. You (**tú**) will find the things you need in the kitchen.
2. Hernando will buy all the furniture that we'll need.
3. We'll meet her family next week.
4. Next time they'll bring more money.
5. It must be two o'clock.
6. Where can Alicia be?

P R E G U N T A S

1. ¿Qué hará usted el próximo domingo? ¿Se quedará en su casa o irá a alguna parte? ¿Adónde?
2. ¿A qué hora se acostará usted esta noche? ¿A qué hora se levantará mañana?   3. ¿Va a viajar usted el próximo verano? ¿Adónde irá? Si no va a viajar a ninguna parte, ¿qué hará?
4. ¿Qué hora será ahora?   5. ¿Dónde estará su mamá en este momento? ¿su papá? ¿su novio(a)?

The conditional mood

MARISA	¿Recuerdas la promesa que me hiciste la semana pasada mientras pintábamos las paredes de la sala?
PABLO	¿La semana pasada? ¡Ah!, te dije que *iríamos* al cine, ¿no?
MARISA	No, dijiste que *harías* algo que me *gustaría* muchísimo.
PABLO	¿Qué te *prometería* yo? ¡No lo recuerdo! Tal vez te dije que *limpiaría* las alfombras.
MARISA	¡No! ¡Me prometiste que no *fumarías* más!
PABLO	¡Y no fumo más, Marisa! Fumo exactamente igual que siempre, querida.

1. ¿Recuerda Pablo su promesa?   2. ¿Le prometió él a Marisa que irían al cine? ¿que limpiaría la sala?   3. ¿Cuál fue la promesa de Pablo?   4. Según Marisa, ¿cuándo prometió Pablo que no fumaría más?   5. ¿Fuma más Pablo?

MARISA: Remember the promise you made me last week while we were painting the living room walls? PABLO: Last week? Oh, I told you we would go to the movies, right? MARISA: No, you said you'd do something that I would like very much. PABLO: What could I have promised you? I don't remember! Maybe I told you that I would clean the carpets . . . MARISA: No! You promised me you wouldn't smoke any more! PABLO: And I am not smoking any more, Marisa! I am smoking exactly the same as always, dear.

A.   To form the conditional mood, add to the infinitive the endings **-ía, -ías, -ía, -íamos, -íais, -ían.** The endings are the same for **-ar, -er,** and **-ir** verbs.

hablar		comer		vivir	
hablaría	hablaríamos	comería	comeríamos	viviría	viviríamos
hablarías	hablaríais	comerías	comeríais	vivirías	viviríais
hablaría	hablarían	comería	comerían	viviría	vivirían

The conditional is used to express what would happen in a certain situation. It usually conveys the meaning *would* in English.*

Él no compraría una casa sin seis habitaciones, dos baños y un comedor grande.
He wouldn't buy a house without six bedrooms, two bathrooms and a big dining room.

Yo no alquilaría esa propiedad.
I wouldn't rent that property.

No aceptarían ese cambio.
They wouldn't accept that change.

B. The conditional often refers to an action that was projected as future or probable from the perspective of some time in the past.

Prometieron que traerían el sofá y los sillones antes de las dos.
They promised they would bring the sofa and the armchairs before two o'clock.

No sabíamos si el gerente llegaría hoy o mañana.
We didn't know if the manager would arrive today or tomorrow.

Dijo que alquilaría la casa que da al parque.
He said he would rent the house that faces the park.

C. The verbs that have irregular stems in the future also have the same irregular stems in the conditional. The endings are the same as for verbs with regular stems.

dir-	(decir)	querr-	(querer)
habr-	(haber)	sabr-	(saber)
har-	(hacer)	saldr-	(salir)
podr-	(poder)	tendr-	(tener)
pondr-	(poner)	vendr-	(venir)

Lucía no diría eso.
Lucía wouldn't say that.

Pedro prometió que pondría sus cosas en su cuarto.
Pedro promised he would put his things in his room.

Creo que ellos podrían ayudarte a arreglar el techo.
I think they could (would be able to) help you fix the roof.

Remember that the imperfect in Spanish can also be translated as would *when referring to a repeated event in the past:*

Durante el verano comíamos en el patio todos los días.
During the summer we would eat on the patio every day.

D. The conditional may be used to express probability in the past.

¿Qué hora sería cuando ellos llegaron?

> What time was it (probably) when they arrived?

Serían las nueve.

> It must have been (was probably) nine o'clock.

¿Qué edad tendría Pepito cuando fueron a España?

> Approximately how old was Pepito when they went to Spain?

Tendría once o doce años.

> He was around eleven or twelve years old (he must have been eleven or twelve years old).

E. The conditional may also be used to indicate an attitude of politeness or deference. (You have seen the forms **podría** and **gustaría** in the **Actividades** sections, since they are frequently used in many expressions of request, permission, and so forth.)

Usted debería tomar un taxi.
¿Me podría usted decir cómo llegar al Hotel Continental?

> You should take a taxi.
> Could you tell me how to get to the Continental Hotel?

EJERCICIOS

A. **¡Luisa tenía razón!** In spite of Luisa's advice, Marisa rented an apartment by phone, without seeing it. Now she regrets it because she hates the apartment! Take Marisa's role and tell what her friend had warned her against, as Marisa would. Use the conditional forms of the verbs provided.

MODELO   Luisa me dijo que...
        (gustar) ...no me ___**gustaría**___ el barrio.

1. (ser)   ...los dormitorios _____ muy pequeños.
2. (tener) ...no _____ una linda vista.
3. (haber) ...en ese lugar _____ mucho ruido.
4. (dar)   ...la ventana de la sala _____ a la calle.
5. (hacer) ...allí _____ mucho frío en el invierno.
6. (estar) ...yo _____ muy lejos de todo y de todos.
7. (poder) ...por eso, (yo) no _____ vivir sin auto.
8. (deber) ...ella y yo _____ alquilar un apartamento en el centro.

B. **Castillos en el aire.** (*Castles in the air.*)   Mr. Benítez is telling his wife Leonor how he would spend his money and how their life would change if he suddenly became a millionaire. With the elements given, form sentences in the conditional, as Mr. Benítez would.

MODELO   yo / dar dinero a los pobres
Yo daría dinero a los pobres.

1. tú y yo / viajar por todo el mundo
2. nuestros hijos / asistir a una buena universidad
3. yo / comprarte un Mercedes
4. nosotros / vivir en una casa muy grande
5. nuestra casa / tener ocho dormitorios y cuatro baños
6. Anita / poder tener mucha ropa linda
7. yo / hacer muchas cosas que ahora no puedo hacer
8. todos / ser muy felices

C. **¿Por qué no irían?**   Last night Mario had a wonderful party, but many of his friends didn't show up. Using the conditional, give possible reasons why they didn't come.

MODELO   Marisa / limpiar su nuevo apartamento
Marisa limpiaría su nuevo apartamento.

1. Camilo / tener que trabajar hasta tarde
2. Luisa / estar enferma o cansada
3. Alfonso y Susana / ir a otra fiesta
4. Rosa / no poder dejar sola a su abuelita
5. Rafael y Luis / deber estudiar para algún examen
6. María / querer acostarse temprano
7. Miguel / no sentirse bien
8. Ramón y Teresa / no saber llegar a casa de Mario

D. **¿Qué haría yo?**   Imagine that you are running for president of the United States. Using the conditional, create five sentences describing some of the things you would do if you won the election.

MODELOS   Eliminaría (*I would eliminate*) **la pobreza y el desempleo.**
Les pagaría los estudios a todos los estudiantes.

P R E G U N T A S

1. ¿Podría usted decirme cuál es la ciudad más grande del mundo? ¿Sería usted feliz allí? ¿Por qué sí o por qué no?   2. ¿Qué hora sería cuando usted llegó a la universidad? ¿a clase?   3. ¿Sabía usted que hoy estudiaríamos el condicional? ¿Creía que tendríamos un examen? ¿Pensaba que no haríamos estos ejercicios?   4. ¿Podría decirnos cómo sería su casa ideal? ¿Tendría muchos dormitorios? ¿baños? ¿Tendría sala? ¿cocina? ¿patio? ¿jardín? ¿garage? ¿Para cuántos autos? ¿Qué más tendría?

Other uses of **por** and **para**

Teresa, profesora de español, llama a su amiga Luisa por teléfono.

LUISA   Hola.

TERESA   Hola, Luisa. Soy yo, Teresa. Te llamo *para* pedirte un favor. Estoy enferma y necesito que alguien enseñe *por* mí mañana.

LUISA   *Por* supuesto que cuentas conmigo. Si quieres, más tarde paso *por* tu casa *para* que me expliques qué hacer en clase.

TERESA   ¡Un millón de gracias, Luisa! Estoy *por* terminar unos ejercicios de repaso. Así no tienes que preparar nada.

LUISA   Como quieres. ¿Qué te parece si voy *por* esos ejercicios a eso de las tres?

TERESA   Buena idea. Estarán listos *para* esa hora. Y gracias de nuevo *por* ayudarme, Luisa.

LUISA   De nada, Teresa. Creo que *para* eso están los amigos, ¿no?

1. ¿Para qué llama Teresa a su amiga?   2. ¿Qué hará Luisa por Teresa? ¿Por qué?   3. ¿Qué prepara Teresa para la clase?   4. ¿A qué hora piensa pasar Luisa por la casa de Teresa? ¿Tendrá Teresa listos los ejercicios para esa hora?   5. Según Luisa, ¿para qué están los amigos?

Teresa, a Spanish teacher, calls her friend Luisa on the telephone. **LUISA:** Hello. **TERESA:** Hi, Luisa. It's me, Teresa. I'm calling to ask a favor. I'm sick, and I need someone to teach for me tomorrow. **LUISA:** Of course you can count on me. If you want, I'll stop by your house later so that you can explain to me what to do in class. **TERESA:** Thanks a million, Luisa! I'm about to finish some review exercises. That way you don't have to prepare anything. **LUISA:** As you like. How about if I go for those exercises around three? **TERESA:** Good idea. They'll be ready by that time. And thanks again for helping me, Luisa. **LUISA:** You're welcome, Teresa. I believe that's what friends are for, don't you?

In Chapter 7 you saw some common uses of **por** and **para,** both often translated by *for* in English. Here is a review and some additional uses of **por** and **para.**

A.   **Por** is generally used to express:

1. Cause or motive (*because of, on account of, for the sake of*).

Lo hizo por amor.	*He did it for (the sake of) love.*
No hay ninguna posibilidad de que encontremos trabajo aquí. Por eso, vamos a mudarnos a la capital.	*There's no possibility of our finding work here. That's why (Because of that) we're moving to the capital.*

2. Duration, length of time, including parts of the day.

Los García irán a Cuzco por dos días.   *The Garcías will go to Cuzco for two days.*

Voy a trabajar en el jardín por la tarde.   *I'm going to work in the (flower) garden in the afternoon.*

3. Exchange (*in exchange for*).

Cambiamos nuestro televisor viejo por uno nuevo.   *We exchanged our old television set for a new one.*

Pagué cuatro mil pesos por el sofá.   *I paid four thousand pesos for the sofa.*

4. *In place of, as a substitute for, on behalf of.*

Juan vendió la casa por Manuel.   *Juan sold the house for (on behalf of) Manuel.*

Trabajé por Ana hoy.   *I worked for (as a substitute for, instead of) Ana today.*

5. The equivalent of *through, along,* or *by* (often with means of communication or transportation).

Pase por la cocina y suba la escalera.   *Go through the kitchen and up the stairs.*

Caminaban por la calle principal.   *They were walking along the main street.*

Los Castro piensan viajar por tren.*   *The Castros plan to travel by train.*

6. The object of an errand.

Pepe fue a la tienda por una lámpara.   *Pepe went to the store for a lamp.*

Vendré por ti a las siete.   *I'll come for you at seven o'clock.*

7. Number, measure, or frequency (*per*).

Venden huevos por docena.   *They sell eggs by the dozen.*

Van a ochenta kilómetros por hora.   *They are going eighty kilometers an (per) hour.*

Nos visitan tres veces por año.†   *They visit us three times a year.*

B.   **Para** is generally used to express:

1. An intended recipient (*for someone or something*).

Trabajo para una compañía que vende muebles.   *I work for a company that sells furniture.*

Ana guardó el artículo para su esposo.   *Ana kept the article for her husband.*

2. Direction or destination.

Salieron para Quito ayer.   *They left for Quito yesterday.*

*The preposition **en** is often used for transportation also: **en avión, en tren.**

†The definite article may also be used with time periods: **Nos visitan tres veces al año (a la semana, etcétera).**

3. Purpose (*in order to*).

Voy allí para comprar unas alfombras.   *I'm going there (in order) to buy some rugs.*

4. Lack of correspondence in an expressed or implied comparison.

Pedrito es muy inteligente para su edad.   *Pedrito is very intelligent for his age.*
Esa lámpara es muy grande para la mesa.   *That lamp is too big for the table.*

5. A specific event or point in time.

Tienen que regresar para el jueves.   *They have to return by Thursday.*
Iré a visitarte para Navidad.   *I'll go visit you for Christmas.*

6. The use for which something is intended.

Un sillón es para descansar.   *An armchair is to rest in.*
Esta taza es para café.   *This cup is for coffee.*

C. In Chapter 7, Section IV, you saw some commonly used expressions with **por**; here are some others (many of these you have already seen in this book):

estar por (+ inf.)   *to be about to*   **por lo general**   *in general*
por casualidad   *by chance*   **por lo menos**   *at least*
por ciento   *percent*   **por lo tanto**   *therefore*
por cierto   *surely, certainly*   **por primera (última) vez**   *for the first (last)*
por estas razones   *for these reasons*   *time*
por lo común   *commonly, usually*   **por todas partes**   *everywhere*

E J E R C I C I O S

A. **¿Por o para?**   Substitute the expressions in italics with either **por** or **para**, as appropriate.

MODELOS   Hoy trabajo *en lugar de* Juan Mario.
          Hoy trabajo por Juan Mario.

          Aunque es italiano, habla muy bien el inglés.
          Para italiano, habla muy bien el inglés.

1. Esta tarde pienso pasar a *buscar* las lámparas.
2. *Si quieres* sacar buenas notas, tienes que estudiar más.
3. *A pesar de* su edad, es muy alto. ¡Sólo tiene cinco años!
4. Mario vendrá *a llevar* a los niños después de las siete.
5. ¿Trabajaron en esa compañía *durante* diez años?
6. Me pagan quinientos dólares al mes *a cambio de* (*in exchange for*) mi trabajo.
7. Se fueron en avión *con destino* (*destination*) a Quito.
8. Quiero comprar dos estantes *destinados a* libros.
9. Rogelio y yo estamos *a punto de* (*about to, ready to*) salir.

B. **La casa nueva.** Complete the following paragraph with **por** or **para,** as appropriate.

Esta mañana Luisa me llamó _____ teléfono _____ invitarme a cenar en su casa nueva. Ella y Pepe están muy contentos porque _____ fin pudieron comprarse una casa. _____ eso, y _____ celebrar la ocasión, ellos quieren reunirnos a todos sus amigos esta noche _____ enseñarnos la casa y _____ pasar un buen rato juntos. No sé cuánto pagaron _____ la casa pero sé que _____ poder comprarla tuvieron que pedir prestado (*to borrow*) mucho dinero del banco y de sus padres. Vivieron en un apartamento _____ más de seis años, y pagaban unos $400,00 _____ mes. Decidieron buscar una casa sólo después que supieron que Luisa esperaba un bebé _____ agosto, porque el apartamento ya iba a ser muy pequeño _____ los tres. Roberto, Luis, Tina, Paulina, Sonia y yo decidimos contribuir $10,00 cada uno _____ comprarles algún lindo regalo _____ la sala. También vamos a llevarles las bebidas y el postre. Mientras los muchachos van _____ el vino y la cerveza y mientras Sonia y Paulina pasan _____ la panadería (*bakery*) _____ comprar una torta, yo debo ir _____ el regalo. Creo que les voy a comprar el cuadro que a Luisa le gustó tanto—lo venden _____ $60,00.

C. **En acción.** Describe the drawings below. Use **por** or **para,** as appropriate.

MODELO

Para mujer es muy fuerte.

1.

2.

José

3.

4.

5.

6.

1. ¿Viene usted a alguna clase por la mañana? ¿por la tarde? ¿por la noche? ¿A qué hora sale de su casa? ¿vuelve para su casa?   2. ¿Cuántas veces por semana va usted al laboratorio de lenguas? ¿a la biblioteca?   3. ¿Ha comprado usted últimamente algún mueble para su dormitorio? ¿sala? ¿comedor? ¿Qué mueble?   4. ¿Cómo se informa usted (*do you become informed*) de las noticias? ¿Por radio? ¿por televisión? ¿por los periódicos?   5. ¿Para cuándo piensa usted terminar sus estudios?   6. ¿Ha viajado mucho por avión? ¿por tren? ¿Adónde ha viajado? ¿Por qué países le gustaría viajar en el futuro?

QUITO: LA CIUDAD DE LA ETERNA PRIMAVERA

En el restaurante del Hotel Colón, en Quito.[1]

Laura	Así que piensan mudarse a Quito. Pero, ¿cuándo?
Pedro	Pues, nos gustaría estar aquí para Año Nuevo. Yo me jubilo° el mes próximo, ¡por fin! Por ahora, buscamos casa...
Luis	Realmente me sorprende que ya puedas jubilarte. ¿No eres muy joven para eso?
Estela	Es que ya hace treinta años que Pedro trabaja para la misma compañía, Luis. ¡Cómo pasa el tiempo!, ¿no? La verdad es que no será fácil dejar Guayaquil[2] después de vivir tantos años allá. Susana, nuestra hija, daría cualquier cosa por convencernos de que no debemos mudarnos. Pero aquí siempre hace un tiempo magnífico, ¿no?
Laura	Así es. Por algo llaman a Quito «la ciudad de la eterna primavera», ¿no? Estoy segura de que la vida aquí les gustará muchísimo. Por lo general, no me gustan los cambios, pero en el caso de ustedes creo que será muy beneficioso°.
Pedro	Eso espero. La verdad es que la vida debe ser un cambio constante. Por ejemplo, tenemos un amigo que no pasa más de dos años en el mismo lugar. Ya ha viajado por todo el mundo y, como resultado, tiene una casa que parece un museo. ¡Cómo lo envidio°!
Estela	Yo no. Para ti eso sería la felicidad° pero no para mí.
Luis	Ni para mí tampoco. Eso de andar de hotel en hotel... ¡Ah!, ahora que recuerdo, ¿cambiaron la habitación del hotel que no les gustaba?
Estela	No. Pedí una habitación doble, con dos camas, pero no me la pudieron dar.
Laura	¿Y por qué no se quedan con nosotros?
Luis	¡Buena idea! Tenemos un dormitorio para huéspedes°, con baño y una sala pequeña.
Estela	Es que no nos gustaría molestar°...

Laura	¡Por favor! Esa habitación les va a encantar y la pueden usar por el tiempo que quieran. ¿Aceptan?
Pedro	Bueno, si no les causaremos problemas, ¡aceptamos! ¿Verdad, Estela?
Estela	¡Por supuesto que sí! Y un millón de gracias. Sé que con ustedes estaremos cien veces mejor.

Yo me jubilo *I will retire*   **beneficioso** *beneficial*   **¡Cómo lo envidio!** *How I envy him!*
felicidad *happiness*   **dormitorio para huéspedes** *guest room*   **molestar** *to bother (you)*

PREGUNTAS

1. ¿Qué buscan Estela y Pedro en Quito?   2. ¿Dónde viven ellos ahora? ¿Cuándo piensan mudarse a Quito?   3. ¿Qué le sorprende a Luis? ¿Por qué?   4. ¿Cuánto tiempo hace que Pedro trabaja para la misma compañía?   5. Según Estela, ¿será fácil para ellos dejar Guayaquil? ¿Por qué sí o por qué no?   6. ¿Por qué llaman a Quito «la ciudad de la eterna primavera»? ¿Llamaría usted de esa manera a Nueva York? ¿a Miami? ¿a su ciudad? ¿Por qué sí o por qué no?   7. Por lo general, ¿le gustan los cambios a Laura? ¿y a Pedro? ¿y a usted? ¿Por qué? 8. ¿Le gusta viajar a Pedro? ¿y a Estela? ¿y a usted? ¿Por qué sí o por qué no?   9. ¿Qué clase de habitación pidió Estela? ¿Por qué dejaron el hotel ella y Pedro? Describa el dormitorio para huéspedes que tienen Laura y Luis.   10. ¿Le gusta a usted mudarse de casa constantemente o prefiere vivir siempre en el mismo lugar? ¿Por qué?

notas culturales

1. Quito, the capital city of Ecuador (elevation: 9,500 feet), has been aptly called "a great outdoor museum" because of its numerous buildings in the ornate Spanish colonial style. The city was founded in 1534 on the site of the capital of the pre-Inca kingdom of the Scyris, which had fallen to the Incas shortly before the arrival of the Spaniards. Because it is so close to the equator (**ecuador** in Spanish), there is little seasonal variation of temperature.

2. Guayaquil and Quito strongly dominate the life of Ecuador. Quito, the government center, located high in the Andes, is cold in climate and colonial in the predominating tone of its architecture. Guayaquil, at sea level, is sultry, modern, and growing fast. Over 85 percent of Ecuador's trade pours through this great port, which is also the banking center of the country.

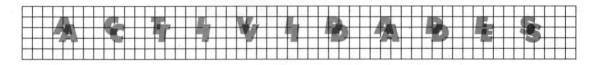

In this chapter, you have seen examples of the following language functions, or uses. Here is a summary and some additional information about these functions of language.

MAKING DEDUCTIONS

Por eso...	*For that reason . . .*
Por estas razones...	*For these reasons . . .*
Por lo tanto...	*Therefore . . .*
Como consecuencia (resultado)...	*As a consequence (result) . . .*
Será que...	*It must be that . . .*
Sería que...	*It must have been that . . .*

STATING INTENTIONS

In addition to using the future tense, you can state intentions with these expressions:

Pienso...	*I intend (plan) . . .*
No pienso...	*I don't intend (plan) . . .*
Voy a...	*I'm going to . . .*
No voy a...	*I'm not going to . . .*

338   *Capítulo 16*

EXPRESSING PROBABILITY AND POSSIBILITY

Besides the use of future and conditional forms to express probability and possibility, as you saw in this chapter, there are some other ways to express the same idea. The following are given in order, from most highly probable to least likely:

No hay duda de que (+ indicative)...	*There's no doubt that . . .*
Seguramente (+ indicative)...	*Surely . . . (also: Probably . . .)*
Por cierto (+ indicative)...	*Certainly . . .*
Estoy seguro(a) que (+ indicative)...	*I'm sure that . . .*
Es verdad (indudable, etcétera) que (+ indicative)...	*It's true (certain, etc.) that . . .*
Creo (Pienso) que (+ indicative)...	*I believe (think) that . . .*
Es probable que (+ subjunctive)...	*It's probable that . . .*
Es posible que (+ subjunctive)...	*It's possible that . . .*
Tal vez (Quizás) (+ subjunctive or indicative)...	*Perhaps . . .*
Es poco probable que (+ subjunctive)...	*It's unlikely that . . .*
No hay ninguna posibilidad de que (+ subjunctive)...	*There's no possibility that . . .*

For information on when to use the subjunctive and when to use the indicative with these forms, review Chapter 14.

A. **En treinta años...**   The following sentences are predictions futurologists have made about the world in the near future. First, put each prediction in the future tense. Then express an opinion about how probable or possible you think each of the predictions is.

MODELO   En los países industrializados, casi todo el mundo __tendrá__ (tener) un robot para limpiar la casa, cocinar, etcétera, y ___será___ (ser) muy común el uso de los robots en la industria.

Es posible que el uso de robots en la industria sea muy común; tal vez mucha gente tenga robots en la casa también.

1. Mucha gente _____ (vivir) y _____ (trabajar) en colonias en el espacio; esas colonias _____ (tener) su propio (*own*) sistema de producción de comida.
2. _____ (existir) órganos humanos artificiales de toda clase y el trasplante de órganos _____ (ser) algo muy común; también _____ (haber) sangre (*blood*) artificial que se _____ (poder) usar para cualquier persona—sin importar la clase de sangre que tenga (de tipo A, B, 0, etcétera).
3. La gente _____ (hacer) sus compras por computadora; _____ (ser) posible seleccionar (*select*) algo entre una gran variedad de artículos y comprarlo sin salir de la casa. También, gracias al uso de las computadoras, mucha gente _____ (trabajar) en casa en vez de ir a la oficina.

4. La gente _____ (vivir) hasta la edad de cien años o más porque _____ (haber) curas para muchas enfermedades (como el cáncer, por ejemplo). Como consecuencia, mucha gente _____ (casarse) más de una vez, y la jubilación (*retirement*) _____ (ser) a una edad más avanzada.

5. El 20 por ciento de los animales y plantas que ahora existen no _____ (existir) dentro de treinta años, por las grandes cantidades de anhídrido carbónico (*quantities of carbon dioxide*) que _____ (haber) en la atmósfera.

6. Se _____ (inventar) píldoras para mejorar (*improve*) la memoria, para curar el miedo a las alturas (*heights*) y otras fobias y para hacer crecer el pelo (*make hair grow*).

7. _____ (aumentar) dramáticamente el número de personas que vivan en nuestro planeta: la tierra _____ (tener) unos diez mil millones (10.000.000.000) de habitantes en el año 2030.

8. _____ (haber) menos gente «super-rica» y la situación económica del Tercer Mundo _____ (estar) peor que ahora.

9. Los futuros papás _____ (poder) seleccionar el sexo de sus hijos. Más padres _____ (quedarse) en casa con los niños mientras las madres trabajen fuera de casa.

10. Los trenes _____ (ir) a 300 millas por hora; los coches _____ (ser) más pequeños y más rápidos; los aviones _____ (ser) de plástico.

11. En los Estados Unidos, el 60 por ciento de los jóvenes del futuro _____ (asistir) a una universidad o «college», en comparación con el 30 por ciento de ahora.

12. Los apartamentos y casas de los Estados Unidos y de otras partes del mundo _____ (ser) más pequeños, pero muchos muebles _____ (tener) más de un uso y las paredes _____ (ser) movibles.

B. **Como consecuencia...** Choose any two of the predictions about the future from Exercise A that you believe may be quite possible or probable. (Or choose predictions that you have read or heard about.) Assuming that these predictions turn out to be true, what consequences would there be? Make at least two statements using expressions in this chapter for making deductions.

MODELO **Mucha gente trabajará en su casa; por lo tanto, aumentará el número de madres que trabajen por dinero sin salir de la casa.**

C. **Intenciones.** In pairs, ask a classmate whether he or she intends or doesn't intend to do the following things this weekend; he or she answers and asks you a question in turn. Find out at least three things you are each going to do this weekend.

MODELO limpiar tu cuarto
¿Limpiarás tu cuarto? (¿Piensas limpiar tu cuarto? ¿Es posible que limpies tu cuarto?)

1. ir a un concierto de música «rock»
2. estudiar
3. trabajar en el jardín
4. jugar al vólibol
5. guardar una promesa o romper una promesa
6. celebrar un cumpleaños
7. hacer ejercicios
8. ir a alguna parte (a un sitio de interés, a un parque, etcétera)

D. **¿Dice la verdad el vendedor de propiedades?** Imagine that a real estate agent is trying to sell the house at the beginning of the chapter to a couple who have three teen-age boys and two toddlers. Tell which parts of his sales pitch seem true and which strike you as lies (**mentiras**) and explain why.

VENDEDOR   Señores Smith, pronto entrarán en la casa de sus sueños y verán que esta casa es perfecta para todas sus necesidades. No importa que sólo tenga dos dormitorios. Así es mucho mejor porque eso permite mantener la unidad (*maintain the unity*) de la familia. Además, un baño es bastante para una familia como ustedes. Estoy seguro que no necesitarán más espacio porque la sala es grande. La cocina es pequeña pero eso no está mal; gracias a eso el piso que tendrán que limpiar será más pequeño. Créanme, señores: esta casa es un regalo porque el precio (*price*) es muy razonable. Cuesta solamente 200.000 dólares.

▼OCABULARIO ▲CTIVO

los	muebles	*furniture*
la	pared	*wall*
el	patio	*patio*
el	piso	*floor, story*
la	sala	*living room*
el	sillón	*armchair*
el	sofá	*sofa*
el	suelo	*floor, ground*
el	techo	*roof*
el	televisor	*television set*

Verbos

aceptar	*to accept*
alquilar	*to rent*
contar (ue) con	*to count on*
convencer	*to convince*
dar a	*to face, be facing*
estar por	*to be about to*
guardar	*to keep*
limpiar	*to clean*

La casa

la	alfombra	*rug, carpet*
el	baño	*bathroom*
el	cielo raso	*ceiling*
la	cocina	*kitchen*
el	dormitorio	*bedroom*
la	escalera	*stairway*
el	estante para libros	*bookcase*
el	garage	*garage*
la	habitación	*room*
el	jardín	*(flower) garden*
la	lámpara	*lamp*
el	lavadero	*laundry room*

Otras palabras

	caliente	*hot*
el	cambio	*change*
	cómodo(a)	*comfortable*
la	consecuencia	*consequence*
	desordenado(a)	*messy*
la	edad	*age*
	¿Qué edad tiene(s)?	*How old are you?*
	eterno(a)	*eternal*
el, la	gerente	*manager*
	igual	*the same, equal*
	limpio(a)	*clean*
	ordenado(a)	*neat*
la	propiedad	*property, real estate*
el	rato	*short time*
	hace un rato	*a short while ago*
el	repaso	*review*
el	resultado	*result*
el	ruido	*noise*

En general, la familia tiene un papel más importante en la sociedad hispana que en la anglosajona. Es muy común que en la misma casa o apartamento vivan la mamá, el papá, los niños, uno o dos abuelos, una tía soltera, etcétera. Aunque se usa la palabra «niñero» o «niñera» para designar a la persona que cuida a los niños, este trabajo generalmente lo hace alguien que vive en la misma casa, algún pariente o algún amigo de la familia. Los equivalentes culturales de «baby-sitter» y «rest home» prácticamente no existen en la cultura hispánica.

Todos los miembros de la familia pasan mucho tiempo juntos. En los pueblos pequeños, y en otras partes—si el horario de trabajo lo permite—el padre y los niños regresan a casa a las doce para almorzar con toda la familia. El almuerzo es la comida principal del día. Después, es costumbre conversar o dormir la siesta antes de volver al trabajo, más o menos a las dos y media o a las tres. Sin embargo, cada día son más pocos los que pueden practicar esta costumbre ya que muchos negocios han adoptado el «horario continuo» y los trabajadores deben trabajar de 9 a 5 o de 8 a 5, con una hora libre para el almuerzo. Después de salir del trabajo por la tarde, muchos empleados se reúnen con sus amigos a conversar o a tomar un café juntos, antes de volver a casa a cenar. Durante estas horas se ve mucha gente por la calle. La cena se sirve generalmente a las diez en España y un poco más temprano, entre las ocho y las nueve, en Hispanoamérica.

En los pueblos pequeños del mundo hispano, la vida de la mujer todavía se limita° principalmente a la casa, a la familia y a un pequeño grupo de amigas. Entre los jóvenes, la separación de los sexos es grande y las relaciones entre muchachos y muchachas son relativamente formales. Por lo general, los futuros novios se conocen en lugares públicos: la plaza, el mercado, la iglesia o en alguna fiesta del pueblo. Sólo después de mucho tiempo el novio visita a su novia (su futura esposa) en casa de ella.

se... *is limited*

Hoy día muchas costumbres tradicionales están cambiando°, especialmente en las grandes ciudades. Aquí no hay tiempo para dormir la siesta. Y a veces ¡ni para almorzar! La mayoría de los negocios y oficinas públicas permanecen° abiertos a la hora de la siesta. Ahora, más mujeres trabajan fuera de casa. En las grandes ciudades los jóvenes tienen más libertad, especialmente en el ambiente° más informal de la universidad. Muchos empleados de grandes compañías tienen que mudarse con frecuencia a otra ciudad y por eso no les es posible mantener relaciones muy estrechas° con los amigos. Por estas razones, la vida actual° en muchas ciudades hispanas—especialmente en ciudades industrializadas como Buenos Aires o Madrid—tiene mucho más en común con la vida en las ciudades de los Estados Unidos que en otros pueblos o ciudades hispanas menos industrializadas. Pero a unos cuantos° kilómetros de una gran ciudad, todavía se puede encontrar la rica variedad de costumbres hispanas típicas.

están... *are changing*

remain

atmosphere

close / present

a... *a few*

PREGUNTAS

1. ¿Por qué cree usted que no hay equivalentes exactos de conceptos como «baby-sitter» o «rest home» en español?   2. ¿A qué hora almuerza la familia hispana tradicional? ¿A qué hora cena? ¿Cuál es la comida principal del día?   3. ¿Cómo es la vida de la mujer en los pueblos pequeños del mundo hispano?   4. ¿Es común que un muchacho y una muchacha salgan solos en los países hispanos? ¿Dónde se conocen generalmente?   5. Según esta lectura, las costumbres tradicionales están cambiando mucho en las grandes ciudades. ¿Cómo? ¿Por qué?   6. Se dice que a causa del divorcio y de otros fenómenos sociales, la familia nuclear (inmediata) de los Estados Unidos está hoy día en peligro (*danger*). ¿Está usted de acuerdo? ¿Cree que es mejor el sistema social y familiar (de la familia) de los países hispanos? ¿Por qué?

el cielo

la nieve

el sol

las montañas

la niebla

el amanecer (cuando empieza a salir el sol)   el anochecer (cuando empie

la nube

la lluvia

el árbol

el pájaro

las hojas

las flores

la tierra

las piedras

el lago

la luna

las estrellas

(salir la luna y las estrellas)

el valle

los peces (el pez)

LA NATURALEZA

ADDING INFORMATION

CHANGING THE SUBJECT

EXPRESSING EMPATHY

EJERCICIO

Choose the word that does not belong.

1. la luna / el sol / la estrella / la flor
2. el cielo / el pájaro / el pez / el animal
3. la flor / la piedra / el árbol / la planta
4. el mar / el río / el valle / el océano
5. la nube / la lluvia / la niebla / la tierra

PREGUNTAS

1. ¿Cómo se llama la parte del día cuando empieza a salir el sol? ¿Sabe usted a qué hora salió el sol esta mañana?   2. Una adivinanza (*riddle*): «¿Qué le dijo la luna al sol?» Respuesta: «¿Tan grande y no te dejan salir de noche?» ¿Qué sale de noche con la luna?   3. ¿Cómo se llaman los «animales» que viven en los árboles y cantan? ¿los que viven en el agua? ¿Qué diferencia hay entre un pez y un pescado? (Para el pez, la diferencia es muy importante.)   4. Describa cómo es el invierno donde usted vive. ¿Llueve mucho? ¿Nieva? (¿Hay nieve?) ¿Hay nubes? ¿niebla? ¿Qué le gusta del invierno? ¿de la primavera? ¿del verano? ¿del otoño?

The neuter **lo, lo que**

CONSUELO	¿Te gustaría ir de campamento con nosotros este fin de semana, Pepe?
PEPE	No, Consuelo. Realmente no tengo tiempo. *Lo* malo de ir de campamento es que hay que dormir afuera... con los animales, los pájaros, los insectos...
CONSUELO	Por otra parte, *lo* bueno es poder ver las estrellas que salen al anochecer, oír los pájaros que cantan por la mañana...
PEPE	*Lo que* no me gusta es que los pájaros me despierten de mañana temprano. Y no me gusta vivir sin comodidades.
CONSUELO	¿Qué es *lo que* llamas «vivir sin comodidades»?
PEPE	Pues, déjame pensar... estar sin mi piano de cola, por ejemplo.

1. ¿Le gusta a Pepe ir de campamento? ¿Qué es lo malo de ir de campamento, según él?
2. Según Consuelo, ¿qué es lo bueno de ir de campamento?   3. ¿Qué es lo que Pepe llama «vivir sin comodidades»?   4. ¿Le gusta a usted ir de campamento o prefiere pasar la noche en casa de amigos o en algún hotel? ¿Por qué?

CONSUELO: Would you like to go camping with us this weekend, Pepe? PEPE: No, Consuelo. I really don't have time. The bad thing about going camping is that you have to sleep outside . . . with the animals, the birds, the insects . . . CONSUELO: On the other hand, the good thing is to be able to see the stars that come out at dusk, to hear the birds singing in the morning . . . PEPE: What I don't like is for the birds to wake me up early in the morning. And I don't like roughing it ("living without conveniences"). CONSUELO: What is it that you call "roughing it" ("living without conveniences")? PEPE: Well, let me think . . . being without my grand piano, for example.

A. The neuter article **lo** can be used with a masculine singular adjective to express an abstract quality or idea.

Lo malo de vivir en la ciudad es que hay mucho ruido.	*The bad thing about living in the city is that there is a lot of noise.*
En cambio, lo divertido de vivir en la ciudad es que hay muchas actividades culturales.	*On the other hand, the fun thing about living in the city is that there are many cultural activities.*
Lo maravilloso de ir de campamento es el contacto con la naturaleza.	*The wonderful thing about going camping is the contact with nature.*

B. **Lo que** can be used to express something imprecise or to sum up an idea that has been stated previously. (It usually is translated *what* or *which*.)

Lo que más me gusta de Florida es el clima.	*What I like most about Florida is the climate.*
Pedro vino a visitarnos ayer, lo que nos alegró mucho.	*Pedro came to visit us yesterday, which made us very happy.*

C. However, **el, la, los,** or **las** (**el que, la que, los que, las que**) must be used to refer to a specific person or thing, the gender of which is known.

Esta composición es la más interesante de la clase.

This composition is the most interesting one in the class.

¿Tienes las plantas? —¿Cuáles? —Las que te di ayer.

Do you have the plants? —Which ones? —The ones I gave you yesterday.

D. **Lo** can replace an adjective or refer to a whole idea previously stated.

¿Estás cansado? —Sí, lo estoy.
¿Es aburrida la vida del campo? —No, no lo es.

Are you tired? —Yes, I am.
Is life in the country boring? —No, it isn't.

E J E R C I C I O S

A. **Dos puntos de vista.**   Almost everything has good and bad points. Tell what you think is good and bad about each of the following things.

> MODELO   el verano
> **Lo bueno del verano es la temperatura.**
> **Lo malo del verano son los insectos.**

1. este país	6. los viajes
2. la televisión	7. la vida universitaria
3. el campo	8. este libro
4. muchas ciudades	9. mi familia
5. el fútbol americano	10. los postres

B. **¿Le gusta o no... ?**   Give your opinion about the following people and things. Tell why you do or don't like them.

> MODELOS   pintar / esos pintores
> **Me gusta lo que pintan esos pintores porque buscan inspiración en la naturaleza.**
>
> verse / por televisión
> **No me gusta lo que se ve por televisión porque muchos programas son aburridos.**

1. servirse / en la cafetería	4. enseñar / algunos profesores
2. hacer / el presidente	5. leerse / en los periódicos
3. decir / los expertos sobre la ecología	6. pensar / mis padres

C. **Posibilidades múltiples.**   Complete each of the following sentences by underlining the appropriate article.

MODELO   Aquel pájaro, (lo, la, <u>el</u>) que tú quieres comprar, es muy caro.

1. Estas flores son (los, las, lo) más lindas que encontré.
2. Anoche llamaron las chicas, (la, lo, los) que nos alegró mucho.
3. Estos ejercicios son (los, las, el) más interesantes de este capítulo.
4. ¿Me preguntas si estoy cansado? Pues, ¡claro que (la, lo, los) estoy!
5. Tengo ganas de vivir en aquella casa, (el, lo, la) que está en el valle.
6. El amanecer será maravilloso, pero ¡el anochecer también (el, lo, la) es!

P R E G U N T A S

1. ¿Qué es lo más interesante de la vida universitaria? ¿lo más aburrido? ¿lo más divertido?
2. ¿Qué profesores le gustan más a usted: los que divierten mucho a sus estudiantes o los que los hacen trabajar? ¿Por qué?   3. ¿Quién aprende más: el que lee mucho pero viaja poco o el que lee poco pero viaja mucho? ¿Por qué?   4. ¿Quién tiene más contacto con la naturaleza: el que vive en el campo o el que vive en la ciudad? Para usted, ¿qué es lo mejor de la ciudad? ¿lo peor? ¿lo mejor de la vida del campo? ¿lo peor?   5. ¿Quién lleva una vida más tranquila: el que vive en la ciudad o el que vive en el campo? ¿Por qué?

The present participle and the progressive tenses

Dos amigos se encuentran en lo alto de una montaña.

MANUEL   Alberto, ¿qué *estás haciendo* aquí?
ALBERTO   *Estoy admirando* esta vista tan bella, con el valle verde, la grandeza de los árboles... Hace tres horas *estaba mirando* el amanecer desde un nuevo horizonte, *escuchando* la naturaleza en el silencio de estas montañas imponentes. Y tú, ¿por qué viniste aquí?
MANUEL   Es que mi hijo *está aprendiendo* a tocar el piano y mi esposa *está cantando*...

1. ¿Qué está haciendo Alberto en lo alto de la montaña?   2. ¿Qué estaba haciendo hace tres horas?   3. ¿Por qué está allí Manuel?   4. ¿Va usted a las montañas de vez en cuando? ¿Para qué? ¿Está pensando pasar unos días en las montañas? ¿Cuándo? ¿Qué piensa hacer allí?

Two friends meet at the top of a mountain.   MANUEL: Alberto, what are you doing here? ALBERTO: I'm admiring this beautiful view, with the green valley, the grandeur of the trees . . . Three hours ago I was looking at the dawn from a new horizon, listening to nature in the silence of these impressive mountains. And you, why did you come here? MANUEL: Because my son is learning to play the piano, and my wife is singing . . .

A. To form the present participle of most Spanish verbs, **-ando** is added to the stem of the infinitive of **-ar** verbs and **-iendo** to the stem of the infinitive of **-er** and **-ir** verbs.*

hablando	*speaking*	comiendo	*eating*
viviendo	*living*		

Hablando del Perú, ¿cuándo sales para el lago Titicaca?

Speaking of Peru, when are you leaving for Lake Titicaca?

B. Present participles of verbs with a stem ending in a vowel take the ending **-yendo** rather than **-iendo**, since in Spanish an unaccented **i** between two vowels becomes a **y.**

creyendo	(creer)	leyendo	(leer)
oyendo	(oír)	trayendo	(traer)

C. Stem-changing **-ir** verbs show a change in the stem of the present participle from **e** to **i** or **o** to **u** (as they do in the third-persons singular and plural of the preterit).

diciendo	(decir)	pidiendo	(pedir)
prefiriendo	(preferir)	siguiendo	(seguir)
sirviendo	(servir)	durmiendo	(dormir)
muriendo	(morir)		

D. A form of **estar** in the present tense can be combined with a present participle to form the present progressive tense. This tense is used to emphasize that an action is in progress—taking place—at a particular moment in time. It is used only to stress that an action is occurring at a specific point in time; otherwise, the present tense is used.

Los ecólogos están hablando de plantas indígenas de México.	*The ecologists are talking about native plants of Mexico* (at this moment).
Está saliendo el sol.	*The sun is rising.*
Estoy cantando bajo la lluvia.	*I'm singing in the rain.*
Estamos jugando al tenis ahora.	*We're playing tennis now.*

E. A form of **estar** in the imperfect tense can be combined with a present participle to form the past progressive tense, a tense that indicates that an action was in progress at a given moment in the past.

Estaba leyendo la novela *Niebla* (cuando tuve la idea).	*I was reading the novel* Niebla *(when I had the idea).*

*The present participle of **ir** is **yendo.**

Entre paréntesis, estaba nevando (cuando llegué).

Incidentally, it was snowing (when I arrived).

Los pájaros estaban cantando (a las seis de la mañana).

The birds were singing (at six o'clock in the morning).

Los niños estaban jugando adentro.

The children were playing inside.

E J E R C I C I O S

A. **Imaginación y lógica.** Combining elements from all three columns, form logical sentences in the present progressive. Use each item from the second column at least once. (Add an indirect object pronoun, if needed.)

MODELOS   Paco y yo estamos admirando estas flores tan bellas.
                 Marta les está escribiendo a los niños.

		para salir después
	admirar	a los niños
Marta	leer	rápidamente
ustedes	mirar	un libro de geografía
Paco y yo	acostumbrarse	en su dormitorio
tú	escribir	las estrellas
Rosita y tú	hacer	una torta deliciosa
yo	abrir	a la vida del campo
Eva y su novio	vestirse	las maletas
	comer	estas flores tan bellas
		una carta importante

B. **Contestando una carta.** Marisa is answering a letter to a friend and telling her what each member of the family is doing at the present time. Change the following statements to the present progressive, as Marisa would.

MODELO   Carlos busca trabajo.
             Carlos está buscando trabajo.

1. Mamá admira su jardín.
2. Los chicos aprenden francés.
3. Alberto y Susana viajan por América del Sur.
4. Yo sigo dos cursos de literatura española.
5. Aquí hace mucho frío hoy.
6. ¿Nieva mucho allí en estos días?
7. Nosotros queremos viajar a Chile en enero.
8. ¿Piensas ir a alguna parte durante tus vacaciones?
9. Alberto y Susana nos escriben cada semana.

C. **Todos estábamos haciendo algo.** Teresa is telling a friend what people she knows were doing during the last big earthquake in Lima (Peru). Restate what she says, changing the verbs from the imperfect to the past progressive, as in the example.

MODELO Mi marido viajaba a la Argentina.
  Mi marido estaba viajando a la Argentina.

1. Yo enseñaba biología en la universidad.
2. Uno de mis estudiantes dormía en la clase.
3. Mis vecinos visitaban a unos amigos en Arequipa.
4. María y Juan trabajaban en la oficina.
5. Tus hermanos iban de campamento al campo.
6. Papá y mamá hacían compras en el centro.

D. **¿Qué están haciendo?** Look at the drawings and describe what the people shown are doing at this moment.

MODELO

Pablo y Ana están cantando y tocando la guitarra.

1.

2.

3.

4.

5.

1. ¿Qué está haciendo usted en este momento?   2. ¿Estaba mirando por la ventana? ¿pensando en sus próximas vacaciones? ¿Está pensando viajar a alguna parte? ¿Adónde?   3. ¿En qué (quién) estaba pensando usted hoy cuando entró a clase? ¿anoche cuando se acostó?   4. ¿Le gusta estar afuera haciendo deportes (nadando, corriendo, jugando al tenis, por ejemplo) o prefiere estar adentro?

The passive voice

En el aeropuerto de Miami

TÍA SONIA ¡Bienvenido, José Luis! ¿Qué tal tus vacaciones en el Perú?

JOSÉ LUIS ¡Fabulosas, tía! ¡Me encantó Machu Picchu!* Pero, entre paréntesis, ¿dónde está Ramón?

TÍA SONIA ¿No sabías que tu primo se casó?

JOSÉ LUIS Ramón... ¿casado? ¡Claro que no lo sabía! Pero aunque no *fui invitado* a la boda, tengo un lindo regalo para ellos: un hermoso cuadro que *fue pintado* por un pintor peruano. ¿Y cuándo *fue celebrada* la boda?

TÍA SONIA ¡El día de Año Nuevo! Y como Ramón y su novia fueron los primeros en casarse aquí este año, la ciudad les dio un montón de regalos. Además, *fueron invitados* a restaurantes y hoteles, ¡y pronto harán un viaje por América del Sur con pasajes que *serán pagados* por la ciudad!

1. ¿Dónde están José Luis y su tía? ¿Por qué no está allí Ramón?   2. ¿Sabía José Luis que Ramón se había casado?   3. ¿Tiene José Luis un regalo para los esposos? ¿Qué es? ¿Por quién fue pintado?   4. ¿Cuándo fue celebrada la boda? Por ser Ramón y su novia los primeros en casarse este año, ¿qué regalos les dio la ciudad?

At the Miami airport AUNT SONIA: Welcome, José Luis! How was your vacation in Peru? JOSÉ LUIS: Great, Aunt Sonia! I loved Machu Picchu! But, incidentally, where is Ramón? AUNT SONIA: Didn't you know that your cousin got married? JOSÉ LUIS: Ramón . . . married? Of course I didn't know it! Well, even though I wasn't invited to the wedding, I have a nice present for them: a beautiful painting that was painted by a Peruvian painter. And when did the marriage take place (literally, "when was the wedding celebrated")? AUNT SONIA: On New Year's Day! And since Ramón and his fiancée were the first ones to get married here this year, the city gave them a lot of presents. In addition, they were invited to restaurants and hotels, and they will soon take a trip around South America with tickets that will be paid for by the city!

*See **Nota cultural 1** of this chapter.

A. In Spanish, as well as in English, sentences can be either in the active voice or the passive voice. Compare:

Active voice:

Los incas construyeron Machu Picchu.	*The Incas built Machu Picchu.*
(Ellos) hicieron la guitarra en México.	*They made the guitar in Mexico.*

Passive voice:

Machu Picchu fue construido por los incas.	*Machu Picchu was built by the Incas.*
La guitarra fue hecha en México.	*The guitar was made in Mexico.*

The subjects of the sentences are shown in bold type. In the passive voice, the subject receives the action of the verb rather than performing it. In the active voice, the subject performs the action of the verb.

B. In Spanish, the passive voice is formed with a conjugated form of **ser** and a past participle, which must agree with the subject in gender and number. If an agent, or "doer," of the action is expressed, it is usually introduced by the preposition **por**.

subject	+ **ser** +	past participle	+ **por** +	agent
Machu Picchu	fue	construido	por	los incas.

Las papas fueron descubiertas en América.	*Potatoes were discovered in America.*
Cambiando de tema, ¿sabías que los muros fueron pintados por los chicos?	*To change the subject, did you know that the walls were painted by the boys?*
El poema «Romance de la luna, luna» fue escrito por Federico García Lorca.	*The poem "Romance of the Moon, Moon" was written by Federico García Lorca.*

C. The true passive is not used as often in Spanish as the passive voice is in English. The active voice is preferred. When an agent is not expressed, the passive **se** is much more common than the true passive. Compare:

Las ruinas de Machu Picchu se descubrieron en 1911.	*The ruins of Machu Picchu were discovered in 1911.*
Las ruinas de Machu Picchu fueron descubiertas por Hiram Bingham en 1911.	*The ruins of Machu Picchu were discovered by Hiram Bingham in 1911.*
Guernica se pintó en 1937.	Guernica *was painted in 1937.*
Guernica fue pintada por Pablo Picasso en 1937.	Guernica *was painted by Pablo Picasso in 1937.*

A. **Una fiesta en honor de la Profesora Ledesma.** The department of romance languages is having a party in honor of Professor Ledesma, who has been teaching there for twenty years. Describe the event, using the passive voice in the past tense.

MODELO   la fiesta / organizar / tres profesoras
La fiesta fue organizada por tres profesoras.

1. la lista de invitados / preparar / Laura y Tina
2. las invitaciones / escribir / las secretarias
3. el vino / traer / Esteban
4. la torta / hacer / una amiga de Tina
5. el regalo / comprar / Eduardo y Teresa
6. los profesores / ayudar / los estudiantes

B. **La voz pasiva.** Change the following sentences to the passive voice, following the models.

MODELOS   Tres astronautas exploraron la luna en 1969.
La luna fue explorada por tres astronautas en 1969.

Sandra pinta los muros del patio.
Los muros del patio son pintados por Sandra.

Tus palabras convencerán rápidamente a mis amigas.
Mis amigas serán convencidas rápidamente por tus palabras.

1. Colón descubrió América en 1492.
2. El profesor resuelve los problemas.
3. Cervantes escribió el *Quijote*.
4. Rogelio traerá las bebidas.
5. Susana invitó a las hermanas Vera.
6. Generalmente ellos hacen la comida.
7. Los niños pondrán la mesa.
8. Todo el mundo oyó a tus amigos.
9. Miles de turistas visitan ese museo todos los años.

C. **Para completar.** Complete the following phrases using the passive voice, as in the models.

MODELOS   Esos libros serán...
Esos libros serán leídos por miles de niños.

La vista fue...
La vista fue admirada por muchos turistas.

1. Ese poema fue...
2. El cáncer será...
3. La naturaleza es...
4. Estos ejercicios son...
5. Las ruinas de Machu Picchu fueron...
6. La tierra será...
7. Los mejores vinos son...

D. **Traducción.** Give the Spanish equivalent of the following sentences.

1. Those plants were bought and brought here last week.
2. The party was organized by Raquel.

3. These short stories were written by a famous writer.
4. The post office is generally open from 9 to 5.
5. The meat will be bought tomorrow.
6. Those two banks were built before 1850.

1. ¿Cómo se llama su novela favorita? ¿Quién la escribió? (¿Por quién fue escrita?) ¿Recuerda cuándo fue escrita?   2. ¿Cuándo y por quién fue descubierta América? ¿Por quién(es) fueron conquistados (*conquered*) los aztecas? ¿los incas?   3. ¿Dónde se hace la cerveza que usted toma? ¿la ropa que compra?   4. ¿Dónde y por quién fue comprado el auto que usted maneja? ¿su libro de español?

MACHU PICCHU: LA MISTERIOSA CIUDAD DE LOS INCAS[1]

Eva y su novio están visitando las ruinas de Machu Picchu, en el Perú. Ella es pintora y está buscando inspiración para unos cuadros.

Juan   ¿Qué haces, mi amor?

Eva   Estoy admirando estos muros imponentes.[2] Dicen que fueron construidos por los incas hace cientos de años pero no fueron descubiertos hasta 1911. Parecen más bellos ahora, sin los turistas.

Juan   ¿A qué hora saliste?

Eva   A las cinco. No te desperté porque estabas durmiendo como una piedra. Hace dos horas que espero el amanecer, pero creo que hoy no vamos a poder ver el sol por la niebla.

Juan   Mira aquella piedra. Parece una escultura moderna. Creo que es la que usaba el Inca para atrapar° el sol.[3]

Eva   Sí, lo es. Conozco la leyenda°. Me la contó el muchacho indio que trabaja en el hotel. ¡Mira, allí está él!

Tano   Muy buenos días, señores.

Juan   Buenos días. No sabía que hablabas español.

Tano   En casa hablamos quechua,[4] señor, pero en la escuela nos enseñan español.

Eva   ¿No tienes frío sin zapatos?

Tano   No, señora, estoy acostumbrado al frío. Ustedes también pronto se acostumbrarán, dentro de dos o tres semanas...

Eva   No podemos quedarnos... En una semana tenemos que regresar a Venezuela.

Juan   Yo ya no siento mucho el frío. Esta mañana tomé un té que fue hecho con hojas de coca.[5] Dicen que es bueno para que uno se caliente° y no sienta tanto la altura.°

Eva   Sí, es difícil acostumbrarse a esta altura. Me estoy imaginando que estamos en el cielo.

Juan   No te lo estás imaginando. Esa niebla en realidad no es niebla. ¡Es una nube baja!

---

atrapar *to catch*   **leyenda** *legend*   **se caliente** *gets warm*   **altura** *altitude*

PREGUNTAS

1. ¿Qué busca Eva en las ruinas de Machu Picchu?   2. ¿A qué hora salió ella del hotel? ¿Por qué no despertó a Juan antes de salir?   3. ¿Cuánto tiempo hace que ella espera el amanecer?

4. ¿Qué dice Juan de la piedra? ¿y Eva?   5. ¿Cómo se llama el muchacho indio?   6. ¿Qué lenguas habla él?   7. ¿Dónde las habla?   8. ¿Tiene frío Tano? ¿Por qué sí o por qué no? 9. ¿Qué tomó Juan en el hotel? ¿Para qué?   10. ¿Qué se está imaginando Eva? ¿Qué le contesta Juan?

notas culturales

1.   **Machu Picchu** is the ancient fortress city of the Incas, located high in the Andes not far from Cuzco, Peru, which was the capital of the Inca empire when the Spanish arrived. Because it cannot be seen from the valley below, Machu Picchu remained unknown to the outside world until 1911.

2.   The city offers a unique glimpse into the life of the ancient Incas, with temples, stairways, walls, and houses still standing. The stones were precisely shaped and chiseled so that no mortar was necessary. Stones with as many as twelve sides fit so perfectly together that a razor blade cannot be inserted between them. Modern engineers are unable to explain how the Incas, who, like other American Indians, did not have the benefit of the wheel, were able to transport these stones over long distances.

3.   According to the legend, the priests would tell the Inca emperor (who at that time was the only one called Inca) which day was to be the shortest of the year, and on that day he would go forth at sunset and ceremonially "tie" the sun to the earth, using this stone, called "the hitching post of the sun." This was supposed to prevent the sun from continuing to slip away from the earth. The proof came, of course, when the days that followed turned out to be longer, thus corroborating the general belief that the Inca was a direct descendant of the sun and had a special power over it.

4.   **Quechua,** the language spoken by the Incas, was imposed upon all new members of the Inca empire after conquest. **Quechua** and **Aymará** are the most common Indian languages in Peru, and many Peruvians learn Spanish only as a second language.

5.   Coca-leaf tea is made from the leaf of the coca plant, from which cocaine is extracted. The tea is strictly for medicinal purposes and does not have the effects of cocaine; it is sometimes served to tourists to prevent altitude sickness. The leaves of the coca plant, however, in combination with some other ingredients, are chewed as a narcotic by many Indians of the Peruvian and Bolivian sierra. The coca leaves impart a temporary feeling of well-being and enable the Indians to work despite the severe discomfort of the high altitude and intense cold. The prolonged use of coca causes whitish, cracked lips and, more important, mental deterioration. The Indians of the Andes thus find themselves trapped by the need to work in a harsh environment and by the destructive effects of the method that makes that work tolerable.

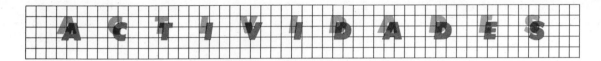

In this chapter, you have seen examples of the following language functions, or uses. Here is a summary and some additional information about these functions of language.

ADDING INFORMATION

Además...   *In addition . . . (Further-*
    more . . .)

También...   *Also . . .*

CHANGING THE SUBJECT

A propósito...   *By the way . . .*
A propósito de...   *Regarding . . .*
Cambiando de tema...   *To change the*
    subject . . .
En cambio...   *On the other hand . . .*

Entre paréntesis...   *Incidentally . . . (By the*
    way . . .)
Por el contrario...   *On the contrary . . .*
Por otra parte...   *On the other hand . . .*
Sin embargo...   *However . . .*

EXPRESSING EMPATHY

One of the most common language functions is expressing empathy, indicating that you understand what someone is feeling or thinking. This, of course, is different from sympathy, discussed in Chapter 5. Here are some ways to express empathy:

¡Estará(s) muy contento(a)!
Debe(s) estar muy desilusionado(a).
Se (Te) sentirá(s) muy orgulloso(a).

You must be very happy!
You must be very disappointed.
You must feel very proud.

You might review the expressions of emotion from the **Vocabulario activo** of Chapter 15 for other words used in expressing feelings.

A. **Además...**   See how much you remember from the information you have read in this book. In pairs, one student reads the information below each drawing. The other student gives some additional information, using the passive voice and **además.**

MODELO

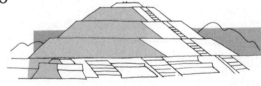

Ésta es la famosa Pirámide del Sol, que está cerca de la ciudad de México. No se sabe quiénes la construyeron. Ningún europeo la había visto hasta el siglo XVI.

Además, fue descubierta por Hernán Cortés.

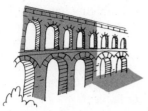

1. Este acueducto está en Segovia. Todavía se usa para llevar agua a la ciudad.

2. El título completo de este libro es *El ingenioso hidalgo Don Quijote de la Mancha*. Se publicó en 1605.

3. Este cuadro se llama *Vista de Toledo*. Está en el Museo Metropolitano del Arte, en Nueva York.

4. La famosa Mezquita de Córdoba está en el sur de España. Se construyó en el siglo VIII.

B. **Reacciones.**   Give a reaction to each of the following statements. (Use the **usted** form.)

MODELOS   Mi esposa está en el hospital. Va a tener un bebé.
Estará muy nervioso.

Le dieron a otra persona el trabajo que me habían prometido.
Estará furioso(a).

1. Mi hija recibió un premio en química.
2. Mi mejor amiga va a mudarse a otra ciudad.
3. Es posible que mi esposo pierda su trabajo.
4. Mi novio me trajo flores y chocolates.
5. Hace mucho que trabajo doce horas por día.
6. Mi esposa me pidió el divorcio.
7. Tuve un accidente de automóvil. Aunque no tuve la culpa, tengo que pagar sesenta mil pesos para arreglar mi coche.
8. Compramos una casa muy linda, con vista al mar.

C. **Cambiando de tema.**   In pairs, role-play this situation. Two friends are discussing a camping trip. "By the way," says the first one, "Ramón, Cecilia, and I are going camping this weekend." This person talks about all the things he or she likes about camping. The second person asks several questions about where the trip will be, when they are leaving, and so forth and points out the disadvantages of camping, using words like *however* and *on the other hand* as transitions. Then he or she changes the subject and begins a new topic of conversation.

D. **La naturaleza y los dichos populares.** Try to guess which saying might be used by Hispanic people for each of the following situations. (The answers are below.)

a. Seis meses de invierno, seis meses de infierno (*hell*).
b. Está en la flor de la edad.
c. Está en la luna.

d. Después de la lluvia sale el sol.
e. Se está yendo (andando) por las ramas (*branches*).

1. Tomás no está pensando en lo que hace.

2. Maribel está celebrando su cumpleaños. Tiene 18 años.

3. Federico está hablando de detalles (*details*) sin importancia y se está olvidando de lo principal (*main thing*).

4. Tenemos un clima extremo: o hace mucho frío o mucho calor.

5. Ana ha tenido muy mala suerte recientemente, pero pronto su suerte habrá cambiado.

VOCABULARIO ACTIVO

Verbos

ir de campamento	to go camping
nevar (ie)	to snow

La naturaleza

el amanecer	dawn, daybreak
el anochecer	twilight, dusk
el campo	country (as opposed to city)
el cielo	sky; heaven
el clima	climate
la estrella	star
la flor	flower
la grandeza	grandeur
la hoja	leaf
el insecto	insect
la luna	moon
la naturaleza	nature
la niebla	fog
la nube	cloud
el pájaro	bird
el pez (los peces)	fish
la piedra	stone
la planta	plant
el silencio	silence
la tierra	earth, land
el valle	valley

Adjetivos

bajo(a)	low; short
bajo adv.	beneath, under
bello(a)	beautiful
extremo(a)	extreme
imponente	impressive
maravilloso(a)	marvelous, wonderful
tranquilo(a)	silent, calm, tranquil

Otras palabras

adentro	inside
afuera	outside
a propósito	by the way
a propósito de	regarding
la diferencia	difference
entre paréntesis	incidentally
mientras tanto	meanwhile
mismo: lo mismo	the same thing
montón: un montón de	a lot of
el muro	wall
por el contrario	on the contrary
por otra parte	on the other hand
la respuesta	answer
el tema	subject
cambiando de tema...	to change the subject . . .

DE COMPRAS | 18

EXPRESSING SATISFACTION AND DISSATISFACTION

SUMMARIZING

EJERCICIO

Complete the sentences with an appropriate word or words.

1. Ese coche no es caro; al contrario, es _____. Sólo _____ cien mil pesos.
2. Rosario siempre _____ todo su dinero; nunca guarda nada en el banco.
3. Compre usted esta camisa, señor; es de buena _____.
4. Voy a _____ mil pesos y ponerlos en el banco.
5. A Enrique le debo los cincuenta pesos que me _____ la semana pasada.

PREGUNTAS

1. Cuando usted necesita ropa, ¿le gusta ir a almacenes grandes, a boutiques exclusivas o prefiere hacer sus compras en tiendas más baratas? ¿Dónde compra su ropa?   2. Cuando va de compras, ¿busca ofertas o compra lo primero que ve?   3. ¿Regateamos (*Do we bargain over prices*) cuando compramos ciertas cosas en este país? ¿Ejemplos? 4. ¿Les debe usted mucho dinero a sus parientes o a sus amigos? ¿Les presta dinero a sus parientes o a sus amigos?   5. ¿Ahorra usted dinero todos los meses?   6. ¿En qué gasta más dinero: en la comida, en el alquiler (*rent*), en su auto, en libros, en diversiones, en su matrícula (*tuition*)... ?

363

The imperfect subjunctive

SR. ORDÓÑEZ	¿Dónde has estado, Marta?
SRA. ORDÓÑEZ	Ana me pidió que *fuera* de compras con ella.
SR. ORDÓÑEZ	¿Encontraron algo que les *gustara*?
SRA. ORDÓÑEZ	No, no compramos nada. Pero vimos a Angelita Pérez, la hija de Ramón y Celia. ¿La recuerdas? Nos sorprendió muchísimo que *estuviera* con un joven y que *se besaran* en público.
SR. ORDÓÑEZ	¡No me digas!
SRA. ORDÓÑEZ	Sí, y eso no es todo. Me pareció extraño que no nos *hablara* y que *llevara* una falda cortísima. Total que su conducta fue injustificable.
SR. ORDÓÑEZ	¡Los jóvenes de hoy son tan descorteses!
SRA. ORDÓÑEZ	Nuestra generación nunca fue así. Pero no sabía que los Pérez permitían que su hija *saliera* con muchachos.
SR. ORDÓÑEZ	Dudo que lo sepan. ¡Qué escándalo!

1. ¿Qué le pidió Ana a Marta? 2. ¿Por qué no compraron nada? 3. ¿A quién vieron ellas? ¿Qué les sorprendió? 4. ¿Qué les pareció extraño? 5. ¿Qué piensa el señor Ordóñez de los jóvenes de hoy? 6. ¿Qué dice de su generación la señora Ordóñez? ¿y de los Pérez? 7. ¿Cree usted que los jóvenes de hoy son más descorteses que los de antes?

MR. ORDÓÑEZ: Where have you been, Marta? MRS. ORDÓÑEZ: Ana asked me to go shopping with her. MR. ORDÓÑEZ: Did you find something you liked? MRS. ORDÓÑEZ: No, we didn't buy anything. But we saw Angelita Pérez, Ramón and Celia's daughter. Do you remember her? We were very surprised that she was with a young man and that they were kissing in public. MR. ORDÓÑEZ: No! ("Don't tell me!") MRS. ORDÓÑEZ: Yes, and that's not all. It seemed strange to me that she didn't speak to us and that she was wearing a very short skirt. In short, her behavior was inexcusable. MR. ORDÓÑEZ: The young people of today are so impolite! MRS. ORDÓÑEZ: Our generation was never like that. But I didn't know the Pérezes allowed their daughter to go out with young men. MR. ORDÓÑEZ: I doubt that they know (about) it. What a scandal!

A. To form the imperfect subjunctive of all verbs, remove the **-ron** ending from the third-person plural of the preterit indicative and add the imperfect subjunctive endings: **-ra, -ras, -ra, ´-ramos, -rais, -ran.** Notice that the **nosotros** form requires a written accent.

hablar		**comer**		**vivir**	
hablara	habláramos	comiera	comiéramos	viviera	viviéramos
hablaras	hablarais	comieras	comierais	vivieras	vivierais
hablara	hablaran	comiera	comieran	viviera	vivieran

The imperfect subjunctive forms of all stem-changing verbs are regular; that is, they follow the same rules as for regular verbs.

pensar		**volver**		**pedir**	
pensara	pensáramos	volviera	volviéramos	pidiera	pidiéramos
pensaras	pensarais	volvieras	volvierais	pidieras	pidierais
pensara	pensaran	volviera	volvieran	pidiera	pidieran

The stems for the imperfect subjunctive of some verbs that have irregular third-person preterits are:

anduvie- (andar)	hicie- (hacer)	quisie- (querer)
construye- (construir)	hubie- (haber)	supie- (saber)
creye- (creer)	leye- (leer)	traje- (traer)
die- (dar)	murie- (morir)	tuvie- (tener)
dije- (decir)	pudie- (poder)	vie- (ver)
estuvie- (estar)	pusie- (poner)	vinie- (venir)
fue- (ir, ser)		

B. The imperfect subjunctive is used in the same cases as the present subjunctive, except that the verb in the main clause is usually in some past tense rather than in the present. Compare the following examples.

Esperan que las ventas aumenten.	*They hope that sales will go up.*
Esperaban que las ventas aumentaran.	*They hoped that sales would go up.*
Es bueno que ahorres parte de tu sueldo.	*It's good that you save part of your salary.*
Era bueno que ahorraras parte de tu sueldo.	*It was good that you saved part of your salary.*
No vemos nada que nos guste y que sea barato.	*We don't see anything that we like that is inexpensive.*
No vimos nada que nos gustara y que fuera barato.	*We didn't see anything that we liked that was inexpensive.*
Necesito que alguien me preste dinero.	*I need someone to lend me money.*
Necesitaba que alguien me prestara dinero.	*I needed someone to lend me money.*
Papá me pide que devuelva el traje.	*Dad asks me to return the suit.*
Papá me pidió que devolviera el traje.	*Dad asked me to return the suit.*

Sometimes the verb in the main clause is in the present, but the imperfect subjunctive is used in the dependent clause to refer to something in the past.

¿Es posible que la casa valiera* tanto?	*Is it possible that the house was worth that much?*

*__Valer__ (to be worth) *is generally used in the third-person singular or plural.*

No, no es posible que costara 900.000 pesos. Por fuera no es muy bonita.	No, it's not possible that it cost 900,000 pesos. From the outside it isn't very pretty.

C. The imperfect subjunctive of **querer** is often used in requests, as you saw in Chapter 6.

Quisiera hablar con el gerente.	I'd like to speak to the manager.

E J E R C I C I O S

A. **Imaginación y lógica.** Combine elements from all three columns to form logical sentences. Use each item in the second column at least once.

MODELO   **Mi padre quería que yo comprara el libro.**

mi padre
  (no) quería que
los profesores
  (no) querían que
mis abuelos
  (no) querían que
el presidente
  (no) quería que
los políticos
  (no) querían que

los trabajadores
yo
Conchita
los (las) estudiantes
mamá
las mujeres
los periódicos

ser vendedor(a) de autos
fumar marijuana
pedir mejores sueldos
tener más libertad
llegar tarde a clase
comprar el libro
ir de compras con Silvia

B. **Completar las frases.** Complete the following sentences with the appropriate imperfect subjunctive forms of the verbs in parentheses.

1. (hacer) ¿Esperaba que Enrique lo _____?
2. (acostarse) ¡Te dije que _____!
3. (salir) Quería que nosotros _____ temprano.
4. (gustar) Teníamos miedo que a él no le _____ el auto que compramos.
5. (poder) ¿No había nadie que _____ decirte el precio de la casa?
6. (saber) Fueron al mercado sin que ella lo _____.
7. (ir) Pepe te pidió que _____ de compras con él, ¿no?
8. (estar) Te llamé a la oficina en caso de que todavía _____ allí, pero ya no estabas.

C. **La historia se repite.** Don Andrés retired two years ago, leaving his store to Ramón, his grandson. Take Don Andrés's role and react to Ramón's comments by telling him that what happens now also happened a few years ago. Begin your comments with appropriate expressions (¡**Qué interesante!**, ¡**Qué increíble!**, ¡**Qué coincidencia!**, ¡**Qué barbaridad!**, ¡**Qué lástima!**, ¡**Qué injusticia!**, etc.), as Don Andrés would. Follow the models.

MODELOS Busco una persona que me ayude los sábados.
¡Qué coincidencia! Hace algunos años yo también buscaba una persona que me ayudara los sábados.

Las leyes no permiten que vendamos ponchos importados (*imported*) aquí.
¡Qué injusticia! Hace algunos años las leyes tampoco permitían que vendiéramos ponchos importados aquí.

1. No puedo pagar buenos sueldos hasta que aumenten las ventas del negocio.
2. Siempre tengo cosas en oferta para que los clientes estén contentos.
3. Tengo miedo de que los precios sean muy altos a veces.
4. Quiero mudar el negocio al centro tan pronto como tengamos más dinero.
5. No hay empleado que ahorre más de cincuenta dólares por mes.
6. Tampoco hay nadie que sepa regatear.
7. La ley no permite que tengamos joyas para vender.
8. No creo que los clientes quieran pagar tanto por una camisa.

D. **Las noticias.** Elvira read the following news items in the paper. React to each of them starting with a phrase such as **Me alegro... , Es una lástima... , Dudo... , Es posible... , Ojalá... ,** etc. Follow the models.

MODELOS Hace poco hubo un accidente de automóvil en El Paso pero no murió nadie.
Me alegro de que no muriera nadie.

Los antropólogos encontraron más ruinas aztecas en México.
Es interesante que ellos encontraran más ruinas aztecas.

1. El precio del petróleo (*oil*) bajó en Venezuela.
2. Ayer el presidente dio una conferencia y no fue nadie.
3. El año pasado murieron muchas personas en El Salvador.
4. Muchos turistas viajaron a México el año pasado porque el dólar estaba fuerte allí.
5. El equipo de fútbol de la universidad Stanford ganó un partido importante ayer.
6. Los Juegos Olímpicos de 1984 tuvieron lugar en Los Ángeles.
7. Se hicieron tres películas más sobre el tema de *La guerra de las galaxias* (*Star Wars*).

P R E G U N T A S

1. Cuando usted era niño(a), ¿querían sus padres que usted se acostara temprano? ¿que terminara toda la comida de su plato? ¿Qué otras cosas querían que hiciera?   2. ¿Le prohibían ellos que fuera al cine a ver películas violentas?   3. ¿Le permitían que organizara fiestas en su casa?   4. ¿Hacía usted muchas cosas sin que sus padres lo supieran? ¿Qué cosas?   5. ¿Querían ellos que usted trabajara durante las vacaciones? ¿que ahorrara un poco? ¿que no les prestara dinero a sus amigos?

If clauses

En el mercado

LA SEÑORITA	¿Cuánto cuesta este poncho, señora?
LA VENDEDORA	Tres mil pesos, señorita. Es de pura lana, sabe...
LA SEÑORITA	¿Tres mil pesos? No los tengo... y *si los tuviera no lo compraría.* ¡Es demasiado caro!
LA VENDEDORA	*¿Y si se lo vendiera por dos mil quinientos?*
LA SEÑORITA	Pues... *lo preferiría en otro color.*
LA VENDEDORA	Es el último que tengo. Hace sólo unos diez minutos vendí uno rojo muy bonito. Pero llévelo por dos mil trescientos, señorita.
LA SEÑORITA	*Si me lo diera por dos mil, lo llevaría.*
LA VENDEDORA	Está bien. Se lo doy por dos mil.
LA SEÑORITA	¡De acuerdo! Muchas gracias.*

1. ¿Cuánto cuesta el poncho?   2. ¿Cree la señorita que el poncho es muy caro o muy barato?   3. Si ella tuviera tres mil pesos, ¿compraría el poncho?   4. Si la señora le vendiera el poncho por dos mil quinientos pesos, ¿lo compraría?   5. ¿De qué color era el poncho que la señora había vendido unos minutos antes?   6. ¿Compraría ella el poncho si la señora se lo diera por dos mil pesos?

At the marketplace WOMAN: How much is this poncho, ma'am? SALESWOMAN: Three thousand pesos, miss. It's pure wool, you know . . . WOMAN: Three thousand pesos? I don't have them . . . and if I had them, I wouldn't buy it. It's too expensive! SALESWOMAN: And if I gave it to you for 2,500? WOMAN: Well . . . I'd prefer it in another color. SALESWOMAN: It's the last one I have. Just about ten minutes ago I sold a very pretty red one. But take it for 2,300, miss. WOMAN: If you gave it to me for 2,000, I would take it. SALESWOMAN: Okay. I'll give it to you for 2,000. WOMAN: Agreed! Thank you very much.

A. When an *if* clause expresses a situation that the speaker or writer thinks of as true or definite, or makes a simple assumption, the indicative is used.

Si llueve, Carlos no va de compras.
Si llovió ayer, Carlos no fue de compras.

If it is raining, Carlos is not going shopping.
If it rained yesterday, Carlos didn't go shopping.

*When shopping at marketplaces, it's common to hear people bargaining (**regateando**) for goods. However, this should never be done in stores where prices are fixed and marked with a tag.*

Si Manuel va al mercado, yo voy también.

Si esta bicicleta no funciona bien, vamos a devolverla.

If Manuel goes to the market, I (will) go, too.

If this bicycle doesn't work well, we'll return it.

When the verb in an *if* clause is in the present tense, it is always in the indicative, regardless of the point of view of the speaker or writer.

B. However, when the *if* clause expresses something that is hypothetical or contrary to fact and the main clause is in the conditional, the *if* clause is in the imperfect subjunctive.

Esa cámara es fabulosa; si tuviera dinero, la compraría.

Después de todo, Luis y Mirta irían con nosotros si estuvieran aquí.

Si los zapatos fueran de mejor calidad, los compraríamos.

Si no tuvieran precios fijos, regatearía.

That camera is fabulous; if I had money, I would buy it.

After all, Luis and Mirta would go with us if they were here.

If the shoes were of better quality, we would buy them.

If they didn't have fixed prices, I'd bargain.

C. The expression **como si** (*as if*) implies a hypothetical, or untrue, situation. It requires the imperfect subjunctive.

A propósito, ¡regateas como si fueras experto!

Se besaban como si estuvieran solos en el mundo.

A fin de cuentas, Elena vive como si tuviera una fortuna.

By the way, you are bargaining as if you were an expert!

They were kissing as if they were alone in the world.

After all (All things considered), Elena lives as if she had a fortune.

E J E R C I C I O S

A. **Completar las frases.**   Complete the sentences with the appropriate form of the verbs in parentheses.

1. (comprar) Si yo tuviera dinero, _____ aquel piano.
2. (poder) Si usted me lo _____ dar por veinte pesos, lo llevaré inmediatamente.
3. (trabajar) Si yo fuera rico, no _____ nunca.
4. (volver) Si Sofía _____ temprano, vamos a ir al mercado.
5. (regresar) Si ella _____ tarde, no iríamos de compras.
6. (ser) Si tú _____ menos generoso, no gastarías todo tu dinero tan pronto.
7. (costar) Si ese poncho fuera de pura lana, _____ más.
8. (estar) Si yo pudiera, _____ viajando siempre.
9. (tener) Juana compra ropa como si _____ una fortuna.
10. (ir) Ella dice que si él _____, ella iría también.

B. **¡Buena suerte, Sr. Benítez!**   Mr. Benítez bought a lottery ticket and is thinking about all the wonderful things that could happen to him and his family if only he won. Form *if* clauses as he would, following the model.

MODELO   si yo / ganar la lotería / (yo) / comprar un barco grande
Si yo ganara la lotería, (yo) compraría un barco grande.

1. si yo / tener un barco grande / mis hijos y yo / viajar mucho
2. si nosotros / viajar mucho / (nosotros) / conocer muchos países
3. si yo / conocer muchos países / (yo) / querer hablar muchas lenguas
4. si mi esposa e hijos / querer hablar otras lenguas / ellos y yo / asistir a clases de lenguas
5. si yo / poder ganar sólo parte de la lotería / (yo) / tener que comprar una casa y no un barco
6. si nosotros / vivir en una casa muy grande / mi esposa y mis hijos / estar muy contentos
7. y si ellos / estar contentos / yo también / sentirse muy feliz

C. **Si así fuera...**   For each of the questions, choose one of the two possible answers given and add one of your own. Follow the model.

MODELO   ¿Qué haría usted si ganara el Premio Nobel?
   a. no lo aceptaría
   b. seguiría trabajando igual que antes
   c. ?
Si ganara el Premio Nobel, yo seguiría trabajando igual que antes y ahorraría el dinero para gastarlo en el futuro.

1. ¿Qué haría usted si fuera rico(a)?
   a. viajaría por todo el mundo
   b. ayudaría a los pobres
   c. ?
2. ¿Qué haría usted si estuviera de vacaciones?
   a. esquiaría en las montañas
   b. me levantaría tarde todos los días
   c. ?
3. ¿Qué haría usted si recibiera malas notas?
   a. estudiaría más
   b. les pediría ayuda a mis profesores
   c. ?
4. ¿Qué haría usted si su novio(a) se enamorara de su mejor amiga(o)?
   a. lloraría mucho
   b. buscaría otro(a) novio(a) («Un amor se cambia por otro», ¿no?)
   c. ?
5. ¿Qué haría usted si pudiera viajar al pasado o al futuro?
   a. viajaría a 1492 para participar en el descubrimiento (*discovery*) de América
   b. volvería a visitar esta universidad en el año 2010
   c. ?

D. **Traducción.** Give the Spanish equivalent of the following sentences.

1. I didn't see anything that I liked.
2. It wasn't true that they wanted to sell their house.
3. If you (**usted**) gave it to me for 1,000 pesos, I would buy it.
4. If it is raining, Mario is not going to class.
5. What would you (**tú**) do and where would you go if you were rich?

PREGUNTAS

1. Si usted tuviera mucho dinero, ¿qué compraría? 2. Si le pudiera dar un millón de dólares a alguien o a alguna organización, ¿a quién o a qué organización se los daría? ¿Por qué? 3. Si el médico le dijera que sólo tiene un año de vida, ¿qué haría? 4. Si estuviera en una isla desierta, ¿con quién le gustaría estar? ¿Qué le gustaría hacer? 5. Si hiciera un viaje por un año y sólo pudiera llevar tres libros, ¿qué libros llevaría?

Long forms of possessive adjectives; possessive pronouns

| DEPENDIENTE | Perdón, Sr. Martín, pero necesito hablarle. Hace tres años que trabajo para usted y las responsabilidades *mías* son numerosas. Mi sueldo no está de acuerdo con mis capacidades. |
| JEFE | ¿*El suyo* no está de acuerdo con sus capacidades? ¡Pues el *mío* tampoco! Si lo estuviera, ¿cómo haría para vivir? |

1. ¿Cuánto tiempo hace que el dependiente trabaja para el señor Martín? 2. ¿Qué quiere el dependiente? 3. ¿Conoce usted a alguien que esté en una situación similar a la situación del dependiente?

SALESMAN: Excuse me, Mr. Martín, but I need to talk to you. I've been working for you for three years, and my responsibilities are numerous. My salary doesn't match my capabilities. BOSS: Yours doesn't match your capabilities? Well, neither does mine! If it did, how would I manage to live?

mío(-a, -os, -as)	*mine, of mine*	nuestro(-a, -os, -as)	*ours, of ours*
tuyo(-a, -os, -as)	*yours, of yours*	vuestro(-a, -os, -as)	*yours, of yours*
	suyo(-a, -os, -as)	*his, hers, yours, theirs, of his, of hers, of yours, of theirs*	

A. There are other forms of possessive adjectives besides those you learned in Chapter 5. These longer forms follow rather than precede the nouns they modify; they agree with them in gender and number.

el sueldo tuyo	*your salary*	la camisa mía	*my shirt*
los cuadernos nuestros	*our notebooks*		

The longer forms are often used for emphasis—that is, to emphasize ownership.

B. Possessive pronouns have the same forms as the long forms of the possessive adjectives. They are usually preceded by a definite article. The article and the pronouns agree in gender and number with the noun referred to, which is omitted.

el auto mío, el mío	*my car, mine*	la casa nuestra, la nuestra	*our house, ours*
la maleta tuya, la tuya	*your suitcase, yours*		

C. **Suyo(-a, -os, -as)** can have several different meanings, depending on the possessor: for instance, **la casa suya** could mean *his house, her house, your house* (**Ud.** or **Uds.**), or *their house.* For clarity, a prepositional phrase with **de** is sometimes used instead.

¿Y las llaves? —Las suyas no están aquí. (Las de usted no están aquí.)	*And the keys? —Yours aren't here.*

D. After the verb **ser**, the definite article is usually omitted.

¿Es mío este refresco? —Sí, es tuyo.	*Is this soft drink mine? —Yes, it's yours.*

E J E R C I C I O S

A. **¿Con quiénes vamos?**   Your Spanish teacher has asked the whole class to visit a typical **mercado al aire libre** (*open-air market*) and then write a composition about it. Tell who went with whom, following the model.

MODELO   yo / amigos
Yo fui con unos amigos míos.

1. Miguel y Jorge / compañeros
2. Susana / hermana
3. tú / primos
4. ustedes / tías
5. nosotros / vecino
6. la profesora / estudiantes

B. **¡Qué coincidencias tiene la vida!** Mr. Ruiz tells his son Alberto of his good old days. Play Alberto's role and say that things are the same today.

MODELO   Sr. Ruiz: Mi apartamento era grandísimo.
            Alberto: **El mío es grandísimo también.**

1. Mis clases eran muy interesantes.
2. Mi compañero de cuarto era peruano.
3. Mis diversiones favoritas eran nadar y bailar.
4. Pagaba muy poco por mi apartamento.
5. Mis profesores eran muy buenos.

C. **¿Es tuyo esto?** Mrs. Ruiz is helping a friend unpack after a trip. Answer her questions in the affirmative, following the model.

MODELO   ¿Es tuyo este paraguas?
          Sí, es mío.

1. ¿Es tuya esta falda?
2. ¿Son de Irene estas sandalias?
3. ¿Es de Luisito esta camisa?
4. ¿Son de los niños estos zapatos?
5. ¿Es de Luis este poncho?
6. ¿Es de Luis este sombrero?
7. ¿Son de ustedes estos cuadros?

CARACAS: DIFERENCIAS ENTRE PADRES E HIJOS

Un matrimonio° de un pequeño pueblo venezolano toma café con sus vecinos.

El vecino   No nos han dicho nada de su viaje a Caracas. ¿Qué les pareció la capital?

La señora   ¡Horrible!

El señor   Una gran desilusión°. Todo era muy caro y de mala calidad. Además, las cosas tenían precios fijos y no se podía regatear. Nosotros hicimos el viaje principalmente para que los muchachos vieran los sitios importantes: los museos, la casa de Bolívar...[1]

La señora   Pero también vieron otras cosas sin que lo pudiéramos evitar°.

Los vecinos   ¿Qué cosas?

El señor   Fuimos al Parque del Este[2] y vimos novios que se besaban en público, como si estuvieran solos en el mundo. En resumen, Caracas es un centro de perdición°...

El vecino   ¡Qué escándalo!

El señor   Pero eso no es todo... Había muchachos de once o doce años que fumaban en la calle.

La vecina   ¡Como si no tuvieran otra cosa que hacer!

El señor   Por eso regresamos pronto. Queríamos volver antes de que los muchachos empezaran a imitar° las malas costumbres°.

En otra parte de la casa, el hijo de catorce años y la hija de dieciséis toman refrescos con sus amigos.

El amigo ¿Y el viaje a Caracas? ¿Qué les pareció la ciudad?

El hijo ¡Fabulosa! Allí todo es muy barato y de buena calidad. En las tiendas se venden miles de cosas.

La hija Sí, es un sueño. Los jóvenes se visten a la moda y tienen mucha libertad.

El hijo Los edificios son bellos y modernos.[3]

La amiga ¿Vieron la Rinconada?[4]

El hijo Sí, por fuera. Yo quería que entráramos, pero mi padre dijo que no.

La hija	Es una lástima que no pudiéramos pasar más tiempo en las playas. Conocimos allá a un grupo de chicos que nos invitaron a una fiesta.
El hijo	Sí, pero mamá nos prohibió que aceptáramos la invitación.
La amiga	¡Qué lástima! A mí me gustaría vivir algún día en Caracas.
El hijo	A mí también. Si yo pudiera vivir en esa ciudad, sería la persona más feliz del mundo.

---

matrimonio *married couple*   **desilusión** *disappointment*   **evitar** *to avoid*   **perdición** *eternal damnation*   **imitar** *to imitate*   **costumbres** *habits*

P R E G U N T A S

1. ¿A qué ciudad viajó el matrimonio venezolano? ¿Para qué hicieron el viaje?   2. ¿Qué vieron en el Parque del Este?   3. ¿Por qué querían volver los padres?   4. ¿Qué les pareció la ciudad a los jóvenes? ¿Por qué les gustó hacer compras allí?   5. ¿A quiénes conocieron en la playa? 6. ¿Por qué no aceptaron la invitación que les hicieron?   7. ¿Cómo se sentiría el hijo si pudiera vivir en Caracas?   8. ¿Hay muchas diferencias de opinión entre usted y sus padres? ¿Le gustaría a usted viajar con ellos?

notas culturales

1.   Caracas is the birthplace of Simón Bolívar, one of South America's greatest heroes, and the site of the Bolívar Museum, which houses his personal effects and documents. Bolívar was born in 1783 and was a major figure in the movement for independence from Spain. He was a brilliant general and a greatly admired politician who dreamed of uniting the countries of South America as one nation. He died brokenhearted in 1830 without realizing his dream.

2.   **El Parque del Este** in Caracas is a large park with artificial lakes, a zoo, playgrounds, and a train with fringe-topped cars. A great variety of orchids can be seen in its gardens, and in its excellent aviary there are specimens of the many tropical birds for which Venezuela is famous.

3.   Caracas is a city of modern and ultramodern architecture. In the last several decades the government has sponsored many low-rent apartment complexes. The money for such projects comes from Venezuela's oil industry.

4.   **La Rinconada** is one of the world's most luxurious racetracks, complete with escalators, an air-conditioned box for the president, and a swimming pool for the horses.

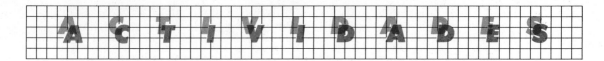

In this chapter, you have seen examples of the following language functions, or uses. Here is a summary and some additional information about these functions of language.

EXPRESSING SATISFACTION AND DISSATISFACTION

Here are some ways to express that you are pleased or displeased with something you have bought, seen, etc.

Esto es muy bueno (fabuloso, justo lo que nos faltaba, etcétera).	*This is very good (great, just what we needed, etc.).*
¡Esto es terrible (feo, malo, aburrido, insoportable)!	*This is terrible (ugly, bad, boring, unbearable)!*
Esto (no) es aceptable.	*This is (un)acceptable.*
Es demasiado...	*It's too . . .*
Esto no funciona (no sirve).	*This doesn't work.*
(No) me gusta... porque...	*I (don't) like . . . because . . .*
Me gustaría devolver... porque...	*I would like to return . . . because . . .*

SUMMARIZING

Here are some ways to conclude, to express that you are coming to the point.

Total que...	*So . . .*
A fin de cuentas...	*After all . . . (All things considered . . .)*
Después de todo...	*After all . . .*
Al fin y al cabo...	*In the end . . . (To make a long story short . . .)*
En resumen... (En conclusión...)	*In conclusion . . .*

A. **¿Qué dicen?**   Tell what these people are probably saying as they express satisfaction or dissatisfaction.

MODELO

Esta maleta no sirve. Me gustaría devolverla.

1.

2.

3.

4.

5.

B. **En conclusión.**   Give a concluding remark for each of the following situations.

1. A lecturer has been talking for nearly an hour about prices and inflation. His thesis is that it's not a good idea to save money in times of high inflation (**en tiempos de mucha inflación**).

2. A friend of yours has been complaining about her roommates for ten minutes and comes to the conclusion that she is going to look for another place to live.

3. You're writing a short paper on bargaining in Latin America. You end by saying that bargaining is fine in markets; it's not good to bargain in most stores, where prices are fixed.

Now make a concluding remark about your Spanish class. Use a summary word.

VOCABULARIO ACTIVO

Verbos

ahorrar	to save (time, money, etc.)
deber	to owe
devolver (ue)	to return (something)
funcionar	to work
gastar	to spend
pedir prestado	to borrow
prestar	to lend
rebajar	to lower
regatear	to bargain (over prices)
valer	to be worth

Compra y venta

el almacén	grocery store
barato(a)	inexpensive, cheap
la boutique	boutique
la calidad	quality
el, la cliente	customer
el, la dependiente	salesperson
fijo: precio fijo	fixed price
la fortuna	fortune
generoso(a)	generous
la oferta	sale, (special) offer
el precio	price
el sueldo	salary
la venta	sale, selling

Otras palabras

la capacidad	capacity; capability
el experto (la experta)	expert
fabuloso(a)	fabulous
fuera	outside
por fuera	from or on the outside
la generación	generation
la lana	wool
el poncho	poncho
puro(a)	pure
el refresco	soft drink
la responsabilidad	responsibility

SELF-TEST III

I. Use of the subjunctive

Cross out the words that a Spanish speaker would not be likely to say.

    MODELO   *Es ~~mejor~~ / Es cierto* que yo estoy muy contento.

1. *Se alegró mucho de / No sabía* que se casaran.
2. *Sabe / Tiene miedo* que su equipo pierda el partido.
3. *Me sorprende / Creo* que ellos venden la casa.
4. *Dudo / Sé* que Susana vaya al cine hoy.
5. *Es cierto / No es cierto* que él tenga dolor de cabeza.
6. *No había nadie / Había alguien* allí que pudiera hacerlo.
7. *Supo / Esperaba* que ellos llegaron temprano.
8. El médico *cree / no cree* que Silvia esté enferma.

II. Forms of the present subjunctive

Complete the following sentences with the present subjunctive of the verbs in parentheses. Remember that the subjunctive is used:

A. With verbs of expectations and feelings.
    1. Mamá tiene miedo que nosotros no _____ (estar) allí a las doce.
    2. Ojalá que él _____ (tener) las entradas.
    3. Esperamos que ellos no _____ (volver) tarde.
    4. Siento que Gustavo no _____ (poder) venir.
B. With verbs expressing an order, request, or plea.
    5. Le prohibo que _____ (mentir).
    6. Te pido que _____ (traer) a tu hermana a la cena.
C. With verbs expressing will, desire, or preference.
    7. Preferimos que él no _____ (venir).
    8. Quiero que tú _____ (conocer) a Anita.
D. With verbs of approval, advice, or permission.
    9. Me gusta que ellos _____ (ganar) mil pesos más por mes.
    10. El médico no permite que yo _____ (fumar) y me aconseja que _____ (descansar) más.
E. With verbs of necessity.
    11. Necesitan que el señor Villa les _____ (hacer) un favor.
F. With verbs expressing doubt or uncertainty.
    12. Dudo que José _____ (comer) bien.
    13. No estamos seguros de que _____ (ser) ellos.

G. With **creer** and **pensar** in the negative or interrogative, when doubt is implied, and with **quizás** and **tal vez** normally.

14. No pienso que Bárbara _____ (poder) ayudarte mucho.
15. ¿Cree usted que nosotros _____ (tener) razón?
16. Tal vez Eduardo _____ (alquilar) un auto cuando vaya a Toledo, pero lo dudo.

H. With certain impersonal expressions.

17. No es bueno que ellos _____ (trabajar) tanto.
18. Es necesario que nosotros _____ (acostarse) temprano.
19. Es mejor que yo _____ (irse).

I. With **es verdad (cierto, seguro, claro)** in the negative or interrogative, when doubt is implied.

20. No es cierto que Elena _____ (salir) mañana.
21. ¿Es verdad que Felipe _____ (recibir) dinero de su padre?

J. With descriptions of the unknown or indefinite.

22. Busco una bicicleta que _____ (funcionar) bien y que _____ (ser) barata.
23. No veo a nadie que _____ (poder) ayudarme.

K. With certain adverbial conjunctions.

24. El señor Juárez piensa invitar a los Hernández sin que su esposa lo _____ (saber).
25. Vamos a cenar a las nueve a menos que ellos _____ (llegar) tarde.

III. **Por** and **para**

Complete the following sentences with **por** or **para**. State the reasons for your choices.

1. Siempre camino _____ la Avenida Independencia.
2. El señor Ramírez maneja a 70 millas _____ hora.
3. Mamá dice que los chocolates son _____ mí.
4. Me gustaría viajar _____ las montañas de Sudamérica.
5. ¿Es verdad que usted estará en Europa _____ más de dos meses?
6. Fue a la playa _____ tomar sol.
7. ¿_____ qué estás tan triste?
8. Eduardo fue a la panadería _____ pan.
9. _____ republicano, el señor Díaz es muy liberal.
10. ¿Cuánto pagaste _____ el poncho que compraste _____ Isabel?

IV. The future, conditional, and progressive tenses

A. Change the following verbs from the present to the future tense.

MODELO   yo recuerdo   **yo recordaré**

1. yo doy
2. él escribe
3. nosotros viajamos
4. tú haces
5. ellos ponen
6. ella va
7. nosotros pedimos
8. tú dices
9. yo me levanto
10. él duerme

B. Now change these same verbs to the conditional tense.
C. Now change them to the present progressive.

V. The imperfect subjunctive; sequence of tenses

Complete the sentences with the indicative or subjunctive, as required.

Present indicative or present subjunctive:

1. Se cree que esta costumbre (venir) _____ de la época de los aztecas.
2. Es ridículo que ustedes (perder) _____ el tiempo así.
3. Sé que nosotros (ir) _____ a tener que vender la casa.
4. Si los compadres (llegar) _____ hoy, vamos al lago.
5. No creo que mi hermana (querer) _____ casarse todavía.
6. Díganme si ustedes (ir) _____ al cine hoy.

Past indicative or imperfect subjunctive:

1. En cuanto su marido (saber) _____ la noticia, se alegró mucho.
2. Si tú (tener) _____ mucho dinero, ¿qué harías?
3. No vi a ninguna joven que (llevar) _____ ropa decente.
4. Tenía miedo que nosotros (estar) _____ solos allí.
5. Olga se encontró con una persona que la (tratar) _____ muy bien.
6. No le dijimos eso a María hasta que (calmarse) _____.

VI. Useful expressions

Give the Spanish equivalent of the following expressions.

1. I want to go shopping. Would you like to come with me?   2. Where is the post office?
3. By the way, how did you like the city? —It was wonderful!   4. What time does the train
leave for Madrid?   5. Give me a round-trip ticket, please.   6. Where can one change money?
7. Do you have a room with a bath?   8. Good grief! I've lost my three suitcases!   9. Good-
bye. May all go well with you.   10. My head aches.   11. Is there a drugstore nearby?   12. I
want to introduce you to my friend Rafael Márquez.   13. What a surprise! We didn't think you
were arriving until tomorrow.

APPENDIX I

WORD STRESS

Word Stress (Emphasis of Syllables)
1. Most Spanish words are divided into syllables after a vowel or diphthong; diphthongs are not divided. A single consonant (including *ch, ll,* and *rr*) between two vowels begins a new syllable.

co-mo	mu-cho	a-diós
cla-se	va-lle	ai-re
Te-re-sa	gui-ta-rra	au-to

2. Where there are two consonants between vowels, the syllable is usually divided between the consonants, except in most words where *r* or *l* follows another consonant:

is-la	ar-tis-ta	Ca-li-for-nia
es-pa-ñol	u-ni-ver-sal	Jor-ge
a-gró-no-mo	ha-blar	a-tre-ver
a-brir	A-driá-ti-co	

3. In a combination of a strong vowel (**a**, **e**, or **o**) and a weak vowel (**i** or **u**) where the weak vowel is stressed, a written accent divides them into two syllables. (If the weak vowel is not stressed, the combination is a diphthong and is one syllable.)*

pa-ís	dí-a	fi-lo-so-fí-a

APPENDIX II

ANSWERS TO SELF-TESTS

SELF-TEST I

I. 1. conozco, sé 2. buscan 3. podemos 4. pongo 5. salgo; Vienes 6. crees, soy 7. debemos 8. quieren 9. tengo, tienes 10. va 11. tenemos 12. vive 13. digo, dice 14. duerme 15. vuelven 16. veo

II. es, es, es, está, es, es, está, está

III. A. 1. mi; 2. Tus; 3. sus; 4. Nuestro; 5. Su
B. 1. esta; 2. aquellos; 3. Este; 4. esos; 5. Esa

IV. 1. Sí, yo la llevo. 2. Sí, te puedo esperar unos minutos. 3. Sí, yo les hablo. 4. Sí, quiero preguntárselo. (or: Sí, se lo quiero preguntar.) 5. Sí, te quiero. 6. Sí, puedo decírselo. (or: Sí, se lo puedo decir.) 7. Sí, quiero dárselos. (or: Sí, se los quiero dar.) 8. Sí, Anita nos escribe mucho. 9. Sí, me puedes visitar mañana. (or: Sí, puedes visitarme mañana.) 10. Sí, se lo voy a dar. (or: Sí, voy a dárselo.)

V. 1. Conoce, saber 2. dice; Habla 3. pido, pregunta 4. están, son

*Note that an accent is also used with a few words to distinguish between meanings: **sí** (*yes*), **si** (*if*), **él** (*he*), **el** (*the*).

383

VI. 1. Mucho gusto. 2. Buenos días. 3. Gracias. 4. Por favor. 5. ¿Qué hora es? 6. ¿Qué día es hoy? 7. Tengo hambre. 8. Buenas tardes. 9. ¿Puedo reservar un cuarto para dos en este hotel? 10. ¿Cuánto cuesta este reloj? 11. Lo llevo. (or: Lo voy a llevar.) 12. Hace calor. 13. ¿Tiene(s) calor? 14. ¿De veras? 15. ¡Por supuesto! (or: ¡Cómo no!) 16. ¿Puede decirme dónde está el restaurante «La Cazuela»? (or: ¿Me puede decir... ?) 17. Hasta mañana. (or: Nos vemos mañana.) 18. ¡Qué lástima!

SELF-TEST II

I. 1. No hablen de su viaje. 2. No estudies con Ramón hoy. 3. No los apoye. 4. Vete ahora, Rosa. 5. No sea pesimista. 6. Pásemela. 7. No estén tristes. 8. Dísela. 9. No me llames muy temprano. 10. Ven a clase. 11. Tráigamela. 12. Ten cuidado. 13. Espérenme. 14. Vístase a la moda.

II. **A.** 1. Tuvieron que aprender inglés. 2. ¿Qué pediste? 3. Ya los vi. 4. Se lo dimos a ellos. 5. ¿Quién perdió? ¿Quién ganó? 6. No tuviste tiempo de ver el partido. 7. Simón Bolívar quiso unir toda Sudamérica. 8. Los árabes trajeron a España una rica cultura. 9. Salí temprano. 10. Fernando se fue a casa a dormir. 11. Se divirtieron mucho. 12. No nos quiso ver. 13. Conocieron a María. 14. Supo la verdad. 15. Me levanté a las ocho.

B. 1. Tenían que aprender inglés. 5. ¿Quién perdía? ¿Quién ganaba? 6. No tenías tiempo de ver el partido. 7. Simón Bolívar quería unir toda Sudamérica. 11. Se divertían mucho. 12. No nos quería ver. 13. Conocían a María. 14. Sabía la verdad. 15. Me levantaba a las ocho.

C. 2. ¿Qué has pedido? 3. Ya los he visto. 4. Se lo hemos dado a ellos. 5. ¿Quién ha perdido? ¿Quién ha ganado? 6. No has tenido tiempo de ver el partido. 10. Fernando se ha ido a casa a dormir. 11. Se han divertido mucho.

D. 1. b. 2. a. 3. c. 4. c. 5. a. 6. c. 7. b. 8. b.

E. esperaba; vi; nos conocimos; queríamos; admiraba; tenía; había heredado; había visto (or: veía); vi; llevaba; dije; estaba; pregunté; seguía; dijo; se dedicaba; contó; conoció (or: había conocido); se enamoró; decidió (or: decidieron); tenía; era; vivieron (or: vivían); descubrió; tenía; dejó (or: ha dejado); inspiró (or: ha inspirado); empecé; han podido.

III. 1. Siempre me divierto con Andrea y Tomás. 2. Él se va de aquí mañana. 3. ¿Se lava la cara? (or: ¿Te lavas la cara?) 4. Me levanto de la mesa. 5. ¿Cómo se llama tu mejor amigo? 6. Siéntese, por favor (or: Siéntate, por favor.) 7. Me acuesto a las once. 8. Te despiertas temprano. (or: Se despierta temprano.)

IV. 1. ¿Qué hay de nuevo? 2. Mucho gusto. 3. ¡Felicitaciones! 4. ¿Me puede decir cómo llegar al Hotel Internacional? 5. ¡Salud! 6. De nada (or: No hay de qué). 7. ¿Dónde se venden zapatos? 8. ¿A qué hora se abren las tiendas? 9. Tráigame un café, por favor. 10. ¿Qué desea (desean) pedir? 11. La cuenta, por favor. 12. Perdón. 13. ¡Qué lástima! 14. ¡Buen provecho! 15. ¿Qué (nos) recomienda?

SELF-TEST III

I. 1. Se alegró mucho de que se casaran. 2. Tiene miedo que su equipo pierda el partido. 3. Creo que ellos venden la casa. 4. Dudo que Susana vaya al cine hoy. 5. No es cierto que él tenga dolor de cabeza. 6. No había nadie allí que pudiera hacerlo. 7. Supo que ellos llegaron temprano. 8. El médico no cree que Silvia esté enferma.

II **A.** 1. estemos 2. tenga 3. vuelvan 4. pueda

B. 5. mienta 6. traigas

C. 7. venga 8. conozcas

D. 9. ganen 10. fume, descanse

E	11. haga
F.	12. coma 13. sean
G.	14. pueda 15. tengamos 16. alquile
H.	17. trabajen 18. nos acostemos 19. me vaya
I.	20. salga 21. reciba
J	22. funcione, sea 23. pueda
K.	24. sepa 25. lleguen

III. 1. por 2. por 3. para 4. por 5. por 6. para 7. Por 8. por 9. Para 10. por, para

IV. A. 1. yo daré 2. él escribirá 3. nosotros viajaremos 4. tú harás 5. ellos pondrán 6. ella irá 7. nosotros pediremos 8. tú dirás 9. yo me levantaré 10. él dormirá

   B. 1. yo daría 2. él escribiría 3. nosotros viajaríamos 4. tú harías 5. ellos pondrían 6. ella iría 7. nosotros pediríamos 8. tú dirías 9. yo me levantaría 10. él dormiría

   C. 1. yo estoy dando 2. él está escribiendo 3. nosotros estamos viajando 4. tú estás haciendo 5. ellos están poniendo 6. ella está yendo 7. nosotros estamos pidiendo 8. tú estás diciendo 9. yo me estoy levantando 10. él está durmiendo

V. 1. viene 2. pierdan 3. vamos 4. llegan 5. quiera 6. van
   1. supo 2. tuvieras 3. llevara 4. estuviéramos 5. trató 6. se calmó

VI. 1. Quiero ir de compras. ¿Te (or: Le(s)) gustaría venir conmigo? (or: ¿Quisieras (Quisiera(n) venir conmigo?) 2. ¿Dónde está el correo? 3. A propósito, ¿qué te (or: le) pareció la ciudad? ¡Una maravilla! 4. ¿A qué hora sale el tren para Madrid? 5. Deme un pasaje de ida y vuelta, por favor. 6. ¿Dónde se puede cambiar dinero? 7. ¿Tiene un cuarto (una habitación) con baño? 8. ¡Qué barbaridad! He perdido mis tres maletas. 9. Adiós. Que te (or: le) vaya bien. 10. Me duele la cabeza. 11. ¿Hay una (or: alguna) farmacia cerca? 12. Quisiera (or: Quiero) presentarte (or: -le(s)) a mi amigo Rafael Márquez. 13. ¡Qué sorpresa! No pensamos que ibas (or: iba(n)) a llegar hasta mañana.

APPENDIX III

THE FUTURE AND CONDITIONAL PERFECT TENSES

A. The future perfect tense is formed with the future tense of the auxiliary verb **haber** + a past participle. The past participle always ends in **-o** when used to form a perfect tense.

haber

habré	habremos	
habrás	habréis	+ past participle
habrá	habrán	

The future perfect tense expresses a future action with a past perspective—that is, an action that will have taken place (or may have taken place) by some future time. It can also express probability, an action that must have or might have taken place.

En unas semanas me habré acostumbrado al frío.	*In a few weeks I will have become accustomed to the cold.*
Mañana a esta hora ya nos habremos ido al campo.	*Tomorrow at this time we will have already left for the country.*
Creo que Mario ya habrá llamado.	*I think that Mario must (might) have called already.*

B. The conditional perfect tense is formed with the conditional tense of the auxiliary verb **haber** + a past participle. It often corresponds to the English *would have* + past participle.

haber

habría	habríamos	
habrías	habríais	+ past participle
habría	habrían	

Habrían llamado.	*They would have called.*
¿Qué habría hecho usted?	*What would you have done?*
Habría sido mejor quedarnos adentro, porque ahora está nevando.	*It would have been better to stay inside, because it's snowing now.*

THE PRESENT PERFECT AND PAST PERFECT SUBJUNCTIVE

A. The present perfect subjunctive is formed with the present subjunctive of **haber (haya, hayas, haya, hayamos, hayáis, hayan)** + a past participle. It is used in a dependent clause that expresses an action that happened (or was supposed to have happened) before the time indicated by the verb in the main clause. Compare the following examples.

Espero que ellos lleguen.	*I hope they arrive.*
Espero que ellos hayan llegado.	*I hope they have arrived.*
Dudo que tengas tiempo.	*I doubt that you have time.*
Dudo que hayas tenido tiempo.	*I doubt that you have had time.*
Es una lástima que no coman bien.	*It's a shame they don't eat well.*
Es una lástima que no hayan comido bien.	*It's a shame they haven't eaten well.*

B. The past perfect subjunctive is formed with the past subjunctive of **haber (hubiera, hubieras, hubiera, hubiéramos, hubierais, hubieran)** + a past participle.* Compare the following examples.

Esperaba que llegaran.	*I was hoping they might arrive (were going to arrive).*
Esperaba que hubieran llegado.	*I was hoping they had arrived.*
Ella dudaba que tuvieras tiempo.	*She doubted that you had time.*
Ella dudaba que hubieras tenido tiempo.	*She doubted that you had had time.*
Fue una lástima que no comieran bien.	*It was a shame they weren't eating well.*
Fue una lástima que no hubieran comido bien.	*It was a shame they hadn't eaten well.*

*The **-iese** variant (**hubiese, hubieses, hubiese, hubiésemos, hubieseis, hubiesen**) is commonly used in Spain, but the **-iera** form is more frequent in Spanish America.

IRREGULAR, ORTHOGRAPHIC-CHANGING, AND STEM-CHANGING VERBS

(The numbers refer to verbs conjugated in the charts on pages 390–399.)

acostar(se) o>ue
  (*see* contar)
almorzar o>ue; z>c[1]
  (*see* contar)
andar (1)
atender e>ie
  (*see* perder)
buscar c>qu[2]
cerrar e>ie
  (*see* pensar)
comenzar e>ie; z>c[1]
  (*see* pensar)
conducir (2) c>zc, j
conocer (3) c>zc
construir y[3]
contar (4) o>ue
costar o>ue
  (*see* contar)
creer (5)
dar (6)
decir (7)
defender e>ie
  (*see* perder)
despertar e>ie
  (*see* pensar)

divertirse e>ie, i
  (*see* sentir)
doler o>ue
  (*see* volver)
dormir (8) o>ue, u
empezar e>ie, z>c[1]
  (*see* pensar)
encontrar o>ue
  (*see* contar)
entender e>ie
  (*see* perder)
estar (9)
haber (10)
hacer (11)
ir (12)
jugar (13)
leer i>y[4]
llegar g>gu[5]
llover o>ue
  (*see* volver)
mantener
  (*see* tener)
mentir e>ie, i
  (*see* sentir)

morir o>ue, u
  (*see* domir)
obtener
  (*see* tener)
oír (14)
pagar g>gu[5]
parecer c>zc
  (*see* conocer)
pedir (15) e>i
pensar (16) e>ie
perder (17) e>ie
poder (18)
poner (19)
preferir e>ie, i
  (*see* sentir)
probar o>ue
  (*see* contar)
provocar c>qu[2]
querer (20)
recordar o>ue
  (*see* contar)
repetir e>i
  (*see* pedir)
resolver o>ue
  (*see* volver)

saber (21)
salir (22)
seguir e>i; gu>g[6]
  (*see* pedir)
sentar(se) e>ie
  (*see* pensar)
sentir(se) (23) e>ie, i
ser (24)
servir e>i
  (*see* pedir)
tener (25)
tocar c>qu[2]
traducir c>zc, j
  (*see* conducir)
traer (26)
valer (27)
venir (28)
ver (29)
vestir(se) e>i
  (*see* pedir)
volver (30) o>ue

[1] In verbs ending in -**zar**, the **z** changes to **c** before an **e**: **almorcé, comencé, empecé.**

[2] In verbs ending in -**car**, the **c** changes to **qu** before an **e**: **busqué, provoqué, toqué.**

[3] In **construir**, a **y** is inserted before any ending that does not begin with **i**: **construyo**, etc. An **i** changes to **y** between two vowels: **construyó.**

[4] In **leer**, **i** changes to **y** between two vowels: **leyó, leyeron.**

[5] In verbs ending in -**gar**, the **g** changes to **gu** before an **e**: **llegué, pagué.**

[6] In verbs ending in -**guir**, the **gu** changes to **g** before **a** and **o**: **sigo, siga.**

REGULAR VERBS

Simple tenses

INFINITIVE			INDICATIVE		
	Present	Imperfect	Preterite	Future	Conditional
hablar	hablo	hablaba	hablé	hablaré	hablaría
	hablas	hablabas	hablaste	hablarás	hablarías
	habla	hablaba	habló	hablará	hablaría
	hablamos	hablábamos	hablamos	hablaremos	hablaríamos
	habláis	hablabais	hablasteis	hablaréis	hablaríais
	hablan	hablaban	hablaron	hablarán	hablarían
comer	como	comía	comí	comeré	comería
	comes	comías	comiste	comerás	comerías
	come	comía	comió	comerá	comería
	comemos	comíamos	comimos	comeremos	comeríamos
	coméis	comíais	comisteis	comeréis	comeríais
	comen	comían	comieron	comerán	comerían
vivir	vivo	vivía	viví	viviré	viviría
	vives	vivías	viviste	vivirás	vivirías
	vive	vivía	vivió	vivirá	viviría
	vivimos	vivíamos	vivimos	viviremos	viviríamos
	vivís	vivíais	vivisteis	viviréis	viviríais
	viven	vivían	vivieron	vivirán	vivirían

Perfect tenses

PAST PARTICIPLE		INDICATIVE		
	Present perfect	Past perfect	Future perfect	Conditional perfect
hablado	he hablado	había hablado	habré hablado	habría hablado
	has hablado	habías hablado	habrás hablado	habrías hablado
	ha hablado	había hablado	habrá hablado	habría hablado
	hemos hablado	habíamos hablado	habremos hablado	habríamos hablado
	habéis hablado	habíais hablado	habréis hablado	habríais hablado
	han hablado	habían hablado	habrán hablado	habrían hablado
comido	he comido	había comido	habré comido	habría comido
	has comido	habías comido	habrás comido	habrías comido
	ha comido	había comido	habrá comido	habría comido
	hemos comido	habíamos comido	habremos comido	habríamos comido
	habéis comido	habíais comido	habréis comido	habríais comido
	han comido	habían comido	habrán comido	habrían comido

Simple tenses

	SUBJUNCTIVE	COMMANDS
Present	*Imperfect*	
hable	hablara (-se)	—
hables	hablaras (-ses)	habla (no hables)
hable	hablara (-se)	hable
hablemos	habláramos (-semos)	hablemos
habléis	hablarais (-seis)	hablad (no habléis)
hablen	hablaran (-sen)	hablen
coma	comiera (-se)	—
comas	comieras (-ses)	come (no comas)
coma	comiera (-se)	coma
comamos	comiéramos (-semos)	comamos
comáis	comierais (-seis)	comed (no comáis)
coman	comieran (-sen)	coman
viva	viviera (-se)	—
vivas	vivieras (-ses)	vive (no vivas)
viva	viviera (-se)	viva
vivamos	viviéramos (-semos)	vivamos
viváis	vivierais (-seis)	vivid (no viváis)
vivan	vivieran (-sen)	vivan

Perfect tenses

	SUBJUNCTIVE
Present perfect	*Past perfect*
haya hablado	hubiera (-se) hablado
hayas hablado	hubieras (-ses) hablado
haya hablado	hubiera (-se) hablado
hayamos hablado	hubiéramos (-semos) hablado
hayáis hablado	hubierais (-seis) hablado
hayan hablado	hubieran (-sen) hablado
haya comido	hubiera (-se) comido
hayas comido	hubieras (-ses) comido
haya comido	hubiera (-se) comido
hayamos comido	hubiéramos (-semos) comido
hayáis comido	hubierais (-seis) comido
hayan comido	hubieran (-sen) comido

Perfect tenses

PAST PARTICIPLE	INDICATIVE			
	Present perfect	Past perfect	Future perfect	Conditional perfect
vivido	he vivido	había vivido	habré vivido	habría vivido
	has vivido	habías vivido	habrás vivido	habrías vivido
	ha vivido	había vivido	habrá vivido	habría vivido
	hemos vivido	habíamos vivido	habremos vivido	habríamos vivido
	habéis vivido	habíais vivido	habréis vivido	habríais vivido
	han vivido	habían vivido	habrán vivido	habrían vivido

Progressive tenses

PRESENT PARTICIPLE	INDICATIVE		PRESENT PARTICIPLE	
	Present	Past		Present
hablando	estoy hablando	estaba hablando	comiendo	estoy comiendo
	estás hablando	estabas hablando		estás comiendo
	está hablando	estaba hablando		está comiendo
	estamos hablando	estábamos hablando		estamos comiendo
	estáis hablando	estabais hablando		estáis comiendo
	están hablando	estaban hablando		están comiendo

IRREGULAR VERBS

INFINITIVE	INDICATIVE				
	Present	Imperfect	Preterite	Future	Conditional
1. andar	ando	andaba	anduve	andaré	andaría
	andas	andabas	anduviste	andarás	andarías
	anda	andaba	anduvo	andará	andaría
	andamos	andábamos	anduvimos	andaremos	andaríamos
	andáis	andabais	anduvisteis	andaréis	andaríais
	andan	andaban	anduvieron	andarán	andarían
2. conducir	conduzco	conducía	conduje	conduciré	conduciría
	conduces	conducías	condujiste	conducirás	conducirías
	conduce	conducía	condujo	conducirá	conduciría
	conducimos	conducíamos	condujimos	conduciremos	conduciríamos
	conducís	conducíais	condujisteis	conduciréis	conduciríais
	conducen	conducían	condujeron	conducirán	conducirían

Perfect tenses

SUBJUNCTIVE

Present perfect	Past perfect
haya vivido	hubiera (-se) vivido
hayas vivido	hubieras (-ses) vivido
haya vivido	hubiera (-se) vivido
hayamos vivido	hubiéramos (-semos) vivido
hayáis vivido	hubierais (-seis) vivido
hayan vivido	hubieran (-sen) vivido

Progressive tenses

	PRESENT PARTICIPLE	INDICATIVE	
Past		Present	Past
estaba comiendo	viviendo	estoy viviendo	estaba viviendo
estabas comiendo		estás viviendo	estabas viviendo
estaba comiendo		está viviendo	estaba viviendo
estábamos comiendo		estamos viviendo	estábamos viviendo
estabais comiendo		estáis viviendo	estabais viviendo
estaban comiendo		están viviendo	estaban viviendo

SUBJUNCTIVE		COMMANDS	PARTICIPLES	
Present	Imperfect		Present	Past
ande	anduviera (-se)	—	andando	andado
andes	anduvieras (-ses)	anda (no andes)		
ande	anduviera (-se)	ande		
andemos	anduviéramos (-semos)	andemos		
andéis	anduvierais (-seis)	andad (no andéis)		
anden	anduvieran (-sen)	anden		
conduzca	condujera (-se)	—	conduciendo	conducido
conduzcas	condujeras (-ses)	conduce (no conduzcas)		
conduzca	condujera (-se)	conduzca		
conduzcamos	condujéramos (-semos)	conduzcamos		
conduzcáis	condujerais (-seis)	conducid (no conduzcáis)		
conduzcan	condujeran (-sen)	conduzcan		

	Present	Imperfect	Preterite	Future	Conditional
3. conocer	conozco	conocía	conocí	conoceré	conocería
	conoces	conocías	conociste	conocerás	conocerías
	conoce	conocía	conoció	conocerá	conocería
	conocemos	conocíamos	conocimos	conoceremos	conoceríamos
	conocéis	conocíais	conocisteis	conoceréis	conoceríais
	conocen	conocían	conocieron	conocerán	conocerían
4. contar	cuento	contaba	conté	contaré	contaría
	cuentas	contabas	contaste	contarás	contarías
	cuenta	contaba	contó	contará	contaría
	contamos	contábamos	contamos	contaremos	contaríamos
	contáis	contabais	contasteis	contaréis	contaríais
	cuentan	contaban	contaron	contarán	contarían
5. creer	creo	creía	creí	creeré	creería
	crees	creías	creíste	creerás	creerías
	cree	creía	creyó	creerá	creería
	creemos	creíamos	creímos	creeremos	creeríamos
	creéis	creíais	creísteis	creeréis	creeríais
	creen	creían	creyeron	creerán	creerían
6. dar	doy	daba	di	daré	daría
	das	dabas	diste	darás	darías
	da	daba	dio	dará	daría
	damos	dábamos	dimos	daremos	daríamos
	dais	dabais	disteis	daréis	daríais
	dan	daban	dieron	darán	darían
7. decir	digo	decía	dije	diré	diría
	dices	decías	dijiste	dirás	dirías
	dice	decía	dijo	dirá	diría
	decimos	decíamos	dijimos	diremos	diríamos
	decís	decíais	dijisteis	diréis	diríais
	dicen	decían	dijeron	dirán	dirían
8. dormir	duermo	dormía	dormí	dormiré	dormiría
	duermes	dormías	dormiste	dormirás	dormirías
	duerme	dormía	durmió	dormirá	dormiría
	dormimos	dormíamos	dormimos	dormiremos	dormiríamos
	dormís	dormíais	dormisteis	dormiréis	dormiríais
	duermen	dormían	durmieron	dormirán	dormirían
9. estar	estoy	estaba	estuve	estaré	estaría
	estás	estabas	estuviste	estarás	estarías
	está	estaba	estuvo	estará	estaría
	estamos	estábamos	estuvimos	estaremos	estaríamos
	estáis	estabais	estuvisteis	estaréis	estaríais
	están	estaban	estuvieron	estarán	estarían

	SUBJUNCTIVE	COMMANDS		PARTICIPLES
Present	*Imperfect*		*Present*	*Past*
conozca	conociera (-se)	—	conociendo	conocido
conozcas	conocieras (-ses)	conoce (no conozcas)		
conozca	conociera (-se)	conozca		
conozcamos	conociéramos (-semos)	conozcamos		
conozcáis	conocierais (-seis)	conoced (no conozcáis)		
conozcan	conocieran (-sen)	conozcan		
cuente	contara (-se)	—	contando	contado
cuentes	contaras (-ses)	cuenta (no cuentes)		
cuente	contara (-se)	cuente		
contemos	contáramos (-semos)	contemos		
contéis	contarais (-seis)	contad (no contéis)		
cuenten	contaran (-sen)	cuenten		
crea	creyera (-se)	—	creyendo	creído
creas	creyeras (-ses)	cree (no creas)		
crea	creyera (-se)	crea		
creamos	creyéramos (-semos)	creamos		
creáis	creyerais (-seis)	creed (no creáis)		
crean	creyeran (-sen)	crean		
dé	diera (-se)		dando	dado
des	dieras (-ses)	da (no des)		
dé	diera (-se)	dé		
demos	diéramos (-semos)	demos		
deis	dierais (-seis)	dad (no deis)		
den	dieran (-sen)	den		
diga	dijera (-se)	—	diciendo	dicho
digas	dijeras (-ses)	di (no digas)		
diga	dijera (-se)	diga		
digamos	dijéramos (-semos)	digamos		
digáis	dijerais (-seis)	decid (no digáis)		
digan	dijeran (-sen)	digan		
duerma	durmiera (-se)	—	durmiendo	dormido
duermas	durmieras (-ses)	duerme (no duermas)		
duerma	durmiera (-se)	duerma		
durmamos	durmiéramos (-semos)	durmamos		
durmáis	durmierais (-seis)	dormid (no durmáis)		
duerman	durmieran (-sen)	duerman		
esté	estuviera (-se)	—	estando	estado
estés	estuvieras (-ses)	está (no estés)		
esté	estuviera (-se)	esté		
estemos	estuviéramos (-semos)	estemos		
estéis	estuvierais (-seis)	estad (no estéis)		
estén	estuvieran (-sen)	estén		

	Present	Imperfect	Preterite	Future	Conditional
10. haber	he	había	hube	habré	habría
	has	habías	hubiste	habrás	habrías
	ha	había	hubo	habrá	habría
	hemos	habíamos	hubimos	habremos	habríamos
	habéis	habíais	hubisteis	habréis	habríais
	han	habían	hubieron	habrán	habrían
11. hacer	hago	hacía	hice	haré	haría
	haces	hacías	hiciste	harás	harías
	hace	hacía	hizo	hará	haría
	hacemos	hacíamos	hicimos	haremos	haríamos
	hacéis	hacíais	hicisteis	haréis	haríais
	hacen	hacían	hicieron	harán	harían
12. ir	voy	iba	fui	iré	iría
	vas	ibas	fuiste	irás	irías
	va	iba	fue	irá	iría
	vamos	íbamos	fuimos	iremos	iríamos
	vais	ibais	fuisteis	iréis	iríais
	van	iban	fueron	irán	irían
13. jugar	juego	jugaba	jugué	jugaré	jugaría
	juegas	jugabas	jugaste	jugarás	jugarías
	juega	jugaba	jugó	jugará	jugaría
	jugamos	jugábamos	jugamos	jugaremos	jugaríamos
	jugáis	jugabais	jugasteis	jugaréis	jugaríais
	juegan	jugaban	jugaron	jugarán	jugarían
14. oír	oigo	oía	oí	oiré	oiría
	oyes	oías	oíste	oirás	oirías
	oye	oía	oyó	oirá	oiría
	oímos	oíamos	oímos	oiremos	oiríamos
	oís	oíais	oísteis	oiréis	oiríais
	oyen	oían	oyeron	oirán	oirían
15. pedir	pido	pedía	pedí	pediré	pediría
	pides	pedías	pediste	pedirás	pedirías
	pide	pedía	pidió	pedirá	pediría
	pedimos	pedíamos	pedimos	pediremos	pediríamos
	pedís	pedíais	pedisteis	pediréis	pediríais
	piden	pedían	pidieron	pedirán	pedirían
16. pensar	pienso	pensaba	pensé	pensaré	pensaría
	piensas	pensabas	pensaste	pensarás	pensarías
	piensa	pensaba	pensó	pensará	pensaría
	pensamos	pensábamos	pensamos	pensaremos	pensaríamos
	pensáis	pensabais	pensasteis	pensaréis	pensaríais
	piensan	pensaban	pensaron	pensarán	pensarían

SUBJUNCTIVE		COMMANDS	PARTICIPLES	
Present	*Imperfect*		*Present*	*Past*
haya	hubiera (-se)		habiendo	habido
hayas	hubieras (-ses)			
haya	hubiera (-se)			
hayamos	hubiéramos (-semos)			
hayáis	hubierais (-seis)			
hayan	hubieran (-sen)			
haga	hiciera (-se)	—	haciendo	hecho
hagas	hicieras (-ses)	haz (no hagas)		
haga	hiciera (-se)	haga		
hagamos	hiciéramos (-semos)	hagamos		
hagáis	hicierais (-seis)	haced (no hagáis)		
hagan	hicieran (-sen)	hagan		
vaya	fuera (-se)	—	yendo	ido
vayas	fueras (-ses)	ve (no vayas)		
vaya	fuera (-se)	vaya		
vayamos	fuéramos (-semos)	vayamos		
vayáis	fuerais (-seis)	id (no vayáis)		
vayan	fueran (-sen)	vayan		
juegue	jugara (-se)	—	jugando	jugado
juegues	jugaras (-ses)	juega (no juegues)		
juegue	jugara (-se)	juegue		
juguemos	jugáramos (-semos)	juguemos		
juguéis	jugarais (-seis)	jugad (no juguéis)		
jueguen	jugaran (-sen)	jueguen		
oiga	oyera (-se)	—	oyendo	oído
oigas	oyeras (-ses)	oye (no oigas)		
oiga	oyera (-se)	oiga		
oigamos	oyéramos (-semos)	oigamos		
oigáis	oyerais (-seis)	oíd (no oigáis)		
oigan	oyeran (-sen)	oigan		
pida	pidiera (-se)	—	pidiendo	pedido
pidas	pidieras (-ses)	pide (no pidas)		
pida	pidiera (-se)	pida		
pidamos	pidiéramos (-semos)	pidamos		
pidáis	pidierais (-seis)	pedid (no pidáis)		
pidan	pidieran (-sen)	pidan		
piense	pensara (-se)	—	pensando	pensado
pienses	pensaras (-ses)	piensa (no pienses)		
piense	pensara (-se)	piense		
pensemos	pensáramos (-semos)	pensemos		
penséis	pensarais (-seis)	pensad (no penséis)		
piensen	pensaran (-sen)	piensen		

	Present	Imperfect	Preterite	Future	Conditional
17. perder	pierdo	perdía	perdí	perderé	perdería
	pierdes	perdías	perdiste	perderás	perderías
	pierde	perdía	perdió	perderá	perdería
	perdemos	perdíamos	perdimos	perderemos	perderíamos
	perdéis	perdíais	perdisteis	perderéis	perderíais
	pierden	perdían	perdieron	perderán	perderían
18. poder	puedo	podía	pude	podré	podría
	puedes	podías	pudiste	podrás	podrías
	puede	podía	pudo	podrá	podría
	podemos	podíamos	pudimos	podremos	podríamos
	podéis	podíais	pudisteis	podréis	podríais
	pueden	podían	pudieron	podrán	podrían
19. poner	pongo	ponía	puse	pondré	pondría
	pones	ponías	pusiste	pondrás	pondrías
	pone	ponía	puso	pondrá	pondría
	ponemos	poníamos	pusimos	pondremos	pondríamos
	ponéis	poníais	pusisteis	pondréis	pondríais
	ponen	ponían	pusieron	pondrán	pondrían
20. querer	quiero	quería	quise	querré	querría
	quieres	querías	quisiste	querrás	querrías
	quiere	quería	quiso	querrá	querría
	queremos	queríamos	quisimos	querremos	querríamos
	queréis	queríais	quisisteis	querréis	querríais
	quieren	querían	quisieron	querrán	querrían
21. saber	sé	sabía	supe	sabré	sabría
	sabes	sabías	supiste	sabrás	sabrías
	sabe	sabía	supo	sabrá	sabría
	sabemos	sabíamos	supimos	sabremos	sabríamos
	sabéis	sabíais	supisteis	sabréis	sabríais
	saben	sabían	supieron	sabrán	sabrían
22. salir	salgo	salía	salí	saldré	saldría
	sales	salías	saliste	saldrás	saldrías
	sale	salía	salió	saldrá	saldría
	salimos	salíamos	salimos	saldremos	saldríamos
	salís	salíais	salisteis	saldréis	saldríais
	salen	salían	salieron	saldrán	saldrían
23. sentir	siento	sentía	sentí	sentiré	sentiría
	sientes	sentías	sentiste	sentirás	sentirías
	siente	sentía	sintió	sentirá	sentiría
	sentimos	sentíamos	sentimos	sentiremos	sentiríamos
	sentís	sentíais	sentisteis	sentiréis	sentiríais
	sienten	sentían	sintieron	sentirán	sentirían

SUBJUNCTIVE		COMMANDS	PARTICIPLES	
Present	Imperfect		Present	Past
pierda	perdiera (-se)	—	perdiendo	perdido
pierdas	perdieras (-ses)	pierde (no pierdas)		
pierda	perdiera (-se)	pierda		
perdamos	perdiéramos (-semos)	perdamos		
perdáis	perdierais (-seis)	perded (no perdáis)		
pierdan	perdieran (-sen)	pierdan		
pueda	pudiera (-se)		pudiendo	podido
puedas	pudieras (-ses)			
pueda	pudiera (-se)			
podamos	pudiéramos (-semos)			
podáis	pudierais (-seis)			
puedan	pudieran (-sen)			
ponga	pusiera (-se)	—	poniendo	puesto
pongas	pusieras (-ses)	pon (no pongas)		
ponga	pusiera (-se)	ponga		
pongamos	pusiéramos (-semos)	pongamos		
pongáis	pusierais (-seis)	poned (no pongáis)		
pongan	pusieran (-sen)	pongan		
quiera	quisiera (-se)	—	queriendo	querido
quieras	quisieras (-ses)	quiere (no quieras)		
quiera	quisiera (-se)	quiera		
queramos	quisiéramos (-semos)	queramos		
queráis	quisierais (-seis)	quered (no queráis)		
quieran	quisieran (-sen)	quieran		
sepa	supiera (-se)	—	sabiendo	sabido
sepas	supieras (-ses)	sabe (no sepas)		
sepa	supiera (-se)	sepa		
sepamos	supiéramos (-semos)	sepamos		
sepáis	supierais (-seis)	sabed (no sepáis)		
sepan	supieran (-sen)	sepan		
salga	saliera (-se)	—	saliendo	salido
salgas	salieras (-ses)	sal (no salgas)		
salga	saliera (-se)	salga		
salgamos	saliéramos (-semos)	salgamos		
salgáis	salierais (-seis)	salid (no salgáis)		
salgan	salieran (-sen)	salgan		
sienta	sintiera (-se)	—	sintiendo	sentido
sientas	sintieras (-ses)	siente (no sientas)		
sienta	sintiera (-se)	sienta		
sintamos	sintiéramos (-semos)	sintamos		
sintáis	sintierais (-seis)	sentid (no sintáis)		
sientan	sintieran (-sen)	sientan		

	Present	Imperfect	Preterite	Future	Conditional
24. ser	soy	era	fui	seré	sería
	eres	eras	fuiste	serás	serías
	es	era	fue	será	sería
	somos	éramos	fuimos	seremos	seríamos
	sois	erais	fuisteis	seréis	seríais
	son	eran	fueron	serán	serían
25. tener	tengo	tenía	tuve	tendré	tendría
	tienes	tenías	tuviste	tendrás	tendrías
	tiene	tenía	tuvo	tendrá	tendría
	tenemos	teníamos	tuvimos	tendremos	tendríamos
	tenéis	teníais	tuvisteis	tendréis	tendríais
	tienen	tenían	tuvieron	tendrán	tendrían
26. traer	traigo	traía	traje	traeré	traería
	traes	traías	trajiste	traerás	traerías
	trae	traía	trajo	traerá	traería
	traemos	traíamos	trajimos	traeremos	traeríamos
	traéis	traíais	trajisteis	traeréis	traeríais
	traen	traían	trajeron	traerán	traerían
27. valer	valgo	valía	valí	valdré	valdría
	vales	valías	valiste	valdrás	valdrías
	vale	valía	valió	valdrá	valdría
	valemos	valíamos	valimos	valdremos	valdríamos
	valéis	valíais	valisteis	valdréis	valdríais
	valen	valían	valieron	valdrán	valdrían
28. venir	vengo	venía	vine	vendré	vendría
	vienes	venías	viniste	vendrás	vendrías
	viene	venía	vino	vendrá	vendría
	venimos	veníamos	vinimos	vendremos	vendríamos
	venís	veníais	vinisteis	vendréis	vendríais
	vienen	venían	vinieron	vendrán	vendrían
29. ver	veo	veía	vi	veré	vería
	ves	veías	viste	verás	verías
	ve	veía	vio	verá	vería
	vemos	veíamos	vimos	veremos	veríamos
	veis	veíais	visteis	veréis	veríais
	ven	veían	vieron	verán	verían
30. volver	vuelvo	volvía	volví	volveré	volvería
	vuelves	volvías	volviste	volverás	volverías
	vuelve	volvía	volvió	volverá	volvería
	volvemos	volvíamos	volvimos	volveremos	volveríamos
	volvéis	volvíais	volvisteis	volveréis	volveríais
	vuelven	volvían	volvieron	volverán	volverían

SUBJUNCTIVE		COMMANDS	PARTICIPLES	
Present	Imperfect		Present	Past
sea	fuera (-se)	—	siendo	sido
seas	fueras (-ses)	sé (no seas)		
sea	fuera (-se)	sea		
seamos	fuéramos (-semos)	seamos		
seáis	fuerais (-seis)	sed (no seáis)		
sean	fueran (-sen)	sean		
tenga	tuviera (-se)	—	teniendo	tenido
tengas	tuvieras (-ses)	ten (no tengas)		
tenga	tuviera (-se)	tenga		
tengamos	tuviéramos (-semos)	tengamos		
tengáis	tuvierais (-seis)	tened (no tengáis)		
tengan	tuvieran (-sen)	tengan		
traiga	trajera (-se)	—	trayendo	traído
traigas	trajeras (-ses)	trae (no traigas)		
traiga	trajera (-se)	traiga		
traigamos	trajéramos (-semos)	traigamos		
traigáis	trajerais (-seis)	traed (no traigáis)		
traigan	trajeran (-sen)	traigan		
valga	valiera (-se)	—	valiendo	valido
valgas	valieras (-ses)	val (no valgas)		
valga	valiera (-se)	valga		
valgamos	valiéramos (-semos)	valgamos		
valgáis	valierais (-seis)	valed (no valgáis)		
valgan	valieran (-sen)	valgan		
venga	viniera (-se)	—	viniendo	venido
vengas	vinieras (-ses)	ven (no vengas)		
venga	viniera (-se)	venga		
vengamos	viniéramos (-semos)	vengamos		
vengáis	vinierais (-seis)	venid (no vengáis)		
vengan	vinieran (-sen)	vengan		
vea	viera (-se)	—	viendo	visto
veas	vieras (-ses)	ve (no veas)		
vea	viera (-se)	vea		
veamos	viéramos (-semos)	veamos		
veáis	vierais (-seis)	ved (no veáis)		
vean	vieran (-sen)	vean		
vuelva	volviera (-se)	—	volviendo	vuelto
vuelvas	volvieras (-ses)	vuelve (no vuelvas)		
vuelva	volviera (-se)	vuelva		
volvamos	volviéramos (-semos)	volvamos		
volváis	volvierais (-seis)	volved (no volváis)		
vuelvan	volvieran (-sen)	vuelvan		

VOCABULARY

This vocabulary includes contextual meanings of all words and idiomatic expressions used in the book except most proper nouns and most conjugated verb forms. The Spanish style of alphabetization is followed, with **ch** occurring after **c**, **ll** after **l**, and **ñ** after **n**. Stem-changing verbs are indicated by **(ie)**, **(ue)**, or **(i)** following the infinitive. A **(zc)** after an infinitive indicates this irregularity in the **yo** form of the present tense **(conozco)**.

The following abbreviations are used:

abbr. abbreviation	*obj. of prep.* object of a preposition
adj. adjective	*obj. pron.* object pronoun (pronoun used as
adv. adverb	the object of a verb)
coll. colloquial	*pers.* person
conj. conjunction	*pl.* plural
contr. contraction	*p. part.* past participle of a verb
dim. diminutive	*prep.* preposition
dir. obj. direct object of a verb	*pres.* present tense
f. feminine noun; feminine form	*pron.* pronoun
fam. familiar (the familiar *you:* **tú** or **vosotros**)	*refl. pron.* reflexive pronoun (pronoun used
fut. future tense	reflexively with a verb)
imperf. imperfect tense	*rel. pron.* relative pronoun
indir. obj. indirect object of a verb	*sing.* singular
inf. infinitive	*subj.* subject
interj. interjection	*subj. pron.* subject pronoun (pronoun used as
m. masculine noun; masculine form	the subject of a verb)
n. noun	*subjunc.* subjunctive form of a verb

A

a to; at; for; from; at a distance of; **a casa** home; **al (a la)** (+ *time expression*) per; **a menos que** unless; **a eso de** at around (time of day); **a tiempo** on time; **a veces** at times, sometimes; **A ver.** Let's see.
abandonar to abandon
abierto open
el abogado (la abogada) lawyer
el aborto abortion
abrazar to hug, embrace
el abrazo hug, embrace
el abrigo overcoat; **Ponte el abrigo.** Put on your coat.
abril April
abrir to open
abstracto abstract
la abuela grandmother
el abuelo grandfather; *pl.* grandparents

abundante plentiful; large
aburrido bored; boring
A.C. (antes de Cristo) B.C.
acá here
acabar to finish, end; **acabar de** (+ *inf.*) to have just (done something)
el accidente accident
la acción action
aceptable acceptable
aceptar to accept
acompañar to accompany, go with
acondicionado: el aire acondicionado air conditioning
aconsejar to advise
acostar (ue) to put to bed; **acostarse** to go to bed
acostumbrarse (a) to get used (to), become accustomed (to)

la actividad activity
activo active
el acto act
el actor actor
la actriz actress
actual of the present
actualmente presently
acuático aquatic, water
el acueducto aqueduct
el acuerdo agreement; **De acuerdo.** Agreed, All right, Okay; **de acuerdo con** in agreement with; **estar (ponerse) de acuerdo (con)** to agree (with)
adelante straight, straight ahead
además besides, moreover; **además de** in addition to
adentro inside
adicto addicted

adiós good-bye
la **adivinanza** riddle
el **adjetivo** adjective
el **admirador** (la **admiradora**)
　admirer
admirar to admire
adonde (to) where, wherever
¿adónde? (to) where?
adornar to adorn, decorate
el **adorno** decoration
la **aduana** customs, customs
　house
el **adulto** (la **adulta**) adult
el **aeropuerto** airport
afectar to affect
el **aficionado** (la **aficionada**)
　fan
África Africa
africano African
afuera outside
la **agencia** agency; **agencia de**
　viajes travel agency
el, la **agente** agent; **agente de**
　viajes travel agent
agosto August
agradable pleasant
agradecer (zc) to thank
agradecido grateful
agregar to add
la **agricultura** agriculture
el **agua** *f.* water
ahora now; **ahora mismo** right
　now; **por ahora** for now
ahorrar to save (time, money,
　etc.)
el **aire** air; look, appearance; **el**
　aire acondicionado air
　conditioning
al *contr. of* **a** + **el**; **al** + *inf.*
　on, upon . . . -ing; **al** (**a la**)
　(+ *time expression*) per; **¡Al**
　contrario! On the contrary!
Alá Allah
el **alcázar** Moorish palace or
　castle
la **alcoba** bedroom
alegrarse (de) to be glad, happy
　(to)
alegre happy
alegremente happily
la **alegría** joy, happiness
alemán German
la **alfombra** rug, carpet
algo something, anything; **¿Algo**
　más? Anything else?
alguien someone, anyone

algún, alguno some, any; some
　sort of; *pl.* some, a few; some
　people; **alguna vez** ever, at
　some time
el **alimento** food (generally *pl.*)
el **alivio** relief
el **almacén** department store
almorzar (ue) to have lunch
el **almuerzo** lunch (the main
　meal in most Hispanic
　countries)
alquilar to rent
el **alquiler** rent
alrededor de around
alto high; tall; upper; loud;
　clase alta upper class; **en voz**
　alta out loud
altruista altruistic, not self-
　centered
la **altura** height
allá there
allí there
amable kind, nice
el **amanecer** dawn, daybreak
el, la **amante** lover; mistress
amar to love
amarillo yellow
el **ambiente** atmosphere
América *f.* America (North and
　South America); la **América**
　Central Central America; la
　América del Sur South
　America; la **América Latina**
　Latin America
americano American;
　mexicano-americano
　Mexican-American
el **amigo** (la **amiga**) friend
la **amistad** friendship
el **amor** love
anaranjado *adj.* orange
Andalucía Andalusia: the
　southernmost province of
　Spain
andaluz Andalusian
andar to walk; to go about; to
　run, work; **andar en bicicleta**
　to ride a bicycle
la **anestesia** anesthesia
el **ángel** angel
anglosajón Anglo-Saxon
el **anglosajón** (la **anglosajona**)
　Anglo-Saxon (person)
el **anhídrido carbónico** carbon
　dioxide
el **anillo** ring

el **animal** animal
el **aniversario** anniversary
anoche last night
el **anochecer** nightfall, twilight
ansioso anxious, nervous
el **antepasado** ancestor
anterior former; previous;
　anterior a before; **muy**
　anterior a much earlier than
antes before; first; **antes de**
　before; **antes (de) que** before
antiguo old, ancient; *(before the*
　adjective) former
la **antología** anthology
la **antropología** anthropology
el **antropólogo** (la **antropóloga**)
　anthropologist
anunciar to announce
el **año** year; **Año Nuevo** New
　Year; **el año que viene** next
　year; **tener... años** to be . . .
　years old; **todos los años**
　every year
aparentemente apparently
el **apartamento** apartment
el **apellido** surname, last name
apoyar to support
el **apoyo** support
apreciar to appreciate
aprender (a) to learn (to)
aproximadamente
　approximately
aquel, aquella *adj.* that; **aquél,**
　aquélla *pron.* that (one)
aquello *pron.* that
aquellos, aquellas *adj.* those;
　aquéllos, aquéllas *pron.*
　those
aquí here; **por aquí** this way,
　over here, around here
árabe Arab; Arabic
Aragón Aragon: a province in
　northern Spain
el **árbol** tree
el **arco** arch
argentino Argentine,
　Argentinean
la **aritmética** arithmetic
el **arma** *f.* arm, weapon
el, la **arquitecto** architect
la **arquitectura** architecture
arreglar to fix, arrange;
　arreglarse to be okay, turn
　out all right
arriba: ¡Arriba las manos!
　Hands up!

arriba (de) above, over
el arroz rice
el arte (*pl.* las artes) art; bellas artes fine arts; obra de arte work of art
el artículo article
el, la artista artist, actor (actress)
artístico artistic
la artritis arthritis
así thus, so, in this way, like that; Así-así. So-so. Así es. That's right. That's the way it is; Así es (+ *n.*) That's . . . ; así que so (that)
asistir (a) to attend
asociar to associate
el aspecto aspect; appearance
la aspirina aspirin
el (la) astronauta astronaut
la astronomía astronomy
Asunción capital of Paraguay
asustado *adj.* frightened, startled
asustar to scare; asustarse to be frightened
atacar to attack
el ataque attack
atender (ie) to assist, to attend to (someone)
atlántico: Océano Atlántico Atlantic Ocean
el, la atleta athlete
la atmósfera atmosphere
el átomo atom
atrapar to catch, trap
aumentar to gain (weight), increase
aún even, still
aunque although, even though
auténtico authentic, genuine
el auto auto; en auto by car
el autobús bus; en autobús by bus
el automóvil automobile
el autor (la autora) author
avanzar to advance
la avenida avenue
la aventura adventure
avergonzado embarrassed, ashamed
el avión airplane; en avión by plane
¡Ay! Oh!
ayer yesterday

la ayuda help
ayudar (a) to help (to), assist
la azafata flight attendant
azteca Aztec
el azúcar sugar
azul blue

B

bailar to dance
el baile dance
bajar (de) to get off
bajo *adj.* low; short; *prep.* under; *adv.* beneath, under
el balcón balcony
el banco bench, bank
el bandido bandit
bañarse to take a bath
el baño bath; bathroom; cuarto de baño bathroom
barato *adj.* inexpensive, cheap
el barco ship, boat
la barbaridad barbarism; ¡Qué barbaridad! Good Lord! Good grief!
el barrio neighborhood, district, community
la base base
básicamente basically
básico basic
el básquetbol basketball
el, la basquetbolista basketball player
¡Basta! That's enough!
bastante *adj.* enough; quite a bit; *adv.* rather, quite
la basura garbage, trash; el canasto de basura wastebasket
el, la bebé baby
beber to drink
la bebida drink, beverage
el béisbol baseball
Belice Belize, capital of British Honduras
la belleza beauty
bello beautiful; bellísimo very beautiful
beneficioso beneficial
besar to kiss
el beso kiss
la biblioteca library
la bicicleta bicycle; en bicicleta by bicycle
el bien good

bien well, fine, all right, okay; good; Muy bien. Very good. ¡Qué bien! Great!
la bienvenida welcome; dar la bienvenida to welcome
bienvenido *adj.* welcome
bilingüe bilingual
la billetera wallet
la biología biology
el bistec (beef)steak
blanco white; Caucasian
la blusa blouse
la boca mouth
la boda wedding
el boleto ticket
boliviano Bolivian
el bolso purse
bonito pretty
la bota leather wine bag
el brazo arm
breve brief, short
la brigada brigade
brillante brilliant, bright; brillantísimo very bright
brindar to toast
la broma joke; decir en broma to say jokingly
el bruto (la bruta) brute; ignoramus.
buen, bueno good, kind; well, okay, all right; Buenos días. Good morning. Good day.; Buenas noches. Good evening. Good night.; Buenas tardes. Good afternoon. Good evening.; ¡Buen provecho! Enjoy the meal! ¡Buen viaje! Have a good trip! Muy buenas. Good afternoon. Good evening.; ¡Qué bueno! Great! How nice!
buscar to look (for), search
el buzón mailbox

C

la cabeza head; el dolor de cabeza headache
el cabo end; al fin y al cabo after all, finally
cada each, every; cada día más more every day
el café coffee; café; café con leche coffee prepared with hot milk

la **cafetería** cafeteria
el **calcetín** sock
el **calendario** calendar
la **calidad** quality
caliente hot
calmar to calm; **calmarse** to calm oneself; **¡Cálmate!** Calm down! Relax!
el **calor** heat, warmth; **hacer calor** to be hot (weather); **¡Qué calor!** It sure is hot!; **tener calor** to be (feel) hot
la **calle** street
la **cama** bed; el **coche-cama** Pullman (sleeping car)
la **cámara** camera
el **camarero** (la **camarera**) waiter (waitress)
cambiar to change; to exchange
el **cambio** change; **en cambio** on the other hand
caminar to walk
el **camino** road, way; **el camino de** the road to; **por este camino** on this street
la **camisa** shirt
el **campamento** camping; **ir de campamento** to go camping
la **campaña** campaign
el **campo** country, countryside
Canadá Canada
el **canasto** basket; **canasto de papeles** wastebasket
el **cáncer** cancer
la **canción** song
el **candelabro** candelabra
el **candidato** (la **candidata**) candidate
la **canoa** canoe
cansado tired
cantar to sing
la **cantidad** quantity
la **capa** cape
la **capacidad** capacity
la **capital** capital
el **capítulo** chapter
la **cara** face
el **carácter** character
¡Caramba! Wow! Good grief!
caraqueño from Caracas
carbónico: anhídrido carbónico carbon dioxide
el **(Mar) Caribe** Caribbean (Sea)
el **cargo** charge; **estar a cargo de** to be in charge of

cariñoso loving, tender
la **carne** meat; **carne de vaca** beef
carísimo very expensive
caro expensive
la **carta** letter; playing card
cartaginés Carthaginian
la **casa** house, home; **en casa** at home; **en casa de** at (someone's) house
casado married
casarse (con) to marry, get married (to)
casi almost
el **caso** case; **en caso (de) que** in case
castaño *adj.* chestnut
Castilla Castile: a province in central Spain
la **casualidad** coincidence, chance; **por casualidad** by coincidence
el **catalán** (la **catalana**) Catalan (language or person from Spanish province of **Cataluña**)
Cataluña Catalonia: the northeasternmost province of Spain
la **catedral** cathedral
católico Catholic
catorce fourteen
la **causa** cause; **a causa de** because of
causar to cause
la **cazuela** stew
la **cebolla** onion
la **celebración** celebration
celebrar to celebrate; **celebrarse** to be celebrated; to take place
celos: tener celos de to be jealous of
céltico Celtic
la **cena** dinner
cenar to dine, have dinner
la **censura** censorship
el **centavo** cent
central central, main; la **América Central** Central America
el **centro** center; downtown
Centroamérica Central America
cerca near, nearby; **cerca de** near, close to

la **ceremonia** ceremony
cero zero
cerrado closed
cerrar (ie) to close
la **cerveza** beer
César: Julio César Julius Caesar
el **cielo** sky, heaven
cien, ciento one hundred; **por ciento** percent
la **ciencia** science
la **ciencia-ficción** science fiction
las **ciencias de computación** computer science; las **ciencias políticas** political science; las **ciencias sociales** social sciences
el **científico** (la **científica**) scientist
cierto true, correct; (a) certain
el **cigarrillo** cigarette
el **cigarro** cigar
cinco five
cincuenta fifty
el **cine** movies; movie theater
la **cita** date, appointment; **tener una cita** to have a date
la **ciudad** city
el **ciudadano** (la **ciudadana**) citizen
la **civilización** civilization
civilizado civilized
claramente *adv.* clearly
claro clear; **Claro.** Of course; **Claro que...** Of course . . .
la **clase** class; kind; **clase alta** upper class; **clase media** middle class; **(de) toda clase** (of) every kind
clásico classical
el, la **cliente** customer
el **clima** climate
la **cobra** cobra
el **cobre** copper
la **cocaína** cocaine
la **cocina** kitchen
cocinar to cook
el **cóctel** cocktail
el **coche** car
el **coche-cama** Pullman (sleeping car)
la **coincidencia** coincidence
la **colección** collection
colectivo collective
el **colmo** limit; **¡Esto es el colmo!** This is the last straw!

colombiano Colombian
el **colombiano** (la **colombiana**) Colombian (person)
Colón Columbus
la **colonia** colony
la **colonización** colonization
el **colonizador** (la **colonizadora**) colonist
el **color** color; **¿De qué color es...?** What color is . . . ?
colosal colossal
la **columna** column
la **comadre** godmother of one's child; close friend
la **combinación** combination
la **comedia** play, comedy, drama
el **comedor** dining room
comentar to comment
comer to eat
comercial commercial
el, la **comerciante** business person
el **comercio** business
los **comestibles** groceries
cómico *adj.* funny
la **comida** food; meal; dinner
como *adv.* as; like, such as; how; *conj.* since, as long as; **cómo** how (to); **como si** as if; **tan... como** as . . . as; **tanto... como** as much . . . as
¿cómo? (**¡cómo!**) how? (how!); what? what did you say? what is it?; **¿Cómo es (son)...?** What is (are) . . . like?; **¡Cómo no!** Of course!; **¿Cómo se llama...?** What is the name of . . . ? **¿Cómo se llama usted?** What is your name?
la **comodidad** convenience, comfort; **sin comodidades** without conveniences
cómodo *adj.* comfortable (said of things)
el **compadre** godfather of one's child, close friend
el **compañero** (la **compañera**) companion; **compañero de clase** classmate; **compañero de cuarto** roommate
la **compañía** company
la **comparación** comparison
completamente completely
completar to complete
completo complete

la **composición** composition
comprar to buy
compras; ir de compras to go shopping
comprender to understand
la **computación** computation; **las ciencias de computación** computer science
la **computadora** computer
común common, usual, ordinary; **en común** in common; **por lo común** commonly
la **comunicación** communication
el, la **comunista** communist; *adj.* communist
con with; **con cuidado** carefully; **con el nombre de** by the name of
el **concepto** concept
el **concierto** concert
la **condición** condition; circumstance; **condiciones físicas** physical condition
conducir (**zc**) to drive
el **conductor** (la **conductora**) driver
la **conferencia** conference; lecture
confesar (**ie**) to confess
la **confusión** confusion
la **conjunción** conjunction
la **conmemoración** commemoration
conmigo with me
conocer (**zc**) to know, be acquainted with, be familiar with; to meet, get acquainted with
conocido known, well-known; **más conocido** better known
la **conquista** conquest
el **conquistador** conqueror, Spanish conquistador
conquistar to conquer
la **consecuencia** consequence; **como consecuencia** as a result
conseguir (**i**) to obtain
el **consejo** piece of advice; los **consejos** advice
conservar to conserve
considerar to consider
constantemente constantly
la **constitución** constitution

la **construcción** construction
construido built, constructed
construir to build, construct
el **consuelo** consolation; joy, comfort
consultar to consult
la **contaminación** pollution
contaminado polluted
contar (**ue**) to tell; to count
contento happy, content
contestar to answer
contigo with you (*fam. sing.*)
el **continente** continent
continuo continual; **horario continuo** working hours, usually from 9 to 5
contra against
la **contradicción** contradiction
contrario opposite; **¡Al contrario!** On the contrary!
la **contribución** contribution
contribuir to contribute
el **control: control de la natalidad** birth control
controlar to control
convencer to convince
la **conversación** conversation
conversar to converse, chat
la **copa: tomar una copa** to have a drink
la **corbata** tie
el **corazón** heart; **de todo corazón** wholeheartedly
correctamente correctly
correcto right, correct
el **correo** mail; post office; **correo aéreo** air mail
correr to run
corresponder a to correspond to
la **corrida** (**de toros**) bullfight; bullfighting
corriente ordinary, regular
cortés polite
corto short, brief
la **cosa** thing
los **cosméticos** cosmetics
la **costa** coast
costar (**ue**) to cost
la **costumbre** custom, habit; **es costumbre** it's the custom
crear to create
crecer (**zc**) to grow
el **crédito** credit
creer to believe, think; **Creo que sí.** I think so; **¡Ya lo creo!** That's for sure!

el **crimen** (*pl.* los **crímenes**) crime

el, la **criminal** criminal

criollo Creole (born in the Americas of European ancestry)

el **cristianismo** Christianity

cristiano Christian

Cristo Christ

criticar to criticize

el **crucigrama** crossword puzzle

la **cruz** cross

cruzar to cross

el **cuaderno** notebook

la **cuadra** city block

el **cuadro** picture, painting

¿**cuál**? ¿**cuáles**? which? which one(s)? what?

la **cualidad** quality, characteristic

cualquier, cualquiera any

cuando when, whenever

¿**cuándo**? when?

cuanto: en cuanto as soon as; **unos cuantos** a few

¿**cuánto**? how much? **¿A cuánto están...?**; How much are . . . ? **¿(por) cuánto tiempo?** (for) how long?; **¿Cuánto tiempo hace que...?** How long . . . ?

¿**cuántos**? how many? **¿Cuántos años tiene...?** How old is . . . ?

cuarenta forty

el **cuarto** room; quarter; *adj.* fourth; quarter; **las seis y cuarto** 6:15

cuatro four

cuatrocientos four hundred

cubano Cuban

cubierto (de) covered (with, by)

cubrir to cover

el **cuello** neck

la **cuenta** check

el **cuento** story

el **cuerpo** body

la **cuestión** question, issue

el **cuidado** care; **con cuidado** carefully; **¡Cuidado (con...)!** Look out (for . . .)!; **tener cuidado (con)** to be careful (of, about)

cuidar to take care of; **cuidarse** to take care of oneself

la **culpa** fault, blame

la **cultura** culture

el **cumpleaños** birthday

la **cura** cure

curar to cure, heal

curioso curious

el **curso** course; **curso de inglés** English class

cuyo *rel. poss. pron.* whose

CH

el **cha-cha-chá** cha-cha-chá: a dance of Cuban origin

la **champaña** champagne

la **chaqueta** jacket

el **cheque** check; **cheque de viajero** traveler's check

la **chica** girl

chicano chicano, Mexican-American

el **chicano** (la **chicana**) Mexican-American (person)

el **chico** boy, guy; *pl.* kids

el **chile** hot pepper

chileno Chilean

chino Chinese

el **chiste** joke

el **chocolate** chocolate

la **churrería** shop or stand selling *churros,* coffee and hot chocolate

el **churro** doughnut-like pastry

D

dar to give; **dar a** to face; **dar las gracias** to thank; **dar un paseo** to take a walk; **darse cuenta de** to realize; **darse prisa** to be in a hurry

D.C. (después de Cristo) A.D.

de of; from; about; in (after a superlative); by; made of; as; with; **De nada.** You're welcome; **de veras** really; **más de** more than (before a number)

deber must, have to, ought to, should; to be supposed to; to owe

los **deberes** homework

la **década** decade

decente decent, decent-looking

decidir to decide

decir (i) to say, tell; **¿Cómo se dice...?** How does one say . . . ?; **¡No me digas!** You don't say!; **querer decir** to mean

decorar to decorate

dedicar to dedicate; **dedicarse (a)** to devote oneself to

defender (ie) to defend

dejar to leave, to let, allow; **dejar de** to stop, cease

delante in front; **delante de** in front of

del *contr. of* de + el

delicado delicate

delicioso delicious

demás: todo lo demás everything else

demasiado too, too much; *pl.* too many

el, la **demócrata** Democrat; *adj.* Democratic

demográfico: la explosión demográfica population explosion

el **demonio** demon, devil

el, la **dentista** dentist

dentro de in, within, inside (of)

depender (de) to depend (on)

el, la **dependiente** salesperson

el **deporte** sport; **practicar un deporte** to go in for a sport

deportivo (related to) sports

el **depósito** deposit

la **depresión** depression

deprimido *adj.* depressed

la **derecha** right; **a la derecha** to (on) the right

el **derecho** right; privilege; *adj.* straight

desayunar to have (for) breakfast

el **desayuno** breakfast

descansar to rest

el, la **descendiente** descendant

el, la **desconforme** nonconformist

el **desconocido** (la **desconocida**) stranger

descortés discourteous, impolite

describir to describe

el **descubrimiento** discovery

descubrir to discover

desde from; since; ¿desde cuándo? how long? since when?; desde hace (hacía) for; desde hace años for years; desde . . . hasta from . . . to

desear to wish (for), want, desire

el desempleo unemployment

el deseo wish

el desfile parade

el desierto desert; adj. deserted

la desilusión disappointment

desilusionado disappointed

desordenado messy

despacio slowly

la despedida farewell, leave taking

despertar (ie) to awaken (someone); despertarse to wake up

despierto adj. awake, alert

despreciar to look down on, scorn

después afterwards, then, later; después de after; después (de) que after; poco después a short time after(wards)

destinado assigned

el destino destiny; con destino a bound for

el detalle detail

el, la detective detective

detrás de behind

la deuda debt

devolver (ue) to return (something)

devoto devout

el día day; al día per day; al otro día the next day; Buenos días. Good morning. Good day.; cada día más more every day; de día by day; día de fiesta holiday; Día de Gracias Thanksgiving; Día del Año Nuevo New Year's Day; Día de los Reyes Epiphany (Jan. 6); día de semana weekday; hoy día nowadays; todos los días every day

el diablo devil

el diálogo dialogue

diariamente daily

diario daily

el diccionario dictionary

diciembre December

el dictador (la dictadora) dictator

la dictadura dictatorship

el dicho saying

diecinueve nineteen

dieciocho eighteen

dieciséis sixteen

diecisiete seventeen

la dieta diet; estar a dieta to be on a diet

diez ten

la diferencia difference

diferente (a) different (from)

difícil hard, difficult

la dificultad difficulty

el dinero money

el dios god; Dios God; ¡Dios mío! My goodness! Good grief!

la dirección direction; address

directamente directly

directo direct

la disciplina discipline

el disco record

la discoteca discotheque

la discriminación discrimination

disculpar to forgive

la discusión discussion

discutir to discuss, debate

la distinción distinction

distinto different

la diversión fun, amusement

divertir to amuse, entertain; divertirse (ie) to have a good time, enjoy oneself

divorciarse to get divorced

el divorcio divorce

doblar to turn

doble double

doce twelve

la docena dozen

el doctor (la doctora) doctor

el dólar dollar

doler (ue) to ache, hurt

el dolor pain, ache; suffering; sorrow; dolor de cabeza headache; dolor de estómago stomachache; dolor de garganta sore throat

dominador dominating

domingo Sunday

don, doña titles of respect or affection used before a first name

donde where, wherever

¿dónde? where?

dormido asleep

dormir (ue) to sleep; dormir la siesta to take a nap after lunch

el dormitorio bedroom

dos two

doscientos two hundred

el drama drama

dramático dramatic

la droga drug

la duda doubt

dudar to doubt

el dueño (la dueña) owner, master (mistress)

dulce sweet

durante during; for

durar to last

E

e and (replaces y before words beginning with i or hi)

la ecología ecology

el ecólogo (la ecóloga) ecologist

la economía economy; economics

económico economic

la ecuación equation

la edad age; ¿Qué edad tiene...? How old is . . . ?

el edificio building

la educación education; upbringing

educado educated, well brought up

el egoísmo selfishness, egotism

egoísta selfish

el ejemplo example; por ejemplo for example

el ejercicio exercise

el the (m. sing.); el de that of; el que the one that

él subj. he; obj. of prep. him, it; de él (of) his

la elección election

la electricidad electricity

la elegancia elegance

elegante elegant; stylish

el elemento element

ella subj. she; obj. of prep. her, it; de ella her, (of) hers

ellos, ellas subj. they, obj. of prep. them; de ellos (ellas) their, (of) theirs

embarazada *adj.* pregnant

embargo: sin embargo however

la **emergencia** emergency

la **emigración** emigration

emocionante exciting

la **empanada** meat pie

el **emperador** emperor

empezar (ie) (a) to start (to), begin (to)

el **empleado (la empleada)** employee

el **empleo** employment; job

en in; into; on; at; **en casa** at home; **en punto** on the dot; **en realidad** in reality, actually; **en seguida** at once; **en serio** seriously; **en vez de** instead of; **pensar en** to think about

enamorarse (de) to fall in love (with)

encantar to delight; **me encanta...** I love . . .

encontrar (ue) to find; to meet; **encontrarse (con)** to meet, come across

el **enemigo** enemy

la **energía** energy

enero January

enfermarse to get sick

la **enfermedad** illness

el **enfermero (la enfermera)** nurse

enfermo ill

enfrente (de) in front (of), opposite; **de enfrente** across the way

enojado *adj.* angry

enojarse to become angry, get mad

el **enojo** anger

enorme enormous

la **ensalada** salad

enseñar to teach; to show

entender (ie) to understand; to hear

entero entire

entonces then; in that case

la **entrada** admission ticket

entrar (a) (en) to enter, go in

entre between; among; **entre sí** among themselves

la **entrevista** interview

enviar to send

envidiar to envy

envolver (ue) to wrap

la **época** period, era, epoch, time

el **equipaje** luggage

el **equipo** team; **equipo femenino** women's team

el **equivalente** equivalent

el **error** error, mistake

la **escalera** stairway

el **escándalo** scandal, disgrace

la **escena** scene

escocés Scottish

el **escocés (la escocesa)** Scottish (person)

escribir to write

el **escritor (la escritora)** writer

la **escritura** writing

escuchar to listen (to)

la **escuela** school

la **escultura** sculpture

ese, esa *adj.* that; **ése, ésa** *pron.* that (one)

esencial essential

eso *pron.* that; **a eso de** at around (time of day); **por eso** that's why, for that reason

esos, esas *adj.* those; **ésos, ésas** *pron.* those

el **espacio** space

la **espalda** back

España Spain

español Spanish

el **español** Spanish (language); Spaniard *m.*; la **española** Spaniard *f.*

especial special

la **especialidad** specialty

especialmente especially

el **espectáculo** spectacle, pageant, show

el **espectador (la espectadora)** spectator

el **espejo** mirror

la **esperanza** hope

esperar to wait (for); to hope; to expect; **Es de esperar.** It is to be expected.

el, la **espiritista** spiritualist

el **espíritu** spirit

espléndido splendid

la **esposa** wife

el **esposo** husband; *pl.* husband and wife

el **esquí** skiing

el **esquiador (la esquiadora)** skier

esquiar to ski

la **esquina** corner

establecer (zc) to establish; to plant

la **estación** season

el **estadio** stadium

el **estado** state; los **Estados Unidos** the United States

la **estampilla** postage stamp

la **estancia** Argentine or Uruguayan cattle ranch

el **estante** shelf; **estante para libros** bookcase

estar to be (in a certain place, condition or position); to be in (at home, in the office, etc.)

la **estatua** statue

este, esta *adj.* this; **éste, ésta** *pron.* this (one)

el **este** east

el **estilo** style, fashion; **al estilo de** in the style of

esto *pron.* this

el **estómago** stomach; el **dolor de estómago** stomachache

estos, estas *adj.* these; **éstos, éstas** *pron.* these

estrecho narrow, close

el **estrecho: Estrecho de Gibraltar** Strait of Gibraltar

la **estrella** star

estricto strict

la **estructura** structure

el, la **estudiante** student

estudiantil *adj.* student

estudiar to study; **estudiar para** to study to be

el **estudio** study

estupendo wonderful, great

estúpido stupid

etcétera et cetera

eterno eternal

Europa Europe

europeo European

la **evaluación** evaluation

evidente evident

exactamente exactly

exacto exact; **Exacto.** That's right. Exactly.

el **examen** (*pl.* los **exámenes**) examination, test

excelente excellent

la **excepción** exception

excepto except

exclusivo exclusive

la **excursión** excursion, trip

el **exilado** (la **exilada**) exile
(person)
existir to exist
el **éxito** success
la **experiencia** experience
experimentado experienced
el **experto** (la **experta**) expert
la **explicación** explanation
explicar to explain
el **explorador** (la **exploradora**)
explorer
la **explosión**: **explosión
demográfica** population
explosion
la **exposición** exhibit
la **expresión** expression
el **expreso** express (train);
expreso adj. fast
externo external
el **extranjero** (la **extranjera**)
foreigner
extraño strange
extraordinariamente
extraordinarily
extremo extreme

F

fabuloso fabulous; terrific
fácil easy
fácilmente adv. easily
la **facultad** school, college
la **falda** skirt
falso false
faltar to be missing or lacking
la **familia** family
famoso famous
fanático fanatic
la **farmacia** drugstore,
pharmacy
fascinante fascinating
fascinar to fascinate
el **favor** favor; **Hágame el favor
de...** Please. . . ; **por favor**
please
favorito favorite
febrero February
la **fecha** date; day
¡**Felicitaciones!**
Congratulations!
feliz happy
femenino: **el equipo femenino**
women's team
fenicio Phoenician
el **fenómeno** phenomenon

feo ugly
el **ferrocarril** railroad
la **festividad** festivity; holiday
la **fiebre** fever
fiel faithful
la **fiesta** feast; party; holiday;
día de fiesta holiday; **fiesta
brava** bullfighting; **fiesta
popular** country gathering,
general holiday
fijo: **precio fijo** fixed price
la **filosofía** philosophy
el **filósofo** (la **filósofa**)
philosopher
el **fin** end; **a fin de cuentas** in
the end, to make a long story
short; **al fin** finally; **en fin** in
conclusion; (**feliz**) **fin de
semana** (have a good)
weekend; **poner fin a** to put
an end to; **por fin** finally
el **final** end; **al final** in the end
finalmente finally
la **física** physics
físico physical
el **flamenco** flamenco
(Andalusian gypsy music,
song, and dance)
el **flan** caramel custard
la **flor** flower
la **forma** form
la **formación** formation
formar to form
formidable superb
el **formulario** form, application
form
la **fortuna** fortune
la **foto** photo
la **fotografía** photograph
el **fotógrafo** (la **fotógrafa**)
photographer
francamente frankly
francés French; Frenchman
Francia France
la **frase** phrase
la **frecuencia** frequency; **con
frecuencia** frequently
frecuente frequent
frecuentemente frequently
fresco fresh; cool; **hacer fresco**
to be cool (weather)
el **frijol** bean
el **frío** cold; **hacer frío** to be
cold (weather); **tener frío** to
be (feel) cold
frito fried

la **fruta** fruit; pl. fruit
el **fuego** fire; **fuegos artificiales**
fireworks
la **fuente** fountain
fuera: **fuera de** outside; **por
fuera** from the outside
fuerte strong
la **fuerza** pl. forces; **fuerzas
armadas** armed forces
fumar to smoke
funcionar to function, work,
run
fundar to found
furioso adj. furious
el **fútbol** soccer; **fútbol
americano** football
el, la **futbolista** soccer player
el **futuro** future; adj. future

G

la **galaxia** galaxy
gallego Galician
la **gana**: **tener ganas de** to feel
like, want
el **ganador** (la **ganadora**)
winner
ganar to earn; to win; to gain;
ganar el pan to earn a living
el **garaje** garage
la **garganta** throat
gastar to spend
el **gasto** expense
el **gato** cat
el **gaucho** gaucho: a herdsman
of the pampas; Argentine
cowboy
el **gazpacho** gazpacho: a cold,
spicy vegetable soup from the
Spanish province of
Andalusia
la **generación** generation
el **general** general; adj. general,
usual; **en general** (**por lo
general**) in general, generally
generalmente generally
generoso adj. generous
la **gente** people
la **geografía** geography
geográfico geographic
la **geología** geology
la **geometría** geometry
el, la **gerente** manager
el **gitano** (la **gitana**) gypsy
el **glaciar** glacier

el **gobierno** government
el **golfo** gulf
gozar de to enjoy
gracias thanks, thank you; **dar las gracias** to thank; **Día de Gracias** Thanksgiving; **gracias a** thanks to; **Muchas gracias.** Thank you very much.
gracioso funny ¡**Qué gracioso!** How funny!
gran, grande big, large, great
Granada a city in southern Spain
la **grandeza** grandeur
gratis free, gratis
Grecia Greece
griego Greek
el **gringo** (la **gringa**) nickname given to foreigners, especially Americans (generally pejorative)
gris gray
el **grupo** group, bunch
guapo good-looking
guaraní Guaraní: the language of the Indians of Paraguay; currency of Paraguay
guardar to keep
guatemalteco Guatemalan
la **guerra** war
el, la **guía** guide
la **guitarra** guitar
gustar to please, be pleasing; **me gusta más** I like best
el **gusto** pleasure, delight; ¡**Con mucho gusto!** Gladly! Sure! **Mucho gusto.** Glad to meet you.

H

haber to have (auxiliary verb to form compound tenses); *see also* **había, habido, habrá, hay, haya, hubo**
había (*imperf. of* **hay**) there was (were)
habido *p. part. of* **haber: ha habido** there has (have) been
la **habitación** room
el, la **habitante** inhabitant
hablar to speak, talk
habrá (*fut. of* **hay**) there will be; ¿**habrá?** could there be?

hace (with a verb in the past tense) ago; **hace dos años** two years ago; **hace poco** not long ago; ¿**Cuánto tiempo hace (hacía) que...?** (+ *pres. or imperf.*)? How long *has* (*had*) . . . *been -ing?*; **hace... que** (+ *pres.*) something *has been -ing* for . . . (length of time)
hacer to make; to do; **hacer buen tiempo** to be nice weather; **hacer calor** to be hot (weather); **hacer deportes** to play sports; **hacer ejercicios** to do exercises; **hacer el favor de** to do the favor of; **hacer fresco** to be cool; **hacer la maleta** to pack one's suitcase; **hacer el papel de** to take the role of; **hacer frío** to be cold (weather); ¿**Qué tiempo hace?** How's the weather?; **hacer sol** to be sunny; **hacer un viaje** to take a trip; **hacer viento** to be windy
hacia toward
hacía: hacía... que (+ *imperf.*) something *had been -ing* for . . . (length of time)
la **hacienda** farm, estate
el **hambre** *f.* hunger; **tener hambre** to be hungry
la **hamburguesa** hamburger
hasta until; as far as; **desde... hasta** from . . . to; **hasta cierto punto** up to a point; **Hasta luego.** See you later. So long.; **Hasta mañana.** See you tomorrow.; **hasta que** until
hay (a form of the verb **haber**) there is (are); **hay que** one must, it is necessary to; **No hay de qué.** You're welcome.
haya *pres. subjunc. of* **hay: prohíbe que haya** forbids that there be
el **helado** ice cream, ice cream cone
heredar to inherit
la **hermana** sister
el **hermano** brother; *pl.* brother(s) and sister(s)
hermoso beautiful

el **héroe** hero
la **hija** daughter
el **hijo** son; *pl.* children, son(s) and daughter(s)
hispano Hispanic
el **hispano** (la **hispana**) Hispanic (person)
Hispanoamérica Spanish America
hispanoamericano Spanish-American
la **historia** history; story
histórico historic, historical
la **hoja** leaf
¡**Hola!** Hello! Hi!
el **hombre** man; ¡**Hombre!** Wow! Hey!
el **honor** honor; **en honor de** in honor of
honrar to honor
la **hora** hour; time; **a estas horas** at this hour; **altas horas** very late; ¿**A qué hora?** At what time?; **hora de** time to; **No veo la hora.** I can't wait. ¿**Qué hora es?** What time is it?
el **horario** schedule
el **horizonte** horizon
el **horóscopo** horoscope
el **horror:** ¡**Qué horror!** How awful!
el **hospital** hospital
el **hotel** hotel
hoy today; **hoy día** nowadays, presently
hubo *third-person pret. of* **haber**
la **huelga** strike
el **huevo** egg
la **humanidad** mankind, humanity
humano human; **ser humano** human being

I

ibérico: Península Ibérica Iberian Peninsula
el **ibero** (la **ibera**) Iberian (original settlers of the Iberian Peninsula)
la **ida: ida y vuelta** round-trip
la **idea** idea
el **ideal** ideal; *adj.* ideal

idealista idealistic
la **identidad** identity
idiota *adj.* idiotic
el **ídolo** idol
la **iglesia** church
ignorante ignorant
ignorar to ignore; to not know
igual (just) the same
la **igualdad** equality
ilegal illegal
la **ilusión** illusion
la **imaginación** imagination
imaginario imaginary
imaginarse to imagine
imitar to imitate
el **imperio** empire; **Imperio Romano** Roman Empire
el **impermeable** raincoat
imponente *adj.* impressive
la **importancia** importance
importante important
importar to matter, be important; to import; **¿le importa...?** do you care about . . .?; **no (me) importa** it doesn't matter, I don't care
importado imported
imposible impossible
la **impresión** impression
impresionante impressive
impresionar to impress
el **impuesto** tax
inca Inca (the people); **Inca** Inca (emperor)
incluir to include
increíble incredible
la **independencia** independence
independiente independent
indígena indigenous, native
el **indio** (la **india**) Indian; *adj.* Indian
el **individuo** individual
la **industria** industry
industrializado industrialized
infiel unfaithful
el **infierno** hell
infinitamente infinitely
infinito infinite
la **inflación** inflation
la **influencia** influence
la **información** information
informarse (de) to inform oneself (about)
la **ingeniería** engineering
el **ingeniero** (la **ingeniera**) engineer

Inglaterra England
inglés English; Englishman
el **ingrediente** ingredient
el **iniciador** initiator
la **injusticia** injustice; **¡Qué injusticia!** How unfair!
inmediato immediate
inmediatamente *adv.* immediately
el, la **inmigrante** immigrant
inocente innocent
inofensivo harmless
el **insecto** insect
insensato senseless
insensible insensitive
insistir (en) to insist (on)
insociable not sociable
insoportable unbearable
la **inspiración** inspiration
inspirar to inspire
la **instrucción** instruction; **sin instrucción** uneducated
el **instructor** (la **instructora**) instructor
el **instrumento** instrument
intelectual intellectual
inteligente smart, intelligent
el **intercambio** exchange
el **interés** interest
interesar to interest
interesante interesting
el **interior** interior; *adj.* inner
internacional international
interrumpir to interrupt
la **interrupción** interruption
la **intervención** intervention
íntimo intimate, close
la **intuición** intuition
invadir to invade
inventar to invent
el **invierno** winter
la **invitación** invitation
el **invitado** (la **invitada**) guest
invitar to invite
ir to go; **ir a** + *inf.* to be going to + *inf.*; **ir de campamento** to go camping; **ir de compras** to go shopping; **ir de vacaciones** to go on vacation; **ir en auto (autobús, avión, tren)** to go by car (bus, plane, train); **irse** to go (away), leave; **ir y venir** coming and going; **Que le vaya bien.** May all go well with you.; **Vamos.** Let's go.; **Vamos a** + *inf.* Let's

. . . ; **No vayamos.** Let's not go.; **No vayamos a** + *inf.* Let's not . . .
Irlanda Ireland
irlandés Irish
el **irlandés** (la **irlandesa**) Irish (person)
irresponsable irresponsible
la **isla** island
Italia Italy
italiano Italian
el **italiano** (la **italiana**) Italian (person)
la **izquierda** left; **a la izquierda** to (on) the left

J

el **jai alai** jai alai (Basque sport)
jamás never, (not) ever
el **jamón** ham
Janucá Chanukah
el **Japón** Japan
japonés Japanese
el **jardín** garden
el **jefe** chief; boss
el **jerez** sherry
el **jeroglífico** hieroglyphic
Jesucristo Jesus Christ
Jesús Jesus; **¡Jesús!** Gee whiz! Golly!
el, la **joven** young man, young lady; *pl.* young people; *adj.* young
la **joya** jewel; *pl.* jewelry
la **joyería** jewelry store
la **jubilación** retirement
jubilarse to retire
judío Jewish; Jew
el **juego** game
jueves Thursday
el **jugador** (la **jugadora**) player
jugar (ue) (a) to play (a game)
el **jugo** juice
el **juguete** toy
la **juguetería** toy store
julio July
junio June
juntos together; close
la **justicia** justice
justo just, fair

K

el **kilo(gramo)**, kilo, kilogram (2.2 pounds)

el **kilómetro** kilometer (a little over six-tenths of a mile)

L

la the (*f. sing.*); *dir. obj.* her, it, you (**Ud.**); **la de** that of; **la que** the one that
el **laboratorio** laboratory
el **lado** side, **al lado de** beside, next to
el **ladrón** (la **ladrona**) thief
el **lago** lake
la **lámpara** lamp
la **lana** wool
el **lápiz** pencil
largo long
las the (*f. pl.*); *dir. obj.* them, you (**Uds.**); **las de** those of; **las que** the ones (those) that
la **lástima** misfortune; pity; **Es una lástima.** It's a pity. ¡**Qué lástima!** What a shame!
el **latín** Latin (language); **latín vulgar** vernacular or spoken Latin
latino Latin-American
el **latino** (la **latina**) Latin-American (person)
latinoamericano Latin American
el **lavadero** laundry room
lavar to wash; **lavarse** to wash (oneself), get washed
le *indir. obj.* (to, for, from) him, her, it, you (**Ud.**)
la **lección** lesson
la **lectura** reading
la **leche** milk; el **café con leche** coffee prepared with hot milk
la **lechuga** lettuce
leer to read
lejos far, far away; **lejos de** far from
la **lengua** language
lentamente *adv.* slowly
lento slow
el **león** (la **leona**) lion
les *indir. obj.* (to, for, from) them, you (**Uds.**)
el **letrero** sign
levantar to raise; **levantarse** to get up, stand up
la **ley** law
la **leyenda** legend

la **liberación** liberation
liberar to liberate
la **libertad** liberty, freedom
la **libra** pound
libre free
la **librería** bookstore
el **libro** book
el **líder** leader
limitarse a to limit oneself; to be limited to
limpiar to clean
limpio clean
lindo pretty, beautiful; nice
la **línea** line
el **líquido** liquid
la **lista** list
listo ready; clever
literalmente literally
la **literatura** literature
el **litro** liter (a little more than a quart)
lo *dir. obj.* him, it, you (**Ud.**); the (neuter); **lo antes posible** as soon as possible; **lo cierto** what is certain; **lo cual** which; **lo maravilloso de** the wonderful thing about; **lo más + adv. + posible** as . . . as possible; **lo más... que** (+ expression of possibility) as . . . as; **lo mismo** the same (thing); **lo que** what, that which; **por lo tanto** therefore; **todo lo que** everything that
la **lógica** logic
los the (*m. pl.*); *dir. obj.* them, you (**Uds.**); **los de** those of; **los que** the ones (those) that
la **lotería** lottery
la **lucha** struggle, fight
luchar (**por, contra**) to fight (for, against)
luego then; next; **Hasta luego.** See you later. So long.
el **lugar** place; **en lugar de** instead of
el **lujo: de lujo** luxurious
la **luna** moon
lunes Monday

LL

llamar to call; **llamar por teléfono** to phone; **llamarse** to be called, named; ¿**Cómo**

se llama...? What is . . .'s name? **me llamo** my name is
la **llave** key
llegar (**a**) to arrive (in), get to, reach; **aquí llegan** here come; **llegar a ser** to become
llenar to fill
lleno de full of
llevar to carry, bear; to take; to lead; to wear
llevarse (**bien, mal**) to get along (well, badly)
llorar to cry
llover (**ue**) to rain
la **lluvia** rain

M

la **madera** wood
la **madre** mother; **Madre-Tierra** Mother Earth (Indian deity)
la **madrina** godmother
el **maestro** (la **maestra**) teacher; master; scholar
la **magia** magic
magnífico wonderful, magnificent, great
el **maíz** corn
mal *adv.* badly, poorly
el **mal** evil
mal, malo *adj.* bad, naughty
la **maleta** suitcase
maligno malignant
la **mamá** mom, mother
mandar to order; to command; to send
manejar to drive
la **manera** way, manner, fashion; **de manera diferente** in a different way; **de ninguna manera** in no way, not at all; **de otra manera** differently; **de todas maneras** anyhow, anyway; **de una manera...** in a . . . way
la **manía** obsession
la **manifestación** demonstration
la **mano** hand; ¡**Arriba las manos!** Hands up!; **Dame la mano.** Give me your hand.; **en (a) manos de** in (into) the hands of
mantener to keep, maintain
la **mantequilla** butter
la **manzana** apple

la **mañana** morning; *adv.*
tomorrow; **de la mañana**
A.M.; **Hasta mañana.** See you
tomorrow; **mañana temprano**
early tomorrow morning; **por
la mañana** in the morning
el **mapa** map
la **máquina** machine
el, la **mar: Mar Caribe**
Caribbean Sea
la **maravilla** marvel, wonder
maravilloso wonderful,
marvelous; **lo maravilloso de**
the wonderful thing about
el **marido** husband
la **marihuana** marijuana
el **marisco** shellfish
marrón *adj.* brown
martes Tuesday
marzo March
más *adv.* more, any more;
most; *prep.* plus; **¿algo más?**
anything else?, **más conocido**
better known; **más de** (+
number) more than; **más o
menos** more or less; so-so;
más... que more . . . than;
más vale it is better; **me
gusta más** I like best; **¡Qué
idea más ridícula!** What a
ridiculous idea!
la **máscara** mask
matar to kill
las **matemáticas** mathematics
el **matemático** mathematician
la **materia** subject
la **matrícula** tuition
el **matrimonio** married couple;
matrimony
maya Mayan
el, la **maya** Mayan (person)
mayo May
mayor older, oldest; greater,
greatest; **la mayor parte** the
major part
la **mayoría** majority
me (to, for, from) me,
myself
la **medianoche** midnight
la **medicina** medicine
el **médico** (la **médica**) doctor,
physician
el **medio** middle, means; *adj.*
middle; half; **clase media**
middle class; **en medio de** in
the middle of; **las doce y**

media 12:30; **media hora** a
half hour
el **mediodía** noon; midday
break; **al mediodía** at noon
el **Mediterráneo** Mediterranean
Sea
mejor better, best
mejorar to improve
melancólico melancholy
la **memoria** memory; **de
memoria** by heart; **las
memorias** memoirs
menor minor, smaller, lesser;
no tener la menor idea not
to have the slightest idea
el, la **menor** smallest; youngest
menos less, least; **a menos que**
unless; **más o menos** more or
less; so-so; **menos de** (+
number) less than; **menos...
que** less . . . than; **por lo
menos** at least
mentir (ie) to lie
la **mentira** lie
el **menú** menu
el **mercado** market,
marketplace
la **mermelada** jam,
marmalade
el **mes** month
la **mesa** table; **poner la mesa** to
set the table
mestizo of mixed race
mexicano Mexican; **mexicano-
americano** Mexican-American
el **mexicano** (la **mexicana**)
Mexican (person)
México Mexico; Mexico City
la **mezcla** mixture, mixing
la **mezquita** mosque
mi, mis my
mí *obj. of prep.* me, myself
el **miedo** fear; **tener miedo (de)**
to be afraid (of, to)
el **miembro** member
mientras (que) while; whereas;
mientras tanto meanwhile
miércoles Wednesday
mil one thousand; **miles**
thousands
el **milagro** miracle
el **militar** military man, soldier;
adj. military
la **milla** mile
el **millón** million; **un millón
de...** a million . . .

el **millonario** millionaire
mineral: agua mineral *f.*
mineral water
la **minoría** minority
el **minuto** minute
mío(s), mía(s) *adj.* my, (of)
mine; **el mío (la mía, los
míos, las mías)** *pron.* mine;
¡Dios mío! My goodness!
mirar to look (at), watch
la **misa** Mass (church)
la **misión** mission
mismo same; very, just, right;
ahora mismo right now; **al
mismo tiempo** at the same
time; **allí mismo** right there;
lo mismo (que) the same
(thing) (as); **por eso mismo**
that's just it
el **misterio** mystery
misterioso mysterious
el **misticismo** mysticism
la **moda** fashion, style; **a la
moda (de moda)** in style,
fashionable
moderno modern
modesto modest
mojado wet
el **momento** moment
la **montaña** mountain
montañoso mountainous
montón: un montón de a lot
of, a great deal of
moreno dark-haired, brunette
morir (ue) to die; **morirse (de)**
to die, by dying (of)
el **moro** (la **mora**) Moor
mostrar (ue) to show
la **motocicleta** motorcycle; **en
motocicleta** by motorcycle
movible movable
el **movimiento** movement; **hora
de mucho movimiento** *f.*
rush hour
la **moza** waitress
el **mozo** waiter
la **muchacha** girl
el **muchacho** boy; *pl.* children,
boy(s) and girl(s)
muchísimo very much; *pl.* very
many
mucho *adj.* much, a lot of;
very; too much; *pl.* many;
adv. very much; **Muchas
gracias.** Thank you very
much; **Mucho gusto.** Glad to

meet you.; **mucho que hacer** a lot to do; **mucho tiempo** a long time

mudarse to move (change residence)

mueble: los **muebles** furniture

la **muerte** death

el **muerto** (la **muerta**) dead person, corpse; *adj.* dead

la **mujer** woman; wife; **nombre de mujer** woman's name

mulato mulatto (of African and Caucasian blood)

mundial worldwide

el **mundo** world; **Nuevo Mundo** New World (America); **todo el mundo** everyone; the whole world

el **muro** wall

el **museo** museum

la **música** music; **música folklórica** folk music

el **músico** (la **músico**) musician

el **musulmán** Moor, Mussulman

muy very

N

nacer (zc) to be born

nacido born

la **nación** nation

nacional national

la **nacionalidad** nationality

nada nothing, not anything; **de nada** you're welcome; **por nada del mundo** (not) for anything in the world

nadar to swim

nadie no one, nobody, not anyone

el **naipe** playing card

la **naranja** orange

la **nariz** nose

la **natalidad: el control de la natalidad** birth control

la **naturaleza** nature

naturalmente naturally

Navarra Navarre: a province in northern Spain

la **Navidad** Christmas; *pl.* Christmas holidays

necesario necessary

la **necesidad** necessity

necesitar to need

el **negocio** business; **viaje de negocios** business trip

negro black

el **neoyorquino** (la **neoyorquina**) New Yorker

nervioso (por) nervous (about)

neutro *adj.* neutral

nevar (ie) to snow

ni nor, or; **ni... ni** neither . . . nor; **¡Ni hablar!** Don't even mention it!

la **niebla** fog

la **nieve** snow

ningún, ninguno none, not any, no, not one, neither (of them); **(a) ninguna parte** nowhere; **de ninguna manera** in no way, not at all

la **niña** girl, child

el **niñero** (la **niñera**) babysitter, nursemaid

el **niño** boy, child; *pl.* children, kids

no no, not; **¿no?** right? true?

el **noble** noble

la **noche** night, evening; **de la noche** P.M. (at night); **de noche** at night; **esta noche** tonight, this evening; **por la noche** at night, in the evening; **todas las noches** every night

la **Nochebuena** Christmas Eve

el **nombre** name; **a (en) nombre de** in the name of; **nombre de mujer** woman's name

el **noreste** northeast

el **noroeste** northwest

el **norte** north

Norteamérica North America

norteamericano North American; American (U.S.)

el **norteamericano** (la **norteamericana**) North American (person)

nos (to, for, from) us, ourselves

nosotros, nosotras *subj. pron.* we; *obj. of prep.* us, ourselves

la **nota** note; grade; **sacar una nota** to get a grade

notar to notice

la **noticia** (piece of) news; *pl.* news

novecientos nine hundred

la **novela** novel

noventa ninety

la **novia** girlfriend; fiancée

noviembre November

el **novio** boyfriend; suitor; fiancé; *pl.* sweethearts

la **nube** cloud

nublado *adj.* cloudy; **está nublado** it's cloudy

nuestro *adj.* our, of ours

nueve nine

nuevo new; el **Año Nuevo** New Year; el **Nuevo Mundo** New World (America); **¿Qué hay de nuevo?** What's new?

el **número** number

numeroso numerous

nunca never, not ever

la **nutrición** nutrition

O

o or; **o... o** either . . . or

la **obra** work; **obra de arte** work of art; **obra de teatro** play

obsesionado *adj.* obsessed

la **ocasión** occasion

occidental Western

el **océano** ocean; **Océano Atlántico** Atlantic Ocean

octubre October

ocupado busy

ocurrir to occur, happen

ochenta eighty

ocho eight

ochocientos eight hundred

el **oeste** west

ofender to offend, be offensive; **ofenderse** to take offense

la **oferta** sale, (special) offer

oficial official

la **oficina** office

oír to hear

ojalá que I hope that . . .

el **ojo** eye

la **ola** wave

olímpico olympic; **Juegos Olímpicos** Olympic Games

olvidar to forget; **olvidarse (de)** to forget (about)

once eleven

la **opción** choice

la **ópera** opera

la **operación** operation

la **opinión** opinion; **según su opinión** in your opinion

la **oportunidad** opportunity, chance
optimista optimistic
el **orden** order; **a sus órdenes** at your service
ordenado neat
la **oreja** ear
la **organización** organization
organizar to organize
el **órgano** organ
el **orgullo** pride
orgulloso proud
el **origen** origin
el **oro** gold
la **orquesta** orchestra
os (to, for, from) you, yourselves (*fam. pl.*)
oscuro dark
el **otoño** autumn
otro other, another; **al otro día** the next day; **otra vez** again

P

la **paciencia** patience
el, la **paciente** patient
el **padre** father; priest; *pl.* parents
el **padrino** godfather; *pl.* godparents; host family
la **paella** paella: a Spanish dish of seafood and saffroned rice
el **paganismo** paganism
pagano pagan
pagar to pay
la **página** page
el **país** country
el **pájaro** bird
la **palabra** word
el **palacio** palace
pálido *adj.* pale
el **pan** bread; **pan tostado** toast
la **panadería** bakery
panameño Panamanian
el **panameño** (la **panameña**) Panamanian (person)
el **pantalón**: los **pantalones** pants
la **papa** potato; **papas fritas** French fries
el **papá** dad, father; *pl.* parents
el **papel** paper; role; **hacer el papel de** to take the role of
el **par** pair
para for; in order to; by (a

certain time); **estudiar para** to study to be; **no es para tanto** it's not important; **para que** so that; **¿para qué?** why? for what purpose?; **para siempre** forever
el **paraguas** umbrella
paraguayo Paraguayan
el **paraguayo** (la **paraguaya**) Paraguayan (person)
parar(se) to stop
parecer (zc) to seem, appear, look like; **¿Qué le(s) parece si...?** How about (doing something)?
la **pared** wall
la **pareja** pair, couple
el, la **pariente** relative
el **parque** park; **parque zoológico** zoo
la **parte** part; portion, section; **(a) alguna parte** somewhere; **(a) ninguna parte** nowhere; **¿De parte de quién?** Who is calling?; **en parte** partly; **gran parte** a great part; **la mayor parte** the major part; **por otra parte** on the other hand; **por (a, en) todas partes** everywhere
participar (en) to participate (in)
el **partido** game, match; political party
partir to leave, depart
el **pasado** past; *adj.* past, last; **el verano pasado** last summer
el **pasaje** ticket; **pasaje de ida y vuelta** round-trip ticket
el **pasajero** (la **pasajera**) passenger
el **pasaporte** passport
pasar to pass, get by; to spend (time); to happen; **pasar (adelante)** to come in (to one's home); **pasar por** to drop by; to pass by; **Pase usted.** Go ahead. Come in; **¿Qué le pasa a...?** What's the matter with . . . ? **¿Qué pasa?** What's wrong? What's going on? **¿Te pasa algo?** Is something wrong?
el **pasatiempo** pastime
la **Pascua** Easter
pasear to stroll, walk

el **paseo** walk; ride; **dar un paseo** to take a walk
el **paso** step; religious float carried during Holy Week processions
el **patio** patio
la **patria** homeland, country
patriótico patriotic
el **pavo** turkey
la **paz** peace
pedir (i) to ask (for), request, order (in a restaurant); **pedir perdón** to beg one's pardon; **pedir prestado** to borrow
la **película** film, movie
el **peligro** danger
peligroso dangerous
pilirrojo *adj.* redhead
el **pelo** hair
la **pelota** ball
la **peluquería** beauty salon; barber shop
el **peluquero** (la **peluquera**) barber, hairdresser
la **pena** pain; **No hay pena.** No need to be embarrassed.
penetrante penetrating, effective
la **península** peninsula; **Península Ibérica** Iberian Peninsula
el **pensamiento** thought
pensar (ie) to think; to plan, intend, think of, about (followed by *inf.*); **pensar de** to think of, about (an opinion); **pensar en** to think about, concerning (followed by *n.* or *pron.*)
peor worse, worst
el **pepino** cucumber
pequeño little, small
perder (ie) to lose; to miss; **perder el tiempo** to waste (one's) time; **perderse** to get lost
la **perdición** perdition, ruin
perdido lost
el **perdón** pardon; **¡Perdón!** Excuse me!
perdonar to pardon, forgive; **¡Perdone!** Excuse me!
perezoso lazy
perfecto perfect, fine
el **periódico** newspaper
permanecer (zc) to remain

el **permiso: Con permiso.** Excuse me. (With your permission.)

permitir to permit, allow

pero but

la **persona** person

la **personalidad** personality

la **perspectiva** perspective, outlook

peruano Peruvian

el **peruano** (la **peruana**) Peruvian (person)

pesar to weigh, consider; a **pesar de** in spite of

el **pescado** fish (as a food)

pescar to fish; **ir a pescar** to go fishing

la **peseta** monetary unit of Spain

pesimista pessimistic

el **peso** monetary unit of several Latin American countries; weight

el **petróleo** oil

el **pez** fish (live)

el **piano** piano

picante hot, spicy (food)

el **pie** foot; a **pie** on foot

la **piedra** stone, rock

la **piel** skin

la **pierna** leg

la **píldora** pill

la **pimienta** (black) pepper

el **pimiento** pepper

pintar to paint

el **pintor** (la **pintora**) painter

la **pintura** painting

la **piña** pineapple

la **piñata** papier-maché container filled with candy

piramidal adj. pyramid

la **pirámide** pyramid

los **Pirineos** the Pyrenees (mountain range)

el **piropo** compliment

el **piso** floor, story

la **pistola** pistol

la **pizarra** blackboard

el **planeta** planet

la **planta** plant

la **plata** silver

la **plataforma** platform

el **plato** dish, plate

la **playa** beach

la **plaza** plaza, square

la **pluma** pen

la **población** population

pobre poor; **los pobres** the poor (people)

la **pobreza** poverty

¡**Pobrecito(a)**! Poor thing!

poco little (in amount); pl. few; **poco a poco** little by little; **poco después** a short time after(ward); **poquísimo** very little; **un poco** a little (bit); **un poco más** a little more

poder (**ue**) to be able, can, may; **puede ser** that (it) may be; **se puede** one can

el **poder** power

poderoso powerful

el **poema** poem

la **poesía** poetry

el, la **poeta** poet

el **policía** policeman

la **policía** police; policewoman

la **política** politics; policy

el **político** (la **político**) politician adj. political

el **pollo** chicken

el **poncho** poncho

poner to put, place; **poner la mesa** to set the table; **ponerse** to get, become; to put on (clothing)

por for; because of, on account of; for the sake of; by; per; along; through; throughout; around (in the vicinity of); in; during; in place of; in exchange for; **por aquí** this way, over here, around here; **por casualidad** by coincidence; **por ciento** percent; ¿**Por dónde va uno a...?** How do you get to . . .?; **por ejemplo** for example; **por eso** that's why, for that reason; **por favor** please; **por fin** finally; **por la mañana** in the morning; **por la noche** in the evening, at night; **por la tarde** in the afternoon, evening; **por lo común** commonly; **por lo general** generally; **por lo menos** at least; **por lo tanto** therefore; **por nada del mundo** (not) for anything in the world; **por otra parte** on the other hand;

por supuesto of course; **por teléfono** on the telephone; **por televisión** (**radio**) on TV (radio); **por todas partes** everywhere

¿**por qué?** why?

porque because; **porque sí** (**no**) because I want to (I don't want to)

el **porteño** (la **porteña**) someone from Buenos Aires

portugués Portuguese

el **portugués** (la **portuguesa**) Portuguese (person)

la **posada** lodging; Mexican Christmas celebration

la **posesión** possession; **tomar posesión de** to take possession of

la **posibilidad** possibility

posible possible

posiblemente possibly

postal: la tarjeta postal postcard

posterior after

el **postre** dessert

prácticamente adv. through practice, practically

practicar to practice; to go in for (a sport)

práctico practical

el **precio** price; ¿**A qué precio?** What's the price?; ¿**Qué precio tiene...?** What's the price of . . .?

precioso precious; lovely; darling

precisamente precisely

preciso precise

precolombino pre-Columbian

preferir (**ie**) to prefer

preferible preferable

la **pregunta** question

preguntar to ask (a question)

preliminar preliminary

el **premio** prize

preocuparse (**de**) to worry (about)

preparar to prepare

la **presencia** presence

presentar to present, show; to introduce

el **presidente** (la **presidenta**) president

prestar to lend, loan

la **primavera** spring

primer, primero first; **de primera clase** first-class, first-rate

el **primo** (la **prima**) cousin

principal main, principal

principalmente principally

el **principio** beginning

la **prisa: tener prisa** to be in a hurry; **darse prisa** to hurry

privado private

probablemente *adv.* probably

probar (ue) to try out; to try, taste

el **problema** problem

la **procesión** procession

proclamado proclaimed

producir (zc) to produce

el **producto** product

la **profesión** profession

el **profesor** (la **profesora**) teacher, professor

profundamente profoundly

profundo deep, profound

el **programa** program

programar to program

el **progreso** progress

prohibir to prohibit, forbid

la **promesa** promise

prometer to promise

pronto soon; fast; quickly; **Hasta pronto.** See you soon.; **lo más pronto posible** as soon as possible; **prontísimo** very soon; **tan pronto como** as soon as

la **propiedad** property, real estate

propio own

el **propósito: a propósito** by the way

próspero prosperous

proteger to protect

la **protesta** protest

el, la **protestante** Protestant

protestar to protest

provecho: ¡Buen provecho! Enjoy the meal!

provocar to provoke

próximo next, coming

prudente prudent

la **psicología** psychology

psicológico psychological

publicar to publish

el **público** public; spectators; *adj.* public; **en público** in public

el **pueblo** people; village, town

el **puente** bridge

la **puerta** door

el **puerto** port

puertorriqueño Puerto Rican

el **puertorriqueño** (la **puertorriqueña**) Puerto Rican (person)

pues *interj.* well . . .; *conj.* for, because

el **puesto** job, position

la **pulsera** bracelet

el **pulso** pulse

el **punto** point, dot; **en punto** on the dot, exactly

puntual *adj.* punctual

la **puntualidad** punctuality

puro pure

Q

que *rel. pron.* that, which, who, whom; *adv.* than; **el (la, los, las) que** which, who(m), the one(s) that, those who; **lo que** what, that which

¿qué? what?, which?; **¿para qué?** why?, for what purpose?; **¿por qué?** why?; **¿Qué clase de...?** What kind of . . .?; **¿Qué día es hoy?** What day is it today?; **¿Qué es esto?** What is this?; **¿Qué hay de nuevo?** What's new?; **¿Qué tal?** How's it going?; **¿Qué te pasa?** What's wrong? What's the matter with you?; **¿Y qué?** So what?

¡qué... ! What (a) . . . ! How . . . !; **¡Qué alivio!** What a relief!; **¡Qué cómico!** How funny!; **¡Qué escándalo!** What a scandal! **¡Qué gracioso!** How funny!; **¡Qué idea más ridícula!** What a ridiculous idea!; **¡Qué lástima!** What a shame!; **¡Qué suerte!** What luck!; **¡Qué va!** Oh, come on!

quedar to remain, be left; to fit; **quedarse** to stay, remain

quejarse to complain

querer (ie) to want, wish; to love; **querer decir** to mean

querido dear; **seres queridos** loved ones

el **queso** cheese

quien (es) who, whom; the one who, those who

¿quién (es)? who? whom?; **¿de quién?** whose?

la **química** chemistry

quince fifteen

quinientos five hundred

quinto fifth

quitar to take away; **quitarse** to take off (clothing)

quizás maybe, perhaps

R

la **rabia** anger, rage

la **radio** radio

la **rama** branch; **andarse (irse) por las ramas** to beat about the bush

el **rancho** ranch; in Venezuela and Colombia, a small dwelling

rápidamente quickly, rapidly

rápido *adj.* rapid, fast; *adv.* fast, quickly

la **raqueta** racket

raro rare

el **rato** short time; **hace un rato** a while ago

la **raza** race; people of Spanish or Indian origin; **el Día de la Raza** Columbus Day

la **razón** reason; **por alguna razón** for some reason; **tener razón** to be right

razonable reasonable

la **reacción** reaction

real royal, real; **el Real Madrid** Spanish soccer team

la **realidad** reality; **en realidad** in reality, actually

el **realismo** realism

realista realistic

realmente really, actually

rebajar to lower

el, la **rebelde** rebel

la **rebelión** rebellion

el, la **recepcionista** desk clerk; receptionist

recibir to receive

reciente recent

recientemente recently

recíproco reciprocal

recomendar (ie) to recommend

la **Reconquista** Reconquest (of Moorish Spain by the Christians)

recordar (ue) to remember

el **refrán** proverb, saying

el **refresco** soft drink

el **regalo** gift, present

regatear to bargain

el **régimen** regime, government

la **región** region

regresar to return, go (come) back

regularmente *adv.* regularly

el **reino** kingdom

reírse to laugh

la **relación** relation, relationship

relacionado con related to

relativamente relatively

la **religión** religion

religioso religious

el **reloj** clock; watch

relleno: chiles rellenos stuffed peppers

el **remedio** remedy, cure

remoto remote

el **repaso** review

repetir (i) to repeat; **Repita(n), por favor.** Please repeat.

la **representación** representation; portrayal

representar to represent; to portray, show

la **república** republic; la **República Dominicana** Dominican Republic

republicano Republican

la **reputación** reputation

el **resentimiento** resentment

reservar to reserve

el **resfrío** cold

la **residencia** residence; **residencia estudiantil** dormitory

la **resistencia** resistance

resolver (ue) to solve, resolve

respectivamente respectively

el **respecto** respect, reference; **con respecto a** with regard to

respetar to respect, esteem

el **respeto** respect

la **responsabilidad** responsibility

responsable responsible

la **respuesta** answer

el **restaurante** restaurant

el **resto** rest, remainder

resuelto solved, resolved

el **resumen** summary; **en resumen** in short, to sum up

el **retrato** portrait

la **reunión** meeting, gathering, get-together

reunirse (a) to meet, gather (to); **reunirse con** to get together with

la **revista** magazine

la **revolución** revolution

el **revolucionario (la revolucionaria)** revolutionary; *adj.* revolutionary

el **rey** king; *pl.* king and queen; **Día de los Reyes Magos** Epiphany, day of the Three Wise Men (Jan. 6); **Reyes Católicos** Catholic Monarchs (Ferdinand and Isabella)

rico rich; delicious

ridículo ridiculous

el **río** river

la **risa** laughter

el **robo** theft, robbery

el **rock** rock music

rojo red

romano Roman

romántico romantic

romper to break; **romper con** to break up with

la **ropa** clothes, clothing; **ropa interior** underwear

la **rosa** rose

el **rosbif** roast beef

roto broken

rubio blond

el **ruido** noise

la **ruina** ruin

rústico rustic

la **rutina** routine

S

sábado Saturday

saber to know; to find out; **saber + *inf.*** to know how to

el **sabio (la sabia)** learned person, scholar

sabroso delicious

sacar to take out; **sacar una foto** to take a photograph; **sacar una nota** to get a grade

la **sal** salt

la **sala** large room; living room; la **sala de clase** classroom

el **salario** salary

salir (de) to leave, go out, come out; **salir con** to go out with; **salir de viaje** to go on a trip; **salir para** to leave for; **Todo va a salir bien.** Everything will turn out fine.

la **salud** health; **¡Salud!** To your health! Cheers! Gesundheit!

saludar to greet

el **saludo** greeting

salvadoreño Salvadoran

el **salvadoreño (la salvadoreña)** person from El Salvador

san (shortened form of **santo**) saint

la **sandalia** sandal

el **sandwich** sandwich

la **sangre** blood; heritage

la **sangría** wine and fruit punch

sano healthy

el **santo (la santa)** saint; saint's day; *adj.* holy; **santo patrón (santa patrona)** patron saint; la **Semana Santa** Holy Week

se *indir. obj.* (to, for, from) him, her, it, you (Ud., Uds.), them; *refl. pron.* (to, for, from) himself, herself, itself, yourself (Ud.), themselves, yourselves (Uds.)

sé *first person sing. pres. of* saber; *second person sing. imperative of* ser

la **sección** section

el **secretario (la secretaria)** secretary

el **secreto** secret; *adj.* secret

secundario secondary; la **escuela secundaria** high school

la **sed: tener sed** to be thirsty

sefardí Sephardic

seguida: en seguida right away, at once

seguir (i) to follow; to continue, keep on, still be; **seguir cursos** to take courses

según according to; **según su opinión** in your opinion

segundo second

seguramente surely

suguro sure, certain, safe

seis six

seiscientos six hundred
seleccionar to select
la **selva** jungle
la **semana** week; **el día de semana** weekday; **el fin de semana** weekend; **la semana que viene** next week, this coming week; **la Semana Santa** Holy Week; **todas las semanas** every week
el **semestre** semester
el **senador** (la **senadora**) senator
sencillo simple, easy
sensacional sensational
sensible sensitive
sentado seated, sitting
sentarse (ie) to sit down
sentir (ie) to feel, to sense; **sentir que** to be sorry that; **sentirse** + *adj.* to feel + *adj.*
el **señor** (*abbr.* **Sr.**) man, gentleman; sir; mister, Mr.
la **señora** (*abbr.* **Sra.**) lady; wife; ma'am; Mrs.
los **señores** (*abbr.* **Sres.**) Mr. & Mrs.; ladies and gentlemen
la **señorita** (*abbr.* **Srta.**) young lady; miss; Miss
la **separación** separation
separado separate; separated
separar to separate
septiembre September
ser to be (someone or something; description or characteristics); **¿Cómo es (son)...?** What is (are) . . . like? **Es que...** That's because . . . ; **llegar (pasar) a ser** to become; **ser de** to be from (somewhere); to be (someone's); **¿De dónde será?** I wonder where he (she)'s from.; **El libro es de Felipe.** The book is Phillip's.
la **serie** series
serio serious; **en serio** seriously; **¿En serio?** Really?
el **servicio** service
servir (i) to serve; **¿En qué puedo servirle?** What can I do for you?; **Esto no sirve.** This doesn't work.
sesenta sixty
setecientos seven hundred
setenta seventy

se(p)tiembre September
severo severe
el **sexo** sex
si if; **como si** as if
sí yes
siempre always; **para siempre** forever
la **sierra** mountain range
la **siesta** siesta: midday break for lunch and rest; **dormir la siesta** to take a nap after lunch
setenta seventy
siete seven
el **siglo** century
el **significado** meaning, significance
significar to signify, mean
siguiente following
el **silencio** silence
silencioso silent
la **silla** chair
el **sillón** armchair
simbólico symbolic
simbolizar to symbolize
el **símbolo** symbol
simpático nice
simplemente simply
simultáneamente simultaneously
sin without; **sin embargo** however; **sin que** without
la **sinagoga** synagogue
sincero (adj.) sincere
sino but, but rather
siquiera: ni siquiera not even
el **sirviente** servant; la **sirvienta** waitress; servant
el **sistema** system
el **sitio** place, site, location; **sitio de interés** point (site) of interest
la **situación** situation
sobre on, about, concerning; on upon; over; **sobre todo** especially
el, la **socialista** socialist; *adj.* socialist
la **sociedad** society
la **sociología** sociology
el **sociólogo** (la **socióloga**) sociologist
el **sofá** sofa, couch
el **sol** sun; **hacer sol** to be sunny; **tomar sol** to sunbathe
solamente only

solo alone; single
sólo only, just
soltero single, unmarried
la **solución** solution
el **sombrero** hat
soñar (ue) **con** to dream of, about
la **sopa** soup
sorprender to surprise
la **sorpresa** surprise
su, sus his, her, its, their, your (Ud., Uds.)
subir to climb, go up; **subir a** to get on
el **subjuntivo** subjunctive
el **sucesor** (la **sucesora**) successor
sucio dirty
Sudamérica South America
sudamericano South American
el **sueldo** salary
el **suelo** floor
el **sueño** dream; **tener sueño** to be sleepy
la **suerte** luck; **tener suerte** to be lucky; **por suerte** luckily; **¡Qué suerte!** What luck! How lucky!
el **suéter** sweater
suficiente enough, sufficient
el **sufrimiento** suffering
superior higher
el **supermercado** supermarket
super-rico very wealthy
la **superstición** superstition
supersticioso superstitious
supremo supreme
supuesto: por supuesto of course
el **sur** south; **al sur de** south of; **la América del Sur** South America
el **suroeste** southwest
surrealista surrealistic
el **sustantivo** noun
el **susto** fright
suyo his, hers, yours, theirs; of his, hers, yours, theirs

T

tal such (a); **¿Qué tal?** How are you? How are things going?; **tal vez** perhaps
el **Talgo** deluxe Spanish train
el **tamal** (*pl.* los **tamales**) tamale

el **tamaño** size
también also, too
tampoco neither, (not) either; **Tampoco.** Not that either.
tan so; such; **tan... como** as . . . as; **tan pronto como** as soon as
el **tango** tango: popular music and dance of Argentina and Uruguay
el **tanque** tank
tanto so much; as much; *pl.* so many, as many; **por lo tanto** therefore; **no es para tanto** it's not that important; **tanto como** as much as; as well as; *pl.* as many as; **tanto(s)... como** as much (many) . . . as; both . . . and
el **tapiz** (los **tapices**) tapestry
tarde *adv.* late; **más tarde** later; **tardísimo** very late
la **tarde** afternoon; **Buenas tardes** Good afternoon. Good evening; **de la tarde** P.M. (afternoon or early evening); **por la tarde** in the afternoon
la **tarjeta** card; **tarjeta postal** postcard
el **taxi** taxi
la **taza** cup
te *obj. pron.* (to, for, from) you, yourself (*fam. sing.*)
el **té** tea
el **teatro** theater; la **obra de teatro** play
la **tecnología** technology
el **techo** roof
el **teléfono** telephone; **hablar por teléfono** to talk on the phone; **llamar por teléfono** to phone
la **televisión** television; **por (en la) televisión** on television
el **televisor** television set
el **tema** subject, theme; **cambiando de tema...** to change the subject . . .
temer to fear
la **temperatura** temperature
el **templo** temple
temporalmente temporarily
temprano early; **mañana temprano** early tomorrow morning
tener to have; **¿Qué tiene... ?**

What's wrong with . . . ?; **tener... años** to be . . . years old; **tener calor** to be (feel) hot; **tener celos** to be jealous; **tener una cita** to have a date; **tener cuidado (con)** to be careful (of, about); **tener un dolor de cabeza (de estómago)** to have a headache (stomachache); **tener fiebre** to have a fever; **tener frío** to be (feel) cold; **tener ganas de** to feel like, want to; **tener hambre** to be hungry; **tener miedo** to be afraid; **tener la oportunidad de** to have the opportunity to; **tener prisa** to be in a hurry; **tener que** to have to, must; **tener razón** to be right; **tener sed** to be thirsty; **tener sueño** to be sleepy
el **tenis** tennis
la **tensión** tension
la **teoría** theory
teóricamente theoretically
tercer, tercero third; el **Tercer Mundo** the Third World
la **terminación** end, termination
terminar to end, finish
el **territorio** territory
el **tesoro** treasure
el **texto** text
ti *obj. of prep.* you, yourself
la **tía** aunt
el **tiempo** time; weather; **al mismo tiempo** at the same time; **a tiempo** on time; **con el tiempo** in time, eventually; **¿Cuánto tiempo hace que...?** For how long . . . ?; **hace buen tiempo** it's nice weather; **mucho tiempo** a long time; **perder el tiempo** to waste (one's) time; **¿(por) cuánto tiempo?** how long?; **¿Qué tiempo hace?** How's the weather?
la **tienda** store, shop
la **tierra** earth, land; **Madre-Tierra** Mother Earth (Indian deity)
tinto: vino tinto red wine
el **tío** uncle; *pl.* aunt(s) and uncle(s)
típico typical; traditional

el **tipo** type; kind; guy
el **título** title
la **tiza** chalk
tocar to touch; to play (music or musical instrument)
todavía still, yet; **todavía no** not yet
todo *adj.* all, entire, whole; complete; every; *m. n.* everything; **a (en, por) todas partes** everywhere; **de todas maneras** anyway, anyhow; **sobre todo** especially; **todo el mundo** everyone; the whole world; **todo lo demás** everything else
todos *adj.* all, every; *n.* all, everyone; **todos los días** every day
el, la **tolteca** Toltec (member of an ancient pre-Colombian civilization)
tomar to take; to drink; to have (a meal); **Toma.** Take it.; **tomar sol** to sunbathe
el **tomate** tomato
el **tono** tone
la **tontería** nonsense; **¡Qué tontería!** What nonsense!
tonto silly, foolish
el **torero** (la **torera**) bullfighter
el **toro** bull; **corrida de toros** bullfight; **toro bravo** fighting bull
la **torre** tower
la **torta** cake
la **tortilla** in Spain, omelette; in Mexico, tortilla (flat, pancake-shaped cornbread)
la **tostada** piece of toast
tostado: el pan tostado toast
total que in short
totalmente totally
el **trabajador** (la **trabajadora**) worker; *adj.* hard-working
trabajar to work
el **trabajo** work, job
la **tradición** tradition
tradicional traditional
traducir (zc) to translate
el **traductor** (la **traductora**) translator
traer to bring; to carry
el **tráfico** traffic
trágico tragic
la **tragedia** tragedy

el **traje** suit
el **tranquilizante** tranquilizer
tranquilo quiet, silent, calm
la **transición** transition
el **tránsito** transit
el **transporte** transportation;
  medio de transporte means
  of transportation
trasladar to transfer
el **trasplante** transplant
tratar to treat; **tratar de** to try
  to
trece thirteen
treinta thirty
tremendo enormous; terrible
el **tren** train; **en (por) tren** by
  train
tres three
trescientos three hundred
la **tribu** tribe
el **trimestre** quarter (in a school
  year)
triste sad
la **tristeza** sadness
triunfar to triumph, win
el **triunfo** triumph, victory
tropezar (ie) con to bump into
el **trópico** tropics
tu, tus your
tú *subj. pron.* you, *(fam. sing.)*
la **tuna** group of student singers
  from Spain
la **túnica** tunic
tuyo your, of yours
la **tumba** grave, tomb
el, la **turista** tourist
turístico tourist

U

u or (replaces o before a word
  beginning with *o* or *ho*)
últimamente recently; lately
último last, latest, most recent
único unique; only one
la **unidad** unity
unido: los Estados Unidos
  United States
la **unión** union
unir to unite
la **universidad** university
universitario *adj.* university
el **universo** universe
uno (un), una one; a, an

unos, unas some, a few,
  several; **unos** + *a number*
  about
urbano urban
urgente urgent, pressing
uruguayo Uruguayan
el **uruguayo** (la **uruguaya**)
  Uruguayan (person)
usar to use; **se usan** are used
el **uso** use
usted (*abbr.* Ud., Vd.) you
  (formal); *pl.* **ustedes** (*abbr.*
  Uds., Vds.) you (fam. and
  formal); **de usted (ustedes)**
  your, (of) yours
útil useful
utilizar to use, utilize
la **uva** grape

V

la **vaca** cow; **carne de vaca** beef
las **vacaciones** vacation; (**estar**)
  de vacaciones (to be) on
  vacation; **ir de vacaciones** to
  go on vacation
valer to be worth; **más vale** it is
  better
el **valor** value, worth, price
el **valle** valley
¡Vamos! Come on, now!
vanidoso vain, conceited
variado varied, various
la **variedad** variety
varios several
vasco Basque
el **vasco** (la **vasca**) Basque
  (person)
el **vaso** glass (drinking)
las **veces;** *pl. of* la **vez**
el **vecino** (la **vecina**) neighbor
el **vegetal** vegetable
el **vegetariano** (la **vegetariana**)
  vegetarian
veinte twenty
el **vendedor** (la **vendedora**)
  vendor, salesperson
vender to sell
Venecia Venice
venezolano Venezuelan
el **venezolano** (la **venezolana**)
  Venezuelan (person)
la **venganza** revenge
venir to come; **ir y venir**

coming and going; **la semana
  que viene** next week, this
  coming week; **Ven acá.** Come
  here.
la **venta** sale, selling
la **ventana** window
ver to see; **A ver.** Let's see.; **No
  veo la hora.** I can't wait.
verse to be seen; **Ya veremos.**
  We'll see.
el **verano** summer
veras: de veras really
la **verdad** truth; **¿verdad?** right?
  isn't that so? really?
verdaderamente truly
verdadero real, true
verde green
la **verdura** vegetable
la **vergüenza** shame; **darle
  vergüenza a alquien** to make
  someone ashamed; **no tener
  vergüenza** to be shameless;
  ¡Qué falta de vergüenza!
  What shamelessness!
el **verso** line of poetry
el **vestido** dress
vestir (i) (de) to dress (as);
  vestirse (de) to dress (as); to
  get dressed
la **vez** (*pl.* **veces**) time,
  occasion; **a la vez** at a time; **a
  veces** at times; **alguna vez**
  ever, at some time,
  sometimes; **en vez de** instead
  of; **muchas veces** often; **otra
  vez** again, once more; **por
  primera vez** for the first time;
  tal vez perhaps
viajar to travel
el **viaje** trip, journey; **¡Buen
  viaje!** Have a good trip!;
  hacer un viaje to take a trip;
  viaje de negocios business
  trip
el **viajero** (la **viajera**) traveler;
  cheque de viajero traveler's
  check
la **victoria** victory
la **vida** life; **llevar una vida...** to
  lead a . . . life
viejo old; *n.* old person
el **viento** wind; **hacer viento** to
  be windy
viernes Friday
el **vino** wine

Viña del Mar coastal resort
  town in Chile
la violencia violence
violento violent
violeta violet
el violín violin
el, la violinista violinist
la virgen virgin
la visión vision
la visita visit; de visita visiting
el, la visitante visitor
visitar to visit
la vista view
la vitamina vitamin
la viuda widow
el viudo widower
vivir to live; ¡Viva...! Hooray for

...! Long live ...!
vivo alive; bright
el vocabulario vocabulary
el vólibol volleyball
volver (ue) to return, go back,
  come back
vosotros, vosotras subj. pron.
  you (fam. pl.); obj. of prep.
  you, yourselves
votar to vote
la voz voice; en voz alta out
  loud
la vuelta: ida y vuelta round
  trip
vuestro adj. your
vulgar common; vulgar;
  vernacular

Y

y and
ya already; now; ya no no
  longer; ya que since; Ya
  veremos. We'll see.
yanqui Yankee, American
yo I

Z

la zanahoria carrot
el zapato shoe
el zoológico zoo
el zorro (la zorra) fox

INDEX OF GRAMMAR AND FUNCTIONS

PHOTO CREDITS

16, Beryl Goldberg. 34, Alain Keler/Sygma Photo. 39, Peter Menzel. 53, Robert Rattner/Kay Reese and Associates. 59 *left*, Peter Menzel/Stock Boston. 59 *right*, Alain Keler/Art Resource. 59 *bottom*, Beryl Goldberg. 93, Peter Menzel/Stock Boston. 98 *left*, Owen Franken/Stock Boston, 98 *right*, Beryl Goldberg. 99 *top*, Beryl Goldberg. 99 *bottom*, David Burnett. 113, Peter Menzel. 132, Renée Lynn/Photo Researchers Inc. 138 *left*, Peter Menzel. 138 *right*, Elizabeth Hibbs/Monkmeyer Press. 139, Peter Menzel. 154, Britton-Logan/Photo Researchers Inc. 173, Beryl Goldberg. 174, Peter Menzel. 175, Claudio Edinger/Kay Reese and Associates. 179, UPI/Bettmann Newsphotos. 180, Beryl Goldberg. 181, Peter Menzel/Stock Boston. 195 *left*, Helena Kolda/Photo Researchers Inc. 195 *right*, Britton-Logan/Photo Researchers Inc. 208, Peter Menzel. 214, Fritz Henle/Photo Researchers Inc. 215, Beryl Goldberg. 221, Fritz Henle/Photo Researchers Inc. 222, Mark Antman/Image Works Inc. 223, Spanish National Tourist Office. 235, Jane Latta/Kay Reese and Associates. 253, Alon Reininger/Contact Stock Images. 258, Carl Frank/Photo Researchers Inc. 259, Beryl Goldberg. 260 *left*, N.Y. Public Library Picture Collection. 260 *right*, Robert Rapelye/Art Resource. 278, Peter Menzel. 279, Silberstein/Monkmeyer Press. 296, Carl Frank/Photo Researchers Inc. 303 *top*, Kay Reese and Associates. 303 *left*, Linares/Monkmeyer Press. 303 *right*, George Holton/Photo Researchers Inc. 316, Peter Menzel. 337, Paul Conklin/Monkmeyer Press. 342, Beryl Goldberg. 343, Hazel Hankin. 356, Beryl Goldberg. 374, Fritz Henle/Photo Researchers Inc.